UTB **2816**

W0053784

Eine Arbeitsgemeinschaft der Verlage

Beltz Verlag Weinheim · Basel
Böhlau Verlag Köln · Weimar · Wien
Wilhelm Fink Verlag München
A. Francke Verlag Tübingen und Basel
Haupt Verlag Bern · Stuttgart · Wien
Lucius & Lucius Verlagsgesellschaft Stuttgart
Mohr Siebeck Tübingen
C. F. Müller Verlag Heidelberg
Ernst Reinhardt Verlag München und Basel
Ferdinand Schöningh Verlag Paderborn · München · Wien · Zürich
Eugen Ulmer Verlag Stuttgart
UVK Verlagsgesellschaft Konstanz
Vandenhoeck & Ruprecht Göttingen
vdf Hochschulverlag AG an der ETH Zürich
Verlag Barbara Budrich Opladen · Farmington Hills
Verlag Recht und Wirtschaft Frankfurt am Main
WUV Facultas Wien

Grundkurs Politikwissenschaft

herausgegeben von
Hans-Joachim Lauth und Ruth Zimmerling

Michael Becker/Johannes Schmidt/Reinhard Zintl

Politische Philosophie

FERDINAND SCHÖNINGH

PADERBORN · MÜNCHEN · WIEN · ZÜRICH

Die Autoren:

Reinhard Zintl, Prof. phil., Inhaber des Lehrstuhls für Politikwissenschaft I an der Otto-Friedrich-Universität Bamberg; Forschung und Veröffentlichungen im Bereich der Theorie politischer Institutionen, insbesondere *constitutional political economy*; Grundlagenarbeit im Bereich der Anwendung von *rational choice*-Modellierungen in der Politikwissenschaft.

Johannes Schmidt, Dr. phil., Akademischer Oberrat am Lehrstuhl für Politikwissenschaft I der Otto-Friedrich-Universität Bamberg; Forschungsschwerpunkte: Theorien der Gerechtigkeit, Vertragstheorien und Rational Choice, Wohlfahrtsökonomie und Social Choice.

Michael Becker, PD Dr. phil., Privatdozent an der Otto-Friedrich-Universität Bamberg; Forschungsschwerpunkte: Moderne politische Philosophie; Theorie der deliberativen Demokratie, Verfassungstheorie.

Coverillustrationen:

Platon – Rousseau – John Rawls (courtesy Mardy Rawls)

Bibliografische Information der Deutschen Nationalbibliothek

Die Deutsche Nationalbibliothek verzeichnet diese Publikation in der Deutschen Nationalbibliografie; detaillierte bibliografische Daten sind im Internet über http://dnb.d-nb.de abrufbar.

Gedruckt auf umweltfreundlichem, chlorfrei gebleichtem Papier.

© 2006 Verlag Ferdinand Schöningh, Paderborn
(Verlag Ferdinand Schöningh GmbH, Jühenplatz 1, D-33098 Paderborn)
ISBN 3-506-71700-6

Internet: www.schoeningh.de

Printed in Germany.
Herstellung: Ferdinand Schöningh, Paderborn
Einbandgestaltung: Atelier Reichert, Stuttgart

UTB-Bestellnummer: ISBN 3-8252-2816-9

Inhalt

Vorwort der Reihenherausgeber

Mit der Reihe ‚Grundkurs Politikwissenschaft' bieten wir eine Lehrbuchsammlung an, die alle Teilbereiche des Grund- bzw. BA-Studiums in den Fächern Politikwissenschaft und Sozialkunde abdeckt. Herausgeber und Autoren der Reihe verfolgen einen doppelten Anspruch: Unser Ziel ist es, Studierenden der Politikwissenschaft/Sozialkunde Bücher zur Verfügung zu stellen, die sowohl *inhaltlich anspruchsvoll* als auch *didaktisch aufbereitet* sind, um die Bewältigung des Stoffs zu erleichtern. Die Autorenteams bestehen aus Dozentinnen und Dozenten mit langjähriger Lehrerfahrung zum betreffenden Teilbereich. Die vollständige Reihe wird sieben Bände umfassen, entsprechend der Teilbereiche

- *Politisches System der Bundesrepublik Deutschland,*
- *Politische Philosophie,*
- *Politische Theorie,*
- *Analyse und Vergleich politischer Systeme,*
- *Internationale Beziehungen und Außenpolitik,*
- *Wirtschaft, Gesellschaft und Politik* sowie
- *Statistik und Methoden der empirischen Politikforschung.*

Zwei thematische Besonderheiten unserer Reihe erleichtern diese umfassende Orientierung:

Erstens werden die Beziehungen zwischen Politik und Wirtschaft in einem eigenen Band behandelt, denn in den neuen BA-Studiengängen – insbesondere auch im Fach Sozialkunde – wird sozio-ökonomischen und wirtschaftspolitischen Zusammenhängen meistens eine größere Rolle eingeräumt.

Zweitens wird in dieser Reihe die politische Philosophie getrennt von der politischen Theorie behandelt. Diese Trennung, die in den meisten Studienordnungen nicht ausdrücklich vollzogen wird, ist inhaltlich notwendig. Fragestellungen der politischen Philosophie erfordern eine eigenständige umfassende Darstellung und Diskussion. Der Band zur politischen Theorie dagegen wird dem allgemeinen theoretischen Rüstzeug gewidmet sein, das angehende Politologen und Sozialkundelehrer brauchen

Wir möchten mit der Konzeption der Reihe ‚Grundkurs Politikwissenschaft' den Bedürfnissen im politikwissenschaftlichen Studium gerecht werden. Doch auch wir lernen aus Erfahrung. Als Herausgeber würden wir uns freuen, wenn Sie sich bei Bedarf mit Wünschen, Anmerkungen oder Fehlerhinweisen an uns oder an die Autoren wenden würden, damit eine eventuelle Neuauflage für das Studium noch nützlicher werden kann.

Bisher erschienen sind die Bände zum System der Bundesrepublik Deutschland und zur Methodenlehre:

   Karl-Rudolf Korte/Manuel Fröhlich: *Politik und Regieren in Deutschland,* 2004 (UTB 2436).

   Joachim Behnke/Nina Baur/Nathalie Behnke: *Empirische Methoden der Politikwissenschaft,* 2005 (UTB 2695).

Zum vorliegenden Buch:

Der Grundkursband *Politische Philosophie* bietet eine Auseinandersetzung mit den wichtigsten politikphilosophischen Fragestellungen und den Antworten und Argumentationen, die von den relevantesten philosophischen Denkern von der Antike bis heute dazu vorliegen. Den Autoren geht es aber nicht um die Vermittlung von enzyklopädischem Wissen, sondern vielmehr darum, ihren Lesern zu zeigen, *wie* man überhaupt an philosophische Fragestellungen auf eine nachvollziehbare Art und Weise herangehen kann, welche Schwierigkeiten dabei auftreten, welche Unterscheidungen man treffen und welche Fehlschlüsse man tunlichst vermeiden sollte – Fertigkeiten, die Studierende auch für den eigenständigen Umgang mit Fragestellungen gebrauchen können, die hier nicht ausdrücklich behandelt werden. Mit diesem Band, der einen systematischen Zugang zur politischen Philosophie mit einer Einführung in die politische Ideengeschichte verbindet, erschließt sich der normative Horizont der Politikwissenschaft, der zur Beurteilung so zentraler politischer Fragen wie „Woran erkennen wir eine gute Regierung?" oder „Was ist eine rechtfertigungsfähige Konzeption von Gerechtigkeit?" unerlässlich ist.

Hagen und Mainz, im April 2006   Hans-Joachim Lauth
                                            Ruth Zimmerling

Vorwort

Wir haben den vorliegenden Band mit dem Ziel geschrieben, Studierenden der Politikwissenschaft und auch benachbarter Disziplinen einen fundierten Zugang zur politischen Philosophie zu eröffnen. Wir möchten damit eine wichtige Voraussetzung schaffen, um ein politikwissenschaftliches Grundstudium im Teilbereich Politische Philosophie bzw. Ideengeschichte absolvieren zu können.

Dieses Ziel läßt sich nach unserer Überzeugung nur durch die intensive Konfrontation der Leser mit denjenigen Argumenten erreichen, die bedeutende Philosophen zu bedeutenden politischen Fragen vertreten haben. Deswegen steht die Analyse dieser Argumente im Mittelpunkt unserer Darstellung. Um Raum für diese Untersuchung zu schaffen, haben wir uns dazu entschlossen, die für die politische Philosophie charakteristische Vielfalt von Problemstellungen und Autoren kräftig zu beschneiden. Aus der Fülle der von politischen Philosophen diskutierten Fragen haben wir sieben Themen bzw. Themenkomplexe ausgewählt, die uns besonders wichtig erscheinen. Noch stärker als bei den zu behandelnden Themen mußten wir uns bei der Auswahl der zu betrachtenden Autoren beschränken. In der Regel sind es nur drei oder vier Philosophen, deren Argumente zu einem bestimmten politischen Problem erörtert werden. Es sind dies jeweils diejenigen Philosophen, die nach unserer Auffassung die herausragendsten Beiträge zur Untersuchung eines der von uns ausgewählten Themen geleistet haben.

Die Leser dieses Bandes erwartet folglich weder eine Gesamtdarstellung der politischen Philosophie noch eine Reihe von Gesamtdarstellungen einzelner Themen der politischen Philosophie. Vielmehr erwartet sie der Versuch, zu einem eigenständigen Studium der politischen Philosophie anzuleiten. Wir sind der Überzeugung, daß eine selbständige Lektüre bedeutender philosophischer Texte durch nichts zu ersetzen ist. Was eine Einführung wie diese im besten Fall leisten kann, ist demnach, eine solche Lektüre anzuregen und zu erleichtern. Wir haben uns darum bemüht, auf der Basis einer geeigneten Auswahl von Autoren, Texten und Argumenten eben dies zu leisten. Inwieweit uns das gelungen ist, müssen die Leser selbst entscheiden.

Die in diesem Band enthaltenen Erörterungen sind weitgehend abstrakt und vermutlich nicht immer leicht zu verstehen. Um die Leser über die dadurch zwangsläufig gegebenen Schwierigkeiten hinaus nicht unnötig zu verwirren, haben wir zusätzlich zu den beiden bereits genannten inhaltlichen Beschränkungen ganz gezielt auch die Darstellungsform vereinfacht: So haben wir uns erstens in der Regel darauf beschränkt, die Position, die ein bestimmter Philosoph zu einem bestimmten Problem bezieht, anhand der Schrift zu erläutern, die wir in diesem Zusammenhang für sein Hauptwerk halten. Auf diese Weise geraten zwar wichtige Veränderungen, die Philosophen wie etwa Platon oder Rawls im Laufe ihres Lebens an ihren Positionen vorgenommen haben, aus dem Blick. Dieser Nachteil wird nach unserer Auffassung aber durch die Vorzüge mehr als aufgewogen, die sich für den Anfänger aus der Konzentration auf eine geschlossene philosophische Position ergeben.

Bei komplexen philosophischen Hauptwerken (wie Platons *Politeia* oder Rawls' *A Theory of Justice*) mußten wir uns zweitens mit der Untersuchung ausgewählter Textpartien begnügen. Im Interesse einer möglichst flüssigen und von den Besonderheiten der unterschiedlichen Textausgaben unabhängigen Darstellung haben wir drittens auf die von uns jeweils besprochenen Textpassagen meistens nur grob (d. h. mit den Nummern von Büchern, Teilen, Abschnitten, Kapiteln oder Paragraphen eines Werks) verwiesen und Seitenzahlen nur dann angegeben, wenn (wie bei den Schriften von Sieyes) ein besonderer Grund dafür vorliegt. Auf detaillierte Nachweise der Sekundärliteratur und eine wissenschaftliche Auseinandersetzung mit ihr haben wir schließlich völlig verzichtet, weil uns dies den Rahmen einer Einführung in die politische Philosophie zu sprengen scheint.

Trotz unserer Bemühungen um eine Beschränkung des Materials und eine Vereinfachung der Darstellung kann es durchaus sein, daß dieser Band Lesern als schwierig erscheinen wird. In gewisser Weise ist ein solcher Eindruck gar nicht zu vermeiden. Philosophische Argumente nachvollziehen oder kritisieren zu wollen, erfordert eine erhebliche intellektuelle Anstrengung. Wer sich diese Anstrengung ersparen möchte, sollte sich besser überhaupt nicht mit philosophischen Problemen beschäftigen. Wir sind jedoch überzeugt, dass sich diese Mühe lohnen wird.

Wir möchten die Leser noch auf einen weiteren Umstand hinweisen. Unsere Einführung in die politische Philosophie ist das Produkt dreier Autoren, die zwar einerseits in vielen inhaltlichen Neigungen und methodologischen Überzeugungen übereinstimmen, die sich aber andererseits auch merklich unterscheiden, was die Herangehensweise an die philosophischen Probleme, die Bewertung von Einzelfragen und die sprachliche Ausdrucksweise betrifft. Wir haben uns nicht darum bemüht, diese Unterschiede einzuebnen, sondern uns damit zufrieden gegeben, einen Text zu erstellen, den jeder von uns mittragen kann, ohne mit jedem Detail einverstanden sein zu müssen. Da der Einheitlichkeit dieses Bandes also Grenzen gesetzt sind, die in den Persönlichkeiten seiner Autoren begründet liegen, haben wir uns entschlossen, für jedes Kapitel seinen Autor (bzw. in einem Fall seine zwei Autoren) anzugeben. Dieser Entschluß ist uns umso leichter gefallen, als jedes Kapitel nicht nur im konzeptionellen Kontext des gesamten Bandes, sondern auch unabhängig davon – also isoliert von allen anderen Kapiteln – gelesen werden kann.

Am Zustandekommen des vorliegenden Buches waren eine ganze Reihe von Personen beteiligt: Für die Endfassung des Manuskriptes war Barbara Förtsch eine gewissenhafte Hilfe bei der Überarbeitung der Druckfahnen und des Sachregisters. An der Erstellung des Registers haben auch Christian Mackenrodt und Stefan Handke mitgearbeitet. Ihnen sei hiermit herzlich gedankt. Vor allem aber möchten wir den Herausgebern der Reihe ‚Grundkurs Politikwissenschaft' dafür danken, daß sie uns zu dem vorliegenden Band angeregt und seine Entstehung so engagiert wie geduldig begleitet haben. Unser ganz besonderer Dank gilt dabei Ruth Zimmerling, die uns mit ihren detaillierten Einwänden gezwungen hat, unsere Darstellung zu verbessern. Alle trotz ihrer Kritik verbleibenden Unzulänglichkeiten dieses Bandes gehen selbstverständlich auf unser Konto.

Bamberg, im Mai 2006
M.B.
J.S.
R.Z.

I. Einleitung

(Michael Becker)

Wenn man eine einigermaßen tragfähige, aber dennoch handliche Bestimmung der Begriffe ‚Philosophie' und ‚politische Philosophie' vornehmen will, dann kann man zunächst von der Annahme ausgehen, daß Philosophie zu betreiben generell heißt, Dingen auf den Grund zu gehen. Einige der Philosophen, vornehmlich die klassischen unter ihnen, versuchen nämlich, das Wesen der Dinge zu erkennen und letzte, unbezweifelbare Gründe für das Sosein von etwas anzugeben. Zugleich ist ihnen daran gelegen, ‚die Welt', als Gesamtheit aller Dinge, aus diesen Gründen heraus als etwas Zusammenhängendes zu betrachten. Allerdings stand das philosophische Projekt von Anfang an im Zeichen einer tiefen Uneinigkeit darüber, was denn als ein solcher letzter Grund gelten könne, und nicht alle Philosophen hatten sich dieser Suche nach Letztbegründung gewidmet. Auch in der politischen Philosophie, als wichtigem Zweig des allgemeinen philosophischen Unternehmens, trifft man auf diese Ausrichtung auf letzte Gründe, aber damit eben zugleich auf den fundamentalen und gerade auf ihrem Gebiet unüberbrückbar scheinenden Streit über die richtige Sicht der (politischen) Welt. Außerdem sind politische Philosophen natürlich ebenfalls um das Aufzeigen von Zusammenhängen, etwa denjenigen zwischen Moral, Ökonomie und Politik, bemüht. Neben diese beiden Merkmale, die Bemühungen um Grundlegung und um Systematik, tritt bei der politischen Philosophie aber noch ein Drittes, das ihre Eigenart gegenüber den meisten anderen Teilbereichen der Philosophie ausmacht: der normative Gesichtspunkt. So fragen politische Philosophen nach den Bedingungen und nach der Beschaffenheit der „guten" oder der „besten", nach der „gerechten" oder der „richtigen" Ordnung für das menschliche Zusammenleben; sie geben Antwort auf die Fragen, wer die Geschicke einer Gemeinschaft bestimmen, also wer herrschen soll, welche Institutionen vorhanden sein müssen und welcher Typus von Bürger notwendig ist. Der weitgehend normative Charakter der politischen Philosophie rührt also mit anderen Worten daher, daß ihre Vertreter Argumente dafür vorbringen, wie die politische Welt – insgesamt oder im Detail – eingerichtet sein oder funktionieren soll.

Der wohl wichtigste Grund für die gravierenden Unterschiede zwischen den philosophischen Theorien besteht in dem jeweils vorhandenen Erkenntnisinteresse. Einige der ersten abendländischen

Philosophie und politische Philosophie

Philosophen im klassischen Griechenland versuchten die Konstruktionspläne für die Ordnung der menschlichen Gemeinschaft aus einem als unveränderlich angesehenen „Kosmos" zu gewinnen. So, wie die natürliche Welt von den ewigen Gesetzen bestimmt ist, sollte auch die politisch-soziale Welt nach unwandelbaren Gesetzen eingerichtet werden. Andere Philosophen untersuchten dagegen die existierende Praxis, um die Prinzipien entweder des politischen Handelns oder der vorfindbaren politischen Institutionen zu bestimmen. Wiederum andere, vorwiegend die neuzeitlichen Philosophen, versuchten nicht mehr, eine ideale Ordnung zu erkennen bzw. eine existierende Praxis zu analysieren, sondern die Bedingungen anzugeben, unter denen Individuen einer staatlichen Ordnung prinzipiell zustimmen können. Diese und andere Zugangsweisen zu der Frage nach der guten, der richtigen oder zumindest der stabilen Ordnung koexistieren auch heute noch, und ein Teil der aktuellen Auseinandersetzungen in der politischen Philosophie läßt sich vor dem Hintergrund dieser unterschiedlichen Ausgangspunkte besser verstehen.

Abgrenzungen   Die politische Philosophie als eine Spezial-Philosophie, die es mit der politischen Ordnung einer Gesellschaft, den angemessenen Institutionen und den entsprechenden Bürgern zu tun hat, kann mehr oder weniger deutlich von benachbarten philosophischen Disziplinen unterschieden werden, die sich ebenfalls mit dem geordneten, weil regelgeleiteten Zusammenleben der Menschen beschäftigen. Ein relativ klarer Unterschied besteht zur *Moral*philosophie. Die Moralphilosophie untersucht z. B., wie der Einzelne ein „glückseliges" Leben führen oder wie der menschliche Wille zu einem „guten" Willen gemacht werden kann. Moderner gesagt, fragt sie danach, welches die Kriterien des richtigen Handelns sind. Moralphilosophische Untersuchungen beschäftigen sich demnach zuerst einmal mit der – primär emotionalen, leidenschaftlichen oder vernünftigen – Innenwelt der Einzelnen und den daraus hervorgehenden Problemen für die individuelle Lebensführung; eine in Institutionen sich niederschlagende *Ordnung* steht hier zunächst noch nicht zur Diskussion. Mehr Gemeinsamkeiten und thematische Überschneidungen haben demgegenüber die politische Philosophie und die *Rechts*philosophie. Auch die Rechtsphilosophie läßt sich als Bestandteil der Philosophie auffassen, weil sie nicht in erster Linie nach dem vorhandenen Recht, sondern nach den Bedingungen und Gründen des „richtigen Rechts" fragt. Und ihre Nähe zur politischen Philosophie ergibt sich des weiteren daraus, daß richtiges Recht seinerseits Garant einer legitimen (politischen) Ordnung sein soll. Fragen des richtigen oder guten Handelns interessieren auch in diesem Zusammenhang nicht unmittelbar.

Begreift man nun die Politikwissenschaft, der die politische Philosophie als Teilbereich auch zugerechnet werden kann, als eine vorwiegend empirisch betriebene Sozialwissenschaft, dann provoziert insbesondere die klassische Philosophie aus zweierlei Gründen Widerspruch: Zum einen wird wegen der erwähnten Bemühungen um ‚letzte Gründe‘ häufig der Vorwurf erhoben, sie würde die Grundlagen ihrer Gedankengebäude gegen Kritik abschotten. Zum anderen, und damit zusammenhängend, wird eingewandt, es handele sich bei ihren Grundaussagen nicht um widerlegbare Tatsachenaussagen, sondern um Wertaussagen, über die prinzipiell keine Übereinstimmung erzielt werden könne.

Einwände dieser Art sind ernst zu nehmen. So überzeugen z. B. Gründe, die nur den wenigen Experten oder Eingeweihten zugänglich sein sollen, heutzutage nicht mehr. Deshalb operieren die meisten der zeitgenössischen philosophischen Theorien erst gar nicht mit einem solchen exklusiven Wissen. Anders verhält es sich jedoch mit den ‚Werten‘, insofern man darunter normative Überzeugungen versteht, die etwa die Freiheit und die Gleichheit der Menschen betreffen. Sie wird man nicht einfach als bloß subjektive Überzeugungen abtun wollen. Für einige der modernen Philosophen versteht es sich sogar von selbst, daß diese Grundsätze die Verfassungen liberaler Demokratien westlichen Zuschnitts prägen. Sie treten den Nachweis an, daß die als unabdingbar betrachteten Prinzipien zumindest teilweise schon verwirklicht sind, d. h. sich in den Institutionen und darüber hinaus auch häufig genug in den Orientierungen der politisch aktiven Bürgerschaft widerspiegeln. Ein besonderer Streitpunkt besteht jedoch noch in der Frage, ob solche Grundsätze nur für eine begrenzte Region, „das Abendland" oder „den Westen" Geltung besitzen, oder ob sie „universal", für die gesamte Menschheit gelten.

Nach welchen Kriterien wurden die in diesem Band versammelten Themen bzw. Philosophen ausgewählt? Dazu ist zunächst zu sagen, daß eine solche Auswahl nur in vergleichsweise engen Grenzen durch persönliche Vorlieben bestimmt sein kann. Ein Großteil der Philosophen drängt sich sozusagen von selbst auf, weil es sich bei ihnen um Klassiker handelt. Deren Bedeutung liegt darin, daß sie erstmals umfassende Modelle politischer Ordnung entworfen oder solche Entwürfe wiederentdeckt haben. „Klassisch" zu sein bedeutet, daß Werke auf ganz unterschiedlichen Gebieten uns noch etwas zu sagen haben, obwohl sie nicht zeitgenössisch sind, daß also das, was in ihnen zum Ausdruck gelangt, überzeitliche Geltung besitzt. Griechische Tragödien z. B. können auch Konflikte zwischen Einzelnem und Gesellschaft im Hier und Jetzt widerspiegeln, alte Skulpturen oder Gemälde eine sogenannte „zeitlose" Schönheit besitzen. Einen vergleichbaren Stellenwert besitzen die Lehrstücke der politischen Philosophen, die in den vorliegenden Band aufgenommen wurden. Das heißt auch: Die Beschäftigung mit den Klassikern geschieht nicht primär aus dem historischen Interesse heraus, zu erfahren, was zu früheren Zeiten anderswo gedacht wurde und was davon zur Kenntnis zu nehmen ist, sondern sie ist vor allem dadurch motiviert, von früheren Problemlösungen auch noch etwas für eine reichlich andere Gegenwart zu lernen.

Mit der Auswahl der Autoren ist in gewissem Sinne auch der zu behandelnde Themenkreis festgelegt. Das ist aber nicht so zu verstehen, daß durch eine Festlegung auf große Namen der Fragehorizont eingeengt würde und wichtige Aspekte der politischen Philosophie, die von unbekannten Autoren bearbeitet wurden, deshalb womöglich keine Berücksichtigung finden. Auch wenn man umgekehrt vorgeht und zunächst einen Katalog mit den einst und jetzt interessierenden Fragen zusammenstellt, stößt man beinahe zwangsläufig auf die relativ klar abgrenzbare Gruppe mit den bekannten Namen.[1] Die Herausragenden in einem bestimmten Fach, wie dem der politischen Philosophie, sind in der Regel diejenigen, die schwierige Fragen virtuos beantwortet haben und umgekehrt.

Bei der Zusammenstellung des Bandes wurde Wert darauf gelegt, den deutschen Philosophen des ausgehenden 18. und des 19. Jahrhunderts einen etwas breiteren Raum zuzugestehen, als dies in den meisten englischsprachigen Einführungen zur politischen Philosophie der Fall ist. Die Auseinandersetzung mit Kant versteht sich, seit Rawls' Arbeiten, beinahe von selbst – der politische Liberalismus der Gegenwart ist überwiegend kantianisch. Weniger selbstverständlich ist unter Umständen die in Kapitel III bzw. IV anzutreffende Beschäftigung mit Hegel bzw. Marx. Hegels Staats- und Rechtsphilosophie leidet darunter, daß sie in ein nur schwer zugängliches philosophisches System eingespannt ist, Marxens Kapitalismus-Kritik schien mit dem Zusammenbruch des „realen Sozialismus" endgültig diskreditiert. Mit dem Aufkommen der kommunitaristischen Kritik am Liberalismus, in der Hegel (neben Aristoteles) zum Kronzeugen einer weniger individualistischen politischen Philosophie gemacht wurde, ist jedoch eine gewisse Hegel-Renaissance zu beobachten. Und im Zuge der Diskussion um die Globalisierung wurden auch die

---

[1] Vergleiche dazu nur die jeweilige Auswahl in: Maier, Hans; Heinz Rausch und Horst Denzer (Hrsg.): *Klassiker des politischen Denkens*, 2 Bde. München 1986; Hoerster, Norbert (Hrsg.): *Klassische Texte der Staatsphilosophie* München 2003; Oberndörfer, Dieter und Beate Rosenzweig (Hrsg.): *Klassische Staatsphilosophie*, München 2000.

Schriften von Karl Marx wiederentdeckt. Beiden Entwicklungen wird im vorliegenden Band Rechnung getragen.

Leichte Unsicherheiten bestanden bei der Auswahl *zeitgenössischer* Philosophen. Die wichtigsten unter ihnen sind, bis auf wenige Ausnahmen, noch nicht endgültig herausgefunden, das Urteil darüber ist noch nicht sicher. Der vorliegende Band beschränkt sich bei den zeitgenössischen Autoren auf Friedrich A. von Hayek, John Rawls, Hannah Arendt und Jürgen Habermas. Hierbei waren unterschiedliche ‚politische‘ Strömungen, aber, wenn man so will, auch Fragen der geographischen Herkunft zu berücksichtigen.[2] Was die ideengeschichtliche Ausrichtung angeht, so vertritt Hayek eine *britische*, wesentlich auf die schottische Moralphilosophie aufbauende und Elemente des ‚Common Law‘ verarbeitende Variante des Liberalismus, Rawls dagegen eine von Kant ausgehende *amerikanische*, wesentlich auf Grundrechte fixierte und in die Vertragstheorie eingebettete Variante. Von den beiden (neben Hayek) *deutschen* Autoren vertritt Arendt einen, man könnte sagen: alteuropäischen Republikanismus, während Habermas eine Zusammenschau von liberaler Grundrechtstheorie einerseits und Rousseauscher Volkssouveränität andererseits versucht.

Die hier vorgelegte Auswahl weist auch eine gewisse Einseitigkeit auf. ‚Feminismus‘, ‚Differenz‘, ‚Dekonstruktivismus‘ und ‚Postmoderne‘ – das sind Begriffe, die immer wieder innerhalb der zeitgenössischen politischen Philosophie auftauchen. Sie entweder gar nicht oder nicht ausdrücklich zu behandeln, bedeutet zum einen natürlich, diese Themen als weniger bedeutsam als die vorgestellten Themen zu betrachten. Zum anderen aber können zumindest einige Aspekte auch unter den hier gewählten Rubriken mit abgehandelt werden. So wird z. B. das Thema der ‚Besonderheit‘ des je Einzelnen bzw. einzelner Gemeinschaften – in engen Grenzen – auch im Kapitel über „Sittlichkeit" angesprochen.

Darüber hinaus läßt sich fragen, ob (einige) Probleme, die von feministischer Seite thematisiert werden, tatsächlich philosophische Probleme im engeren Sinne sind. Muß beispielsweise feministische Kritik wirklich immer auf einen anderen Vernunftbegriff, eine andere Art der Erkenntnis oder die Infragestellung kompletter philosophischer Systeme hinauslaufen? Oder geht es dabei nicht selten um Probleme, die

Feminismus

---

[2]   In Einführungen und Textsammlungen zur politischen Philosophie, die aus dem englischsprachigen Raum stammen, sind kontinentaleuropäische Autoren häufig unterrepräsentiert; vgl. z. B. Will Kymlicka: *Politische Philosophie heute*. Frankfurt/M. 1996 sowie Robert E. Goodin und Philip Pettit (Hrsg.): *Contemporary Political Philosophy. An Anthology.* Oxford 1997. Siehe dagegen Ballestrem, Karl Graf und Heninng Ottmann (Hrsg.): *Politische Philosophie des 20. Jahrhunderts*, München 1990.

z. B. mit einem *Vernunft*begriff, welchen Zuschnitts auch immer, gar nicht gelöst werden können? Berechtigte Vorwürfe von feministischer Seite, wie etwa der, daß Frauen in den Politik- bzw. Staatskonzeptionen der großen Philosophen bis ins Zeitalter der Aufklärung hinein und auch noch darüber hinaus entweder gar keine oder nur eine untergeordnete Rolle gespielt haben, gehören womöglich zu dieser Sorte von Problemen. Zwar gehört die Gleichbehandlung von Mann und Frau bzw. von unterschiedlichen ethnischen Gruppen zumindest in den Gesellschaften des liberalen Westen mittlerweile zum politischen Alltag. Aber man sollte sich z. B. auch daran erinnern, daß die Vereinigten Staaten von Amerika, als ältester moderner Verfassungsstaat, erst in den fünfziger Jahren des 20. Jahrhunderts die Aufhebung der Rassendiskriminierung in Angriff genommen haben, und daß die Schweiz, trotz ihrer langen demokratischen Tradition, erst 1971 das Frauenwahlrecht einführte. Mit anderen Worten: Hinsichtlich der Frage der Gleichstellung der Geschlechter oder der ,Rassen' blind gewesen zu sein, das ist kein Spezifikum der meisten (männlichen) Philosophen, sondern vor allem ein Problem der jeweiligen (allerdings männerdominierten) Gesellschaften, in denen diese Philosophen lebten.

Vom Feminismus und von den verschiedenen Differenz-Theorien – nicht selten auch: von den feministischen Differenz-Theorien – wird überdies die Frage aufgeworfen, ob es im Rahmen der politischen Philosophie immer und ausschließlich auf die Vernunft oder Rationalität als das herausragende menschliche Vermögen ankommen soll (in vielen Kapiteln dieses Bandes wird ebenfalls davon die Rede sein). Die Gegenfrage, die sich aus der von uns eingenommenen Perspektive ergibt, lautet: Worauf, wenn nicht auf die Vernunft, auf jenes Vermögen also, mit dem sich verallgemeinerbare Einsichten erkennen oder begründen lassen, sollen sich die Philosophen stützen? Fast alle Philosophen haben ihre für wahr gehaltenen, vernünftigen Einsichten von bloßen Mutmaßungen einerseits und vom (religiösen) Glauben andererseits scharf geschieden. Die von den Differenz-Theoretikern gegen diese Fixierung ausschließlich auf die Vernunft benannten anderen Vermögen, die in der Politik und darum auch in ihrer philosophischen Theorie eine Rolle spielen sollen, sind z. B. das „Zeugnis-Ablegen", das „Geschichten-Erzählen" oder die „Anerkennung von Differenz" etc. Wir sind der Auffassung, daß diese Phänomene erst auf der konkreten Ebene der politischen Praxis, nicht jedoch bei den abstrakten Begründungsbemühungen der Philosophen Bedeutung erlangen.[3]

---

[3]   Einen guten Überblick über die Anliegen wichtiger (überwiegend feministischer) Differenztheorien bietet Seyla Benhabib (Hrsg.): *Democracy and Difference. Contesting the Boundaries of the Political.* Princeton 1996. Die oben

Neben dem Feminismus und der Betonung der Differenz sind zwei weitere populäre aufklärungs- oder modernitätskritische, in den sechziger bzw. siebziger Jahren des 20. Jahrhunderts aufgekommene kontinentale bzw. französische Strömungen anzuführen. Die eine, der *Postmodernismus*, wendet sich grundsätzlich gegen alle „großen Erzählungen" – sowohl diejenigen, die von einer Einheit der (unterschiedlichen Vermögen der) Vernunft sprechen, als auch diejenigen, die einen emanzipatorischen Inhalt besitzen. Nach der Auffassung von Jean-François Lyotard gibt es keine universale, allen Menschen gemeinsame Vernunft, keinen universalen Konsens (z. B. hinsichtlich moralischer Normen), sondern nur jeweils heterogene „Sprachspiele" und darum jeweils „lokale" Übereinstimmungen. Der *Dekonstruktivismus* von Jacques Derrida geht noch einen Schritt weiter. Wenn man sein Anliegen in einen Satz fassen will, so könnte man sagen, ihm sei daran gelegen, die Unhaltbarkeit allen systematischen Philosophierens offenzulegen. Jeder der großen abendländischen Philosophen, von Platon an, habe mit unterschiedlichen Mitteln versucht, die „Welt" eindeutig und vollkommen – ohne Rest – vernünftig zu erfassen und mit unbezweifelbaren „Letztbegründungen" zu versehen. Solchen Ordnungsvorstellungen gelte es durch die dekonstruktive Einstellung zu begegnen.[4]

Daß nun diese beiden, in ihrer Grundintention hier nur angedeuteten Strömungen in dieser Einführung nicht weiter behandelt werden, hängt zum einen damit zusammen, daß Lyotard und Derrida nur in einem eingeschränkten Sinne *politische* Philosophen sind und sie in der Auswahl, die in diesem Band vorgestellt wird, genauso wie andere prominente(re) Philosophen, die keine politische Philosophie betrieben haben, keinen Platz finden. Zum anderen, und das ist noch wichtiger, sind die hier versammelten Autoren allesamt *konstruktive* Denker. Dies meint vor allem den Umstand, daß sie, selbst von einer skeptischen Grundeinstellung heraus, eine *Ordnungs*vorstellung für eine Gesellschaft *entwerfen*. Obwohl eine kritische Auseinandersetzung mit existierenden politischen Ordnungen und ihren Rechtfertigungsversuchen seitens der Philosophie jederzeit legitim ist, ist es nach der von uns vertretenen Auffassung sinn-

Postmodernismus und Dekonstruktivismus

---

angedeutete Möglichkeit der Vermittlung von feministischen Positionen und (,männlicher') politischer Philosophie vertritt z. B. Martha C. Nussbaum: Die feministische Kritik des Liberalismus, in: dies.: *Konstruktion der Liebe, des Begehrens und der Fürsorge. Drei philosophische Essays*. Stuttgart 2002, 15-89.

[4]   Siehe z. B. Jacques Derrida: *Grammatologie*. Frankfurt/M. 1983 [1967]; zur philosophischen Theorie der Postmoderne siehe Jean-François Lyotard: *Das postmoderne Wissen*. Graz und Wien 1986.

voll, den ersten vor dem zweiten Schritt zu tun und politische Philosophie zunächst einmal als *konstruktives* Geschäft zu begreifen.[5]

Die Themen dieses Buches

Der vorliegende Band beschäftigt sich also mit älteren (aber immer noch aktuellen) und mit neueren grundsätzlichen Fragestellungen und Ordnungsmodellen der politischen Philosophie. Zu ihren epochenübergreifenden Themen gehören ,Sittlichkeit', ,Gerechtigkeit', ,Demokratie' und ,Gewaltenteilung'. Die Themen ,Gesellschaftsvertrag', ,Freiheit' und vor allem die ,internationalen Beziehungen' sind dagegen neueren Datums oder in früheren Zeiten ohne erwähnenswerte Ausarbeitung geblieben. In den einzelnen Kapiteln wird es konkret um folgendes gehen:

Vertragstheorie

Zunächst soll in Kapitel II eine der wichtigsten, vielleicht die wichtigste Argumentationsfigur der politischen Philosophie der Neuzeit – die Idee des Gesellschaftsvertrages - in ihren bedeutsamsten theoretischen Ausprägungen vorgestellt werden. Die verschiedenen Ausformungen der Vertragstheorie weisen alle eine identische Grundstruktur auf: Ausgangspunkt ist ein angenommener oder hypothetischer Zustand, „Naturzustand" genannt, in dem es einerseits noch keinen Staat als Garanten einer öffentlichen Ordnung gibt, in dem andererseits aber natürliche Rechte oder Gesetze existieren. Diese sind zwar prinzipiell erkennbar und dazu geeignet, das Handeln oder Verhalten der Individuen zu koordinieren. Aber es gelingt den Einzelnen nicht, diese natürlichen Normen tatsächlich durchzusetzen, z. B. deshalb, weil sie in konkreten Fällen immer parteiisch, zum eigenen Vorteil ausgelegt werden. Es bedarf also einer unwiderstehlichen äußeren Macht, die ein friedliches und geregeltes Nebeneinander der Individuen ermöglicht. Ein hypothetischer Ver-

---

[5] Die Auswahl vor allem unter den zeitgenössischen Philosophen so und nicht anders getroffen zu haben, heißt im übrigen auch nicht, daß es nicht auch innerhalb und außerhalb des deutschen Sprachraums andere einflußreiche Autoren gibt. Für die zweite Hälfte des 20. Jahrhunderts fallen einem über die bisher bereits genannten hinaus u. a. folgende Autoren und Werke ein: Auf der einen Seite Wilhelm Hennis: *Politik und praktische Philosophie.* Stuttgart 1977; Otfried Höffe: *Politische Gerechtigkeit.* Frankfurt/M. 1987; Vittorio Hösle: *Moral und Politik.* München 1997; Wolfgang Kersting: *Kritik der Gleichheit.* Velbrück 2002; Ingeborg Maus: *Zur Aufklärung der Demokratietheorie.* Frankfurt/M. 1992; Ulrich Steinvorth: *Gleiche Freiheit.* Berlin 1999; Ernst Vollrath: *Grundlegung einer philosophischen Theorie des Politischen.* Würzburg 1987. Auf der anderen Seite sind u. a. zu nennen Isaiah Berlin: *Freiheit.* Frankfurt/M. 1995 [1969]; Cornelius Castoriadis: *Gesellschaft als imaginäre Institution.* Frankfurt/M. 1984; Bertrand de Jouvenel: *Sovereignty.* Indianapolis 1997 [1957]; Robert Nozick: *Anarchy, State, and Utopia.* New York 1974; Leo Strauss: *What Is Political Philosophy? and Other Essays.* Chicago und London 1959; Eric Voegelin: *Die neue Wissenschaft von der Politik.* München 1959; Michael Walzer: *Sphären der Gerechtigkeit.* Frankfurt/M. und New York 1992.

trag ist dann der Ausdruck eines generellen Einverständnisses über die Notwendigkeit der Einrichtung einer solchen Macht. Die Vertragstheorien unterscheiden sich im einzelnen jedoch z. B. darin, inwieweit die Individuen ihre ursprünglichen Rechte niederlegen müssen und wie groß die Vollmacht der zukünftig ordnungsverbürgenden Instanz sein soll. Die angesprochenen Gemeinsamkeiten, aber auch die Unterschiede sind prototypisch ausgebildet bei den wichtigsten Vertretern der neuzeitlichen Vertragstheorie im 17. und 18. Jahrhundert: bei Thomas Hobbes und seinem *Leviathan*, in der zweiten der *Zwei Abhandlungen über die Regierung* von John Locke und schließlich in Jean-Jacques Rousseaus *Gesellschaftsvertrag*.

In Kapitel III wird unter dem Titel „Sittlichkeit und Staat" eine Ergänzung der vertragstheoretischen Perspektive vorgenommen. Zwar liefern die Gesellschaftsvertragstheoretiker Argumente dafür, unter welchen Umständen eine staatliche Ordnung für die Einzelnen grundsätzlich annehmbar ist, und auch dafür, welche Kompetenzen dem vertraglich geschaffenen Souverän zufallen sollen. Darüber hinaus gibt es noch eine ganze Reihe von anderen Themen, die in den Theorien des Gesellschaftsvertrages nur selten gebührend berücksichtigt werden (weil für sie nicht von Belang), für andere Philosophen aber von zentraler Bedeutung sind. Aus dieser reichlich heterogenen Gruppe von Themen wurden folgende ausgewählt: Platon erörtert in seinen Dialogen über den *Staatsmann* und über die *Gesetze* die Unabdingbarkeit einer gewissen Kunstfertigkeit seitens der Herrscher. G. W. F. Hegel vertritt in seiner *Rechtsphilosophie* die Auffassung, daß der Staat nicht bloß eine zweckmäßige Einrichtung zum Schutz von individuellem Leben und Eigentum sei, sondern die Verkörperung der Idee der Sittlichkeit. In Anlehnung an Hegel macht Charles Taylor auf die Gefahren eines überzogenen Individualismus in der Moderne aufmerksam, der in Vergessenheit geraten läßt, daß Individualität immer die Sozialisation durch eine mehr oder weniger intakte Wertegemeinschaft zur Voraussetzung hat. Zeitgenössische „republikanische" Auffassungen, wie diejenige von Hannah Arendt, reklamieren schließlich die Notwendigkeit der Partizipation der urteilsfähigen Bürger am politischen Prozeß.

Kapitel IV behandelt das Thema ‚Freiheit'. ‚Freiheit' gehört auf den ersten Blick auch zu den epochenüberspannenden Fragestellungen. Gleichwohl ergibt sie sich in der hier untersuchten Form – als Freiheit von staatlichem Zwang und auch als Freiheit von der Willkür anderer – direkt aus der Frage nach der legitimen staatlichen Ordnung, die in Kapitel II erörtert wurde. Gegenstand des Freiheits-Kapitels ist damit ausschließlich die ‚negative' Freiheit, verstanden als das ‚Freisein von etwas', im Unterschied zur ‚positiven' Freiheit,

Sittlichkeit und Staat

Freiheit

als ‚Freiheit, etwas zu tun‘, also etwa der Freiheit zur politischen Selbstbestimmung. Als zentrales Anliegen des politischen Liberalismus ist die negative Freiheit ein Phänomen, das so lange nicht in das Blickfeld der Philosophen gerät, wie die Bedeutung des Individuums noch weit hinter der der Gemeinschaft zurücksteht. Von daher erklärt sich der Umstand, daß die hier vorgestellten Philosophen allesamt moderne Philosophen sind. Zunächst wird der Freiheitsbegriff aus Kants politischen und rechtsphilosophischen Schriften dargelegt. Sodann stehen mit John Stuart Mills Schrift *Über die Freiheit* und Friedrich A. Hayeks *Die Verfassung der Freiheit* die Hauptthesen zweier moderner Klassiker des Liberalismus im Mittelpunkt; schließlich wird es um die Kritik des ‚bürgerlichen‘ Freiheitsverständnisses in verschiedenen Schriften von Karl Marx gehen.

Gerechtigkeit   Die ‚Gerechtigkeit‘ bzw. die Frage nach der gerechten politischen Ordnung gehört zweifelsfrei zu den ältesten und zugleich zu den schwierigsten Fragen der politischen Philosophie. Sie ist Gegenstand des Kapitels V. Der Begriff ‚Gerechtigkeit‘ ist genauso weit verbreitet wie schillernd. Er taucht sowohl im moralischen als auch im politischen Kontext auf, das heißt, er kann auf das Verhältnis von Individuen untereinander abzielen oder aber auf die Beziehung des Staates zu den Bürgern. Folglich können zum Beispiel Probleme der Wiedergutmachung einer Schädigung sowie die Bedingungen des Tausches unter Privatleuten diskutiert werden; oder aber Aspekte der Verteilungsgerechtigkeit, das heißt die Kriterien, nach denen eine Verteilung von bestimmten Ressourcen staatlicherseits vorgenommen werden soll. Müssen diese gleichmäßig verteilt werden, oder spielen Leistung bzw. Bedürfnis die entscheidende Rolle bei der Herstellung von Gerechtigkeit? In Kapitel V werden zunächst die beiden Klassiker Platon und Aristoteles mit ihren Gerechtigkeitsauffassungen vorgestellt, die sie in den einschlägigen Passagen der *Politeia* bzw. der *Nikomachischen Ethik* und der *Politik* entwickelt haben. Im Anschluß daran stehen die Konzeptionen der beiden modernen Philosophen David Hume und John Rawls zur Diskussion: bei jenem vor allem die gerechtigkeitsrelevanten Partien im *Traktat über die menschliche Natur*, bei diesem die Kernaussagen in der *Theorie der Gerechtigkeit*.

Demokratie   Auch das in Kapitel VI behandelte Thema ‚Demokratie‘ ist von Anfang an zentraler Bestandteil der politischen Philosophie. In einem weiten Verständnis meint Demokratie eine solche politische Ordnung, in der das ‚Volk‘ an der Ausübung aller politischen Gewalten, die wir heute kennen, beteiligt ist, das heißt an der Beratung der Gesetze, ihrer Ausführung und ihrer Anwendung in der Rechtsprechung. ‚Demokratie‘ als in diesem Sinne umfassende Herrschaft der

Vielen ist unter anderem Gegenstand der Ausführungen in Aristoteles' politischen Schriften. Ein ganz enger Demokratiebegriff findet sich demgegenüber bei Rousseau. Die Demokratie ist bei ihm eine unter mehreren möglichen Regierungsformen, mit denen die vom souveränen Volk verabschiedeten Gesetze ausgeführt werden können. Rousseaus Ausführungen zu Demokratie und Regierung sind darüber hinaus auch als unabdingbare Ergänzungen zu seiner Gesellschaftsvertragstheorie zu betrachten, die in Kapitel II behandelt wurde. Die zeitgenössischen Theorien der deliberativen und der diskursiven Demokratie schließlich postulieren die Beteiligung des ‚Volkes‘ an einer bestimmten Herrschaftsfunktion, in diesem Falle der der Gesetzgebung. Mit der Diskurstheorie der Demokratie von Jürgen Habermas und der Theorie der deliberativen Demokratie von John Rawls werden zwei der wohl komplexesten zeitgenössischen Theorien der politischen Beratung betrachtet.

Die Erörterung der Grundsätze der ‚Gewaltenteilung‘ findet in Kapitel VII statt. Hier geht es um die Möglichkeiten zur Bändigung der Staatsgewalt. Diese Frage ist nicht identisch mit derjenigen nach einer sinnvollen oder effizienten Arbeitsteilung, die zwischen den einzelnen politischen Einrichtungen eines Staates bestehen sollte. Grundsätzlich zu unterscheiden sind zwei Formen der Gewaltenteilung: das ist zum einen die strikte *Trennung* der Gewalten, von denen eine jede ihren Aufgabenbereich zugewiesen bekommt, über den hinaus sie keine Kompetenzen besitzt. Zum anderen kann man von einer Gewalten*verschränkung* oder einer Balance zwischen den Gewalten in dem Falle sprechen, in dem die einzelnen Institutionen untereinander eine Kontrollfunktion ausüben können. Obwohl die Diskussion der Gewaltenteilung sich bis zu Aristoteles zurückverfolgen läßt, behandelt Kapitel VII in erster Linie moderne Autoren und Werke. In wichtigen Ausschnitten vorgestellt werden Charles de Montesquieus *Vom Geist der Gesetze*, Emmanuel Joseph Sieyès' politische Schriften sowie die spezifischen Artikel in den von Alexander Hamilton, James Madison und John Jay verfaßten *Federalist Papers*. An ihnen allen läßt sich der Variantenreichtum erkennen, mit dem die Zähmung der Staatsgewalt versucht worden ist.

Mit den ‚Internationalen Beziehungen‘ wird in Kapitel VIII einer der neuesten Zweige der politischen Philosophie angesprochen. Alle in diesem Band vorgestellten Philosophen haben sich auf die eine oder andere Weise den Fragen der innergesellschaftlichen oder innerstaatlichen Ordnung gewidmet, aber nur zwei von ihnen haben sich auch intensiv mit den Beziehungen der Staaten untereinander beschäftigt. Es stellt somit keine allzu große Übertreibung dar, wenn man sagt, daß erst am Ende des 18. Jahrhunderts mit *Zum ewigen*

Gewaltenteilung

Internationale
Beziehungen

Frieden von Immanuel Kant ein wirklich ernstzunehmender philosophischer Entwurf für einen dauerhaften Frieden zwischen den Staaten geliefert wurde. Rawls hat dann knapp zweihundert Jahre später, an Kant bzw. an seine eigene Gerechtigkeitstheorie anschließend, in seiner Abhandlung *Das Recht der Völker* ein Modell für den internationalen Frieden entwickelt. Der Unterschied der beiden Entwürfe besteht vor allem darin, daß Rawls, über Kant hinausgehend, eine (völker-)rechtliche Beschränkung der Souveränität der einzelnen Staaten für notwendig und für möglich hält. Wichtigen, seit geraumer Zeit zu beobachtenden Entwicklungen auf dem Gebiet der internationalen Politik und des Völkerrechts wird dadurch Rechnung getragen.

II. Gesellschaftsvertrag und Staat

(Johannes Schmidt und Reinhard Zintl)

Der Gesellschaftsvertrag ist die wichtigste Argumentationsfigur der neuzeitlichen politischen Philosophie.[1] Diese Figur wird in den klassischen Theorien des 17. und 18. Jahrhunderts verwendet, um den Staat, d. h. die Existenz politischer Herrschaft an sich, eine bestimmte Staatsform, d. h. eine die Ausübung politischer Herrschaft regelnde Verfassung, sowie die politischen Verpflichtungen eines Bürgers, d. h. den Inhalt und die Schranken seiner Gehorsamspflicht gegenüber der Staatsgewalt, zu begründen.[2] Das Muster dieser Begründung ist einfach: Staat, Verfassung und politische Verpflichtung werden auf einen Vertrag zurückgeführt, den die der Staatsgewalt Unterworfenen in einem vorstaatlichen bzw. apolitischen Zustand abgeschlossen haben bzw. abschließen würden. Die Modernität dieses Vertragsarguments besteht darin, daß es den Staat – sowohl was seine Existenz als auch was seine Organisation und seine Schranken betrifft – mit der Zustimmung der seiner Gewalt unterworfenen Individuen begründet. Mit dem Siegeszug dieser individualistischen Begründung setzt sich die für die Neuzeit charakteristische Vorstellung durch, daß der Staat nichts Natürliches oder von Gott Gegebenes, sondern etwas Künstliches, d. h. von Menschen Gemachtes sei.

In den klassischen Theorien wird das Vertragsargument typischerweise sowohl zur Erklärung (positive Version) als auch zur Rechtfertigung der Staatsgewalt (normative Version) verwendet. Die positive Version des Vertragsarguments versucht die Frage zu beantworten, warum es überhaupt einen Staat bzw. eine bestimmte institutionelle Ausprägung der Staatsgewalt gibt. Im Gegensatz dazu zielt die normative Version auf die Frage, warum es eine Staatsgewalt geben bzw. warum sie in einer bestimmten Weise verfaßt sein sollte. Die *positive* Version des Vertragsarguments tritt in einer histo-

---

[1] In Ansätzen findet sich diese Argumentationsfigur bereits in der Antike. Sie gehört zu den sophistischen Ideen, die Platon in der *Politeia* (und anderswo) massiv bekämpft. Vgl. dazu unten Kap. V., Abschnitt 1.1 (dritte These).

[2] Die klassische Idee des Gesellschaftsvertrags erlebte im letzten Drittel des 20. Jahrhunderts – ausgelöst durch Rawls' *Theorie der Gerechtigkeit* – eine gewaltige Renaissance. In diesen neueren Vertragstheorien geht es allerdings immer häufiger nicht mehr darum, den Staat, sondern darum, Prinzipien der Moral (vor allem Prinzipien der Gerechtigkeit) zu begründen. Das bekannteste Beispiel für eine neokontraktualistische Moralbegründung liefert Rawls' Theorie selbst. Vgl. dazu Kap. V., Abschnitt 4.

rischen und in einer pseudohistorischen Variante auf. Während die *historische* Variante mit der These operiert, daß sich eine bestimmte Menge von Individuen zu einem bestimmten geschichtlichen Zeitpunkt auf die Schaffung einer staatlichen Zwangsinstanz geeinigt hat, begnügt sich die *pseudohistorische* Variante damit, einen möglichst plausiblen Verlauf der Geschichte zu konstruieren und zu zeigen, daß dieser hypothetische historische Prozeß mit einer vertraglichen Etablierung politischer Herrschaft geendet hätte. Im Rahmen der *normativen* Version des Vertragsarguments ist eine realistische von einer idealistischen Variante zu unterscheiden. Die *realistische* Variante stützt sich auf die Behauptung, daß die der politischen Herrschaft Unterworfenen ihrer Etablierung und institutionellen Ausgestaltung tatsächlich zugestimmt haben bzw. tatsächlich permanent zustimmen. Im Gegensatz dazu versucht die *idealistische* Variante zu zeigen, daß es unter der hypothetischen Voraussetzung eines herrschaftsfreien Zustands für jedes Individuum vernünftig wäre, sowohl der Schaffung als auch einer bestimmten Verfassung der Staatsgewalt zuzustimmen. Wie komplex die von den Vertragstheoretikern verfolgten Rechtfertigungsstrategien sind, ist aus der Tatsache zu erkennen, daß die *realistische* Variante des Vertragsarguments in zwei höchst verschiedenen Spielarten auftritt. Diese beiden Spielarten unterscheiden sich hinsichtlich der Frage, was unter einer faktischen Zustimmung zu verstehen ist, wenn es um die Legitimation politischer Herrschaft geht. Während die erste Spielart einen ausdrücklichen oder *expliziten* Zustimmungsakt (wie z. B. eine feierliche Erklärung) für nötig erachtet, begnügt sich die zweite Spielart mit einem Akt der stillschweigenden oder *impliziten* Zustimmung (wie z. B. dem Entschluß, nicht auszuwandern).

Versionen des Vertragsarguments:

A. Positive Version   B. Normative Version

a. Historische Variante   a. Realistische Variante
b. Pseudohistorische Variante α. Expliziter Vertrag
                                          β. Impliziter Vertrag
                                          b. Idealistische Variante

---

Von philosophischem Interesse ist weniger die positive als die normative Version des Vertragsarguments. Wir werden uns daher im folgenden auf die kontraktualistische Rechtfertigung des Staates konzentrieren und die mit seiner kontraktualistischen Erklärung verbundenen Fragen weitgehend vernachlässigen. Dabei müssen wir beachten, daß von einer vertragstheoretischen Rechtfertigung im engeren Sinne nur dann gesprochen werden kann, wenn die Etablierung politischer Herrschaft auf die tatsächliche Zustimmung der ihr Unterworfenen zurückgeführt wird, wenn also – mit anderen Worten – die realistische Variante des normativen Vertragsarguments gewählt wird.

Dieser Schluß ergibt sich aus dem Begriff des Vertrages. Ein Vertrag ist ein (wechselseitiger) Akt der freiwilligen Selbstbindung. Wer einen Vertrag schließt, willigt (gegen das Versprechen einer bestimmten Gegenleistung) ein, sein künftiges Verhalten einer bestimmten Restriktion zu unterwerfen. Eine vertragliche Verpflichtung kann nur dann bestehen, wenn das verpflichtete Individuum dem Inhalt seiner Verpflichtung tatsächlich zustimmt bzw. zugestimmt hat. Wer dagegen lediglich zu erkennen gibt, daß er unter bestimmten hypothetischen Bedingungen einer bestimmten Beschränkung seines künftigen Verhaltens zustimmen würde, schließt keinen Vertrag, sondern macht sich kluge Gedanken. Nun ist es zwar durchaus möglich, daß sich ein Individuum an das Ergebnis dieser Gedanken gebunden fühlt, also eine moralische Verpflichtung empfindet, sich tatsächlich im Sinne seiner hypothetischen Zustimmung zu verhalten. Diese subjektive moralische Bindung ist aber sehr viel schwächer als die von einer vertraglichen Übereinkunft erzeugte objektive moralische Bindung. Ein Individuum, das einen Vertrag verletzt, verstößt gegen eine moralische Verpflichtung, die es einem anderen Individuum gegenüber tatsächlich eingegangen ist. Demgegenüber verstößt ein Individuum, das einem hypothetischen Zustimmungsakt zuwider handelt, zwar gegen seine eigenen moralischen Standards, nicht aber gegen eine moralische Verpflichtung, die es einem anderen Individuum gegenüber eingegangen wäre.

Weil ein tatsächlicher Zustimmungsakt ein Individuum viel stärker bindet als ein hypothetischer Zustimmungsakt, ist die Rechtfertigungskraft der realistischen Variante des Vertragsarguments grundsätzlich deutlich größer als die Rechtfertigungskraft seiner idealistischen Variante. Diesem unbestreitbaren Vorzug steht allerdings der entschiedene Nachteil gegenüber, daß sich ein realistisches Argument zur Rechtfertigung des Staates nur ganz selten in überzeugender Weise führen läßt. Historische Situationen zu benennen, in denen eine staatliche Ordnung durch einen expliziten Vertrag ins Leben gerufen wurde, ist eine mühsame Angelegenheit. Selbst wenn es uns gelänge, eine solche Situation zu finden, müßten wir uns immer noch mit dem Einwand herumschlagen, daß ein Vertrag, der von seinen Vorfahren geschlossen wurde, einen heute Lebenden nicht binden kann. Um eine bestehende politische Ordnung mit einem realistischen Argument zu rechtfertigen, müßte man also zeigen, daß diese Ordnung auf einem Vertrag der ihr aktuell unterworfenen Bürger beruht. Diesen Nachweis mit einem expliziten Vertrag führen zu wollen, ist ein hoffnungsloses Unterfangen, weil ein derartiger Vertrag in den aktuell existierenden Staaten ganz einfach nicht zu finden ist.

Der einzig erfolgversprechende Weg, eine existierende politische Ordnung mit einem realistischen Vertragsargument zu rechtfertigen, besteht demnach darin, auf die Idee des impliziten Vertrages zurückzugreifen. Dieser Weg steht einem Philosophen zwar grundsätzlich immer offen, führt aber in aller Regel zu einer wenig überzeugenden Legitimation, weil es außerordentlich schwierig ist, eine bestimmte Handlung zu benennen, mit der die Bürger eines Staates sowohl seiner bloßen Existenz als auch seiner besonderen Verfassung stillschweigend zustimmen.

Angesichts der Schwierigkeiten, mit denen die beiden Spielarten der realistischen Variante zu kämpfen haben, gewinnt die idealistische Variante des normativen Vertragsarguments erheblich an Attraktivität. Da sie Staat, Verfassung und politischen Gehorsam auf einen hypothetischen Zustimmungsakt zurückführt, kann in ihrem Fall zwar nur noch in einem weiteren Sinne von einem Vertragsargument gesprochen werden.[3] Dieses idealistische Argument hat sich aber bei der Rechtfertigung (und vor allem auch bei der Kritik) von politischen Ordnungen als weitaus fruchtbarer erwiesen als die im engeren Sinne als Vertragsargumente zu klassifizierenden Spielarten der realistischen Rechtfertigungsstrategie.

Alle klassischen Theorien des Gesellschaftsvertrags haben eine dreiteilige Struktur. Im ersten Teil wird der Naturzustand beschrieben. Der Naturzustand ist als ein Zustand definiert, in dem die Menschen zusammenleben, ohne einer staatlichen Gewalt zu unterliegen. Für die Logik des normativen Vertragsarguments ist es von sekundärer Bedeutung, ob man den Naturzustand als denjenigen Zustand interpretiert, in dem sich die Menschen tatsächlich befunden haben, als es noch keine Staaten gab, oder als denjenigen Zustand, in dem sie sich befinden würden, wenn es keine Staaten gäbe. Von überragender Bedeutung ist dagegen der Nachweis, daß es in jedermanns fundamentalem Interesse liegt bzw. läge, den Naturzustand zu verlassen und sich einer staatlichen Gewalt zu unterwerfen. Den von jedermann gewünschten bzw. für jedermann wünschenswerten Übergang vom Naturzustand zum staatlichen (oder bürgerlichen)

---

[3] Vgl. in diesem Zusammenhang Kap. V., Abschnitt 4.2, der die Rawlssche Modernisierung des Vertragsarguments behandelt.

Zustand besorgt der Gesellschaftsvertrag, der im zweiten Teil der Theorie präsentiert wird. Im dritten Teil werden schließlich die Konsequenzen entwickelt, die dieser Vertrag für die Verfassung der Staatsgewalt sowie für die Rechte und Pflichten der Bürger nach sich zieht. Da die politischen Konsequenzen des Gesellschaftsvertrags von der jeweils gewählten Vertragskonstruktion und die Details der Vertragskonstruktion von der jeweils gewählten Naturzustandsbeschreibung abhängen, kommt von den drei Teilen einer Vertragstheorie dem ersten Teil die größte logische Bedeutung zu.

Wir werden im folgenden drei Theorien des Gesellschaftsvertrags vorstellen, die das politische Denken der Neuzeit maßgeblich geprägt haben – die Theorien, die Thomas Hobbes im *Leviathan*, John Locke in den *Zwei Abhandlungen über die Regierung* und Jean-Jacques Rousseau im *Gesellschaftsvertrag* formuliert haben. Diese drei Theorien teilen zwar die oben skizzierte Argumentationsstruktur, kommen aber zu höchst unterschiedlichen politischen Ergebnissen: Hobbes begründet eine absolutistische, Locke eine liberal-demokratische und Rousseau eine republikanische Herrschaftsordnung.

1. Hobbes

Thomas Hobbes war der erste Philosoph, der ein elaboriertes Vertragsargument zugunsten der Rechtfertigung politischer Herrschaft geführt hat. Die allen Theorien des Gesellschaftsvertrags gemeinsame Struktur geht auf ihn zurück. Hobbes hat seine vertragstheoretische Legitimation des Staates in mehreren Anläufen entwickelt, die im *Leviathan* kulminieren. Der *Leviathan* ist ein grandioses Werk, das nicht nur Fragen der politischen Philosophie, sondern – darin Platons *Politeia* ähnlich – im Zusammenhang mit ihnen auch erkenntnistheoretische, rechtsphilosophische und (vor allem) theologische Probleme erörtert. Wir müssen uns hier darauf beschränken, die Grundzüge des Vertragsarguments zu klären, das Hobbes in den beiden ersten, dem Menschen und dem Staat gewidmeten Teilen des *Leviathan* ausbreitet. Die beiden letzten Teile des Werks, die sich mit dem Verhältnis von Staat und Religion (bzw. von weltlicher und kirchlicher Macht) beschäftigen, werden im folgenden ignoriert.

1.1 Naturzustand

Hobbes beschreibt den Naturzustand in zwei Anläufen, die sich zwar in ihrer Akzentsetzung, nicht jedoch in ihrem Ergebnis unterscheiden. Im ersten Anlauf geht es ihm darum, die positiven (oder empi-

rischen) Bedingungen zu klären, denen der Mensch von Natur aus
– d. h. unter der Annahme, daß es keine staatliche Ordnung gibt –
unterliegt. Diese Bedingungen beziehen sich zum einen auf die
physische bzw. soziale Umgebung eines Menschen (objektive Bedingungen) und zum anderen auf seine psychische Verfassung, d. h.
im wesentlichen auf seine Handlungsmotive (subjektive Bedingungen). Zu den objektiven Bedingungen zählt neben der natürlichen Knappheit der meisten Güter die natürliche Gleichheit aller
Menschen. Wenn Hobbes von natürlicher Gleichheit spricht, so
meint er damit, daß die Menschen – bei allen Unterschieden in ihrer
körperlichen und intellektuellen Ausstattung – in einer wesentlichen
Hinsicht gleich sind: Jeder ist von Natur aus kräftig und intelligent
genug, jeden anderen (im Alleingang oder im Verbund mit Gleich-
gesinnten, im offenen Kampf oder durch einen heimtückischen
Anschlag) zu töten.

So plausibel wie diese Fassung der natürlichen Gleichheit sind
auch die meisten der Prämissen, die Hobbes zur Charakterisierung
der subjektiven Bedingungen des Naturzustandes verwendet: Jeder
kümmert sich in erster Linie um seine eigene Erhaltung, ist also vor
allem darum bemüht, selbst am Leben zu bleiben; jeder hat Angst
davor, getötet oder verwundet zu werden; jeder wünscht sich die
Dinge, die das Leben angenehm machen etc. Weit weniger plausibel
ist die Annahme, daß jedes Individuum von Natur aus einen ausgeprägten Wunsch nach sozialer Anerkennung verspürt. Folgt man
Hobbes, so hat jeder Mensch nicht nur die natürliche Neigung, seine persönlichen Qualitäten außerordentlich hoch einzuschätzen,
sondern auch das natürliche Bedürfnis, von seiner Umgebung genauso hoch geschätzt zu werden, wie er sich selbst einschätzt.

Aus der Verknüpfung der objektiven und subjektiven Bedingungen
schließt Hobbes, daß sich im Naturzustand jeder mit jedem im Krieg
befindet. Mit der berühmten Formel des Krieges aller gegen alle ist
keineswegs ein Zustand gemeint, in dem jeder mit jedem pausenlos
die Waffen kreuzt. Gemeint ist vielmehr ein Zustand, in dem jedes
Individuum zu jeder Zeit damit rechnen muß, mit einem beliebigen
anderen Individuum in einen Konflikt zu geraten, der gewaltsam
ausgetragen wird. Hobbes nennt drei Ursachen dafür, daß der Naturzustand als Kriegszustand zu betrachten ist:

(1) Die natürliche Gleichheit sorgt dafür, daß die Konkurrenz um
knappe Güter mit Gewalt ausgetragen wird. Da jeder weiß, daß er
jeden anderen bezwingen kann, hat keiner einen Grund, einem
Konkurrenten kampflos ein für seine Erhaltung wertvolles Gut zu
überlassen.

(2) Das Wissen um die natürliche Gleichheit (und um die natürliche Knappheit) erzeugt eine fundamentale Unsicherheit, die es ratsam erscheinen läßt, andere präventiv zu attackieren. Da es immer damit rechnen muß, von anderen Individuen (oder Gruppen) seines Lebens oder seines Besitzes beraubt zu werden, kann sich auch ein mit knappen Gütern ausreichend versorgtes Individuum nicht damit begnügen, diese Güter zu genießen, sondern ist gezwungen, seine potentiellen Feinde zu schwächen, um sein Leben und seinen Besitz zu erhalten.

(3) Das natürliche Streben nach sozialer Anerkennung hat immer dann gewaltsame Konsequenzen, wenn ein Mensch auf einen Mitmenschen trifft, der ihm die gewünschte Anerkennung in erkennbarer Weise versagt. Tritt ein Individuum einem anderen Individuum mit einem Zeichen der Verachtung oder der Geringschätzung entgegen, so wird der Gekränkte den ihn Kränkenden mit Gewalt zu bestrafen versuchen, um von ihm ein Zeichen der Hochachtung zu erzwingen und allen Unbeteiligten zu signalisieren, welche Folgen eine Mißachtung seiner Person nach sich zieht.

Im zweiten Anlauf seiner Untersuchung geht Hobbes der Frage nach, welchen normativen (oder moralischen) Bedingungen der Mensch im Naturzustand unterliegt. Diese Bedingungen kommen zum einen in dem Recht, das jeder Mensch von Natur aus besitzt, und zum anderen in den Gesetzen zum Ausdruck, die das natürliche Zusammenleben der Menschen regeln. Hobbes legt großen Wert auf die Feststellung, daß zwischen den Begriffen ‚Recht' und ‚Gesetz' ein großer Unterschied besteht: Gibt man einem Individuum ein Recht, so räumt man ihm die Freiheit ein, etwas zu tun oder zu unterlassen; gibt man ihm dagegen ein Gesetz, so legt man ihm eine Verpflichtung auf, etwas zu tun oder zu unterlassen. Diesem allgemeinen begrifflichen Unterschied entsprechend definiert Hobbes den Begriff des natürlichen Rechts und den Begriff eines natürlichen Gesetzes. Unter dem natürlichen Recht eines Menschen ist danach seine Freiheit zu verstehen, all das zu tun, was nach seiner subjektiven Einschätzung seiner Selbsterhaltung dient. Unter einem natürlichen Gesetz versteht Hobbes dagegen eine allgemeine Regel der Vernunft, die es jedem Menschen verbietet (bzw. gebietet), das zu tun, was seine Erhaltung objektiv gefährdet (bzw. sichert). Während das Recht der Natur einem Menschen die Freiheit einräumt, sich nach seinen eigenen Maßstäben zu verhalten, hält ihn ein Gesetz der Natur dazu an, sein Verhalten an einer allgemein gültigen moralischen Norm zu orientieren.

Nun gibt es im Naturzustand keine Handlung, von der man nicht sagen könnte, daß sie nach dem Urteil irgendeiner Person geeignet wäre, für ihre Sicherheit zu sorgen. Jeder kann zum Beispiel zu jeder Zeit behaupten, daß es seiner Selbsterhaltung dient, einen Unschuldigen heimtückisch zu ermorden (weil jeder Unschuldige einen potentiellen Feind darstellt). Jeder hat daher auch das natürliche Recht, einen solchen Mord zu begehen. Da Hobbes den Inhalt der natürlichen Freiheit nur von den subjektiven Maßstäben der Individuen abhängig macht, hat diese Freiheit keine rechtlichen Schranken. Im Naturzustand hat daher – wie Hobbes sich ausdrückt – jeder ein Recht auf alles, auch auf das Leben jeder anderen Person. Es leuchtet ein, daß eine Situation, in der jeder dieses schrankenlose Recht wahrzunehmen versucht, einen grenzenlosen Konflikt heraufbeschwören muß. Der Naturzustand ist also nicht deshalb als ein Krieg aller gegen alle zu kennzeichnen, weil die Menschen permanent die natürlichen Rechte ihrer Mitmenschen verletzen würden, sondern deshalb, weil sie unbeirrt auf ihrem eigenen natürlichen Recht beharren.

Im Naturzustand ist es nach Hobbes zwar unmöglich, ein Unrecht zu begehen (weil man ein Recht auf alles hat), wohl aber ist es möglich, gegen ein natürliches Gesetz zu verstoßen. Bei seiner Formulierung der natürlichen Gesetze geht Hobbes von der schlichten Überlegung aus, daß das Leben eines Menschen im Frieden sicherer ist als im Kriege. Vor diesem Hintergrund sagt ein natürliches Gesetz einem Menschen, was er tun müßte, um mit seinen Mitmenschen in Frieden leben zu können.[4] Da ein friedliches Zusammenleben auf keinen Fall gelingen kann, wenn die beteiligten Individuen auf ihr natürliches Recht pochen, fordern die natürlichen Gesetze in erster Linie von jedem Individuum, unter bestimmten Bedingungen (und in einem bestimmten Umfang) auf dieses Recht zu verzichten. Ein solcher Rechtsverzicht kann einem Menschen allerdings nur dann zugemutet werden, wenn er sicher sein kann, daß im Gegenzug auch seine Mitmenschen auf ihr natürliches Recht verzichten (zweites natürliches Gesetz). Um Frieden zu stiften, ist also ein Vertrag vonnöten, in dem die Parteien übereinkommen, ihre natürliche Freiheit (in einem erheblichen Umfang) zu beschränken. Da ein solcher Vertrag seine friedenstiftende Wirkung nur dann entfalten kann, wenn die Vertragschließenden sich tatsächlich an ihre Abmachung halten, fordern die natürlichen Gesetze von jedem Individuum, seine vertraglichen Verpflichtungen zu erfüllen (drittes natürliches Gesetz).

Hobbes führt ein verschlungenes Argument, um zu zeigen, daß ein Mensch, der seine vertraglichen Verpflichtungen erfüllt, nicht nur

---

[4]   Dies gilt nicht für das erste, fundamentale natürliche Gesetz, das jedem Menschen gebietet, wo immer möglich den Frieden zu suchen.

einer moralischen Norm genügt, sondern mit dieser Norm auch seine eigenen Interessen durchsetzt – allerdings nur unter der Voraussetzung, daß auch seine Vertragspartner ihre Verpflichtungen erfüllen.[5] Dieser Zusammenhang von Interesse und Moral gilt für alle von Hobbes diskutierten natürlichen Gesetze.[6] Jedes dieser Gesetze ist als eine Regel zu interpretieren, deren Einhaltung – sofern sich auch alle anderen Individuen an sie halten – im Interesse jedes Individuums liegt. Da Hobbes davon ausgeht, daß eine moralische Verpflichtung nur dann bestehen kann, wenn sich das von einer moralischen Norm gebotene oder verbotene Verhalten auf die Interessen des verpflichteten Individuums zurückführen läßt, weist er den natürlichen Gesetzen nur eine bedingte Bindungswirkung zu. Ein Individuum ist demnach nicht unter allen Umständen moralisch verpflichtet, ein natürliches Gesetz zu befolgen (z. B. seinen Teil eines Vertrages zu erfüllen), sondern nur unter der Bedingung, daß sich auch alle anderen Beteiligten im Sinne dieses Gesetzes verhalten (also z. B. ihren Teil des Vertrages erfüllen).[7]

Nun drängt sich die Frage auf, wie sich Hobbes' Behandlung der natürlichen Gesetze mit seiner Diagnose vereinbaren läßt, daß sich im Naturzustand jeder mit jedem im Krieg befindet. Wenn es eine Menge von Verhaltensregeln gibt, die bei allgemeiner Befolgung ein gemeinsames Interesse aller Individuen durchsetzen, weil sie ein friedliches Zusammenleben ermöglichen, wäre dann nicht zu erwarten, daß sich jeder an diese Regeln hält, weil er davon ausgehen kann, daß sich auch alle anderen an diese Regeln halten werden? Es ist klar, daß Hobbes diese Frage verneinen muß, um seine düstere Beschreibung des Naturzustands zu retten. Weniger klar sind allerdings die Argumente, mit denen er sein Nein begründet.

Ein naheliegendes Argument bestünde darin, den Menschen (oder doch den meisten von ihnen) die Fähigkeit zur Erkenntnis der natürlichen Gesetze abzusprechen. Dieses Argument wird von Hobbes zwar nicht geführt, läßt sich aber ohne weiteres aus seinen Ausfüh-

---

[5]   Auf dieses Argument können wir hier nicht näher eingehen. Es wurde später von David Hume, ohne daß er sich ausdrücklich auf Hobbes berufen hätte, zu einer großen Theorie der gesellschaftlichen Ordnung ausgebaut. Vgl. dazu unten Kap. V., Abschnitt 3.2.

[6]   In den Kapiteln 14 und 15 des *Leviathan* erörtert Thomas Hobbes insgesamt neunzehn natürliche Gesetze.

[7]   Tatsächlich ist Hobbes' Position etwas komplizierter, weil er zwischen einer externen und einer internen Bindungswirkung der natürlichen Gesetze unterscheidet und die Position vertritt, daß diese Gesetze ein Individuum zwar äußerlich (d. h. in seinem Verhalten) nur bedingt, innerlich (d. h. vor seinem Gewissen) aber unbedingt moralisch binden.

rungen zu Vernunft und Wissenschaft ableiten.[8] Die Vernunft ist danach ein Vermögen zum wissenschaftlichen Denken, das dem Menschen nicht angeboren ist, sondern durch jahrelange intellektuelle Disziplin mühsam erworben werden muß. Da nur wenige die Kraft aufbringen, sich dieser Disziplin zu unterwerfen, wird es immer eine kleine Minderheit sein, die über Vernunft verfügt – die (wahren) Wissenschaftler eben. Nur diese Minderheit wird imstande sein, die natürlichen Gesetze zu erkennen, weil es die Vernunft ist, die den Menschen über die Existenz und den Inhalt dieser Gesetze informiert. Wenn man daher davon ausgehen muß, daß die natürlichen Gesetze den allermeisten Menschen nicht bekannt sind, ist es nicht weiter verwunderlich, daß sie im Naturzustand keine Ordnung stiften können.

Nun geht Hobbes jedoch seinem Vernunft- und Wissenschaftsbegriff zum Trotz davon aus, daß die natürlichen Gesetze jedermann bekannt sind (vermutlich weil es – im Gegensatz zur Erkenntnis komplizierter physikalischer Gesetze – einer nur geringen intellektuellen Anstrengung bedarf, sich den Inhalt dieser einfachen Verhaltensregeln klarzumachen). Um zeigen zu können, daß die natürlichen Gesetze auch unter diesen Umständen einen Krieg im Naturzustand nicht verhindern können, muß er annehmen, daß jeder Mensch eine natürliche Neigung hat, sich irrational zu verhalten, d. h. sein dauerhaftes Interesse an der Einhaltung moralischer Normen aus den Augen zu verlieren und sich von momentanen Leidenschaften überwältigen zu lassen, die ihn zu einer Verletzung dieser Normen drängen.[9] Da diese irrationale Neigung zum Regelbruch allgemein bekannt ist (jeder kann sie an sich selbst beobachten und wird daher davon ausgehen, daß auch seine Umgebung ihr unterliegt), muß jeder Mensch zu jeder Zeit damit rechnen, daß seine Mitmenschen gegen die natürlichen Gesetze verstoßen werden. Unter diesen Umständen wäre es töricht, sie als einziger einhalten zu wollen. Im Naturzustand wird daher niemand die natürlichen Gesetze befolgen. Diese Gesetze existieren gewissermaßen nur in den Köpfen der Individuen. Für ihr Zusammenleben dagegen bleiben sie völlig folgenlos.

Die Analyse der normativen Bedingungen des Naturzustands führt letztlich zum gleichen Ergebnis wie die Analyse seiner positiven Bedingungen: Wenn Menschen in Anarchie zusammenleben, wird jeder gegen jeden Krieg führen. Dieser Krieg ist in erster Linie das Produkt einer enormen Unsicherheit – der Unsicherheit darüber,

---

[8]   Diese Ausführungen finden sich im Kapitel 5 des *Leviathan*.
[9]   Auch diese Annahme wurde von David Hume wieder aufgegriffen. Vgl. unten Kap. V., Abschnitt 3.3.

jederzeit einem Stärkeren begegnen zu können, der sich beleidigt fühlt oder sich bereichern will, sowie der Unsicherheit darüber, jederzeit auf einen Irrationalen stoßen zu können, der sich von seinen Leidenschaften dazu hinreißen läßt, ein natürliches Gesetz zu brechen. In einer derart unsicheren Situation wird sich jeder ausschließlich darum bemühen, am Leben zu bleiben. Niemand wird mehr produzieren, als er verbrauchen kann. Handel, Wissenschaften und Künste werden darniederliegen. Das dominierende Lebensgefühl wird die Furcht, getötet oder verwundet zu werden. Es leuchtet ein, daß jedermann ein fundamentales Interesse daran hat, diesen armseligen Zustand zu beenden. Der Naturzustand kann allerdings nur dann verlassen werden, wenn es gelingt, die in ihm herrschende Unsicherheit zu beseitigen. Das probate Mittel dazu ist die Schaffung einer unwiderstehlichen Instanz, die alle Individuen dazu zwingt, in ihrem Verhältnis zueinander bestimmte Regeln einzuhalten. Diese Instanz ist der Staat. Seine Aufgabe ist es, den Frieden zu sichern, den die natürlichen Gesetze allein nicht sichern konnten.

1.2 Autorisierung und Vertrag

Hobbes betrachtet den Staat als eine künstliche Person. Unter einer Person versteht er dabei jedes Wesen, das in der Lage ist, zu sprechen und (anderweitig) zu handeln. Eine Person heißt natürliche Person, wenn ihre Worte und Taten ihr selbst zuzurechnen sind. Im Gegensatz zu einer natürlichen Person zeichnet sich eine künstliche Person dadurch aus, daß sie die Worte und Taten einer anderen (natürlichen oder künstlichen) Person repräsentiert.[10] Während eine natürliche Person ein ursprüngliches Recht hat, zu sprechen oder zu handeln, kann eine künstliche Person allenfalls ein abgeleitetes Recht besitzen. Ein solches Recht hat sie immer dann, wenn sie von einer anderen Person dazu ermächtigt worden ist, für sie zu sprechen oder zu handeln. Eine derartige Ermächtigung wird von Hobbes als Autorisierung bezeichnet.

Der einfachste Fall einer Autorisierung liegt vor, wenn eine Person a einer Person b das Recht einräumt, sie in einer Angelegenheit c zu vertreten. Solange sich b im Rahmen der ihm von a erteilten Vollmacht bewegt, ist a als Autor (oder Urheber) aller Handlungen zu betrachten, die b (der eigentliche Akteur) in der Angelegenheit c unternimmt. Da ein Autor grundsätzlich die Wahl hat, die einem

---

[10] Tatsächlich kann eine künstliche Person (z. B. ein Priester) auch leblose Objekte (z. B. eine Kirche) oder fiktive Personen (z. B. einen falschen Gott) repräsentieren.

Akteur zu erteilende Vollmacht (inhaltlich oder zeitlich) zu beschränken oder ihm eine Blankovollmacht zu geben, ist zwischen einer begrenzten und einer unbegrenzten Autorisierung zu unterscheiden. Diese Unterscheidung läßt sich auch auf den komplizierteren (und für Hobbes' Theorie zentralen) Fall anwenden, in dem eine Menge M von Personen i vor dem Problem steht, einer Person j das Recht einzuräumen, sie in einer Angelegenheit k zu vertreten. In diesem Fall ist j nur dann als rechtmäßiger Repräsentant von M zu betrachten, wenn seine Autorisierung einstimmig erfolgt ist, wenn also jede Person i ihr Recht, in der Angelegenheit k zu sprechen und zu handeln, in einem bestimmten Umfang auf j übertragen hat. Solange sich j im Rahmen der ihm erteilten Vollmacht bewegt, sind nun alle Mitglieder von M als Autoren aller Handlungen zu betrachten, die j in der Angelegenheit k unternimmt.

Hobbes definiert den Staat als eine künstliche Person, die von einer Menge von natürlichen Personen unbegrenzt autorisiert worden ist. Diese Staatsperson kann – rein äußerlich betrachtet – mit einer natürlichen Person übereinstimmen (Monarchie) oder aus mehreren natürlichen Personen bestehen (Aristokratie, Demokratie). Ihre Autorisierung erfolgt durch die Menge der im Naturzustand lebenden Individuen. Der Akt, mit dem diese Autorisierung vollzogen wird, ist der Gesellschaftsvertrag.[11] Tatsächlich hat man sich diesen Vertrag nicht als einen singulären Akt der Autorisierung, sondern als das Aggregat zahlreicher Autorisierungshandlungen vorzustellen. Hobbes konstruiert den Gesellschaftsvertrag nämlich als das Produkt einer Serie von bilateralen Verträgen, die die Individuen im Naturzustand miteinander abschließen. In jedem dieser Verträge geben zwei Individuen einander das wechselseitige Versprechen, auf ihr natürliches Recht zugunsten einer staatlichen Instanz zu verzichten und alle von dieser Instanz für erforderlich gehaltenen Maßnahmen zu autorisieren. Erst wenn jedes Individuum mit jedem anderen Individuum einen solchen Vertrag abgeschlossen hat, ist der Naturzustand beendet.

Eine Schwierigkeit der Hobbesschen Vertragskonstruktion liegt darin, daß die zu autorisierende staatliche Instanz zum Zeitpunkt des Vertragsschlusses noch gar nicht existiert. Zwei Individuen, die vertraglich übereinkommen, ihre natürliche Freiheit aufzugeben und sich politisch beherrschen zu lassen, können daher weder wissen,

---

[11] Die folgende Skizze bezieht sich auf die vertragliche Legitimation dessen, was Hobbes ein ‚politisches Gemeinwesen' oder einen ‚Staat durch Einsetzung' nennt. Er konzentriert sich zwar selbst auf diesen Fall, untersucht daneben aber auch noch die vertragliche Legitimation eines ‚Staates durch Aneignung'. Diesen zweiten Fall können wir hier nicht behandeln.

wie diese Herrschaft verfaßt sein, noch von welchen Personen sie ausgeübt werden wird. Um diese Schwierigkeit zu beheben, unterscheidet Hobbes zwischen zwei Ebenen des Gesellschaftsvertrags. Auf der ersten Ebene stimmt jedes Individuum ausdrücklich zu, den Naturzustand zu verlassen und einen Staat zu schaffen, d. h. sich politisch zu vergesellschaften. Auf der zweiten Ebene stimmt jedes Individuum stillschweigend zu, sich hinsichtlich der Frage, wie die Staatsgewalt verfaßt und von wem sie ausgeübt werden soll, mit allen zur politischen Vergesellschaftung bereiten Individuen zu verständigen und sich am Ende einer Entscheidung der Mehrheit zu beugen.

Obwohl sich Hobbes zum systematischen Zusammenhang dieser beiden Zustimmungsakte nicht ausführlich äußert, kann man wohl davon ausgehen, daß er in dieser Beziehung einem Argument gefolgt wäre, das später von John Locke entwickelt wurde.[12] Nach diesem Argument ist die zweite (implizite) Zustimmung in der ersten (expliziten) Zustimmung aus den beiden folgenden Gründen enthalten: Zum einen wäre es offensichtlich sinnlos, eine staatliche Ordnung ins Leben rufen zu wollen, ohne mit Zwangsmitteln ausgestattete Institutionen zu schaffen und festzulegen, welche Personen über diese Zwangsmittel verfügen sollen. Zum anderen wäre es völlig illusorisch, von der Annahme auszugehen, daß sich eine Menge von Individuen sowohl auf eine bestimmte institutionelle Ausgestaltung als auch auf eine bestimmte personelle Besetzung der Staatsgewalt einigen kann.

Es ist eine schwierige Frage, ob man Hobbes' Vertragsargument als realistische oder als idealistische Begründung des Staates interpretieren sollte. Mit dem Text des *Leviathan* lassen sich beide Interpretationen stützen: Einerseits wird der Staat (im Indikativ) als eine Person definiert, deren Handlungen von jedem Mitglied einer großen Menge durch Vertrag autorisiert worden sind; andererseits wird der Inhalt dieses Vertrages mit einer konjunktivischen Wendung eingeleitet („als ob jedermann zu jedermann sagen würde"). Wir können der Frage, welche dieser beiden Interpretationen Hobbes' Intentionen besser trifft, hier nicht nachgehen. Es gibt jedoch gute Gründe für die These, daß es Hobbes in erster Linie nicht um eine realistische, sondern um eine idealistische Rechtfertigung politischer Herrschaft ging.[13] Seine Zeitgenossen zu lehren, daß die gerade

---

[12] Vgl. dazu unten Abschnitt 2.

[13] Wer diese These vertritt, ist angesichts der Konstruktion des Hobbesschen Gesellschaftsvertrags gezwungen, analog zu den beiden Arten einer faktischen Zustimmung zwischen einer ausdrücklichen und einer stillschweigenden hypothetischen Zustimmung zu unterscheiden.

überwundene (monarchische) oder die aktuell bestehende (republikanische) Ordnung als legitim bzw. illegitim zu betrachten sei, weil sie ihrer Etablierung vertraglich zugestimmt bzw. diese Zustimmung verweigert hatten, lag nach dieser These keineswegs in Hobbes' Absicht. Vielmehr ging es ihm darum, seinen Zeitgenossen zu zeigen, daß jeder von ihnen ein fundamentales Interesse daran hätte, eine staatliche Gewalt (neu) zu schaffen und ihrer Ausübung keinerlei Schranken zu setzen, wenn – wie im gerade überstandenen Bürgerkrieg – die bestehende politische Ordnung zusammenbräche. Hobbes' primäres Anliegen bestand demnach darin, seine Leser mit einem hypothetischen Vertragsargument von der Notwendigkeit einer absoluten politischen Herrschaft zu überzeugen.

1.3 Souverän und Untertan

Hobbes hielt einen absoluten Staat für notwendig, weil er davon überzeugt war, daß nur eine aller rechtlichen Schranken ledige Instanz imstande wäre, den Naturzustand zu beenden bzw. einen Rückfall in den Naturzustand zu verhindern. Wie tief diese Überzeugung bei ihm saß, ist daran zu erkennen, daß es einen an das Recht gebundenen Staat im *Leviathan* schon aus begrifflichen Gründen nicht geben kann. Wenn Hobbes den Staat als eine künstliche Person definiert, die einstimmig dazu ermächtigt wurde, alles zu tun, was sie zur Herstellung und Bewahrung von Sicherheit und Ordnung für nötig erachtet, stellt er die Ausübung der Staatsgewalt dem Ermessen ihres Inhabers anheim. Eine politische Ordnung, die – wie der moderne Rechtsstaat – das staatliche Handeln an inhaltliche Prinzipien und prozedurale Regeln bindet, wäre nach dieser Definition überhaupt nicht als Staat zu betrachten. Wer die Staatsgewalt innehat, muß nach Hobbes über eine schrankenlose politische Macht verfügen. Den Inhaber der Staatsgewalt – sei es (wie in der Monarchie) ein Individuum, sei es (wie in der Aristokratie oder der Demokratie) eine Versammlung von Individuen – nennt Hobbes den ‚Souverän‘. Dem Souverän stellt er die Menge der Untertanen gegenüber. Die Menge der Untertanen umfaßt alle Individuen, die der Staatsgewalt zwar unterworfen, von ihrer Ausübung aber ausgeschlossen sind.[14]

---

[14] Die strikte Gegenüberstellung von Souverän und Untertanen läßt sich im Falle der Demokratie, wo der Souverän aus der Menge aller Untertanen besteht, nicht aufrechterhalten. Hobbes hat dieses Problem nicht gesehen, weil er eine demokratische Verfassung der Staatsgewalt nicht ernsthaft in Erwägung zieht. Eine Lösung dieses Problems wurde später von Rousseau formuliert. Vgl. unten Abschnitt 3.

Um die absolute Macht des Souveräns zu begründen, führt Hobbes eine Reihe von Argumenten an, die zeigen, daß der Inhaber der Staatsgewalt weder an den Gesellschaftsvertrag noch an innerstaatliches Recht gebunden werden kann. Daß dem Souverän aus dem Gesellschaftsvertrag keine Verpflichtungen erwachsen, ergibt sich unmittelbar aus der von Hobbes gewählten Konstruktion dieses Vertrags. Der Gesellschaftsvertrag wird zwar zugunsten des Souveräns, nicht aber mit dem Souverän geschlossen. Eine Verpflichtung zur Einhaltung dieses Vertrages existiert daher nur für die Vertragspartner, eine Menge von natürlichen Personen, nicht jedoch für den Vertragsbegünstigten, eine durch den Vertrag erst geschaffene künstliche Person. Da der Souverän keine Vertragspartei ist, kann er auch nicht vertragsbrüchig werden. Kein Untertan kann daher jemals behaupten, der Souverän habe den Gesellschaftsvertrag verletzt.

Dieses Ergebnis ist für Hobbes von allergrößter Bedeutung, weil er davon ausgeht, daß sich ein friedliches Zusammenleben der Menschen nur dann gewährleisten läßt, wenn es eine unangefochtene Instanz gibt, die in allen Streitfragen das letzte Wort hat. Der Souverän ist diese letzte Instanz. Würde man nun eine Vertragskonstruktion wählen, die – wie eine zwischen den Untertanen und dem Souverän getroffene Vereinbarung – nicht nur den Untertanen, sondern auch dem Souverän eine Verpflichtung auferlegte, so wäre es möglich, daß ein Untertan den Souverän wegen einer Verletzung des Gesellschaftsvertrages anklagt. Über eine solche Anklage könnte nur eine von den Untertanen und dem Souverän unabhängige dritte Instanz befinden. Unter diesen Umständen gäbe es entweder keine im Hobbesschen Sinne souveräne Gewalt mehr oder die Rolle des Souveräns würde der unabhängigen dritten Instanz zufallen. Gegen die erste Lösung spricht, daß sich eine staatliche Ordnung ohne letzte Instanz nicht dauerhaft herstellen läßt. Gegen die zweite Lösung ist einzuwenden, daß sie das Problem einer vertraglichen Bindung des Souveräns nur auf eine höhere Ebene verlagert. Wollte man nämlich die dritte Instanz durch einen Vertrag binden, müßte man eine unabhängige vierte Instanz einführen, die über die Einhaltung dieses Vertrages wacht etc. etc. Um diesem unendlichen Regreß zu entgehen, plädiert Hobbes gegen jeden Versuch, den Souverän vertraglich binden zu wollen.

Das Argument, mit dem sich Hobbes gegen eine vertragliche Bindung des Souveräns wendet, spricht auch dagegen, den Inhaber der Staatsgewalt an die bürgerlichen Gesetze, d. h. an das innerstaatliche Recht, zu binden. Wollte man das tun, müßte man wiederum eine neue Instanz (etwa ein unabhängiges Gericht) schaffen, die etwaige Rechtsverstöße des Souveräns zu beurteilen und zu bestrafen hätte, und das Problem der letzten Instanz würde von neuem auftreten. Um eine rechtliche Bindung der Staatsgewalt von vornherein zu vermeiden, hat Hobbes den Gesellschaftsvertrag so konstruiert, daß der Souverän aus logischen Gründen kein Unrecht begehen kann. Da jedes Individuum den Souverän in diesem Vertrag unbegrenzt autorisiert hat, ist jeder Untertan verpflichtet, jede Handlung der Staatsperson als seine eigene Handlung zu betrachten. Kein Untertan kann daher behaupten, der Souverän habe ihm Unrecht getan – es sein denn, er wollte sich zu der absurden Behauptung versteigen, er (der Untertan) habe sich selbst ein Unrecht zugefügt. Wie verfehlt es wäre, den Souverän an die bürgerlichen Gesetze binden zu wollen, schließt Hobbes auch daraus, daß der Souverän selbst die Kompetenz zur Gesetzgebung besitzt. Da er zu jeder Zeit ein beliebiges Gesetz erlassen, verändern oder aufheben kann, wäre es lächerlich, behaupten zu wollen, er sei an irgendeines dieser Gesetze gebunden. Eine Instanz, die sich selbst nicht nur binden, sondern zu jeder Zeit auch wieder entbinden kann, ist nach Hobbes faktisch nicht gebunden.

Hobbes stattet den Souverän nicht nur mit der gesetzgebenden Gewalt, sondern mit einer Fülle von weiteren Kompetenzen aus. Jede dieser Kompetenzen läßt sich mit dem Gesellschaftsvertrag legitimieren. Wer den Souverän unbegrenzt ermächtigt, für Frieden und Sicherheit zu sorgen, muß ihm – so Hobbes' Argument – auch alle Mittel einräumen, die er benötigt, um seine Funktion erfüllen zu können. Zu den erforderlichen Instrumenten des Souveräns zählt Hobbes neben der legislativen Gewalt vor allem die exekutive Gewalt, die judikative Gewalt, das Recht über Krieg und Frieden, das Recht der Besteuerung sowie das Recht der Zensur. Der Souverän gibt seinen Untertanen also die Regeln ihres Zusammenlebens vor und setzt diese Regeln mit polizeilichen und gerichtlichen Mitteln gewaltsam durch. Er entscheidet darüber, wann und durch wen die Sicherheit seiner Untertanen von außen bedroht ist. Er stellt eine Armee auf und führt sie an. Er legt nach eigenem Ermessen den erforderlichen Umfang der Staatsausgaben und die Regeln fest, nach denen die Untertanen zu deren Finanzierung beizutragen haben. Er entscheidet darüber, welche Meinungen geäußert, welche Bücher veröffentlicht, welche Inhalte an den Schulen und Universitäten gelehrt und von welchen Personen sie gelehrt werden dürfen.

Alle diese (und noch einige weitere) Kompetenzen müssen nach Hobbes in den Händen des Souveräns gebündelt werden, wenn es gelingen soll, dem Naturzustand auf Dauer zu entrinnen. Würde man dem Souverän auch nur eine dieser Kompetenzen entziehen, wäre er – so Hobbes – nicht mehr imstande, seine Aufgabe zuverlässig zu erledigen. Die Idee der Gewaltenteilung[15] hat Hobbes daher außerordentlich befremdet. Ein konstitutionelles Arrangement, das die legislative, exekutive und judikative Gewalt in verschiedene Hände legt, konnte ihm nicht als Garant einer freiheitlichen Ordnung, sondern mußte ihm als Anfang vom Ende jeglicher Ordnung erscheinen.

Da Hobbes alle wesentlichen politischen Kompetenzen in den Händen des Souveräns konzentriert, bleibt ihm nur eine einzige Verfassungsfrage zu entscheiden, die Frage nämlich, in welcher Form die souveräne Gewalt ausgeübt werden sollte. Drei Herrschaftsformen stehen zur Wahl – die Monarchie, in der ein einziges Individuum die Staatsgewalt ausübt; die Aristokratie, in der eine kleine Minderheit über die breite Masse herrscht; und die Demokratie, in der die Menge aller Untertanen den Souverän bildet. Das Kriterium, nach dem diese Herrschaftsformen zu bewerten sind, liegt für Hobbes auf der Hand: Man sollte sich für diejenige von ihnen entscheiden, die am besten in der Lage ist, ein friedliches Zusammenleben der Untertanen zu gewährleisten.

Hobbes bietet eine Fülle von Argumenten auf, um zu zeigen, daß die Monarchie in dieser Hinsicht sowohl der Aristokratie als auch der Demokratie weit überlegen ist. Eines dieser Argumente ist in seinem Ansatz (wenn auch nicht in seinem Ergebnis) hochmodern. Dieses Argument geht von einem Individuum aus, das mit dem Souverän identisch ist (Monarchie) oder der souveränen Versammlung angehört (Aristokratie, Demokratie). Da ein solches Individuum sowohl eine natürliche Person als auch eine künstliche Person oder Teil einer künstlichen Person ist, wird es nach Hobbes gleichzeitig zwei Sorten von Interessen verfolgen. Als natürliche Person wird es versuchen, sein privates Interesse durchzusetzen. Dagegen wird es sich als künstliche Person oder als Teil einer solchen Person am öffentlichen Interesse orientieren. Nun nimmt Hobbes an, daß ein Individuum immer seinem privaten Interesse den Vorzug geben wird, wenn es mit dem öffentlichen Interesse kollidiert. Die einzige Möglichkeit, dem Gemeinwohl zum Durchbruch zu verhelfen, besteht daher darin, durch eine geeignete politische Verfassung dafür zu sorgen, daß die Inhaber der Staatsgewalt nicht umhinkönnen, mit ihrem privaten Interesse zugleich das öffentliche Interesse durchzusetzen. Bis zu diesem Punkt mag man Hobbes' Argument gerne folgen. Etwas merkwürdig mutet dann allerdings seine Behauptung an, die erwünschte Übereinstimmung von privatem und öffentlichem Interesse lasse sich nur in einer Monarchie herstellen.

[15] Vgl. dazu unten Kap. VII.

Die drei möglichen Herrschaftsformen unterscheiden sich zwar hinsichtlich ihrer Leistungsfähigkeit bei der Friedenssicherung, nicht jedoch hinsichtlich der Rechte und Pflichten, die den Untertanen eingeräumt bzw. auferlegt werden. Solange der Souverän in der Lage ist, für Ruhe und Ordnung zu sorgen, haben alle Untertanen die Pflicht, seinen Anweisungen Folge zu leisten. Hobbes bezeichnet jede Anweisung des Souveräns – völlig unabhängig davon, ob sie sich an einen, mehrere oder alle Untertanen richtet – als bürgerliches Gesetz. Ist der Souverän klug, so wird er keine bürgerlichen Gesetze erlassen, die den natürlichen Gesetzen widersprechen (weil sich nur im Einklang mit den natürlichen Gesetzen eine Friedensordnung stiften läßt). Diesem Gebot der Klugheit entspricht allerdings keine rechtliche Pflicht. Der Souverän hat vielmehr das Recht, jede beliebige Materie auf jede beliebige Weise gesetzlich zu regeln. Und der Untertan hat – von einer wichtigen Ausnahme abgesehen – die Pflicht, diesen Gesetzen widerstandslos zu gehorchen. Die Ausnahme gilt immer dann, wenn eine Anweisung des Souveräns das Leben eines Untertanen bedroht. In einem solchen Fall hat der betroffene Untertan das Recht, sich einem Befehl des Souveräns zu widersetzen (obwohl das Recht des Souveräns, diesen Befehl zu erteilen, nicht bestritten werden kann). Hobbes begründet dieses Recht zum persönlichen Ungehorsam mit dem Argument, daß kein Mensch wirksam auf sein natürliches Recht verzichten kann, sein Leben zu verteidigen, wenn er angegriffen wird.

Da dieses Notwehrrecht auch im Gesellschaftsvertrag nicht aufgegeben werden kann, bleibt es – als kümmerlicher Rest der natürlichen Freiheit – jedem Individuum im Staat erhalten. Hobbes bezeichnet diesen unverzichtbaren Rest der natürlichen Freiheit als die ‚wahre Freiheit‘ eines Untertanen. Mit dem Attribut ‚wahr‘ will er darauf hinweisen, daß es eine Freiheit der Untertanen gibt, die vom Souverän in keiner Weise eingeschränkt werden kann. Der Umfang der wahren Freiheit ist daher in jeder Herrschaftsform und für alle Untertanen gleich groß. Dies unterscheidet die wahre Freiheit eines Untertanen von seinen ‚anderen Freiheiten‘, die aus seinem Recht resultieren, all das zu tun, was der Souverän nicht durch Gesetz verboten hat. Da die durch dieses Recht geschützte Privatsphäre vollkommen von den gesetzgeberischen Aktivitäten des Souveräns abhängt, wird sich der Umfang der anderen Freiheiten in aller Regel nicht nur von Staat zu Staat, sondern auch von Untertan zu Untertan erheblich unterscheiden.

Solange der Souverän seinen Untertanen nicht nach dem Leben trachtet, müssen diese jede denkbare Einschränkung ihres Entfaltungsspielraums hinnehmen. Dem Recht zum persönlichen Ungehorsam korrespondiert daher kein Recht zum politischen Widerstand. Zwar hat jeder Untertan das Recht, sich zu wehren, falls der Souverän seine Verhaftung oder seine Hinrichtung anordnen sollte. Kein Untertan hat jedoch das Recht, zu einer Revolution aufzurufen oder die Absetzung des Souveräns zu betreiben, wenn er sich von der Staatsgewalt miserabel behandelt fühlt oder wenn ihm die allgemeine politische Lage unerträglich zu sein scheint. Jeder Versuch, sich unter solchen Umständen gegen den Souverän aufzulehnen, käme einem Bruch des Gesellschaftsvertrags gleich.

2. Locke

John Locke hat mit seiner in den *Zwei Abhandlungen über die Regierung* formulierten Rechtfertigung einer liberalen Demokratie nicht auf Hobbes' *Leviathan*, sondern auf Sir Robert Filmers *Patriarcha* reagiert. In diesem zu Lockes Zeiten hochberühmten, heute jedoch fast vergessenen Werk entwickelt Filmer eine politische Theorie, die mit Hobbes' Theorie zwar in der Zielsetzung, nicht aber in der Argumentationsmethode übereinstimmt. Filmer geht es wie Hobbes darum, einen absoluten Staat (im allgemeinen) bzw. eine absolute Monarchie (im besonderen) zu begründen. Im Gegensatz zu Hobbes wählt Filmer jedoch kein kontraktualistisches, sondern ein patriarchalistisches Argument, das die absolute Gewalt eines Monarchen nicht auf einen Gesellschaftsvertrag, sondern auf ein (von Gott gegebenes) natürliches Herrschaftsrecht der Väter über ihre Familien zurückführt.

Daß die *Zwei Abhandlungen über die Regierung* als Gegenentwurf zur *Patriarcha* zu betrachten sind, wird vor allem in der ersten Abhandlung deutlich, die sich sehr detailliert und kritisch mit Filmers Argumenten auseinandersetzt. Auch in der zweiten Abhandlung, die Lockes Theorie des Gesellschaftsvertrags präsentiert, finden sich noch zahlreiche Hinweise darauf, daß sich ihr Autor in erster Linie nicht gegen Hobbes, sondern gegen Filmer wendet. So wichtig die Kritik an Filmers Theorie für Locke selbst gewesen ist (und so interessant eine Untersuchung dieser Theorie auch heute noch sein mag), so wenig können wir an dieser Stelle auf diese Kritik eingehen. Wir müssen uns darauf beschränken, das in der *Zweiten Abhandlung über die Regierung* geführte Vertragsargument in seinen wesentlichen Elementen zu skizzieren. Dieses Argument zu klären, fällt wesentlich leichter, wenn man es nicht mit Filmers, sondern mit Hobbes' Position konfrontiert. Wir werden die *Zweite Abhandlung über die Regierung* daher – einer langen Tradition folgend – vor dem Hintergrund des *Leviathan* erörtern.

2.1 Naturzustand

Obwohl Locke letztlich zu dem Schluß kommt, daß der Naturzustand ein Kriegszustand sei, unterscheidet sich seine Beschreibung des Naturzustandes erheblich von der Hobbesschen Beschreibung. Dieser Unterschied bezieht sich weniger auf die positiven als auf die normativen Bedingungen des menschlichen Zusammenlebens. Während nämlich die (spärlichen) Aussagen, die Locke zu der psychischen Disposition und der physischen Umgebung eines Menschen im Naturzustand macht, den (sehr viel ausführlicheren) Äußerungen von Hobbes zumindest nicht widersprechen, zeichnet die *Zweite Abhandlung über die Regierung* ein Bild von der Rechtslage im Naturzustand, das sich von dem entsprechenden Bild des *Leviathan* dramatisch unterscheidet. Wie groß dieser Unterschied ist, läßt sich unter anderem der Tatsache entnehmen, daß Locke in seine Beschreibung des Naturzustandes eine Begründung des Rechts auf Privateigentum einbetten konnte, wogegen Hobbes zu dem Ergebnis kommen mußte, daß es im Naturzustand ein Recht auf Privateigentum nicht geben kann.

2.1.1 Naturzustand und Kriegszustand

Das Argument, mit dem Locke den Naturzustand als Kriegszustand ausweist, ist nicht ganz leicht zu durchschauen, weil Locke nicht nur eine begriffliche Trennung zwischen Naturzustand und Kriegszustand einführt, sondern an einer Stelle sogar den Eindruck erweckt, der Kriegszustand sei als Gegenteil des Naturzustandes zu verstehen.

(1) Im ersten Schritt dieses Arguments wird der Naturzustand unabhängig vom Begriff des Kriegszustands betrachtet. Locke kennzeichnet den Naturzustand wie Hobbes als einen Zustand der Freiheit und der Gleichheit. Wenn Locke von der natürlichen Gleichheit aller Menschen spricht, zielt er nicht – wie Hobbes – auf ihre körperlichen oder intellektuellen Möglichkeiten, sondern auf ihren rechtlichen Status ab: Im Naturzustand haben alle Menschen das gleiche Recht, sich zu erhalten und zu entfalten; niemand hat das Recht, einen anderen seiner Willkür zu unterwerfen; kein Individuum kann irgendwelche rechtlichen Privilegien beanspruchen; soziale Rangordnungs- oder Herrschaftsbeziehungen sind illegitim. Die natürliche Gleichheit läßt sich im wesentlichen auf das gleiche Recht aller Menschen reduzieren, ihre natürliche Freiheit zur Geltung zu bringen. Die natürliche Freiheit besteht nach Locke darin, keinem menschlichen, sondern nur einem göttlichen Willen zu unterliegen,

d. h. vor allem darin, keinem von Menschen gemachten (positiven) Gesetz, sondern nur einem von Gott gestifteten (natürlichen) Gesetz gehorchen zu müssen. Jeder Mensch hat im Naturzustand das Recht, über seine eigene Person und seinen äußeren Besitz nach Belieben zu verfügen, solange sich seine Handlungen im Rahmen des natürlichen Gesetzes bewegen.

Obwohl sich Locke weder zu dem Inhalt noch zu der Bindungswirkung des natürlichen Gesetzes ausführlich äußert, sind die Grundzüge seiner Position klar zu erkennen. Das natürliche Gesetz verbietet es jedem Menschen, einen seiner Mitmenschen ohne besonderen Grund zu töten, zu verletzen, zu berauben oder in seiner freien Entfaltung zu behindern. Es stattet – mit anderen Worten – jeden Menschen mit einer Reihe von (negativen) natürlichen Rechten aus: Jeder hat ein Recht auf Leben, körperliche Unversehrtheit, Eigentum und freie Entfaltung. Locke begründet diese primären natürlichen Rechte damit, daß jeder Mensch von Gott geschaffen und daher als Gottes Eigentum zu betrachten sei. Ein Mensch, der einen Mitmenschen ermordet, verstümmelt oder bestiehlt, vergreift sich demnach am Eigentum Gottes. Da das natürliche Gesetz einer göttlichen Intention entspringt (der Absicht des Schöpfers, seinen Geschöpfen ein friedliches und fruchtbares Zusammenleben zu ermöglichen), ist jeder Mensch unbedingt an dieses Gesetz gebunden. Die bloße Tatsache, daß in seiner Umgebung gemordet oder gestohlen wird, gibt keinem Menschen das Recht, selbst zu morden oder zu stehlen.[16]

Der wichtigste Unterschied zwischen dem Hobbesschen und dem Lockeschen Naturzustand besteht in der jeweils gewählten Beschreibung der natürlichen Freiheit. Da Hobbes diese Freiheit nur durch das subjektive Ermessen eines Individuums (und daher letztlich überhaupt nicht) begrenzt, herrscht im *Leviathan* eine unaufhebbare Spannung zwischen dem, was das natürliche Recht erlaubt, und dem, was ein natürliches Gesetz verbietet. Diese Spannung ist in der *Zweiten Abhandlung über die Regierung* vollkommen verschwunden, weil Locke der natürlichen Freiheit eine objektive, vom menschlichen Ermessen völlig unabhängige Schranke setzt. Was ein natürliches Recht erlaubt, ist nun ganz einfach als das definiert, was das natürliche Gesetz nicht verbietet. Während die gleichzeitige Wahrnehmung des natürlichen Rechts durch alle Individuen in Hobbes' Naturzustand unweigerlich zum Konflikt führen muß, können die

---

[16] Locke kommt nur an einer einzigen Stelle ausdrücklich auf die unbedingte Bindungswirkung des natürlichen Gesetzes zu sprechen. Dort argumentiert er, die Einhaltung von Versprechen und Verträgen sei eine Pflicht, die dem Menschen als Menschen zukomme.

Menschen in Lockes Naturzustand ihre natürlichen Rechte wahrnehmen, ohne einander notwendig in die Quere zu kommen. Um einen Konflikt zu vermeiden, müssen sie lediglich die natürlichen Rechte ihrer Mitmenschen respektieren. Wer das tut, handelt rechtmäßig, weil er sich innerhalb der Schranken seiner eigenen natürlichen Rechte bewegt. Wer die natürlichen Rechte seiner Mitmenschen verletzt, handelt unrechtmäßig, weil er die Schranken seiner eigenen natürlichen Rechte überschreitet. Da es in Lockes Naturzustand im Gegensatz zu Hobbes' Naturzustand höchst sinnvoll ist, von rechtmäßigen und unrechtmäßigen Handlungen zu sprechen, stellt sich für Locke eine Frage, die sich Hobbes nicht zu stellen brauchte – die Frage nämlich, wie ein rechtmäßiger Umgang mit unrechtmäßigen Handlungen im Naturzustand auszusehen hätte.

Locke beantwortet diese Frage mit der These, daß die primären natürlichen Rechte eine Reihe von sekundären natürlichen Rechten implizieren. Da das natürliche Gesetz völlig folgenlos bliebe, wenn es keine Instanz gäbe, die sich um seine Durchsetzung kümmerte, und da es im Naturzustand eine zentrale Instanz dieser Art nicht geben kann, muß jedem Menschen das Recht eingeräumt werden, sich selbst um die Durchsetzung des natürlichen Gesetzes zu kümmern. Dieses Recht zur Selbstjustiz umfaßt das Recht, darüber zu befinden, in welchem konkreten Fall das natürliche Gesetz gebrochen wurde; das Recht, den der Tat Verdächtigen dingfest zu machen; das Recht, über die Schuld des Verdächtigen zu urteilen und ihn gegebenenfalls zu bestrafen; sowie das Recht, diese Strafe zu vollstrecken. All diese polizeilichen und justitiellen Rechte stehen einem Menschen völlig unabhängig davon zu, ob er selbst oder einer seiner Mitmenschen in einem primären Recht verletzt wurde. Im Gegensatz dazu steht das Recht auf Schadensersatz, ein weiteres sekundäres Recht, nur dem durch eine unrechtmäßige Handlung Geschädigten zu. Locke begründet das gesamte Spektrum der sekundären Rechte mit dem fundamentalen natürlichen Recht jedes Menschen, für seine eigene Erhaltung sowie – falls diese nicht bedroht ist – für die Erhaltung der ganzen Menschheit zu sorgen.[17]

(2) Im zweiten Schritt des Arguments klärt Locke den Begriff des Kriegszustandes. Er definiert den Kriegszustand als einen Zustand der Feindschaft und Zerstörung, der durch eine unrechtmäßige Anwendung von Gewalt ausgelöst wird. Ein Individuum a erklärt einem Individuum b den Krieg, wenn a mit Worten oder Taten zu erkennen

---

[17] Tatsächlich ist Locke der Ansicht, daß diesem fundamentalen Recht die fundamentale Pflicht korrespondiert, sich um die eigene Erhaltung sowie um die Erhaltung der Menschheit zu kümmern.

gibt, daß er – ohne über eine rechtliche Grundlage zu verfügen – b nach dem Leben trachtet. Unter diesen Umständen hat der Angegriffene das Recht, sich mit allen Mitteln gegen den Angreifer zu wehren, d. h. ihn notfalls auch zu töten. Ein für Locke wichtiger Spezialfall einer Kriegserklärung liegt dann vor, wenn a versucht, b zu versklaven. Da b damit rechnen muß, daß a ihn töten würde, sobald er ihn in seiner absoluten Gewalt hätte, muß er den Versuch, ihn zu versklaven, als Kriegserklärung betrachten. Wie breit das Spektrum der Handlungen ist, die nach Locke einer Kriegserklärung gleichkommen, zeigt das Beispiel eines Raubüberfalls. Wenn a mit gezogener Waffe seine Absicht signalisiert, b zu berauben, hat b das Recht, ihn zu töten, weil das Opfer des Überfalls nicht ausschließen kann, daß neben seiner Börse auch sein Leben auf dem Spiel steht.

(3) Im dritten und letzten Schritt seines Arguments wendet sich Locke dem Verhältnis von Naturzustand und Kriegszustand zu. Er beginnt seine Ausführungen mit einer verwirrenden These: Der Naturzustand sei – so sehr ihn auch manche mit dem Kriegszustand verwechselt hätten[18] – von diesem so weit entfernt wie ein Zustand des Friedens, des guten Willens, der gegenseitigen Unterstützung und der Erhaltung von einem Zustand der Zerstörung, der Bosheit, der Gewalt und der gegenseitigen Vernichtung. Wie kann ein politischer Philosoph den Naturzustand in derart rosigen Farben malen und zugleich argumentieren, daß dieser anarchische Zustand zugunsten einer politischen Herrschaftsordnung verlassen werden muß? Die Antwort ist relativ einfach: Wenn Locke den Naturzustand als ein harmonisches Miteinander schildert, hat er ein Ideal im Auge, das nur dann Wirklichkeit werden könnte, wenn sich alle Menschen ihrer Vernunft gemäß verhalten würden. Diesem idealen Bild des Naturzustandes stellt er ein nüchternes Bild gegenüber, das davon ausgeht, daß sich die meisten Menschen im Naturzustand nicht von ihrer Vernunft, sondern von ihren Leidenschaften leiten lassen. Es sind diese Leidenschaften, die einen potentiell völlig konfliktfreien in einen tatsächlich höchst konfliktreichen Zustand verwandeln.

Locke unterscheidet implizit zwischen zwei Sorten von Leidenschaften, die das natürliche Zusammenleben nachhaltig stören. Leidenschaften des ersten Typs (wie Haß oder Neid) bewegen die Menschen dazu, das natürliche Gesetz zu brechen, sich also am äußeren Besitz oder am Leben ihrer Mitmenschen zu vergreifen. Leidenschaften des zweiten Typs (wie Rachsucht oder Parteilichkeit) bewirken, daß die Menschen ihr Recht auf Selbstjustiz in unange-

---

[18]   Hier kann Locke nur an Hobbes gedacht haben.

messener Weise wahrnehmen, weil sie das natürliche Gesetz immer zu ihrem eigenen Vorteil bzw. zum Nachteil anderer auslegen. Während die Leidenschaften des ersten Typs dafür sorgen, daß es im Naturzustand sehr häufig zu Kriegen kommt, haben die Leidenschaften des zweiten Typs die Konsequenz, daß diese Kriege kein natürliches Ende finden. Wurde b von a attackiert, so wird b versuchen, a zu töten. Gelingt ihm dies, werden die Verwandten oder Verbündeten von a versuchen, ihn zu rächen und b zu töten. Falls sie Erfolg haben, werden die Verwandten und Verbündeten von b Blutrache schwören etc. etc.

Da die menschlichen Leidenschaften und ihre Konsequenzen im Naturzustand allgemein bekannt sind, muß jeder Mensch zu jeder Zeit damit rechnen, von einem seiner Mitmenschen angegriffen und in einen endlosen Krieg verwickelt zu werden. Keiner kann daher seines Lebens sicher sein (von seiner körperlichen Integrität, seinem äußeren Besitz und seiner freien Entfaltung ganz zu schweigen). Niemand kann – mit anderen Worten – davon ausgehen, daß seine primären natürlichen Rechte von seiner Umgebung respektiert werden. Allen Unterschieden in der Kennzeichnung der Rechtslage zum Trotz landet Locke somit bei einer Beschreibung des Naturzustandes, die von Hobbes' düsterem Bild kaum noch zu unterscheiden ist.

2.1.2 Naturzustand und Eigentum

In Lockes politischer Philosophie spielt der Begriff des Eigentums, genauer der des Privateigentums, eine zentrale Rolle. Locke verwendet diesen Begriff zugleich in einer weiteren und einer engeren Bedeutung. Im weiteren Sinne ist unter dem Eigentum eines Menschen all das zu verstehen, was durch seine primären natürlichen Rechte geschützt werden soll – sein Leben, seine körperlichen und geistigen Fähigkeiten, sein äußerer Besitz und seine Freiheit. In seiner engeren Bedeutung bezieht sich der Begriff des Eigentums ausschließlich auf den äußeren Besitz. Als Eigentum eines Menschen ist im engeren Sinne eine Menge von äußeren Gütern zu bezeichnen, über die er von Rechts wegen exklusiv – d. h. ungehindert von all seinen Mitmenschen – verfügen kann. Während Locke ohne weiteres annahm, daß jeder Mensch ein (von Gott gegebenes) natürliches Recht auf Leben, körperliche Unversehrtheit und freie Entfaltung besitzt, war ihm sehr daran gelegen, ausführlich zu zeigen, aus welchen Gründen und in welchem Umfang ein natürliches Recht auf Privateigentum im engeren Sinne existiert. Das Argument, mit dem Locke ein natürliches Recht auf äußeren Besitz begründet, ist im Detail sehr kompliziert. Wir können im folgenden nur seine Grundstruktur darlegen.

Lockes Eigentumstheorie geht von der Voraussetzung aus, daß Gott den Menschen die Erde gemeinsam gegeben hat.[19] Alle Objekte der äußeren Welt (Pflanzen, Tiere, Land) hatten demnach ursprünglich keinen privaten Eigentümer, sondern waren Gemeineigentum aller Menschen.[20] Wie konnte es einem Menschen – so fragt Locke – unter dieser Voraussetzung rechtmäßig gelingen, sich einen Gegenstand der äußeren Welt exklusiv anzueignen? Wie war es – mit anderen Worten – möglich, ein äußeres Objekt aus dem Gemeineigentum aller Menschen herauszulösen und in das Privateigentum eines Menschen überzuführen? Locke beantwortet diese Frage mit zwei Bedingungen, die zum einen das Verfahren und zum anderen die Schranken einer ursprünglichen Aneignung festlegen:

(1) Die erste Bedingung besagt, daß man sich ein äußeres Objekt nur dann (ursprünglich) aneignen kann, wenn man seine Arbeitskraft auf dieses Objekt verwendet. Ein Individuum, das im Naturzustand einen (herrenlosen) Apfel pflückt, einen (herrenlosen) Hirschen erlegt oder ein (herrenloses) Stück Land bebaut, wird durch den Akt des Pflückens, Jagens oder Bebauens grundsätzlich zum privaten Eigentümer des Apfels, Hirschen oder Grundstücks. Locke begründet diese erste Bedingung mit einem merkwürdigen Argument. Er geht davon aus, daß ein Mensch im Naturzustand zwar kein ursprüngliches Privateigentum an irgendeinem äußeren Objekt, wohl aber an seiner eigenen Person und seiner Hände Arbeit besitzt.[21] Wenn er nun seine Arbeitskraft auf ein herrenloses Gut verwendet, so vermischt er offensichtlich etwas, das ihm gehört, mit etwas, das ihm nicht gehört. Aus dieser Vermengung kann nach Locke nur etwas entstehen, was dem betrachteten Menschen insgesamt gehört. Das ursprüngliche Privateigentum an der menschlichen Arbeitskraft dominiert demnach das ursprüngliche Gemeineigentum an dem bearbeiteten Objekt. Um seine erste Bedingung zu untermauern, bringt Locke neben dem ‚Vermischungsargument‘ noch ein weiteres Argument ins Spiel. In diesem zweiten Argument behauptet

---

[19] Locke begründet diese Prämisse sowohl mit der göttlichen Offenbarung als auch mit der menschlichen Vernunft.

[20] Wenn Locke von einem ursprünglichen Gemeineigentum aller Menschen an allen äußeren Dingen spricht, meint er keineswegs, daß ursprünglich nur alle Menschen gemeinsam das Recht hatten, über einen beliebigen äußeren Gegenstand zu verfügen (positives Gemeineigentum), sondern vielmehr, daß ursprünglich jeder Mensch das Recht hatte, auf einen beliebigen äußeren Gegenstand zuzugreifen (negatives Gemeineigentum).

[21] Diese Prämisse gilt nur im Verhältnis des Menschen zu seinen Mitmenschen. Sie widerspricht daher nicht Lockes grundlegender Behauptung, daß der Mensch Eigentum Gottes sei.

er, daß der Wert der meisten äußeren Objekte – vor allem der Wert des Landes – zum größten Teil auf ihrer Bearbeitung durch den Menschen beruhe.[22] Wenn dem so sei, dann sei es auch nur konsequent, dem Bearbeiter eines herrenlosen Gegenstandes ein exklusives Verfügungsrecht über den bearbeiteten Gegenstand einzuräumen.

(2) Die zweite Bedingung, der sog. ‚Lockesche Vorbehalt', soll dafür sorgen, daß im Zuge der Aneignung eines herrenlosen Gutes x durch ein Individuum i kein anderes Individuum j schlechter gestellt wird. Locke bietet zwei Versionen dieser Bedingung an. Die *erste Version* besagt, daß sich i von x nur soviel aneignen darf, wie er selbst gebrauchen kann. Folgt man dieser Version der zweiten Bedingung, so ist eine ursprüngliche Aneignung nur dann als rechtmäßig zu betrachten, wenn i dafür sorgt, daß von der angeeigneten Menge des Gutes x nichts verdirbt. Während die erste Version des Lockeschen Vorbehalts die Position der unbeteiligten Individuen j nur mittelbar berücksichtigt (i würde seine Mitmenschen schädigen, wenn er ein Gut ungenutzt verderben ließe), setzt die zweite Version unmittelbar an der Position dieser Individuen an. Diese *zweite Version* besagt, daß sich ein Individuum i nur dann eine bestimmte Menge des Gutes x aneignen darf, wenn jedes andere Individuum j die Chance hat, sich x in der gleichen Menge und in der gleichen Qualität anzueignen wie i selbst. Nach dieser Version des Lockeschen Vorbehalts läßt sich ein äußeres Gut also nur dann rechtmäßig aus dem Gemeineigentum herauslösen, wenn eine ausreichende Menge dieses Gutes (in ausreichender Qualität) im Gemeineigentum verbleibt.

Nun kann man sich leicht klarmachen, daß die beiden Versionen der zweiten Bedingung zu widersprüchlichen Ergebnissen führen können. Ist ein Gut im Überfluß vorhanden, so kann ein Mensch dieses Gut in seinem Besitz verderben lassen, ohne die seinen Mitmenschen verfügbare Gütermenge zu beschneiden. Ist ein Gut dagegen knapp, so muß ein Mensch den seinen Mitmenschen zur Verfügung stehenden Gütervorrat selbst dann verringern, wenn er im Zuge der Aneignung nichts verderben läßt. Im ersten Fall wird zwar die erste Version des Lockeschen Vorbehalts verletzt, die zweite Version aber erfüllt. Im zweiten Fall ist es umgekehrt. Angesichts dieser widersprüchlichen Ergebnisse steht Locke vor dem Problem, einer Version der zweiten Bedingung im Konfliktfall den Vorrang

---

[22]   Die These, unkultiviertes Land sei nur wenig wert, ist nur unter der Voraussetzung einer extrem dünnen Besiedelung der Welt plausibel.

einzuräumen. Obwohl er dieses Problem nicht ausdrücklich diskutiert, kann angesichts seiner Ausführungen zur ursprünglichen Aneignung von Land kein Zweifel daran bestehen, daß er der ersten Version den Vorzug gibt.

Locke erörtert in diesem Zusammenhang zwei verschiedene Szenarien. Das *erste Szenario* geht von einer fruchtbaren, aber dünn besiedelten Welt aus, in der die Menschen nur einfache Bedürfnisse haben und weitgehend autark leben. Wer sich unter diesen Umständen durch Arbeit nur soviel Land aneignet, wie er für seine eigene Versorgung braucht, wird die Aneignungsmöglichkeiten seiner Mitmenschen in keiner Weise schmälern. Eine ursprüngliche Aneignung von Land wird also, sofern sie der ersten Version des Lockeschen Vorbehalts genügt, immer auch der zweiten Version genügen. Das *zweite Szenario* geht von einer immer noch fruchtbaren, nun aber dicht besiedelten Welt aus, in der die Menschen nicht mehr autark leben können, weil sie luxuriöse Bedürfnisse entwickelt haben. Um diese Bedürfnisse zu befriedigen, sind sie auf einen Tauschhandel angewiesen, zu dessen Erleichterung sie das Geld erfunden haben. Wer sich unter diesen Umständen durch Arbeit mehr Land aneignet, als er für seine eigene Versorgung braucht, und die überschüssige Produktion verkauft, wird die Aneignungsmöglichkeiten seiner Mitmenschen (und aller Nachgeborenen) erheblich beeinträchtigen, ohne irgendein Produkt verderben zu lassen. Da alle Tauschwilligen gezwungen sind, mehr zu produzieren, als sie selbst verbrauchen, wird eine Aneignung von Land nun nur noch der ersten Version, nicht aber mehr der zweiten Version des Lockeschen Vorbehalts genügen können. Locke löst diesen Konflikt eindeutig zugunsten der ersten Version, wenn er betont, daß die durch luxuriöse Bedürfnisse motivierte Form der ursprünglichen Aneignung völlig rechtmäßig ist, solange im Zuge von Produktion und Tausch kein Gut verdirbt.

Mit den beiden skizzierten Szenarien unterscheidet Locke implizit zwischen einer ‚natürlichen‘ und einer ‚künstlichen‘ Eigentumsordnung. In der natürlichen Eigentumsordnung des ersten Szenarios sind dem rechtmäßigen Grundbesitz enge Grenzen gezogen, weil es ausschließlich von den körperlichen Eigenschaften eines Menschen (wie seiner Arbeitskraft und seinem Nahrungsbedarf) abhängt, wie viel Land er sich aneignen darf. Da sich die Menschen hinsichtlich ihrer körperlichen Eigenschaften unterscheiden, wird es in der natürlichen Eigentumsordnung unweigerlich zu einer ungleichen Verteilung des Grundbesitzes kommen. Diese Ungleichheit wird allerdings moderat sein, weil die körperlichen Unterschiede zwischen den Menschen nicht sonderlich groß sind. Eine wichtige Konsequenz dieser mäßigen Ungleichheit besteht darin, daß sie ein relativ geringes Konfliktpotential im Naturzustand erzeugt. Zwar hat jedes Individuum einen gewissen Anreiz, einem anderen Individuum sein Land zu stehlen und sich von fremden Früchten zu ernähren. Diesem Anreiz steht allerdings die Chance gegenüber, durch eigene Arbeit selbst zum Landeigentümer zu werden.

Ganz anders liegen die Dinge in der künstlichen Eigentumsordnung des zweiten Szenarios. Hier sind dem rechtmäßigen Grundbesitz faktisch keine Grenzen mehr gezogen, weil es weniger von den physischen Eigenschaften als von den psychischen und kulturellen Merkmalen eines Menschen (wie seinem Ehrgeiz und seinem unternehmerischen Geschick) abhängt, wie viel Land er sich aneignen darf. Da sich die Menschen hinsichtlich dieser nicht-körperlichen Merkmale ganz erheblich unterscheiden, wird es in der künstlichen Eigentumsordnung zu einer extrem ungleichen Verteilung des Grundbesitzes kommen. Eine kleine Minderheit wird sehr viel Land besitzen, und die breite Masse wird ohne jedes Grundeigentum auskommen müssen. Es liegt auf der Hand, daß diese extreme Ungleichheit das Konfliktpotential im Naturzustand deutlich erhöht. Einem anderen sein Land zu rauben, ist für viele nun nicht nur eine bequeme Möglichkeit, sich ohne eigene Arbeit zu ernähren, sondern auch die einzige Möglichkeit, selbst zum Grundbesitzer zu werden.

2.2 Der Vertrag

Obwohl die Rechtslage im Naturzustand grundsätzlich und auch speziell im Hinblick auf das konfliktträchtige Thema ‚Eigentum‘ harmonisch ist, erwartet Locke durchaus, wie wir oben gesehen haben, daß die tatsächliche Lebenslage der Subjekte sehr unerfreulich ist. Die Menschen haben also auch bei ihm, ebenso wie bei Hobbes, Anreize, die Verhältnisse zu verändern. Die Veränderung ist im Interesse aller, also kann sie durch Übereinkunft aller, durch Vertrag, erfolgen. Zwei Dinge sind hier zu betrachten: Zunächst die Anlage und der Inhalt des Lockeschen Vertragsarguments, danach seine Besonderheit gegenüber anderen Vertragsargumenten – es ist ein normativ-*realistisches* Vertragsargument.

2.2.1 Anlage und Inhalt des Vertragsarguments

Die Naturzustandsbewohner sind, wie gesagt, frei und gleich, und sie gründen dementsprechend durch gemeinsame Übereinkunft eine Vereinigung Freier und Gleicher. Der Beitritt zu dieser Vereinigung

ist im strengen Sinne freiwillig: Es steht jedermann frei, beizutreten
oder das zu unterlassen. Der Zusammenschluß verändert nur die
Beziehungen unter den Mitgliedern, beläßt es aber nach außen bei
der bisherigen Situation (für Nichtmitglieder wird die Lage nicht
schlechter, da sie sich nach wie vor in der natürlichen Freiheit befinden und die entsprechenden Rechte haben)[23].

Der *Zweck des Vertrages* ist Rechtssicherheit – Eigentum und Person der Subjekte sollen besser geschützt werden, als dies im Naturzustand möglich ist. Der entscheidende Punkt ist: Es muß für jeden
Rechtsstreit zwischen Mitgliedern der Vereinigung eine Instanz der
Streitschlichtung und -bewältigung geben, die jenseits der streitenden Parteien angesiedelt ist und die stark genug ist, ihre Entscheidung auch durchzusetzen. Die Vertragschließenden kommen also
überein, eine Gemeinschaft zu bilden, auf die sie ihr bisheriges Recht
auf Selbstjustiz übertragen. Diese Übertragung und die entsprechende Unterwerfung erstreckt sich einerseits auf die Gestaltung von
Regeln, andererseits auf ihre Anwendung.

Für die *Gestaltung von Regeln* gilt:

Die durch den Vertrag gegründete Gemeinschaft wird erstens ermächtigt, allgemein geltende positive Gesetze zu erlassen, die an
die Stelle der individuellen Rechtsdeutungen treten. Das positive
Recht darf selbstverständlich den Rahmen des naturrechtlich Gegebenen nicht verletzen; die positiven Gesetze sind eher Konkretisie-
rungen des schon immer geltenden Rechts als freie Setzung. Locke
erwähnt beispielsweise, daß im Naturzustand offen ist und daher
erst durch positives Gesetz festgelegt wird, für welche Verletzungen
des natürlichen Gesetzes welche Strafen zuzumessen sind. Die
‚natürliche Freiheit‘ der Individuen, die eine Freiheit unter dem
natürlichen Gesetz war, wird also durch die ‚Freiheit in der Gesellschaft‘ abgelöst, die eine Freiheit unter von Menschen gemachten
Gesetzen ist, wobei die Eigenschaft, auf die es Locke ankommt,
wenn er über Freiheit spricht, nämlich die Abwesenheit jeglicher
Unterwerfung des Individuums unter fremde Willkür, unangetastet
bleibt.

---

[23] Man könnte geneigt sein zu fragen, ob nicht eine solche Gemeinschaft, die
ja auch Schutzgemeinschaft nach außen sein wird, damit die faktische Lage
der Nichtmitglieder verschlechtert, die nun mit einem wehrhaften Gegenüber als zuvor konfrontiert sind. Das mag sein, würde aber Locke nicht
treffen: Es gehen ihnen ja allenfalls Errungenschaften verloren, die auf
rechtswidrigem Handeln beruhten, also keinesfalls schutzwürdig sein können.

Für das *Verfahren der Regelsetzung* gilt grundsätzlich:

Zwar kann der Beitritt zum Vertrag nur als freiwillig gedacht werden, also in diesem Sinne einstimmig erfolgen. Danach jedoch muß anders verfahren werden: Die Entscheidung über die innere Struktur der Vereinigung, ihre Verfassung – also darüber, wie die Gesetzgebung, die Rechtsprechung und der Vollzug zu institutionalisieren sind – soll per Mehrheitsbeschluß gefällt werden. Ebenso wie bei Hobbes finden wir also einen Übergang von der Zustimmung aller zu einer Unterwerfung der Minderheit unter die Mehrheit unmittelbar nach der allerersten Entscheidung: Nur das ‚Ob‘ des Vertrages ist eine Angelegenheit des umfassenden Konsenses, jedes weitere ‚Wie‘ nicht mehr.

Für Locke liegt hierin kein Problem, wie man sich durch die Betrachtung der denkbaren Alternativen leicht klarmachen kann: Eine denkbare Möglichkeit bestünde darin, daß man die Freiwilligkeit des Beitritts in eine Entscheidungsregel ‚Einstimmigkeit‘ transformiert – dann ist der neugeschaffene Körper handlungsunfähig (das betrachtet und verwirft Locke); zweitens könnte man nach Wegen suchen, die individuelle Selbständigkeit der vorvertraglichen Situation zugunsten einer Verschmelzung in nicht näher bestimmter Harmonie aufzugeben – dann mag der politische Körper handlungsfähig sein, aber von den Subjekten und ihrer Freiheit ist nichts übrig geblieben (diese Möglichkeit muß Locke nicht einmal erwähnen, da die Aufgabe der Freiheitsrechte der Individuen für ihn indiskutabel ist); drittens kann man sich bemühen, die Vielfalt der Individuen auch im Vertrag zu erhalten und dennoch den politischen Körper handlungsfähig zu machen – dann muß man mit Mehrheit entscheiden (das ist Lockes Wahl).

Man kann hier mit der modernen Theorie durchaus fragen, ob Locke die Flinte der Einstimmigkeit nicht zu rasch bzw. zu vollständig ins Korn geworfen hat, also ob für Verhandeln und Argumentieren bis zum Konsens nicht gelegentlich, je nach Materie, durchaus etwas sprechen kann. Man kann aber nicht sagen, daß der Übergang vom Konsenserfordernis zur Mehrheitsentscheidung den Übergang von einer freiheitlichen zu einer unfreiheitlichen Position oder zumindest einen Kompromiß zwischen solchen Positionen darstellt: Es ist ja weiterhin kein fremder Wille, dem die Subjekte sich unterwerfen – jeder hat das gleiche Recht, Vorschläge zu machen, jeder hat das gleiche Gewicht in der Entscheidung, niemand ist geborenes Mitglied der Mehrheit bzw. der Minderheit; alle sind gleich als Bestimmende und Gebundene.

Für die *Anwendung der Regeln* gilt:

Die Vertragspartner übertragen – endgültig – ihre natürliche Richter- und Vollzugsgewalt ganz auf ihre Vereinigung, die – auf der Grundlage der beschlossenen Gesetze – zum Schiedsrichter in ihren Streitfragen gemacht wird. Zugleich stimmen sie zu, daß sie nach Bedarf von der Gemeinschaft in Anspruch genommen werden können, um den Gesetzen Geltung zu verschaffen.

Der Vertrag enthält somit die Einwilligung in bestimmte Beschränkungen der natürlichen Freiheit: Nicht nur die individuelle Möglichkeit der Rechtsauslegung und Rechtsdurchsetzung geht verloren, sondern auch die Möglichkeit, in gewissem Maße selbst Gesetzgeber zu sein. Im Lockeschen Vertrag findet durchaus eine Autorisierung, die Schaffung einer künstlichen Person wie bei Hobbes, statt, jedoch ist die Autorisierung beschränkt: Niemand kann auf die Vereinigung etwas übertragen, das er nicht hat oder worüber er nicht frei verfügen kann (die natürlichen Gesetze gelten unabhängig von dem, was jemand will oder tut, mit und ohne Vertrag; sein Leben, seine körperliche Unversehrtheit, sein Recht, Eigentümer sein zu können, sind gottgegeben und daher nicht vertraglich abtretbar).

Eine Vereinigung ist für Locke genau dann eine politische Vereinigung, wenn die Übertragung von richterlichen und Vollzugsrechten, die vorher den Individuen zustanden, niemanden ausspart. Jeder Streit zwischen irgend zwei Mitgliedern des Gemeinwesens muß rechtlich geschlichtet werden können, was auch immer die gesellschaftlichen Positionen der Streitenden sein mögen. Locke erörtert ausführlich, daß der Naturzustand nur dann verlassen und durch eine politische Gesellschaft ersetzt ist, wenn niemand mehr jenseits des Rechts steht. Die absolute Monarchie – also die Hobbessche Verfassung, in der der Souverän Herr des Rechts ist – ist für Locke dementsprechend überhaupt keine politische Verfassung, da ihren Schlußstein ja eine Konzeption der Souveränität bildet, die keinen vollständigen Übergang in rechtliche Beziehungen enthält.

2.2.2 Positive oder normative Version?

Das Kapitel VIII der *Zweiten Abhandlung über die Regierung*, in dem vom Gesellschaftsvertrag selbst die Rede ist, trägt den Titel „Of the Beginning of Political Societies" – das klingt nach einer vornehmlich historisch-positiven Variante des Vertragsarguments. Dieser Eindruck trügt jedoch. Bei näherer Betrachtung zeigt sich, daß Locke das Vertragsargument vor allem normativ verwendet, und zwar in *realistischer* Weise. Und hier interessiert ihn – entgegen dem Titel des Kapitels – die Gegenwart politischer Gesellschaften mehr als ihre

Geschichte. Daß Locke relativ ausführlich auf die Geschichte oder die vermeintliche Geschichte legitimer politischer Gemeinwesen als eine Geschichte freiwilliger Zusammenschlüsse eingeht, hat vor allem vorbereitenden Charakter – es soll die Behauptung entkräften, daß die Vertragsidee eine verstiegene Vorstellung bar jeglichen Realitätsbezuges sei. Worum es ihm aber wirklich geht, ist sicherzustellen, daß der Vertrag ganz buchstäblich Fundament der Wirklichkeit legitimer Staatsgewalt ist: Politische Gesellschaften beruhen, zugespitzt gesagt, nicht einfach auf Vertrag, sie *sind* Vertrag. Und zwar in diesem Sinne:

Das Bild des Naturzustandes bei Locke ist nicht nur eine aus pädagogischen Gründen benützte historische Fiktion, also die Beschreibung eines vorgestellten Zustandes vor der Bildung politischer Gesellschaften, sondern es ist zugleich die Behauptung einer normativen Realität, nämlich die Beschreibung eines unveräußerlichen Kerns der Rechtsausstattung der Subjekte. Die durchaus ratsame Übertragung bestimmter sekundärer Rechte auf eine äußere Zwangsinstanz kann aber, so Locke, unter von Natur aus Freien nicht anders als freiwillig gedacht werden. Die Vorstellung freiwilliger Übertragung wiederum ist nur dann nicht normativ belanglos, wenn es einen tatsächlichen Übertragungsvorgang gibt und wenn dieser von dem jeweiligen Subjekt selbst vollzogen wird (und nicht etwa von seinen Vorfahren in grauer Vorzeit vollzogen wurde). Mit anderen Worten: Eine politische Vereinigung, die nicht rechtswidrig ist, die nicht auf Versklavung beruht, kann nur durch tatsächlichen Vertrag der anschließend Gebundenen begründet werden; und, noch wichtiger für Locke: Zu einer bereits existierenden politischen Vereinigung kann ein Individuum nicht anders als durch seine eigene Willenserklärung hinzustoßen, also nicht anders als durch Vertrag.

Die Details sind komplex, ändern aber am Kern der Sache nichts: Es gibt für Locke selbstverständlich keine ererbte Mitgliedschaft in einem politischen Verband und somit auch keine ererbte Untertanenrolle, sondern nur stillschweigend oder ausdrücklich erklärten individuellen Beitritt. Ausdrücklich erklärter Beitritt ist unwiderruflich (das betrifft aber wohl nur eine Minderheit). Stillschweigend stimmt man einem Gesellschaftsvertrag dadurch zu, daß man die rechtlichen und sonstigen Annehmlichkeiten eines Gemeinwesens faktisch in Anspruch nimmt (das ist der Fall, den Locke wohl für den Normalfall hält). Stillschweigender Beitritt kann durch Austritt rückgängig gemacht werden. Speziell Grundbesitz macht unvermeidlich zum Bürger, aber doch nur durch stillschweigende Zustimmung zum Gesellschaftsvertrag: Zwar ist es für Locke selbstverständlich, daß man seinen Landbesitz – vermutlich im Unterschied zu anderem Besitz – nicht aus dem Herrschaftsverband lösen kann (seine politische Gemeinschaft ist also nicht einfach ein Personenverband, sondern ganz offensichtlich auch ein territorial definiertes Gebilde), man kann jedoch durch Veräußerung dieses Besitzes die Vereinigung jederzeit verlassen.

Lockes Verwendung der Vertragstheorie:

(1) Sie ist normativ, weil es ihm nicht primär darum geht, die Existenz politischer Gemeinwesen mit dem Vertragsargument zu erklären, sondern vielmehr darum, den Anspruch auf Gehorsam, den ein politisches Gemeinwesen geltend macht, zu prüfen und gegebenenfalls zu kritisieren.

(2) Sie ist zugleich realistisch, weil Locke nicht über einen hypothetischen Vertrag spricht. Lockes Vertragsargument gründet den Gehorsamsanspruch der Herrschaft nicht darauf, ob die Zustimmung zu ihr irgend jemandem (einem Philosophen oder gar dem Herrschenden selbst, wie es Kant zuläßt[24]) denkmöglich oder plausibel erscheint, sondern darauf, ob der Untertan ihr zustimmt. Man kann das kritisieren (wenn die Abwanderungskosten hoch genug sind, wird die Idee stillschweigender Zustimmung zur Farce[25]), aber diese Kritik übersieht den großen Unterschied, den es macht, ob man den ‚Probierstein' in die Hände der Untertanen oder in die Hände des Herrschers legt.

2.3 Institutionen

Das Volk tritt zunächst unmittelbar als der den Staat verfassende Souverän auf, der seine Souveränität in der Schaffung von Herrschaftsinstitutionen ausübt[26]. Da politische Gewalt – im Unterschied zu elterlicher und zu despotischer Gewalt – grundsätzlich auf Zustimmung beruht, kann diese Souveränität nicht auf Nimmerwiedersehen in den geschaffenen Institutionen verschwinden, nicht restlos an sie abgetreten werden. Wir betrachten zunächst die Organe und ihre Beziehungen, dann die Rolle des Volkes.

---

[24] Vgl. unten Kapitel IV., Abschnitt 1.3.
[25] So Humes Einwand in seiner Schrift, *Über den ursprünglichen Vertrag* (1748).
[26] Diese Konstruktion – die Unterscheidung von verfassungsgebender Gewalt *(pouvoir constituant)* und verfaßter Gewalt *(pouvoir constitué)* – werden wir ausformuliert bei Sieyes wiederfinden. Vgl. Kapitel VII., Abschnitt 3.

2.3.1 Organe

Das wichtigste Organ, das das souveräne Volk sich gibt, ist eine
Legislative. Die Legislative ist das oberste Organ („die oberste Gewalt") des politisch verfaßten Gemeinwesens, der verfaßte Souverän
sozusagen. Sie beschließt allgemeine Regeln, trifft aber auch Richtungsentscheidungen. Das Volk kann hierbei verschiedene Instituti-
onalisierungen wählen – es kann die Gesetzgebung in die eigenen
Hände nehmen („Demokratie") oder einer Personengruppe („Oligarchie") bzw. einer einzigen Person („Monarchie") übertragen, erblich oder auf Zeit, in welcher Mischung auch immer es ihm zweckmäßig erscheint. In allen Fällen bleibt das Volk im Prinzip Herr der
institutionellen Entscheidung, die es auch ändern kann. Die Ermächtigung, die das Volk dem Legislativorgan überträgt, ist niemals unbeschränkt. Dafür sorgen nicht nur die uns schon geläufigen Schranken des Naturrechts, die sowohl für das Volk selbst wie für die von
ihm geschaffenen Institutionen gelten. Es gibt auch eine Bindung
des Legislativorgans an das Volk, die sichert, daß dieses Organ seine
Ermächtigung nicht gegen das Volk mißbraucht: Die Gesetze müssen
für alle gelten, also auch für diejenigen, die sie gemacht haben, sie
müssen berechenbar und stabil sein, öffentlich bekannt gemacht
werden. Insgesamt hat das Legislativorgan die Pflicht, dem Vertrau-
en zu genügen, das in es gesetzt wird. Die Legislative ist zugleich
der Ort, von dem die Rechtsprechung ausgeht – sie autorisiert die
Richter, gegenüber dem Exekutivorgan ist sie selbst Gericht.

Damit sind wir bereits bei dem zweiten Organ, dem Organ, das
die Staatsgeschäfte führt. Es ist in erster Linie ausführendes Organ,
eben *Exekutive*, und insoweit dem Auftrag der Legislative untergeordnet. Es muß dem Recht Geltung verschaffen bzw. diejenigen
Tätigkeiten erledigen, die ihm von der Legislative als staatliche Aufgaben auferlegt wurden. Bei alledem darf das Exekutivorgan selbst
die allgemeinen Rechtsregeln nicht verletzen. Das gleiche Organ soll,
aus Zweckmäßigkeitsgründen, auch die auswärtigen Interessen des
Gemeinwesens vertreten; in dieser Hinsicht ist es lediglich an das
Naturrecht bzw. an zwischenstaatliche Verträge gebunden (daher die
Bezeichnung dieser Zuständigkeit als *föderative* Gewalt"). Schließlich gibt es einen Zuständigkeitsbereich auch im Inneren, der gesetzlich nicht vollständig regelbar ist und in dem entsprechend eine
Ermächtigung des Exekutivorgans zum Handeln gewissermaßen
nach pflichtgemäßem Ermessen notwendig ist (etwa Notstandssitu-
ationen; Locke nennt diese Kompetenz *„Prärogative*").

Dieses Bündel von Funktionen ist der legislativen Funktion untergeordnet, was für Locke eine institutionelle Trennung der Legislative

von der Exekutive[27] nahelegt. Diejenigen Personen oder Instanzen, die über die Zwangsmittel verfügen (Durchsetzung von Gesetzen, einzelne Maßnahmen usw.), dürfen nicht zugleich die Herren der Gesetzgebung sein; was nicht ausschließt, daß sie an ihr beteiligt sein können[28]. Bestand bei Hobbes die Souveränität in der Verfügung ihres Inhabers über jeglichen Teil der Staatsgewalt, besteht sie bei Locke – innerhalb der Verfassung – allein in der Befugnis zur Gesetzgebung, während die Verfügung über die staatlichen Zwangsmittel nicht zu ihr gehört, sondern eine nachgeordnete Angelegenheit ist.

Kurz und vereinfacht gesagt: Der Souverän – das gesetzgebende Organ – ist nicht im Besitz der Zwangsgewalt, und der Besitzer der Zwangsgewalt ist nicht souverän.

2.3.2 Das Volk als letzte Instanz

Das ist aber nur das innere Verhältnis der konstituierten Gewalten, bei gegebenem „government". Davon bleibt aber unberührt, dass niemand dem eigentlichen Souverän, dem Volk, das letzte Wort entziehen kann. Das Volk behält das Recht, auch die Legislative abzuberufen und zu ersetzen, wenn diese ihre Gewalt mißbraucht. Das ist der Krisenfall, in dem die verfaßte Staatsgewalt an den Souverän zurückfällt. Konzeptionell sieht die Angelegenheit bei Locke harmloser aus als bei Hobbes: Bei Locke muß nicht ein Souverän durch Rückkehr in den allgemeinen Kriegszustand beseitigt werden, vielmehr nimmt der Souverän das erteilte Mandat wieder an sich – das politische Gemeinwesen bleibt bestehen, es entledigt sich nur der Funktionäre. Faktisch bedeutet das allerdings Gewaltanwendung, die prozedural nicht geregelt ist und nicht geregelt sein kann.

Damit kommen wir zum Kern der Konzeption, nämlich zu Lockes Behandlung des Hobbesschen Letztinstanzproblems: Tragend ist bei Locke eine asymmetrische Balance zwischen dem Volk und dem Staatsapparat. Die externe Kontrolle der staatlichen Zwangsgewalt liegt nach dieser Idee bei denen, die im Normalfall die Adressaten rechtlich legitimen Zwangs durch die Staatsgewalt sind. Nicht eine weitere Instanz mit wieder unbeschränktem und unbeschränkbarem Zwangspotential bringt die Kontrolle über die Staatsgewalt zustande,

---

[27] Locke selbst verwendet diese etwas ungenaue Terminologie, in der die Exekutive (als Organ) drei Kompetenzen hat, von denen er eine wiederum substantivisch als Exekutive bezeichnet, was dazu führt, daß man zu so seltsamen Formulierungen kommen kann wie der, daß die Föderative (Gewalt) der Exekutive (dem Organ) zugeordnet sei.

[28] Vgl. auch unten Kap. VII.

sondern vielmehr der normalerweise politisch inaktive Souverän, der notfalls Widerstand leistet.

Warum rechnet Locke nicht mit dem Rückfall in den dauernden Bürgerkrieg, den Hobbes von einer solchen Konstruktion erwartet? Seine These hierzu lautet: Das Volk hat zwar das letzte Wort und ist, wenn es sich wirklich wehrt, unwiderstehlich, aber es unterliegt keiner unmittelbaren Versuchung zum Mißbrauch seiner Macht, wie sie ja für die Amtsinhaber immer vorhanden ist. Eher ist das Volk, so Locke, zu geduldig mit der Staatsmacht. Grundlage der Stabilität des Gefüges insgesamt ist seiner Ansicht nach ein bestimmtes, von allen Mitgliedern des politischen Gemeinwesens geteiltes normatives Wissen darüber, was von den Inhabern der Staatsgewalt erwartet werden kann, wann die Pflicht zum Gehorsam endet und das Recht zum Widerstand beginnt, und ein ebenfalls von allen geteiltes positives Wissen, daß es Personen gibt, die dazu disponiert sind, diese Maßstäbe zur Richtschnur ihres Handelns zu machen. Die Inhaber von Machtpositionen und der Befehlsgewalt über die Zwangsmittel teilen dieses Wissen mit den übrigen Individuen und haben entsprechend gute Gründe, die Regeln nicht zu brechen – es steht dabei ja auch für sie viel auf dem Spiel.

Locke ist sich also auch darüber im klaren, daß eine solche Ordnung nur in dem Maße stabil ist, wie die sozialen und kulturellen Verhältnisse so sind, daß die Leute die entsprechenden Handlungsdispositionen entwickeln können und tatsächlich die Mittel und die Möglichkeiten haben, Widerstand gegebenenfalls zu formieren.

3. Rousseau

Auch bei Rousseau finden wir die nun schon vertraute Struktur des Arguments – am Anfang steht eine Beschreibung der Problemlage, die den Vertrag notwendig oder plausibel macht (3.1); im zweiten Schritt werden die Eigenschaften des problembewältigenden Vertrages und der grundlegende Charakter des im Vertrag geschaffenen Gemeinwesens erörtert (3.2); den Abschluß bildet schließlich die Diskussion der konkreten Institutionen, die sich ein solches Gemeinwesen geben sollte (3.3). Die Problembeschreibung gibt Rousseau vor allem im *Diskurs über die Ungleichheit*, den Vertrag und die Institutionen behandelt er im *Gesellschaftsvertrag*.

3.1 Der Naturzustand

3.1.1 Die Natur des Menschen

Was Rousseau als den Naturzustand des Menschen bezeichnet, ist nicht der zwar herrschaftslose, aber dennoch bereits von Interaktion und Interdependenz gekennzeichnete Zustand, den Hobbes und Locke als Ausgangslage ihrer Argumentation wählen. Es ist vielmehr ein Zustand vor jeglicher Vergesellschaftung. Der Mensch ist in dieser Situation *frei* – in der Einsamkeit. Seine Eigenschaften: Er ist tierhaft, dumpf, asozial, sehr bescheiden in seinen Bedürfnissen und unter anderem deshalb friedfertig, fähig zu Mitleid und schließlich zugleich vervollkommnungsfähig – mit schlummernden Anlagen ausgestattet. Diese Schilderung ist nicht gerade plausibel, wenn sie als eine Behauptung darüber verstanden wird, was einmal tatsächlich der Fall gewesen sei oder bei den Naturvölkern immer noch der Fall sei. Auch wenn Rousseau diesen Eindruck durchaus erweckt, besteht ihre Funktion für sein Argument nicht hierin, sondern vor allem darin, etwas sichtbar zu machen, herauszupräparieren, was vom Menschen bleibt, wenn man die Gesellschaft wegdenkt. Die Idee ist, herauszuarbeiten, was der Mensch ‚von Natur aus‘ ist – unter der Setzung, daß Gesellschaft eben nicht „Natur" ist. Sicherlich ist das nicht buchstäblich vorstellbar bei einem Wesen, das ohne Gesellschaft nicht leben kann. Man kann das Ganze vielleicht am besten als eine Art Gedankenexperiment verstehen, hinter dem die Idee steht, daß das, was ‚Natur‘ ist, als Ausgangspunkt hingenommen werden müsse, während das, was ‚Gesellschaft‘ ist, so oder anders sein könne und daher gewählt, beurteilt, verworfen und gestaltet werden könne und müsse.

Folgt man Rousseaus Überlegung, so kann man zunächst die Eigenschaften des Menschen in drei Gruppen einteilen: Einige Eigenschaften gehören von Natur zum Menschen und sind auch aktuell vorhanden, wenn sie nicht unterdrückt werden (Selbstliebe, Mitleidsfähigkeit, einfache Bedürfnisse); einige Eigenschaften gehören nicht von Natur zum Menschen, können aber durch entsprechende Umstände erworben werden (Streben nach Macht, Reichtum, Status; Neid; verfeinerte Bedürfnisse); einige Eigenschaften schließlich gehören als Anlage zur Natur des Menschen und können durch entsprechende Umstände entfaltet werden (etwa Sprache im besonderen und Kultur im allgemeinen). Die Entstehung bzw. die Entfaltung der zweiten bzw. der dritten Gruppe von Eigenschaften sind Folgen der Vergesellschaftung; und was in welchem Umfang entsteht, hängt von der Art der Vergesellschaftung ab.

3.1.2 **Falsche Vergesellschaftung**

Rousseaus These hierzu lautet: Die bisherige Form der menschlichen Vergesellschaftung hat nicht nur die Vervollkommnung des Menschen ermöglicht, sondern vor allem auch die unguten Eigenschaften der zweiten Gruppe hervorgebracht, und zwar bis hin zur Zerstörung der ursprünglichen Eigenschaften und der Korruption der angelegten Eigenschaften.

Seine Beschreibung des Prozesses kann so skizziert werden: Das ursprüngliche isolierte Leben ist mit Gefahren und Unannehmlichkeiten verbunden, die es den Menschen nahelegen, Gruppen zu bilden. In diesen zunächst sehr kleinen Gruppen kann sich eine einfache Arbeitsteilung ausbilden, die bescheidene Wohlstandszuwächse ermöglicht, ohne daß bereits irgendwelche Ungleichheiten der Lebenslagen entstehen können. Hier überwiegen die Vorteile der Vergesellschaftung ihre Nachteile – man kann einander im Notfall helfen; die Bedürfnisse sind immer noch bescheiden; es entsteht ein wenig Kultur; es gibt noch keinen mit Eigentum und Machtverhältnissen zusammenhängenden Konfliktstoff. In diesem Zustand, den Rousseau als Jugend der Menschheit bezeichnet, werden die Menschen nun aber nicht verharren, da die Arbeitsteilung ihre eigene Dynamik entfaltet: Intensivere Arbeitsteilung bringt größeren Wohlstand und damit wachsende Wünsche, die die Arbeitsteilung weiter vorantreiben. Es entsteht dauerhafter privater Besitz an Grund und Boden, und mit ihm Ungleichheit der Lebenslagen. Mit wachsender Ungleichheit wachsen Neid, Streben nach Status, die Versuchung, Status und Reichtum auf Kosten anderer zu gewinnen – auch mit Gewalt. Der Hobbessche Krieg und die Lockeschen Unannehmlichkeiten sind nicht ein naturgegebener Zustand, sondern der Endpunkt eines bestimmten und zwar *falschen* Pfades der Vergesellschaftung.

Aus diesem Grunde stellen Naturzustandsbeschreibungen wie die von Hobbes und auch die von Locke in Rousseaus Sicht eine unangemessene Aufzäumung des Ordnungsproblems dar: Ein Gesellschaftsvertrag, der unmittelbar aus diesem Krieg heraus geschlossen wird, kann nur ein abwegiger Vertrag sein, da er in einer Situation krasser Ungleichheit und Unfreiheit zustande kommt und dementsprechend nichts anderes sein kann als ein Versuch, die erst durch Vergesellschaftung entstandene Ungleichheit und Unfreiheit festzuschreiben. Dieser Versuch wird keinen dauerhaften Frieden stiften, sondern der Krieg wird so lange immer wieder aufflammen, bis die Gesellschaft unter despotischer Herrschaft befriedet wird – und unter ihr sind dann alle wieder gleich, in der Unfreiheit.

Rousseaus Konsequenz ist: Ein einfaches „Zurück zur Natur" wäre nicht nur unmöglich, sondern auch nicht erstrebenswert – die Vergesellschaftung bedeutet ja nicht nur Verlust der Unschuld, sondern auch Entfaltung von menschlichen Anlagen. Worum es also geht, ist, einen Neuanfang zu machen und sich in der *richtigen* Weise zu vergesellschaften.

3.2 Der Vertrag als Neubeginn

Damit kommen wir zur zweiten für uns wichtigen Abhandlung, dem *Gesellschaftsvertrag*. Der Vertrag, den Rousseau hier entwirft, soll die Wiedergewinnung der Freiheit durch vollständige Unterwerfung aller unter das Gemeinwesen ermöglichen:

3.2.1 Die Erschaffung des Souveräns

Alle in der vorangegangenen Geschichte errungenen Machtpositionen – Privilegien – müssen bei Eintritt in den neuen Vertrag geräumt worden sein. Alle Menschen müssen das aufgeben, was sie zuvor zu unterschiedlich Mächtigen gemacht hat: ihr Eigentum. Festzuhalten ist hierbei, daß das eigentliche Ärgernis am Eigentum in Rousseaus Augen nicht die Unterschiede im Umfang des Eigentums als solche sind, sondern vor allem die Tatsache, daß diese Unterschiede in bestimmten Gesellschaften faktisch zugleich Unterschiede im Rechtsstatus der Personen sind.

Rousseaus Gesellschaftsvertrag, der unter Bedingungen vollkommener Gleichheit und vollkommener Ausblendung partikularer Interessen der Vertragspartner geschlossen wird, kommt nur einstimmig-freiwillig zustande. Jeder kontrahiert mit allen und unterwirft sich ganz und gar dem Gemeinwillen des so gebildeten politischen Körpers. Da jeder zugleich zu einem unabtrennbaren Teil dieses politischen Körpers wird, unterwirft er sich keiner fremden Macht, sondern – auch – sich selbst. Jeder autorisiert den aus allen Beteiligten gebildeten politischen Körper ohne inhaltliche Schranken der Entscheidungsbefugnis, allerdings mit einer formalen Einschränkung: Er unterwirft sich allem, was vom Gemeinwesen *für alle* beschlossen wird.

> **Rousseaus Verwendung der Vertragsfigur:**
>
> Rousseaus Verwendung der Vertragsfigur ist selbstverständlich normativ, und zwar ist sie sowohl realistisch als auch (in kritischer Absicht) idealistisch. Normativer Vertragsrealist ist

Rousseau grundsätzlich und im allgemeinen, ganz wie Locke, in seiner Überzeugung, daß Recht nicht auf Macht beruhen kann, sondern nur auf Übereinkunft, so daß rechtmäßige Herrschaft nur auf Vertrag beruhen kann bzw. nur Vertrag sein kann.

Zugleich und im besonderen Zusammenhang des Gesellschaftsvertrages ist Rousseau normativer Vertragsidealist: Entscheidend ist in seinen Augen ja, daß ein ethisch akzeptabler Vertrag nur denkmöglich ist, wenn er unter ethisch akzeptablen Bedingungen zustande kommt. Die gerade – im *Diskurs über die Ungleichheit* – beschriebene Ausgangssituation ist aber nicht akzeptabel, weil sie ethisch relevante Ungleichheiten der Vertragschließenden enthält.

Dieses Vertragsargument ist idealistisch insofern, als es von einer gedachten Situation bei Vertragsschluß ausgeht, die das Gegenteil der tatsächlichen gesellschaftlichen Lage ist, die Rousseau vorfindet. Daher ist die Rolle des Vertragsarguments bei Rousseau gegenüber *den gegebenen Verhältnissen* ausschließlich kritisch und nicht potentiell rechtfertigend, wie es für Hobbes und eingeschränkt auch für Locke gilt (Locke rechtfertigt, im Unterschied zu Hobbes, nicht jede Herrschaft; spezifisch auf seine Umgebung bezogen ist sein Argument aktuell rechtfertigend und zugleich retrospektiv kritisch). Rousseau rechtfertigt nicht die vorgefundene Herrschaftsordnung, sondern ihre Veränderung.

Auf den ersten Blick scheint in diesem Vertrag eine Autorisierung angelegt zu sein, die so unbeschränkt ist wie diejenige, die im Hobbesschen Vertrag stattfindet: Der im Vertrag geschaffene Souverän, das (politisch verfaßte) Volk, ist durch kein Naturrecht gebunden, wie wir es bei Locke fanden, sondern allein auf seinen Willen angewiesen. Die Souveränität des Volkes ist unteilbar und unübertragbar. Der Souverän kann nach Rousseau nicht irren und nicht Unrecht tun. Bei näherer Betrachtung stellt sich allerdings heraus, daß wir es uns so einfach nicht machen dürfen. Rousseau spricht ja nicht von irgendeinem wie auch immer beschaffenen Willen des Souveräns, sondern vom *Gemeinwillen* (*volonté générale*). Die Idee des Gemeinwillens ist das Herzstück des Rousseauschen Denkens.

3.2.2 Der Gemeinwille

Rousseaus Behauptungen zur Qualität des Gemeinwillens, vor allem zu seiner Unbeschränkbarkeit und seiner Unfehlbarkeit, sind oft mißverstanden worden, weil einige sehr einfache Begriffe nicht ernst genommen wurden.

Die *volonté générale*, also das, worin sich der Souverän artikuliert, ist definiert nicht durch die *Anzahl ihrer Träger*, sondern durch ihren *Inhalt*: Der Gemeinwille ist zunächst einmal eben nicht ein *gemeinsamer* Wille (das passende Adjektiv wäre „*commune*" o. ä.), sondern erst einmal ein aufs *Allgemeine* zielender Wille („*générale*"). Jedes Individuum hat einen Gemeinwillen und einen partikularen

Willen. Der Gemeinwille des Individuums enthält seine Gerechtigkeitsurteile und seine Urteile über das, was für alle gut ist; sein partikularer Wille richtet sich auf die Verfolgung seiner spezifischen Interessen. Nach Rousseau sind die Inhalte des Gemeinwillens einer Person nicht beliebig – vielmehr liegt ziemlich klar zutage, was man wollen kann, wenn man ehrlich auf Gerechtigkeit und das Wohl des Ganzen zielt. Eben deshalb kann ein solcher Wille von allen geteilt werden. Die *volonté générale* ist nicht etwa unfehlbar und immer gerecht, weil sie ein allgemein geteilter Wille ist; sondern in ihr sollten alle übereinstimmen können (wenn sie nicht von ihren partikularen Interessen geblendet sind), weil das, was gerecht und dem Wohle aller förderlich ist, im Prinzip erkennbar ist. Der Konsens ist nicht die definierende Eigenschaft des Gemeinwillens, sondern bestenfalls – wenn alle ehrlich sind und niemand sich irrt – ein Indiz seines Vorliegens.

Der Gemeinwille äußert sich in ganz bestimmten Beschlüssen des Gemeinwesens, nämlich seinen *Gesetzen*:

> „Wenn ich sage, daß der Gegenstand der Gesetze immer allgemein ist, so meine ich damit, daß das Gesetz die Untertanen als Gesamtheit und die Handlungen im abstrakten Sinne betrifft, niemals einen Menschen als einzelnen, nie eine einzelne Handlung.
> Man sieht [...], daß das, was ein Mensch, wer immer er sei, nach seinem Belieben verordnet, mitnichten ein Gesetz ist, weil das Gesetz die Gesamtheit des Willens mit der Gesamtheit des Gegenstandes verbindet; selbst was der Souverän über einen einzelnen Gegenstand verordnet, ist ebensowenig ein Gesetz, sondern ein Erlaß, ist kein Akt der Souveränität, sondern ein Verwaltungsakt" (*Gesellschaftsvertrag*, Buch II, Kap. 6).

Das ist die Schlüsselstelle. Die Bedingung verlangt, daß man bei Beschlüssen keine bestimmten Personen als Begünstigte oder Belastete benennen oder auch nur im Auge haben darf, daß also im Augenblick des Beschlusses nicht bekannt sein darf, welche Personen der Beschluß in welcher Weise trifft. Der Satz, daß der Souverän nicht irren und nicht unrecht tun kann, bedeutet gerade nicht, daß das ‚Volk‘ Recht hat, was auch immer es tut. Er bedeutet im Gegenteil, daß das Volk nur dann als Souverän handelt, *wenn* es nicht irrt und nicht Unrecht tut, also wenn es ihm gelungen ist, tatsächlich den Gemeinwillen zu artikulieren. Es kann sehr wohl auch passieren, daß das Volk als Behörde handelt (wenn es über einen Einzelfall entscheidet), und es kann sogar passieren, daß es sich in einen Mob verwandelt (wenn es diskriminiert) – selbstverständlich ist es in diesen Situationen weder unfehlbar noch im Recht.

Im Vertrag übernehmen die Mitglieder des neu geschaffenen Gemeinwesens also beide Rollen – die des Souveräns und die der Untertanen. Als einzelner Untertan ist ein jeder Bürger Adressat der Gesetze, die er als Souverän (genauer: als Mitglied des kollektiven Souveräns) erlassen hat. Als Untertan verfolgt er seine partikularen Interessen im Rahmen der Gesetze, die er als Souverän gegeben hat. Das Haben und Verfolgen partikularer Interessen ist also für Rousseau nicht per se moralisch verwerflich oder politisch gefährlich. Es gehört seiner Überzeugung nach ganz einfach nicht in den Kontext der Formulierung des Gemeinwillens. Seine Interessen mag man *im Rahmen* einer bestimmten Rechtsordnung verfolgen – aber die Gestalt der Ordnung darf nicht selbst Produkt oder Instrument der Verfolgung von Interessen sein, sondern muß auf Urteilen anderer Qualität beruhen[29].

Durch die Verbindung von Mitgliedschaft und Unterwerfung sieht Rousseau als gesichert an, daß alle Mitglieder des Gemeinwesens vergesellschaftet und frei zugleich sind: Sie erhalten nicht die natürliche Freiheit des ursprünglichen primitiven Zustandes zurück, sondern etwas Besseres: die bürgerliche Freiheit – man unterliegt keinem fremden Willen, hat aber statt der Freiheit des Alleingangs die Geltung des Rechts, das alle bindet und von allen gemacht wird, und unter dessen Schutz man sich viel besser entfalten kann als in der Isolation des Naturzustandes oder unter den Machtverhältnissen verfehlter Vergesellschaftung.

Die Unterwerfung eines jeden einzelnen unter die allgemeinen Gesetze bedeutet in konkreten Situationen Zwang – aber da man nur unter dem Gesetz frei sein kann, ist es „Zwang zur Freiheit". Diese Kennzeichnung Rousseaus ist oft als sophistische Verkehrung kritisiert worden, ist aber zunächst einmal eher harmlos: Ein Verbot der Verletzung fremden Eigentums etwa ist für den einzelnen unter Umständen eine unangenehme Einschränkung, „Zwang"; da jedoch ein solches Verbot als *allgemeines* Verbot notwendig ist, um auch sein Eigentum, insofern also seine Freiheit, zu schützen, ist es Zwang „zur Freiheit"[30].

---

[29] Das Argument Rousseaus ist vom gleichen Geist wie die Rawlssche Idee eines Schleiers des Nichtwissens, der ebenfalls Gerechtigkeitsurteile interessenunabhängig machen soll (vgl. unten Kapitel V., Abschnitt 4.), und wie die Hayeksche Vorstellung, daß „Meinungen" in eine andere Entscheidungsarena gehören als „Interessen" (vgl. unten Kapitel IV., Abschnitt 3.).

[30] Hierauf wird in Kap. IV. ausführlicher eingegangen, vgl. dort insbesondere den Abschnitt zu Kant.

Nicht zu leugnen ist aber, daß Rousseau außer dem Allgemein-
heitserfordernis keine Beschränkung der Souveränität kennt – nicht
durch Naturrecht, nicht durch Verfassung. Der Souverän kann die
Eigentumsverfassung nach Belieben gestalten, sich zum Herren über
die Religion machen usw. – wenn er all das nur für alle gleich regelt.
Es ist also zwar unfair, wenn man Rousseau unterstellt, er habe, was
immer die Mehrheit gerade wolle, für unfehlbar gerecht und richtig
erklärt. Aber man kann schlecht bestreiten, daß es ein totalitäres
Potential in seinem Denken gibt. Der „Terror der Tugend", den die
Jakobiner während einer Phase der französischen Revolution aus-
übten, war sicher nicht das, was Rousseau im Sinne hatte, als er über
die Unfehlbarkeit des souveränen Volkes sprach – aber es war eben
auch kein komplettes Mißverständnis, als sich die Jakobiner auf ihn
beriefen.

3.3 Institutionen

Wie Locke ist Rousseau der Meinung, daß man nur unter dem Gesetz
frei leben kann (jedenfalls, wenn man in Gesellschaft lebt), und daß
jede staatliche Zwangsgewalt durch das Gesetz gebändigt sein muß,
also nicht über ihm stehen darf. Daher ist es für ihn ebenso selbstverständlich wie für Locke, daß die Gesetzgebung und die Verfügung
über die staatlichen Zwangsmittel nicht in einer Hand liegen dürfen.
Im Unterschied zu Locke hält Rousseau es hier nicht für ausreichend,
wenn lediglich keine der Gewalten die andere dominieren kann; für
ihn ist strikte Trennung unbedingt notwendig[31].

3.3.1 Die Gesetzgebung

Die Gesetzgebung ist die oberste Gewalt im politischen Gemeinwesen; in ihr artikuliert sich der Souverän. In ausdrücklicher Abwen-
dung von Locke, der ja Gesetzgebung durch ein Repräsentativorgan
nicht nur für möglich, sondern wohl für die praktisch und normativ
plausibelste Institutionalisierung hielt, beharrt Rousseau darauf, daß
die Gesetzgebung ganz buchstäblich in den Händen des Volkes
liegen muß. Sie ist nach seinem Urteil nicht delegierbar. Der Grund
hierfür liegt wohl vor allem darin, daß die Richtschnur der Gesetzgebung bei Rousseau von ganz anderer Natur ist als bei Locke. Das
Naturrecht, das bei Locke der Gesetzgebung den Maßstab gibt, ist
jedermann bekannt, so daß man seine Umsetzung in positives Recht
ohne große Probleme an Personen übertragen kann, denen man

---

[31] Diese Vorstellung strikter Separation der Gewalten findet sich dann bei
Sieyes wieder. Vgl. unten Kap. VII., Abschnitt 3.

traut. Bei Rousseau hingegen liegt die Angelegenheit nicht so einfach. Der Gemeinwille ist ja, wie wir sahen, eine recht komplizierte Angelegenheit, da in ihn nicht nur abstrakte *Rechtlichkeits*urteile eingehen, sondern auch Urteile über das, was spezifisch für die jeweilige Gemeinschaft *gut* ist. Rousseau lehnt die Artikulation des Gemeinwillens durch ein Repräsentativorgan mit dem Argument ab, daß dann (neben dem allgemein Gerechten) eben das beschlossen würde, was *für diese besondere Gruppe* gut wäre, daß also der Gemeinwille eben dieser gewählten Gruppe realisiert würde, nicht aber der des Volkes insgesamt.

Repräsentation und ‚direkte Demokratie' bei Rousseau:

Gelegentlich wird Rousseau, wegen seines Beharrens auf Gesetzgebung unmittelbar durch das Volk selbst, als Verfechter direktdemokratischer Institutionen bezeichnet; oft mit der Vorstellung verbunden, er sei in dieser Hinsicht zugleich ein recht utopischer Denker. Das ist erstens terminologisch irreführend und zweitens in der Sache schief.

Für die terminologische Seite gilt: Rousseau hätte den Sachverhalt keinesfalls so ausgedrückt. Wie wir gleich sehen werden, verwendet er den Terminus ‚Demokratie' nicht hier, wo es um die Gesetzgebung geht, sondern nur dort, wo es um die Führung der Staatsgeschäfte geht.

In der Sache ist es schief, weil Gesetzgebung für ihn etwas ganz und gar anderes als die kontinuierliche politische Steuerung des Gemeinwesens war, sondern vielmehr etwas, das nur sehr selten notwendig sein würde – vornehmlich am Anfang, wenn ein politisches Gemeinwesen sich Gestalt gibt, nicht aber als permanente Tätigkeit. Insofern ist sein Entwurf zwar sicherlich anspruchsvoll und jenseits einer bestimmten Größe des Gemeinwesens nicht mehr realisierbar, aber er ist nicht utopisch in dem Sinne, daß seine Bürger ununterbrochen in der politischen Arena tätig sein müßten, um ihm gerecht zu werden.

Für das *Verfahren der Gesetzgebung* gilt:
Da zwar in der Arena der Gesetzgebung Interessen keinen Platz haben, da aber zugleich reale Menschen immer Gefahr laufen, ihre Gerechtigkeitsurteile und ihre Urteile über das gemeinsame Beste von ihren Interessen beeinflussen zu lassen, und da sich Menschen auch ganz simpel irren können, ist das, was wir empirisch vorfinden, zunächst einmal der „Wille aller" (*volonté de tous*). Das führt zu Verwerfungen, die die Einstimmigkeitsregel unverwendbar machen, die ja sonst eine Selbstverständlichkeit sein müßte (es geht ja *eigentlich* nicht um Heterogenität und ihre Bewältigung, sondern um die Ratifizierung dessen, was in den Herzen und Köpfen der Beteiligten schon für alle gleich vorhanden sein sollte).

Es bleibt dann nur die Mehrheitsentscheidung, in der – wenn man Glück hat – der Gemeinwille als ein gemeinsamer Nenner gefunden werden kann. Auf jeden Fall darf das Resultat nach Rousseau nicht etwa ein Kompromiß partikularer Interessen sein, sondern es muß vielmehr den für alle Individuen am Ende überzeugenden gleichen Kern realisieren. Grundsätzlich setzt das voraus, daß das Volk nicht korrumpiert ist; es muß genug Tugend vorhanden sein, daß die Menschen zumindest bereit sind, zwischen ihren Gemeinwohlurteilen und ihren persönlichen Interessen zu unterscheiden und ersteren den Vorrang einzuräumen. Das weitere Argument ist etwas undeutlich – Rousseau geht davon aus, daß die diversen individuellen Aberrationen von diesem Kern in alle möglichen Richtungen streuen, einander gewissermaßen aufheben, so daß das, was dann übrigbleibt, der wahre Gemeinwille ist. Das kann nicht buchstäblich genommen werden: Durch Auszählen kann man das kaum feststellen; es gibt auch – nimmt man Rousseaus Metaphorik ernst – keinen Grund zu der Erwartung, daß der ‚Mittelwert' tatsächlich von den meisten Beteiligten gewählt wird. Die verfahrensmäßigen Vorkehrungen, die Rousseau dann einführt, um so gut wie möglich sicherzustellen, daß die reale Entscheidung möglichst nahe am wahren Gemeinwillen liegt, gehen denn auch weit über die einfache Anwendung der Mehrheitsregel hinaus. Zu nennen ist vor allem die Idee, daß die ursprüngliche Gesetzgebung, durch die ein neu gegründetes Gemeinwesen in Form gebracht wird, auf der Basis des Gesetzesvorschlags durch eine besondere Figur, den *législateur*, erfolgen soll, über dessen Annahme oder Ablehnung das Volk ohne Aussprache und Abänderungsmöglichkeit abstimmen soll; zu nennen ist auch die Vorstellung, daß es im Zusammenhang der Gesetzgebung insgesamt keine Koalitionsbildung, keine Parteien und keine öffentliche Diskussion geben soll, da all das eher geeignet ist, die Urteile der Bürger über das, was gerecht und gut ist, zu manipulieren, als ihre Klärung zu fördern.

3.3.2 Gesetzesvollzug

Die Ausübung der Staatsgewalt nennt Rousseau Regierung und gelegentlich auch Verwaltung („gouvernement ou sûpreme administration", *Gesellschaftsvertrag*, Buch III, Kapitel 1). Die Regierung hat im Großen und Ganzen die gleichen Funktionen, die wir auch bei Locke finden, vor allem also die enger exekutiven Funktionen. Die Regierung muß im Rahmen der Gesetze, die der Souverän beschlossen hat, handeln. Sie ist also – wie bei Locke – der Gesetzgebung eindeutig untergeordnet, und sie muß – über Locke hinausgehend – institutionell strikt von dieser getrennt sein[32].

Von der Art, wie die Regierung organisiert ist, hängt es ab, welche Herrschaftsform ein Gemeinwesen hat: Sie kann in den Händen einer einzigen Person liegen („Monarchie"), in den Händen einiger („Aristokratie"), oder in den Händen des Volkes selbst („Demokratie"). War bei Locke die Gesetzgebung der Ort, an dem sich entscheidet, welche Herrschaftsform vorliegt (perfekte Demokratie, Oligarchie oder Monarchie)[33], so ist es nun also die Verfaßtheit des Exekutivbereichs, die ausschlaggebend für die Etikettierung ist – im Rahmen der Republik allerdings. Es kann also bei Rousseau, anders als im heute üblichen Sprachgebrauch, eine Monarchie geben, die zugleich Republik ist.

Aus Gründen, die im Rahmen seiner Konzeption vollkommen einsichtig sind, ist Rousseau skeptisch gegenüber dem, was er Demokratie nennt:

- Wenn das Volk zugleich Gesetzgeber und Exekutivorgan ist, ist es noch viel schwieriger als ohnehin schon, die notwendige Selbstbeherrschung in der Gesetzgebung zu wahren[34] – die Demokratie ist geeignet für Götter, nicht für Menschen (andere Formen der Republik, so könnte man im Umkehrschluß sagen, sind eher menschenmöglich).

- Außerdem ist die Demokratie auch aus ganz praktischen Gründen unmöglich: „Es ist undenkbar, dass das Volk ohne Unterlaß versammelt bleibt, um die öffentlichen Angelegenheiten zu besorgen …" (*Gesellschaftsvertrag*, Buch III, Kap. 4).

Demokratie und Republik bei Rousseau:

Die Charakterisierung, Rousseau habe die Demokratie für utopisch gehalten, ist also zwar richtig – aber nur dann nicht irreführend, wenn sie seine Begrifflichkeit respektiert und seine Unterscheidung zwischen Demokratie und Republik ernst nimmt: „Eine Republik nenne ich also jeden Staat, der durch Gesetze regiert wird, unter welcher Form der Verwaltung das auch geschieht …"; (*Gesellschaftsvertrag* Buch II, Kap. 6). Rousseau war also vielleicht kein ‚Demokrat', aber er war ‚Republikaner': Das Volk soll sich die Gesetze, unter denen es lebt, unbedingt selbst geben; aber es soll und kann ihre „Ausführung" nicht selbst besorgen.

Für uns ist die Unterscheidung zwischen Demokratie und Republik intuitiv nicht so einleuchtend wie für Rousseau. Das ist aber nicht einfach damit zu erklären, daß wir inzwischen ein Stück weiter fortgeschritten sind. Man kann gerade so gut von einem Verlust an Unterschei-

---

32   Vgl. unten Kapitel VI.2.
33   Vgl. oben Abschnitt 2.3.; auch Kapitel VII., Abschnitt 1.
34   Für Kant war die Demokratie aus dem gleichen Grunde „der größte despotism". Vgl. unten die Kapitel IV. und VI.

dungsvermögen sprechen: Die Unterscheidung zwischen allgemeinem Gesetz und konkreter Maßnahme ist ja nicht irrelevant geworden. Nach wie vor ist der Gedanke nicht abwegig, daß Freiheit herrscht, wo erstens das Volk Urheber der Gesetze ist (oder mindestens sein könnte) und wo zweitens die herrschaftliche Einzelentscheidung an das Gesetz gebunden ist, daß hingegen Tyrannei herrscht, wo die herrschaftliche Einzelentscheidung bloße Angelegenheit eines situationsbezogenen Wollens ist.

Zusammenfassung

Der Gesellschaftsvertrag ist die wichtigste Argumentationsfigur der neuzeitlichen politischen Philosophie. Die Modernität dieser Figur besteht darin, daß sie den Staat – sowohl was seine Existenz als auch was seine Organisation und seine Schranken betrifft – mit der Zustimmung der seiner Gewalt unterworfenen Individuen begründet. Mit dem Siegeszug der individualistischen Begründung setzt sich die für die Neuzeit charakteristische Vorstellung durch, daß der Staat nichts Natürliches oder von Gott Gegebenes, sondern etwas von Menschen Gemachtes sei.

Alle klassischen Theorien des Gesellschaftsvertrags haben eine dreiteilige Struktur. Im ersten Teil wird der Naturzustand beschrieben. Den für jedermann wünschenswerten Übergang vom Naturzustand zum staatlichen (oder bürgerlichen) Zustand besorgt der Gesellschaftsvertrag, der im zweiten Teil der Theorie präsentiert wird. Im dritten Teil werden schließlich die Konsequenzen entwickelt, die dieser Vertrag für die Verfassung der Staatsgewalt sowie für die Rechte und Pflichten der Bürger nach sich zieht. Da die politischen Konsequenzen des Gesellschaftsvertrags von der jeweils gewählten Vertragskonstruktion und die Details der Vertragskonstruktion von der jeweils gewählten Naturzustandsbeschreibung abhängen, kommt von den drei Teilen einer Vertragstheorie dem ersten Teil die größte logische Bedeutung zu.

Das wurde an den drei Theorien des Gesellschaftsvertrags gezeigt, die das politische Denken der Neuzeit maßgeblich geprägt haben und weiterhin prägen – der Hobbesschen Begründung einer absolutistischen Herrschaftsordnung, der Lockeschen Begründung einer liberal-demokratischen Herrschaftsordnung und der Rousseauschen Begründung einer republikanischen Herrschaftsordnung.

Literatur

Primärtexte

Hobbes, Thomas: *Leviathan* (1651), hrsg. von R. Tuck. Revidierte Studienausgabe, Cambridge 1996.

Hobbes, Thomas: *Leviathan*, übers. von W. Euchner, hrsg. und eingeleitet von I. Fetscher. Frankfurt/M. 1984.

Locke, John: *Two Treatises of Government* (1689/90), hrsg. von P. Laslett. Studienausgabe, Cambridge 1988.

Locke, John: *Zwei Abhandlungen über die Regierung*, übers. von H.J. Hoffmann, hrsg. von W. Euchner. Frankfurt/M. 1977.

Rousseau, Jean-Jacques: *Diskurs über die Ungleichheit – Discours sur l'origine et les fondements de l'inégalité parmi les hommes* (1755), hrsg., übers. und kommentiert von H. Meier. 5. Aufl., Paderborn 2001.

Rousseau, Jean-Jacques: *Du contrat social* (1762), hrsg. von B. de Jouvenel. Genf 1947.

Rousseau, Jean-Jacques: *Vom Gesellschaftsvertrag oder die Grundsätze des Staatsrechts*, hrsg. von H. Brockard. Stuttgart 1977.

Sekundärliteratur

Brandt, Reinhard und Karlfriedrich Herb (Hrsg.): *Jean-Jacques Rousseau, Vom Gesellschaftsvertrag oder Prinzipien des Staatsrechts*. Berlin 2000.

Euchner, Walter: *Naturrecht und Politik bei John Locke*. Frankfurt/M. 1979.

Fetscher, Iring: *Rousseaus politische Philosophie. Zur Geschichte des demokratischen Freiheitsbegriffs*. 3. Aufl., Frankfurt/M. 1975.

Hampton, Jean: *Hobbes and the Social Contract Tradition*. Cambridge 1986.

Kersting, Wolfgang: *Die politische Philosophie des Gesellschaftsvertrags*. Darmstadt 1994.

Kersting, Wolfgang (Hrsg.): *Thomas Hobbes, Leviathan oder Stoff, Form und Gewalt eines bürgerlichen und kirchlichen Staates*. Berlin 1996.

Thomas, D. A. Lloyd: *Locke on Government*. London 1995.

III. Sittlichkeit und Staat

(Michael Becker)

Der Vertrag ist das herausragende politische Legitimationsmuster der Neuzeit. In ihm spiegeln sich zentrale Ideen des neuzeitlichen Europa: vor allem der Individualismus als Wertschätzung des Einzelnen, hinter den kein Rechtfertigungsunternehmen mehr zurück kann, sowie die damit einhergehende Gleichheit der Individuen. Zudem bedeutet es eine nicht zu unterschätzende Innovation, den Staat nunmehr in die Sphäre des prinzipiell Machbaren gerückt zu haben. Daß der Staat der Idee nach von individueller Willkür abhängig gemacht wird, heißt also, daß er hergestellt, in seinen Strukturen abgewandelt und unter Umständen auch wieder abgeschafft werden kann. Er ist damit nicht mehr Ausdruck einer gottgewollten ewigen Ordnung, sondern im Prinzip das Produkt menschlichen Willens, und damit ein „sterblicher Gott", wie Hobbes im *Leviathan* sagt.

Wenn die Vertragstheorie somit ein Ausdruck der neuzeitlichen Epoche ist, dann bedeutet dies offensichtlich, daß zu anderen Zeiten andere Legitimationskonzepte prominent gewesen sind. Grundlegende Unterschiede ergeben sich vor allem deshalb, weil die klassischen Theorien von Gesellschaft, Staat und Politik von anderen Ausgangspunkten aus und unter anderen Bedingungen entwickelt worden sind als viele Theorien der Neuzeit. Diese Behauptung läßt sich gut an dem in den unterschiedlichen Theorien benutzten Menschenbild aufzeigen. Der Vertragtheoretiker Hobbes vertritt in seiner Gesellschaftsvertragstheorie eine naturwissenschaftliche Auffassung des Menschen. Individuen sind für ihn unter den Naturgesetzen stehende, sich bewegende Körper, die um ihre Selbsterhaltung bemüht sind. Sie sind selbstgenügsam, haben keine ‚Geschichte' und stehen in keinen sozialen Kontakten; andere Individuen sind eine stete Quelle der Bedrohung. In dieser Situation ist der Staat eine für alle vorteilhafte Schutzeinrichtung und verdient als solche eine allseitige Anerkennung.

Eine grundlegend andere Auffassung des Menschen hat z. B. Aristoteles vertreten. Für ihn ist der Mensch ein auf Gemeinschaft angewiesenes Lebewesen, das eigentlich erst dann als Mensch bezeichnet werden kann, wenn es ausreichend in die besonderen Umstände einer Gemeinschaft, ihre Sitten und Sprache, integriert worden ist, und wenn es seine in ihm angelegten Möglichkeiten, seine Potentiale einigermaßen verwirklicht hat. Die Frage, welches das angemessenere Menschenbild darstellt – das klassische oder das neuzeitliche –, muß hier erst gar nicht zu beantworten versucht werden. Entscheidend ist, daß die Staatsmodelle im besonderen und die Politikvorstellungen im allgemeinen maßgeblich von den ihnen zugrundegelegten Menschenbildern bestimmt werden. Legt man ein individualistisches Menschenbild zugrunde, dann ist die am Vertrag orientierte Rechtfertigung des Staates genauso naheliegend wie eine gewisse grundrechtliche Ausstattung der Individuen sowie die Bestimmung der Grenzen der Herrschaft. Geht man dagegen von einem gemeinschaftsbezogenen Menschenbild aus, dann wird man in erster Linie an anderen Fragen interessiert sein als die Gesellschaftsvertragstheoretiker. Interessant ist dann zum Beispiel, wie der Sozialisationsprozeß beschaffen ist, der interaktionsfähige Menschen hervorbringt, die später zu ‚Bürgern‘ eines Staates werden. Klärungsbedürftig wäre auch, über welche Fähigkeiten entweder ‚Herrscher‘ oder aber die mit Politik befaßten Normalbürger verfügen müssen, damit ein Gemeinwesen nicht bloß existieren, sondern auch gut funktionieren kann.

Daß durch unterschiedliche Ausgangspunkte auch ganz unterschiedliche Probleme ins Blickfeld der politischen Philosophen kommen, versteht sich also von selbst. Um beim Beispiel Hobbes zu bleiben: Zu den Anforderungen, die an einen Herrscher gestellt werden müssen, welche ‚Kunst‘ er beherrschen muß, dazu erfährt man bei ihm, der die ansonsten umfassendste Gesellschaftsvertragstheorie entworfen hat, so gut wie nichts. Man kann nur indirekt darauf schließen, daß der Herrscher genauso wie seine Untertanen eigeninteressiert ist und nach Machterhalt strebt. Und von den Bürgern wird nur erwartet, daß sie sich, wie im Vertrag vereinbart, den Maßnahmen des Herrschers fügen. Die Bürger brauchen keine eigenen Vorstellungen von guter Herrschaft zu entwickeln, weil sie an der Herrschaft überhaupt nicht beteiligt sind. Eine auf die Sorge um das allgemeine Wohl ausgerichtete Bürgertugend ist nicht erforderlich. Insgesamt kommt es im *Leviathan* nicht auf das *Wie* der Herrschaft an, sondern auf die Garantie, *daß* der Wille des Herrschers als öffentliches Gesetz überall befolgt wird.

Genauso wie das Thema der Qualität eines Herrschers im *Leviathan* ausgespart bleibt, so erfährt man auch nichts über die Gemeinschaftsabhängigkeit von Individuen (im fiktiven vorstaatlichen Naturzustand). Der Hauptgrund dafür ist, daß Hobbes geradezu ein anti-aristotelisches Menschenbild entwirft. Aufgrund seiner natürlichen Ausstattung wird der Mensch, wenn er in Kontakt mit seinesgleichen tritt, ruhmsüchtig, mißtrauisch und wetteifernd; er empfindet am „Zusammenleben kein Vergnügen". Dagegen kann man einwenden, daß sich diese Eigenschaften erst an bereits sozialisierten Einzelnen beobachten lassen und nicht schon zur natürlichen Grundausstattung des Menschen gehören. Rousseau z. B. hat als einer der ersten einen solchen Einwand geltend gemacht.[1] Wie immer man dieser Kritik gegenübersteht, unbestreitbar ist, daß sich Hobbes für die Fragen der Sozialisation von Individuen, die sich als sozialisierte ja durchaus so verhalten können, wie er es beschreibt, nicht interessiert. Er sagt nichts darüber, wie die Individuen zu Individuen werden.

Im folgenden werden die beiden angesprochenen Themen der Herrscher- bzw. Bürgerqualität einerseits sowie der auch für Politik und Staat relevanten Sozialisationsprozesse andererseits eingehender erörtert. Gegenstand der Ausführungen ist damit zwar eine andere Art politischer Philosophie, als sie in vielen Gesellschaftsvertragstheorien anzutreffen ist. Aber die Unterscheidung zwischen denjenigen Themen, die vorrangig von der Vertragstheorie behandelt werden, und jenen, die für andere politische Theorien (die selbstverständlich keine geschlossene Gruppe bilden) interessant sind, ist keine strikte. Zu bedenken ist, daß die in diesem Kapitel behandelten Aspekte von Politik und Staat, auch wenn sie von vielen Gesellschaftsvertragstheorien nicht aufgegriffen werden, durchaus mit diesen vereinbar sein können. Und außerdem lassen sich immer wieder sogar Überschneidungen bei den Themenkatalogen beider ‚Lager‘ feststellen. Das beste Beispiel dafür ist der Gesellschaftsvertragstheoretiker Rousseau, dessen vertraglich legitimierte Tugendrepublik z. B. ein besonders anspruchsvolles Modell der Bürgerpartizipation beinhaltet.[2]

Die nachstehenden Ausführungen sind wie folgt gegliedert: Was die Frage nach den Fähigkeiten der Herrscher angeht, so ist auf zwei Dialoge Platons einzugehen, in denen erstmals umfassend erörtert wird, um welche von einem einzelnen Herrscher auszuübende ‚Kunst‘ es sich bei der ‚Politik‘ überhaupt handelt. Ebenfalls wird dort dargelegt, was derjenige weise Einzelne zu tun hat, der sich auf sie versteht (1). Das, was die Herrscherzahl betrifft, demokratische bzw. republikanische Pendant zu dieser Position findet sich in den Arbeiten von Hannah Arendt. Sie betont vor allem die Bedeutung der Urteilsfähigkeit der Bürger für eine intakte politische Gemeinschaft (4). Hinsichtlich der Frage nach der Integration und der Sozialisation von Individuen ist Hegel ein moderner Vertreter der klassischen Auffassung, wonach der Mensch ein auf Gemeinschaft angewiesenes Lebewesen sei. Er sieht den Staat als Verkörperung der „sittlichen

Gliederung des Kapitels

---

[1] Allerdings nicht in seinem *Gesellschaftsvertrag*, sondern in der *Abhandlung über den Ursprung und die Grundlagen der Ungleichheit unter den Menschen*. Vgl. dazu Kap. II.3.

[2] Vgl. dazu Kap. VI.2.

Idee", und seine Institutionen besitzen in Bezug auf die Bürger alle eine integrierende Funktion (2). Der dem Lager des Kommunitarismus zuzurechnende Charles Taylor schließlich sieht, im Anschluß an Hegel, das durch allgemeine Werte bestimmte Leben einer Gemeinschaft als unabdingbare soziale Voraussetzung auch des liberalen Staates und zugleich als Gegenstand für dessen Politik (3).

1. Platon: Politik als Staatskunst

Die beiden in diesem Abschnitt zu betrachtenden „späten" Dialoge über den *Staatsmann* (*Politikos*) und die *Gesetze* (*Nomoi*) bringen aufschlußreiche Neuerungen gegenüber der *Politeia*[3], dem wohl bekanntesten politischen Platon-Dialog. Die Neuerungen bestehen darin, daß der Schwerpunkt der Betrachtungen nicht mehr eindeutig bei den realitätsfernen Ideen liegt, die den Vernunftstaat bestimmen, sondern bei der politischen Praxis, in der sich ein freilich weiterhin durch die Idee der richtigen Herrschaft inspirierter Staatsmann zu bewähren hat. Als neu zu bezeichnen ist dann zum einen die Bestimmung dessen, was Platon „Staatskunst" nennt, also die Art und Weise, wie ein (höchstes) Regierungsamt vernünftig ausgefüllt wird (1.1). Zum anderen wird diese Befähigung in den *Gesetzen* unter dem ganz konkreten Gesichtspunkt der Gesetzgebung untersucht (1.2). Beide Dialoge, der *Staatsmann* und die *Gesetze*, enthalten darüber hinaus eine Vielzahl von weiteren interessanten Darlegungen, die in dem hier zur Verfügung stehenden Raum jedoch nicht aufgegriffen werden können.

1.1 Der *Staatsmann*: Politik als „selbstgebietende Kunst"

Die allgemeine Struktur des Dialoges *Staatsmann*, in dem das Wesen der Staatskunst festgestellt werden soll, ist folgende: Den Auftakt in der (umfangmäßig) ersten Hälfte macht ein Abschnitt, der in einer letztlich unbrauchbaren Auffassung des Staatsmannes endet. Daran anschließend erfolgt eine mythische Erzählung zum Lauf der Welt sowie eine Besinnung auf die Methode zur Bestimmung des Gegenstandes (wenn man so will, eine reflexive Passage) – auf die ersten beiden Abschnitte dieser ersten Dialoghälfte wird kurz, auf die dritte nicht weiter eingegangen. In der zweiten Dialoghälfte wird die

---

[3]   Vgl. dazu Kap. V.1.

hier vor allem interessierende endgültige Definition der Staatskunst geliefert.[4]

Da Platon „Politik" als eine „Kunst" bezeichnet, muß man sich zunächst klar darüber werden, was er damit gemeint hat. Man könnte zum einen sagen, daß es sich bei der Kunst um die Gesamtheit der von Menschen hervorgebrachten Werke, die Kunstgegenstände handelt. Zum anderen ist Kunst aber auch eine Art des Tätigseins, normalerweise des willentlichen und auch gekonnten Hervorbringens eines Gegenstandes. Der Umstand, daß heutzutage der Begriff eher auf die Produkte als auf die Tätigkeit abstellt, mag damit zusammenhängen, daß Kunst im demokratischen Zeitalter nicht mehr zwangsläufig mit einem „Können" in Verbindung gebracht werden kann – jede(r) kann ein Künstler sein, wie manche glauben machen wollen. Platons Kunstverständnis ist insofern ein klassisches, als ein Künstler bei ihm noch jemand ist, der sich auf etwas versteht, also etwas kann, und der in diesem Können nicht von praktischer Erfahrung, sondern von einer Idee geleitet wird.

Die nähere Bestimmung der Kunst des Staatsmannes geht also davon aus, daß es sich um irgendeine Art des Kundigseins handeln muß, und sie geschieht mittels einer anderen Kunst, der Kunst der begrifflichen Ein- oder Unterteilung, die Platon im *Politikos* virtuos handhabt und gelegentlich auch auf die Spitze treibt – was gleich zu sehen sein wird (258b-267a). Wenn es sich beim Staatsmann folglich um einen Kundigen handelt, über welche Art der Erkenntnis, so lautet die Eingangsfrage für den ersten Versuch der Begriffsbestimmung, kann er dann verfügen? Unterschieden werden zunächst, für den heutigen Sprachgebrauch klingt dies etwas ungewohnt, die „handelnde" und die „einsehende" Einsicht. Unter jener versteht Platon eine Art von Wissen, die man am ehesten als handwerkliches Wissen bzw. Können bezeichnen kann. Es ist jene Einsicht, die sich im Ausführen von Tätigkeiten erst entwickeln kann. Platon spricht auch von einer „Erkenntnis in Handlungen" und davon, daß bei ihr beides, Handeln und Erkenntnis, „zusammengewachsen" sei.

Die „einsehende" Einsicht ist von ganz anderer Art. Eine ihrer Ausprägungen ist die Rechenkunst, eine andere die Herrscherkunst. Die Herrscherkunst ist „ganz kahl von Handlung", das heißt, sie stellt nichts her und bringt nichts unmittelbar Greifbares hervor. Die Kunst des Herrschens, sagt Platon, äußert sich entweder als „königliche",

Die Kunst des Staatsmannes – erster Bestimmungsversuch

---

[4]   Die Angaben in Klammern, die oben im Text erscheinen, folgen der allgemein üblichen „Stephanus-Zählung", d. h. sie richten sich nach den Seiten und Abschnittszahlen der drei Bände umfassenden Platon-Ausgabe von Henricus Stephanus aus dem 16. Jahrhundert. Die Zitate stammen aus Platon: *Sämtliche Werke*, Bd. 5 (*Politikos*) und Bd. 4 (*Nomoi*). Hamburg 1982 und 1994.

als „staatsmännische" oder als „(haus-)wirtschaftliche" Kunst. Die Gemeinsamkeit aller dieser Ausprägungen der Herrscherkunst besteht darin, daß es sich um eine jeweils „gebietende" einsichtige Kunst handelt (während andere Ausprägungen der einsichtigen Kunst, wie die Rechenkunst, lediglich „beurteilen"). Könige, (nicht königliche) Staatsmänner und Haushaltsvorstände haben als Gemeinsames, daß sie anderen befehlen – entweder den Untertanen oder den Angehörigen eines Haushalts (Frauen, Kinder, Sklaven).

Die gebietende Staatskunst ist des weiteren zu bestimmen als eine, die „*selbst*" und nicht stellvertretend gebietet (wie z. B. Herolde als Befehlsübermittler), sodann als eine, die über „Beseeltes" (und nicht über „Unbeseeltes") gebietet, wobei es sich bei dem Beseelten nicht um Einzelwesen, sondern um eine „Herde" handeln muß. Bei der „Herdenzucht" als dem vermeintlichen Spezifikum der Politik angelangt, schließt Platon eine ganze Reihe weiterer, rein zoologischer Unterscheidungen an, die darin gipfeln, daß es sich bei der von einem Staatsmann zu umsorgenden Spezies wohl um die ungefiederten, zweifüßigen und ungehörnten Landgänger handele. Dies ist aber bestimmt keine brauchbare Definition der Staatskunst – bei der begrifflichen Untergliederung, die Schritt für Schritt so zwingend erschien, muß also etwas schiefgelaufen sein. Oder besser gesagt: Platon hat den ersten Anlauf zur Begriffsbestimmung mit Absicht scheitern lassen, um ein wesentliches Merkmal der Staatskunst in einem zweiten Anlauf um so deutlicher hervorheben zu können.

Erzählung vom „goldenen Zeitalter"

Bevor dieser zweite Anlauf beginnt, wird allerdings noch eine „alte Erzählung" eingeflochten (268d-274e). Der Sinn dieser Zwischenbetrachtung liegt darin, die *Notwendigkeit* politischer Herrschaft und damit der Staatskunst begreiflich zu machen. Platon kommt dabei auf einen älteren Mythos zurück, in dem vom Zeitalter des Kronos und demjenigen des Zeus berichtet wird. Die beiden Zeitalter werden symbolisiert als die beiden Hälften einer Kreisbahn, auf der sich die Welt bewegt. Kronos' Herrschaft, welche der ersten Hälfte der Kreisbahn entspricht, wird als das „goldene Zeitalter" angesprochen. Damals war Gott der „Hirte" der Menschen, die über Nacht nicht älter, sondern jünger wurden. Es herrschte kein Mangel, es gab keine Notwendigkeit zu arbeiten, es gab keine ‚bürgerlichen' Verfassungen. Diese glückliche Weltperiode gelangte allerdings an ein Ende, als die Welt diesen ersten Halbkreis durchlaufen hatte, es ereignete sich dann „von selbst" eine Zeitenwende, nach der der göttliche Steuermann Kronos das Weltenschiff bei seinem nun „rückwärts" gewandten Lauf auf dem zweiten Halbkreis sich selbst überließ. Die zuvor herrschende kosmische Ordnung zerfiel, und die um die direkte göttliche Fürsorge gebrachten Menschen konnten ihr

Schicksal ohne den direkten göttlichen Beistand nur leidlich meistern.

Die „alte Erzählung" sollte also zum Ausdruck bringen, daß der erste Bestimmungsversuch der Staatskunst noch den Vorstellungen (modern gesprochen: dem Paradigma) vergangener Zeiten angehörte und nicht mehr in das neue Regiment des Zeus paßt. Denn die nicht mehr im goldenen Zeitalter lebenden und in relativer Gottesferne befindlichen Menschen müssen sich nun um sich selbst sorgen. Beim ersten Versuch der Bestimmung der Staatskunst hätte folglich auch zwischen göttlichen und menschlichen Herrschern unterschieden werden müssen und des weiteren die menschliche Herrschaft in diejenigen Unterarten differenziert werden müssen, die gewaltsam („tyrannisch") oder ohne Gewalt („freiwillig") ausgeübt werden können. Der zweite Anlauf zur Definition der Staatskunst geht deshalb davon aus, daß es sich bei dem sie Ausübenden um einen Menschen und nicht um einen Gott handeln muß, und daß die Ausübung „freiwillig" stattfindet. Damit wird „die freiwillige Herdenwartung ... über freiwillige zweibeinige lebende Wesen" provisorisch als Staatskunst begriffen (276e).

Die nähere Bestimmung der Staatskunst im zweiten Anlauf erfolgt dann in drei Schritten. In einem *ersten* Schritt wird sie von anderen Künsten unterschieden, die Platon die „mitverursachenden" nennt, und unter denen man sich solche Fertigkeiten vorstellen muß, die im weiten Sinne Nützliches hervorbringen und die von Bauern, Kaufleuten, Soldaten, Sklaven etc. ausgeübt werden. Ohne diese Künste gäbe es keinen Staat, sie sind praktisch dessen Grundlage – mit der Staatskunst selbst haben sie jedoch gar nichts zu tun. In einem *zweiten* Schritt wird dann ein kleiner Exkurs eingeschoben, mit dem Platon das Verhältnis von Staatskunst und Gesetzesherrschaft untersucht. Unter Bezugnahme auf die Stelle am Anfang des Dialogs, wo es hieß, daß die Staatskunst die selbstgebietende einsehende Erkenntnis ist, wird die Monarchie bzw. die königliche Regierung als diejenige herausgestellt, die als *einzige* auf „wahrhafter Erkenntnis" die „Beherrschung von Menschen" betreffend beruht. Die Gesetzgebung ist zwar in dieser königlichen Kunst enthalten, die beste Regierung ist aber nach wie vor diejenige, in der ausschließlich und unmittelbar die königliche Einsicht herrscht.

Die hier anzutreffende relative Geringschätzung der Gesetzesherrschaft (294a-c) hängt mit einem für Platon unbehebbaren Mangel von Gesetzen zusammen: Sie alle haben einen allgemeinen Inhalt und sind außerstande, das für konkrete Situationen und Personen Angemessene quasi spontan zu bestimmen. Das Merkmal, das als Vorzug des modernen Rechtsstaates gilt, daß nämlich juristische

Die Kunst des Staatsmannes – zweiter Bestimmungsversuch

Geringschätzung der Gesetzesherrschaft

Fälle ohne Ansehen der Person aufgrund einer im voraus festgelegten Rechtsregel entschieden werden, wird hier als Nachteil gesehen. Feststehende Regeln gebärden sich, so heißt es, wie „ungelehrige Menschen", denen es nur um die Durchsetzung des eigenen Willens, um das Rechthaben geht.

Vom Ideal der Herrschaft durch Einsicht ausgehend hat Platon die Gesetzesherrschaft also grundsätzlich als zweitbeste klassifiziert, gleichwohl versucht er, sie noch etwas genauer zu bestimmen. Genauso wie der Trainer einer Sportmannschaft nicht jedem einzelnen Sportler einen detaillierten, nur auf ihn zugeschnittenen Trainingsplan erstellen, sondern nur allgemeine Anweisungen zur Ertüchtigung geben könne, so müsse auch das Gesetz für die Bürger notwendig allgemein sein. Aber als starre Regelung bleibt es der unmittelbar ausgeübten Staatskunst immer nachgeordnet. Platon führt das Beispiel eines Arztes an, der einige Zeit abwesend ist und für diese Zeit eine Therapie für einen Patienten schriftlich fixiert hat. Sollte dieser Arzt nach seiner Rückkehr nicht frei sein, seine eigenen Ratschläge abzuändern? Genauso verhält es sich mit den Gesetzen. Auch hier kann sich der Staatsmann über bisherige Regelungen hinwegsetzen, und er kann sogar so weit gehen, den Bürgern neue Gesetze aufzuzwingen – unter der Bedingung, daß es *bessere* Gesetze als die alten sind. Der Staatsmann muß, so heißt es an einer Stelle pointiert, „seine Kunst zum Gesetz" machen (297a), und nur diejenige Staatsverfassung sei die rechte, die die Kunst über das Gesetz stelle.

Zusammenschau beider Bestimmungsversuche

Nachdem mit dem ersten Schritt die notwendigen bzw. „mitverursachenden" Künste von der Staatskunst getrennt wurden und im zweiten Schritt die begrenzte Funktion der Gesetze dargelegt wurde, muß in einem *dritten* Schritt noch unternommen werden, die staatsmännische Kunst von den verwandten und ebenfalls wertvollen Künsten des Feldherrn, des Richters und des Redners abzugrenzen (304a-305e). Das zu diesem Zweck vorgebrachte Argument ist, daß alle diese Fähigkeiten nicht selbstgenügsam sind, weil sie nicht selbst über ihre eigene Ausführung entscheiden können: Redner können nicht darüber befinden, ob eine politische Entscheidung durch Überredung oder mit Gewalt durchzusetzen ist; Feldherren steht die Entscheidung über Krieg und Frieden nicht zu; und Richter sind nur die Wächter der Gesetze, die vom Staatsmann stammen. Alle drei genannten Künste sind also von einer anderen, höchsten Kunst abhängig, und bei dieser handelt es sich dann vermutlich um die gesuchte Staatskunst:

> „Denn die wahrhaft königliche [Kunst; M. B.] soll nicht selbst etwas verrichten, sondern nur über die, welchen Verrichtungen obliegen, soll sie herrschen, indem sie den Anfang und Antrieb zu allem Wichtigsten im Staat nach Zeit und Unzeit erkennt." (305d)

Aber auch hier hat sich der Leser unter Umständen zu früh gefreut, auch diese Definition ist für Platon noch nicht zufriedenstellend. Endet deshalb auch der zweite Anlauf zur Bestimmung der Staatskunst in einer Sackgasse? Natürlich nicht, vielmehr stellt sich heraus, daß mit dem ersten und dem zweiten Definitionsversuch jeweils wichtige, aber einseitige Aspekte der Staatskunst herauspräpariert wurden, die nun am Schluß des Dialogs noch zusammengeführt werden müssen. Denn in der Anweisung anderer Künste ist wohl genausowenig die endgültige Bestimmung des Staatsmannes zu erblicken wie in der weiter oben angesprochenen Charakterisierung, wonach er der „Hüter der Herde" sei. Die Zusammenführung beider Aspekte ergibt dann, daß der Staatsmann der Oberaufseher (‚Anweiser') über eine weitere, bisher noch nicht genannte Tätigkeit bzw. Kunst ist, die bei der Führung der menschlichen Herde zu berücksichtigen ist: die Kunst der Erziehung. Der Staatsmann muß also die mit der eigentlichen Erziehung Beauftragten, „alle gesetzlichen Erzieher und Lehrer", in ihrer Tätigkeit anweisen und beaufsichtigen.

Im bisher dargestellten Verlauf des Dialogs ist der Staatsmann mehrfach mit anderen, nicht politischen ‚Künstlern' wie dem Arzt oder dem Steuermann verglichen worden. Nun erläutert Platon die neu bestimmte Aufgabe des Staatsmannes am Beispiel der Weberei oder der Kleidermacherkunst.[5] Jetzt also geht es um die Kunst der „königliche(n) Zusammenflechtung" (306a). Die Schwierigkeit besteht generell darin, zwei ganz unterschiedliche Persönlichkeits-Typen zu einem staatstragenden, einheitlichen Gewebe zu verbinden. Zunächst muß dafür die Eignung der ‚Rohstoffe', der Menschen im noch unerzogenen Zustand geprüft werden. Ein verläßliches Kriterium für gutes oder schlechtes ‚Material' wird zwar nicht angegeben, aber die Brauchbarkeit hängt allgemein davon ab, ob es sich vom Erziehungspersonal als grundsätzlich in eine Richtung erziehbar

Der Staatsmann als Weber

---

[5] Die Weberei wird im *Staatsmann* als ein „kleines Beispiel" eingeführt, bei dem die Art der Verrichtung die Verwandtschaft mit der Staatskunst ausmacht. In der *Politeia* hatte Platon die Frage nach dem gerechten Menschen am Beispiel des gerechten Staates abgehandelt mit dem Hinweis, daß man das Problem am *größeren* Objekt besser studieren könne. Siehe dazu auch Kap. V.1.

erweist oder nicht.[6] Die Ausgangsstoffe der „Webertätigkeit" des Staatsmannes sind dann die beiden durch die normalen Pädagogen geförderten und geschätzten Charaktere der Tapferen und der Besonnenen, die für sich genommen in ihrer Einseitigkeit durchaus gefährlich für den Staat werden können.

Die konkrete Aufgabe des Staatsmannes besteht folglich darin, die beiden entsprechenden Seelen-Komponenten[7] auf seiten der Tapferen und auf seiten der Besonnenen zu verbinden. Er muß zunächst den jeweils „tierischen" Teil der Seelen (der die Bedürfnisse und Begierden enthält) durch ein „menschliches" Band verknüpfen, d. h. er muß sich als „Ehestifter" betätigen. Darüber hinaus muß aber auch für eine Verbindung des jeweils „ewigen" Teils der Seelen (der Vernunft und Erkenntnisvermögen enthält) gesorgt werden. Hierbei geht es um die Gemeinschaft der Seelen in Bezug auf Vorstellungen von dem Gerechten, Schönen und Guten, die der Staatsmann unter den tauglichen Seelen herstellt. Und als Mittel zur „Einbildung" dieser Vorstellungen (die dem Staatsmann selbst, wie erinnerlich, durch Erkenntnis zuteil geworden sind) bei anderen dienen ihm die Gesetze. Sie stellen im Vergleich mit dem Ehebund das „göttlichere Band" (310a) dar. In der Herstellung des aus zwei Sorten von Bändern bestehenden staatsbürgerlichen Gewebes sieht Platon schließlich die Vollendung der „ausübenden Staatskunde".

1.2 Der Staatsmann als Gesetzgeber: Aspekte des Dialogs *Nomoi*

Am Ende des *Politikos*-Dialogs erfahren die Gesetze, obwohl deren Herrschaft zuvor grundsätzlich als zweitbeste Lösung betrachtet worden war, also doch noch eine überraschende Aufwertung. In Platons letztem und zugleich mit Abstand umfangreichstem Dialog, den *Gesetzen (Nomoi),* stehen sie sogar im Mittelpunkt der Diskussion. Die drei Dialogpartner, Kleinias, Megillos und ein Gastfreund aus Athen, können als Stellvertreter der (Stadt-)Staaten Kreta, Sparta und Athen aufgefaßt werden. Sie befinden sich auf Kreta und diskutieren auf dem Weg zum dortigen Zeusheiligtum die Aufgaben der Gesetzgebung. Platons Auffassung wird durch den Athener zum Ausdruck gebracht. Der zwölf „Bücher" umfassende Dialog zerfällt in zwei Teile: einen vorbereitenden (Buch I-III) sowie einen ‚praktischen'

---

6 Wenn nicht, drohen die Versklavung und sogar die Todesstrafe (309a). Es sind Äußerungen wie diese, die dazu beigetragen haben, daß Platon gelegentlich auch als totalitärer Philosoph bezeichnet worden ist.

7 Zu Platons „Seelenlehre" siehe wiederum Kap. V.1.

Teil (Buch IV-XII), bei dem ein Staat „in der Rede" gegründet wird und die Gesprächsteilnehmer so gut wie jeden Aspekt, dessen sich der (damalige) Gesetzgeber anzunehmen hatte, erörtern. Zuerst geht es um die geographische Lage des (Stadt-)Staates und um die „Beschaffenheit der Ansiedler", die Verteilung des Landes, die Begrenzung des individuellen Besitzes sowie die Wahl der Staatsbeamten; sodann um die Gesetzgebung im engeren Sinne, also die gesetzliche Regelung der Ehe, der Kindererziehung, der Wettkämpfe, der sexuellen Beziehungen, der wirtschaftlichen Tätigkeiten, des Strafrechts etc. Zu diesen und anderen materialreichen Passagen wird im folgenden nichts weiter gesagt. Von Interesse ist lediglich, was Platon – in Ergänzung zum *Politikos* – zum Staatsmann als Gesetzgeber, zum Gesetz und schließlich zur Erziehung der Bürger durch den Gesetzgeber ausführt.

Gleich in den ersten Abschnitten des Dialogs (Buch I) wird deutlich, worin das Ziel des platonischen Gesetzgebers (überraschenderweise) besteht. Während der Kreter davon berichtet, daß in seinem Staat alle Einrichtungen und somit auch die Gesetzgebung auf den Krieg mit anderen Staaten bzw. den Sieg ausgerichtet seien, gibt der Athener zu bedenken, daß Feindschaft nicht nur zwischen Staaten herrschen könne, sondern auch innerhalb eines Staates, nämlich zwischen „Häusern" oder Familien, schließlich zwischen einzelnen Bürgern und sogar *innerhalb* der Einzelnen (dort nämlich zwischen der Vernunft und den Begierden). Zur Streitschlichtung bedürfe es eines Gesetzgebers – „wechselseitiger Friede und Wohlwollen" sei das „Beste", das ein solcher Staatsmann anstreben könne.

Sodann wird, ebenfalls in Buch I, die Bildung bzw. Erziehung der Bürger angesprochen. Unter Bildung werde gemeinhin verstanden, so Platon, daß man einem Kind bereits früh gewisse Fertigkeiten vermittle, die es auf das spätere Berufsleben vorbereiten. Platon meint jedoch eine andere, von Karriereüberlegungen unabhängige Erziehung, die auf die Überwindung der Feindschaft in uns selbst abzielt. Wiederum an einem Beispiel, dieses Mal dem der „Drahtpuppe", legt er dar, daß der Mensch, aufgrund seiner natürlichen Beschaffenheit, beim Handeln in vielerlei Richtungen gezogen wird – an der menschlichen Puppe ziehen mit anderen Worten viele Drähte. Es kommt darauf an, daß sich der Mensch in *eine* Richtung bewegt, dem Zug nur eines Drahtes folgt: dem der Vernunft. Und bei diesem „heilige(n) Leitzeug der Vernunft" (645a) handelt es sich um nichts anderes als das Gesetz des Staates.

In Buch IV wird die dadurch nochmals aufgewertete Gesetzesherrschaft dann etwas näher untersucht. Wiederum unter Bezug auf den Mythos vom Goldenen Zeitalter heißt es, daß es für die von

Aufwertung der Gesetzesherrschaft

Sterblichen und nicht mehr von Göttern geleiteten Staaten eigentlich „keine Rettung von Unheil und Mühsalen" gibt. Allerdings könnten die Menschen ihr Schicksal lindern, wie einer der Dialogpartner in Bezug auf die Sage weiter ausführt,

> „wir müßten mit Aufbietung aller Mittel die Lebensart, wie sie unter Kronos bestanden haben soll, nachahmen und dem gehorsam, was sich an Unsterblichem in uns befindet, unser häusliches und öffentliches Leben gestalten und das vom Nachdenken Festgesetze als Gesetz bezeichnen" (713e-714a).

Der Gesetzgeber und die Bürger

Die Besonderheit der Ausführungen in den *Gesetzen* ist nun, daß sich der Staatsmann gleich in zwei Hinsichten um die Bürger sorgen muß: er muß sie, wie erwähnt, erziehen, aber er muß auch sicherstellen, daß die von ihm als richtig erachteten Gesetze den ihnen Unterworfenen *einsichtig* sind. Er muß mit anderen Worten Gesetz und Bürgerschaft zusammenbringen. In welcher Weise dies zu geschehen hat, und welche Vorzüge diese Methode hat, wird anhand zweier unterschiedlicher Heilverfahren bei Krankheit aufgezeigt. Unterschieden werden zwei Sorten von Ärzten (720a-e): „freie" Ärzte und solche, die ihre Kunst durch Anordnungen dieser Freien sowie durch Zusehen, also nicht richtig durch ein Studium gelernt haben. Diese zweite Sorte von Ärzten ähnelt Sklaven, und sie hat es ausschließlich mit kranken Sklaven zu tun. Der Sklaven-Arzt befragt den Kranken erst gar nicht nach seinen Beschwerden, sondern verabreicht ihm nach Augenschein, „gleich einem Gewaltherrscher", eine Medizin, die seiner Erfahrung nach hilfreich ist, und wendet sich dann schon dem nächsten Patienten zu.

Der freie Arzt dagegen (der meistens andere Freie versorgt) geht auf seine Patienten ein und bespricht sich mit dessen Angehörigen; er klärt den Kranken auf und wird ihm nicht eher einen Heilplan vorlegen, bis er ihn davon überzeugt hat. D. h., der freie Arzt sieht in seinem Patienten nicht bloß einen kranken, sondern auch einen beseelten, vernünftigen Organismus, gegen dessen Willen keine Heilung gelingen kann. Der Patient muß also für seine Kur zuallererst gewonnen werden. Die Pointe dieses Vergleichs ist weniger, daß für ein solches Vorgehen der freie vom sklavischen Arzt nur Spott ernten würde, weil ihm dies weniger als Heilung des Patienten denn als dessen verkappte Ausbildung zum Arzt erscheint, sondern vielmehr die offensichtliche Kritik an den damaligen politischen Verhältnissen: Die Bürger gleichen (alle, wie Platon sagt) medizinisch schlecht behandelten Sklaven, und die Gesetzgeber sind nicht anders als Sklavenärzte, die ihr Metier nicht verstehen und nicht aufgrund von Einsicht handeln.

Auf dieselbe Weise, nämlich auf die „doppelte", wie die freie Arztkunst ausgeübt wird, muß nun auch die Gesetzgebung verrichtet werden. Ein Gesetzgeber hat demnach nicht nur für die richtigen Gesetzesinhalte und deren Durchsetzung mit staatlicher Gewalt zu sorgen, er muß sich auch um die rechte Vermittlung an das staatsbürgerliche Publikum bemühen – ein jedes Gesetz, heißt es in diesem Zusammenhang, muß über einen „Eingang" verfügen. Gesetzliche Bestimmungen bestehen somit aus zwei Teilen: aus einem Vorschriftenteil und aus jenem Teil, der diesem vorausgeschickt wird und der als das „Überrednerische" bezeichnet wird. Gesetze müssen also ‚zugänglich' sein bzw. für die Bürger erschlossen werden. Und diese Funktion übernimmt der „Eingang" eines Gesetzes, in dem der Gesetzgeber die Notwendigkeit und Richtigkeit seiner Verfügung allgemeinverständlich darlegt. Dieser erläuternde Teil der Gesetze ist keineswegs ein geringer, sondern genauso wichtig wie der vorschreibende Teil.[8]

Im zwölften und letzten Buch des Dialogs ist schließlich noch die Erhaltung des Staats und die Bewahrung der Gesetze Gegenstand des Gesprächs (962b-966a). Diese Aufgabe wird einer „nächtlichen Versammlung" übertragen. Das so genannte Gremium hat die folgende Zusammensetzung: es besteht erstens aus zehn der ältesten Gesetzeswächter. Als „Gesetzeswächter" waren an anderer, hier nicht besprochener Stelle diejenigen eingeführt worden, die in der („in der Rede") neugegründeten Stadt die Gesetzmäßigkeit der Ämterbesetzung überwachen sollen. Eine gewisse Ähnlichkeit dieses Amtes mit dem der „Wächter"[9] in der *Politeia* ist sicher nicht nur in terminologischer Hinsicht gegeben, aber zumindest ein Unterschied besteht darin, daß die Wachtätigkeit nun in einem *Gesetzes*staat angesiedelt ist. Darüber hinaus gehören der Versammlung zweitens „Preisträger" und drittens diejenigen an, die Erfahrungen mit anderen Städten (Kulturen) gemacht haben. Jeder der Benannten soll einen „Jüngling" (allerdings nicht unter 30 Jahren) mitbringen. Eine solche Versammlung könne als „Anker" des Staates betrachtet werden.

Was die altersmäßige Zusammensetzung der Versammlung angeht, so verbirgt sich dahinter ein vorteilhaftes Zusammenspiel, eine Gemeinschaftsarbeit der Generationen: Die Greise verkörpern dabei den vernünftigen und einsichtigen Teil des Gremiums, denjenigen, der sich der denkenden Erfassung des politisch Wichtigen widmet.

Die „nächtliche Versammlung"

---

[8]   Am Rande bemerkt sei, daß man auch die Bücher I-III als „Eingang" zum eigentlichen Thema des Dialogs *Nomoi* betrachten kann.

[9]   Vgl. Kap. V.1.

Mit diesen, wie man vermuten kann, eher weltabgewandten Reflexionen ist es alleine jedoch nicht getan. In die Überlegungen der Weisen müssen aktuelle Informationen über die ‚Welt‘, zumindest aber die Stadt eingespeist werden, und diese Zuliefererarbeit leisten die Jüngeren, die „den ganzen Staat überblicken". Die Erhaltung der Gesetze und des Staates hängt demnach ab von der richtigen Bewertung der innerhalb eines Staatsgebietes gemachten Wahrnehmungen und von den weisen Reaktionen darauf.

Zur Aktualität von Platons Politik

Im *Staatsmann* und in den *Gesetzen*, so läßt sich das Voranstehende zusammenfassen, trifft man im Vergleich mit früheren Auffassungen Platons auf eine stärker an der Praxis orientierte politische Theorie. Der wahre Staatsmann, so war zu erfahren, muß die Kunst der Erziehung beherrschen, bzw. beaufsichtigen und darum bemüht sein, die im Staat erwünschten Charaktertypen ‚zusammenzubringen‘. Ein wichtiges Hilfsmittel sind ihm dabei die Gesetze, die zwar hinter der unmittelbaren Herrschaft des Weisen zurückstehen, aber immerhin als „göttliches Band" unter den Bürgern bezeichnet werden. Um diese Funktion erfüllen zu können, müssen sie den Bürgern verständlich gemacht werden.

Es ist nicht zu übersehen, daß Platons Ausführungen in nicht geringem Maß auch zeitbedingt sind. So kann im Zeitalter der Demokratie, des Pluralismus und des Individualismus sicher nicht mehr von einer Zusammenflechtungskunst als Aufgabe der Politik gesprochen werden, und auch nicht davon, daß ‚Bildung‘ in den staatlichen Einrichtungen der Schule, der Universitäten und des öffentlich-rechtlichen Rundfunks nach einem einheitlichen Konzept ablaufen muß – was letztlich wohl gut ist. Daneben enthalten die Dialoge aber auch Bleibendes. Ist es nicht nach wie vor eine Anforderung an diejenigen, die regieren oder gesetzgeberisch tätig sind, daß ihre Politik vernünftig ist? Zwar wird man schwerlich die ‚eine‘ wahre Einsicht behaupten können, von der gute Herrschaft auszugehen hätte. Statt dessen gibt es mehrere konkurrierende politische Weltbilder oder Ideologien, und demnach eine liberale, konservative oder sozialdemokratische etc. Politik. Aber bleibt es nicht auch in diesem Zusammenhang eine unerläßliche Anforderung, daß Politik, welcher Ausrichtung auch immer, prinzipiengeleitet sein muß, also in Übereinstimmung mit den jeweils für fundamental gehaltenen Grundsätzen entweder der Freiheit, der Gleichheit oder der Solidarität gestaltet sein muß?

Und was die in modernen Gesetzgebungsstaaten unumgängliche Herrschaft der Gesetze angeht: gilt hier nicht nach wie vor die Forderung, daß diejenigen, die von einer gesetzlichen Regelung betroffen sind, den Gesetzesinhalt auch nachvollziehen können? Die Diskussion um die Gesetzgebung im Zuge des Umbaus des Sozialstaats etwa, vor allem die dabei immer wieder angesprochenen Probleme, die der Gesetzgeber bei der ‚Vermittlung‘ der Neuerungen an die Bürger hat, zeigen, daß an gute Gesetze, neben der inhaltlichen Vernünftigkeit, auch eine weitere Anforderung zu stellen ist: nämlich daß sie einen „Eingang" haben. So gesehen sind Platons Ausführungen zweifellos ‚klassisch‘.

2. Hegel: Sittlichkeit und Staat

Eine der Hauptaussagen in den beiden voranstehend behandelten Platon-Dialogen bestand darin, daß die gute politische Ordnung von dem Erziehungs-Talent und den Gesetzgeber-Fähigkeiten des guten Herrschers abhängt. Als weiser Herrscher hatte er aber in jedem Fall auch teil an der „Idee" der Ordnung. Diese mußte also zuerst in ihrem Wesen erkannt und dann möglichst vorbildgetreu realisiert werden. Platons *Politeia*, die eine solche ideale Ordnung entwickelt und begründet, aber auch andere philosophische Modelle des Staates werden deshalb oft auch als vernünftige Utopien, als im Nirgendwo angesiedelte Idealvorstellungen aufgefaßt, bei deren Umsetzung es zwangsläufig zu großen Schwierigkeiten mit einer widerspenstigen, mit der Idee unvereinbaren Realität kommen müsse. Die Sache sieht jedoch ganz anders aus, wenn man Staatsutopien als idealisierte, also an Ideen orientierte Beschreibungen von realen Verhältnissen versteht bzw. diese Verhältnisse als partielle Verwirklichung einer Idee interpretiert. Eine solche Auffassung, wonach die politische Wirklichkeit sich als eine vernünftige ansprechen läßt, vertrat Georg Wilhelm Friedrich Hegel in seiner *Rechtsphilosophie*.

Hegels *Rechtsphilosophie* wird hinsichtlich ihrer Bedeutung für das moderne politische Denken zwar gelegentlich in einem Atemzug mit Hobbes' *Leviathan* und Rousseaus *Gesellschaftsvertrag* genannt. Ihre Präsenz in der zeitgenössischen politischen Philosophie ist jedoch weitaus geringer als die der anderen beiden Werke. Als Grund dafür kann man zum einen anführen, daß Hegels Spätwerk umstritten ist und seine Gegner dort allenfalls restaurative, wenn nicht reaktionäre Züge ausmachen, die nicht in das Zeitalter des Liberalismus zu passen scheinen. Zum anderen, und das ist hier wichtiger, muß man einräumen, daß die *Rechtsphilosophie* ein über die Maßen schwer zugängliches Werk ist. Auch hierfür gibt es Gründe, zwei von ihnen seien angeführt:

- Erstens handelt es sich bei diesem Werk um ein Lehrbuch oder „Kompendium", das, wie auf dem Titelblatt vermerkt ist, „zum Gebrauch für seine (Hegels; M. B.) Vorlesungen" bestimmt war. Das Buch besteht folglich aus zahlreichen Paragraphen, die der Dozent Hegel, seinerzeit nicht unüblich, in seinen Vorlesungen *diktierte*. Der zu behandelnde Stoff ist in diesen Paragraphen zusammengedrängt und wird in der Regel durch Anmerkungen ergänzt. Außerdem gibt es noch die sogenannten „Zusätze", die in verschiedenen Vorlesungsnachschriften festgehaltenen *mündlichen* Erläuterungen Hegels. Diese Zusätze bringen zwar häufig mehr Licht in die zum Teil hermetischen Ausführungen des Kompendiums, sind jedoch nicht ohne weiteres als authentisch anzusehen.

- Zweitens ist der Aufbau der *Rechtsphilosophie* durch eine ganz eigenartige ‚Regieanweisung‘, durch eine im Hintergrund stehende „Logik" bestimmt. Während andere Autoren, ein gutes Beispiel ist Hobbes, ihren Ausgangspunkt (u. a. den Vernunftbegriff) in knappen Zügen (z. B. zu Beginn des *Leviathan*) klar und kompakt entwickeln, hat Hegel dies in einem umfangreichen separaten Werk getan. Aber nicht nur das – in ihm wird eine *neue* Wissenschaft, die *Wissenschaft der Logik* entworfen. Unter Logik versteht man in der Philosophie und der Wissenschaftstheorie ganz allgemein die Gesamtheit der Regeln des (folge-)richtigen Denkens. In diesem Sinne einer Darlegung der Verstandesregeln ist die Hegelsche Logik allerdings nicht aufzufassen. Hegels Logik ist eine „spekulative" Logik und als solche Metaphysik, d. h. sie soll, stark verkürzt gesagt, ohne auf Erfahrung zu gründen Erkenntnisse erzielen.

Fragen dieser Art sind nun allerdings rein philosophische Probleme, auf die unvorbereitet und ohne einschlägige Kenntnisse einzugehen schnell im Dilettantismus enden kann. Die Beschäftigung mit Hegels *Rechtsphilosophie* innerhalb dieses Abschnitts wird deshalb so gut wie ohne jede Einbindung seiner *Logik* vonstatten gehen.

Der Begriff „Dialektik"   Mit der „Dialektik" sei aber wenigstens ein wirkungsmächtiges Element aus dem Hegelschen Begriffs-Fundus kurz angesprochen. Im Griechischen bezeichnete die Dialektik eine ganz bestimmte Kunst, nämlich diejenige der Unterredung. Der darin Geübte konnte in einem Gespräch die Klärung vorliegender Probleme angehen und, wie bei Platon zu sehen, sogar die Erkenntnis von Ideen vorbereiten. Hegel löst den Begriff der Dialektik jedoch von der Kommunikation ab und überträgt ihn auf das menschliche Denken. Dialektisches Denken, so Hegels Vorstellung, bildet dialektische Wirklichkeit ab. Was soll man sich darunter vorstellen? Man kann, um noch einmal auf die dialektische Rede zurückzukommen, einen Abschnitt eines Gesprächs in einigen Fällen als einen Dreischritt analysieren, in dem auf eine These eine Gegenthese (Antithese) folgt, und aus beiden Setzungen kann womöglich auch noch eine Synthese hervorgehen.

Um es an einem einfachen Beispiel zu demonstrieren: Bei der Frage nach der besten Regierungsform könnte zunächst von einem Gesprächspartner die Auffassung vertreten werden, daß dies die

Herrschaft eines Einzigen sein müsse (These); darauf könnte von einem anderen Teilnehmer geantwortet werden, daß die beste Herrschaft nicht die Monarchie, sondern die Herrschaft der Vielen (oder Aller) sei (Anti-These); schließlich könnte von dritter Seite vorgebracht werden, daß die „gemischte" Herrschaft, eine Kombination aus den beiden anderen Herrschaftsvarianten, ideal wäre (Synthese). Mit der These und der Gegenthese werden Standpunkte angeführt, die sich, von der gelungenen Synthese zurückblickend, als ‚einseitig' erweisen; die Gegenthese ist die Verneinung (Negation) der These, die Synthese die Verneinung der Gegenthese; These und Gegenthese sind in der Synthese insofern „aufgehoben", als sie beide in ihrer Einseitigkeit durch sie negiert oder verworfen, aber zugleich auch in ihr aufbewahrt sind.

Nun sollen sich nach Hegel nicht die Etappen eines Gesprächs, sondern die Prozesse in der sozialen und politischen Wirklichkeit nach diesem dialektischen Muster vollziehen. Aufgabe der Philosophie bei Hegel ist es, diesen Prozeß nachzuzeichnen. Und das, was sich im Zuge der Weltgeschichte entwickelt, sozusagen auswickelt, ist bei ihm die Vernunft oder der „Geist".

Dieser Prozeß ist in unterschiedliche Phasen gegliedert, und es lassen sich unterschiedliche Träger oder Verkörperungen des „Geistes" erkennen. Dabei handelt es sich um den „subjektiven Geist", der sich im Denken, Wollen und Fühlen der Individuen niederschlägt; um den „objektiven Geist" (gelegentlich auch „Volksgeist" genannt), der in der Sprache, den Sitten, dem Recht oder dem Staat verkörpert ist; sowie schließlich um den „absoluten Geist", der sich in Kunst, Religion und Philosophie manifestiert. Die Philosophie ist dann diejenige Wissenschaft, die quasi eine Bestandsaufnahme dieses Prozesses liefert, sie ist zu verstehen als eine durch Philosophen vermittelte Selbsterkenntnis dieses Geistes. Die Philosophie kann dieser Aufgabe um so eher nachkommen, weil Hegel annahm, der Entwicklungsprozeß sei zu seinen Lebzeiten in seine letzte Phase eingetreten, das „Ende der Geschichte" erreicht.

Geschichtsphilosophie

Die philosophische Beschäftigung mit der Geschichte ist keine Erfindung der Moderne, sondern reicht bis zu den Anfängen der Philosophie bei den Griechen zurück. Dennoch lassen sich entscheidende Weichenstellungen in der deutschen Philosophie Ende des 18., Anfang des 19. Jahrhunderts bemerken. Wie so oft ist auch in diesem Zusammenhang Immanuel Kant Ausgangspunkt epochaler Neuerungen – wenn auch nur im Vorübergehen. Kant war in der kleinen Schrift *Idee zu einer allgemeinen Geschichte in weltbürgerlicher Absicht* von 1784 der Frage nachgegangen, ob sich in der auf den ersten Blick eher ungeordneten Entwicklung der Menschheit nicht doch eine Ordnung, eine Art Plan entdecken lasse, nachdem sie sich vollziehe. Genauer gesagt, ob es nicht Anhaltspunkte dafür gebe, daß so etwas wie eine Weltrepublik („äußerlich vollkommene Staatsverfassung") möglich sei. Kant will den „Leitfaden" für eine diesbezügliche philosophische Geschichtsbetrachtung liefern und sagt ganz am Ende seiner kurzen Abhandlung, daß er selbst nur einen „Gedanken" habe ausarbeiten können „von dem, was ein philosophischer Kopf (der übrigens sehr geschichtskundig sein müßte) noch aus einem anderen Standpunkte versuchen könnte." Bei Kant ist die bloß skizzenhaft angelegte Geschichtsphilosophie noch ganz eindeutig als eine „als-ob-Konstruktion" des Philosophen zu verstehen – der Philosoph wählt eine Perspektive und versucht, für diese im bisherigen Verlauf der Geschichte plausible Anknüpfungspunkte zu gewinnen. Hegel macht demgegenüber den entscheidenden Schritt, indem er die gesamte Weltgeschichte als einen realen, vom philosophischen Betrachter prinzipiell unabhängigen Prozeß der Verwirklichung der Vernunft betrachtet, der vom Philosophen nur noch gebührend zur Sprache gebracht werden muß. Die wohl folgenreichste Weiterentwicklung dieses Gedankens stellt die materialistische Geschichtsauffassung, der historische Materialismus dar. Für Marx und Engels ist alle bisherige Geschichte die Geschichte von Klassenkämpfen gewesen, die ihrerseits durch die ökonomische Lage einer Gesellschaft bestimmt sind. In der letzten Phase der geschichtlichen Entwicklung verkörpert der Sozialismus die „Aufhebung" des Kapitalismus. Der Sozialismus bewahrt die fortgeschrittenen Produktionstechniken und auch den Reichtum der kapitalistischen Gesellschaft, schafft aber den Privatbesitz und die private Aneignung des gesellschaftlich produzierten Mehrwertes ab. Diese grundsätzlich materialistische, von der Ökonomie in Bewegung gesetzte Dialektik versteht sich als die umgekehrte, „auf den Kopf gestellte" idealistische Dialektik Hegels.

Für die politische Philosophie, so lassen sich die voranstehenden, skizzenhaften Bemerkungen zusammenfassen, ist diese Konzeption einer dialektischen Weltgeschichte deshalb von Bedeutung, weil an ihrem vermeintlich nahen Ende auch der Vernunftstaat in seinen Grundzügen rekonstruiert werden kann. Gegenstand der folgenden Ausführungen wird es zunächst sein, zu untersuchen, was Hegel unter „Freiheit" und „Sittlichkeit" versteht (2.1), um dann zu sehen, inwiefern und in welchen Formen sich die Sittlichkeit seiner Auffassung nach in der staatlichen Wirklichkeit erkennen läßt (2.2).[10]

2.1 Sittlichkeit und Freiheit

Die *Rechtsphilosophie* Hegels umfaßt insgesamt drei Teile, denen eine Vorrede und eine lange Einleitung vorausgehen. Die Teile sind betitelt mit „Das abstrakte Recht", „Die Moralität" sowie „Die Sittlich-

---

[10]   Die im folgenden gemachten Angaben beziehen sich alle auf Georg Wilhelm Friedrich Hegel: *Grundlinien der Philosophie des Rechts*, Werke Bd. 7. Frankfurt/M. 1982.

keit". In dem so unterteilten Text werden die drei unterschiedlichen Ausformungen der *Freiheit* untersucht. Die nachfolgenden Betrachtungen beziehen sich fast ausschließlich auf Ausschnitte des dritten Teils.

Das übergeordnete Ziel der Hegelschen *Rechtsphilosophie* ist es, den sittlichen Staat des klassischen Griechentums zu rekonstruieren, aber diese Rekonstruktion soll nicht wirklichkeitsfremd, an der Realität vorbei, geschehen, sondern unter ausdrücklicher Berücksichtigung eines Prinzips, das die „Alten" (die griechischen Philosophen), wie Hegel sagt, nicht kannten. Bei diesem modernen Prinzip handelt es sich um das Prinzip der Subjektivität. Hegel unternimmt also eine Gratwanderung: Er will einerseits einen Staat, dessen Bürger sich bedingungslos als seine Angehörige verstehen und sich ihrer Abhängigkeit von ihm bewußt sind, er will aber andererseits diesen Bürgern auch individuelle Freiräume zugestehen. Ob dieser Versuch einer Synthese von klassischen und von modernen Leitbildern letztlich geglückt ist, darüber kann man streiten. Aber bei allem, was man gegen den „Kollektivisten" Hegel vorbringen mag – seine, wie noch zu sehen sein wird, gewiß nicht nebensächliche Anerkennung des neuzeitlichen Individualismus darf dabei nicht übersehen werden.

Die beiden ersten Teile der *Rechtsphilosophie*, soviel sei wenigstens zu ihnen gesagt, übernehmen die Aufgabe, Recht und Moral als freiheitsverbürgende Einrichtungen zu begreifen. Unter dem „abstrakten Recht" äußert sich die individuelle Freiheit in Form der subjektiven Rechte, d. h. als Besitz- oder als Vertragsrecht. Die Individuen werden hier als Personen aufgefaßt, deren Willkür ein möglichst großer, aber jeweils gleichgroßer Spielraum zugestanden worden ist. Diese Rechtspersonen sind, nach Maßgabe der Rechte, äußerlich frei, insofern sie keiner fremden Willkür unterworfen sind. „Moralität" garantiert dagegen die innere Freiheit und damit die Möglichkeit, sich die vernünftigen Maximen des Handelns selbst zu setzen. Mit der ausführlichen Behandlung des abstrakten Rechts und der Moral in den Teilen eins und zwei der *Rechtsphilosophie* würdigt Hegel also zentrale Errungenschaften der (politischen) Philosophie der Neuzeit: die auf Naturrechte zurückgreifenden Theorien des Gesellschaftsvertrages einerseits sowie die Moralphilosophie Kants andererseits.[11] Diese Errungenschaften zu „würdigen" heißt in diesem Zusammenhang jedoch nicht, sie vollständig zu übernehmen, sondern sie als „aufzuhebende" Vorstufen der „Sittlichkeit" zu betrachten. Und die nahe-

Recht und Moral

---

[11] Vgl. dazu Kap. II. bzw. IV.1.

liegende Frage ist nun, welche Art von Freiheit Sittlichkeit, in Abgrenzung und in Ergänzung von Recht und Moral, überhaupt noch meinen bzw. ermöglichen kann.

Sitte und Sittlichkeit   Der Begriff der „Sitten" und die darauf bezogene „Sittlichkeit", als ein den Sitten entsprechendes Handeln, im zeitgenössischen Sprachgebrauch so gut wie vollkommen außer Mode, spielte in der modernen Philosophie (im 18. Jahrhundert) noch eine vergleichsweise zentrale Rolle. Um nur zwei Beispiele anzuführen: Rousseau nennt die Sitten („moeurs") im *Gesellschaftsvertrag* die „eigentliche Verfassung des Staates"; Kant spricht den kategorischen Imperativ auch als „sittliches" Gesetz oder „Sittengesetz" an. Allerdings gebrauchen beide Philosophen den Begriff in einer anderen Weise als Hegel. Generell kann man die Sitten als diejenigen im Laufe der Zeit und innerhalb einer Gemeinschaft entstandenen Gewohnheiten und Bräuche bezeichnen, die das öffentliche und das private Leben bestimmen, und deren Einhaltung verpflichtend ist. Wenn Rousseau von Sitten spricht, dann meint er aber gerade nicht die empirisch vorhandenen und gewachsenen Regeln des Umgangs (diese hält er seinerzeit für verdorben), sondern diejenigen, die ein „Gesetzgeber" in Sorge um die Republik gestiftet hat.[12] Und Kants Sittengesetz ist darauf angelegt, diejenigen Bestandteile von realen Sitten zu identifizieren, die moralisch (von einem allgemeinen Standpunkt aus) unhaltbar sind.

Wenn dagegen Hegel von Sitten spricht (§§ 142-157), dann meint er weder politisch eingeführte Sitten (Rousseau) noch moralisch gefilterte Sitten (Kant), sondern die wirklich vorhandenen und wirksamen Bräuche und Gewohnheiten. Und unter „Sittlichkeit" versteht er dementsprechend kein Handeln, das in Übereinstimmung mit einem abstrakten Moralkriterium wie dem kategorischen Imperativ erfolgt, sondern eines, das den herrschenden Sitten entspricht. In § 142, gleich zu Beginn des dritten Teils der *Rechtsphilosophie*, heißt es dazu:

> „Die Sittlichkeit ist die *Idee der Freiheit,* als das lebendige Gute [...] der zur vorhandenen Welt und zur Natur des Selbstbewußtseins gewordene Begriff der Freiheit."

Aus diesem Zitat läßt sich dreierlei ersehen. Erstens: Die Freiheit ist bei Hegel keine bloße Idee (mehr), kein reines Gedankenkonstrukt

---

12   Siehe Kap. VI.2.3.

oder gar Hirngespinst, sondern sie ist Wirklichkeit, sie ist Bestandteil der realen Welt geworden, und zwar in Gestalt der Sitten. Zweitens und damit zusammenhängend: Diese Sitten können nicht lediglich eine Ansammlung von realitätsfernen Regeln sein, die keinen Einfluß mehr besitzen; sie sind nur dann lebendig, wenn sie gelebt werden. Drittens: Die Sitten sind natürlich nur dann und deshalb „lebendig", weil sie – für ausreichend viele zumindest – selbstverständlich und damit zur zweiten Natur der Menschen geworden sind, die sittlich leben (das ist mit „zur Natur des Selbstbewußtseins gewordene ... Freiheit" gemeint).

Einerseits sind bei Hegel die Sitten dem Menschen nicht fremd: Da sie als (relativ) vernünftig, als Ausdruck von Vernunft aufgefaßt werden, gibt es im wörtlichen Sinn eine Verwandtschaft im Geiste: Sowohl die Sitten als auch die Menschen sind beide wesentlich geistiger Natur. Andererseits treten die Sitten dem Einzelnen aber auch als etwas Autoritatives, Gebietendes gegenüber, d. h., sie existieren früher als das Individuum, das sie immer schon vorfindet, und sie erscheinen diesem als fest und unverrückbar. Das Verhältnis der Sitten zu den Individuen sieht Hegel also letztlich als ein hierarchisches, man kann sogar von der Unterordnung des Einzelnen unter die Sitten sprechen. Diese werden nämlich auch als „Substanz" bezeichnet, als das, was allem (in diesem Fall: dem gesellschaftlichen bzw. politischen Leben) zugrunde liegt. Die Einzelnen sind ihr gegenüber nur „Akzidenzen" (§ 145), also etwas nicht Wesentliches, sozusagen Anhängendes oder ausführendes Organ in Bezug auf diese Substanz. Von einem individualistisch-liberalen Standpunkt aus sind dies schwer verdauliche Aussagen, aber hierin manifestiert sich eine nicht unbedingt unplausible alternative Betrachtung des Verhältnisses von Einzelnem und Gesellschaft bzw. Staat.[13]

Wie schwer eine ausgewogene Bilanz in dieser grundsätzlichen Frage bei Hegel jedoch zu ziehen ist, kann vielleicht noch ein weiterer Aspekt der Sitten verdeutlichen. Hegel schreibt den Sitten bzw. der Sittlichkeit nämlich auch eine „befreiende" Wirkung im Hinblick auf das Individuum zu (§ 149) – und damit sind wir bei der oben erwähnten Frage angelangt, was die Sitten, über Recht und Moral hinaus, eigentlich noch an Freiheit bewirken können. Eine Befreiung durch die Sitten soll sich dadurch einstellen, so Hegel, daß sie die Individuen sowohl aus ihrer Abhängigkeit vom „bloßen Naturtriebe" herauslösen als auch und vor allem aus ihrer „Gedrücktheit", in der sie sich als moralisch Reflektierende (z. B. nach Maßgabe des kate-

Die Sitten und das Individuum

---

13 Darauf wird in Abschnitt 3 über die Wertegemeinschaft noch einmal zurückgekommen.

gorischen Imperativs) befinden. Die Sittlichkeit, also sittenkonformes Handeln und Verhalten, entlastet die Einzelnen vom Druck der privat und isoliert durchgeführten moralischen Reflexion. Die „allgemeine Handlungsweise" entspringt dann nicht mehr, wie in der Moral, einer individuell aufgestellten Maxime, sondern der Entsprechung zu den objektiven Sitten einer Gemeinschaft. Diese Sitten sollen nicht, wie bei Kant, auf ihre Akzeptabilität überprüft werden, Hegel sieht darin lediglich eine Form individueller Extravaganz, sondern sie sollen ganz einfach befolgt werden. Darüber ließe sich natürlich streiten, weil, zumindest aus der Sicht einer kritischen Moral, nicht klar ist, wie bei den existierenden Sitten zwischen guten und schlechten oder richtigen und falschen Regeln unterschieden werden kann.

2.2 Institutionelle Ausprägungen der Sittlichkeit: Familie, bürgerliche Gesellschaft und Staat

Nach der Bestimmung des Begriffs der Sittlichkeit muß nun der Bogen zu Hegels Staatsbegriff geschlagen werden. Dies geschieht in den §§ 156-157 der *Rechtsphilosophie*, in denen die unterschiedlichen Verkörperungen der Sittlichkeit angeführt werden. Dies sind die „Familie", die „bürgerliche Gesellschaft" sowie der „Staat". Obwohl man versucht ist, auch hier die Hegelsche Dialektik am Werke zu sehen, bei der der Staat aus der Familie einerseits und der bürgerlichen Gesellschaft andererseits hervorgeht, muß man zur Kenntnis nehmen, daß Hegel an einer solchen historisch-genetischen Theorie nicht interessiert ist. Unmittelbar vor Beginn des dritten Abschnitts des Sittlichkeitsteils (§ 256), der dem Staat gewidmet ist, heißt es dazu, daß sich die „Idee des Staates" in die beiden „Momente" der Familie und der bürgerlichen Gesellschaft zergliedert („dirimiert"). Wie bereits vor ihm Aristoteles stellt er fest, daß der Staat in Wirklichkeit „das Erste", der Grund alles anderen sei. Daß sich der Staat, *historisch* gesehen, aus vielen, wie auch immer zu bestimmenden kleinen Einheiten entwickelt, ist bei diesem Argument nicht ausschlaggebend.

Man kann sich das Verständnis der drei „Momente" (i.S. aufeinander bezogener Ausformungen) der Sittlichkeit dadurch erleichtern, daß man, anders als Hegel, einen stärker individualistischen Standpunkt einnimmt, sie also als Interaktionsverhältnisse oder soziale Beziehungen betrachtet[14], in denen Einzelne stehen. Von dieser Warte aus stellen die drei Momente dann unterschiedlich organisier-

---

14 Im Anschluß an A. Honneth.

te Rahmen dar, in denen soziales Handelns sich abspielt und in die neue Akteure eingepaßt oder sozialisiert werden müssen. Die besagten Ausprägungen der Sittlichkeit sind von daher auch unabdingbare Sozialisationsagenturen. Nun zu den genannten Institutionen der Sittlichkeit im einzelnen, die ihrerseits weitere Untergliederungen aufweisen.

Die Familie (§§ 158-181) wird von Hegel unter drei Gesichtspunkten betrachtet: dem der Ehe, dem des Familienbesitzes (der im folgenden unberücksichtigt bleibt, weil an ihm keine Interaktionsphänomene zu beobachten sind) und dem der Kindererziehung. Die Ehe wird als Ausformung des „natürlichen sittlichen Geistes" vorgestellt und setzt die gegenseitigen Empfindungen der Eheleute, ihre Liebe, voraus. Die Ehe kann jedoch auf dieser gefühlsmäßigen Einheit nicht gründen, das Gefühl ist eine unzuverlässige, letztlich zufällige Basis. Als Moment des Sittlichen muß sie auch Vernunftelemente aufweisen, zur Neigung muß der Wille beider Ehepartner hinzukommen, „zukünftig eine Person auszumachen" (§ 162). Die Ehe darf deshalb aber nicht als reines Vertragsverhältnis gesehen werden. Denn, so gibt Hegel zu bedenken, es werde innerhalb einer (gelingenden) Ehe der „Vertragsstandpunkt" dadurch relativiert bzw. „aufgehoben", daß die Eheleute nunmehr *eine* (neue) Person ausmachen. Das Sittliche der Ehe besteht in dem „Bewußtsein dieser Einheit", und dies stellt ein „geistiges Band" zwischen den Eheleuten dar. Aufgrund dieser versittlichenden Funktion der Ehe bei ansonsten „für sich", also isoliert Lebenden wird das Eintreten in den Stand der Ehe zur Pflicht.

Der leibliche Nachwuchs der Eheleute, die Kinder, bringt deren geistige Einheit zur Anschauung. Die Kinder objektivieren das eheliche Verhältnis und verkörpern, wie Hegel früher an anderer Stelle sagte, die „Mitte" zwischen Mann und Frau. Genauso wie die Ehe hat auch das Eltern-Kind-Verhältnis sittliche Implikationen. Die elterliche Erziehung verfolgt nämlich den Zweck, das Kind mit dem Allgemeinen, den Sitten vertraut zu machen. Aus der Sicht des Kindes stellen die Eltern eine Verkörperung des Allgemeinen dar; sie bringen dem Kind das Sittliche zunächst über die Empfindung – „Liebe" und „Zutrauen" – nahe, aber auch durch Strafen, die die noch ungebildete kindliche Natur „abschrecken" sollen. Insgesamt wird durch die Erziehung im Kreis der Familie eine neue selbständige Person herangebildet – als zukünftiges Mitglied der bürgerlichen Gesellschaft.

Das zweite Moment, die zweite Institution der Sittlichkeit ist die bürgerliche Gesellschaft (§§ 182-256). Die in diesem Zusammenhang anzutreffende auffällige und sehr weitreichende Trennung von Staat einerseits und Gesellschaft andererseits tritt erstmals bei Hegel auf.

Die Familie

Die bürgerliche Gesellschaft

Nicht daß der Begriff „bürgerliche Gesellschaft" von ihm erfunden worden wäre – er läßt sich mindestens bis in die römische Antike zurückverfolgen. Unmittelbar vor Hegel hatten ihn auch die englischen und schottischen Philosophen benutzt, allerdings mit einer anderen Bedeutung. Locke z. B. bezeichnete das Ergebnis des Gesellschaftsvertrages als „politische oder bürgerliche Gesellschaft". Bei Hegel erhält der Begriff eine eingeschränkte, bis in die Gegenwart hinein wirksame Bedeutung. Denn während die „civil society" der englischen und schottischen Philosophen, je nach Autor, mehr oder weniger stark auf die Befriedigung materieller individueller Interessen ausgerichtet war, ist die bürgerliche Gesellschaft der *Rechtsphilosophie* per definitionem ein „System der Bedürfnisse".

Hegel macht in diesem Zusammenhang Ernst mit dem Gedanken, im Rahmen seiner Unternehmung der Rekonstruktion des sittlichen Staates auch das Prinzip der Subjektivität anzuerkennen, und das auch noch in seiner, man könnte aus Hegels Sicht beinahe sagen, unsittlichsten Form, dem Egoismus oder der Eigeninteressiertheit. Die bürgerliche Gesellschaft, in der die vielen Einzelnen aus je eigenen Interessen aufeinander verwiesen sind, macht allerdings noch keinen Staat aus. Im Unterschied zu den Theoretikern des Gesellschaftsvertrages spricht Hegel sie lediglich als „Not- und Verstandesstaat" an. Hier herrscht die Zweckrationalität, nicht die Vernunft vor, oder anders formuliert, jeder ist sich selbst Zweck, das Allgemeine, die sittliche Ordnung einer staatlichen Gemeinschaft spielt anscheinend keine Rolle. Und es stellt sich sofort die Frage, wie die bürgerliche Gesellschaft unter diesen Umständen als eine Ausprägung der Sittlichkeit gelten kann.

Hegel muß also zeigen, wie selbst unter diesen ‚ungünstigen' Voraussetzungen das Allgemeine sich dennoch behaupten kann. Die Lösung liegt in folgender Konstruktion: Das System der Bedürfnisse, in dem sich das Prinzip der Subjektivität sozusagen ‚austoben' kann, muß durch das Allgemeine nicht nur begrenzt oder beherrscht werden, es muß von diesem auch durchdrungen werden. Die dabei gemachten ‚Entdeckungen' sind zahlreich und können selbstredend wiederum nur selektiv besprochen werden. Das Allgemeine tritt in allen drei „Momenten" der bürgerlichen Gesellschaft auf: in dem „System der Bedürfnisse", in der „Rechtspflege" und bei den „Korporationen". In allen diesen Zusammenhängen tritt am deutlichsten hervor, wovon weiter oben bereits gesprochen wurde, nämlich daß sittliche Verhältnisse mit Blick auf den Einzelnen als Interaktionsumfeld zu begreifen sind und sich auf die Heranwachsenden immer erziehend oder sozialisierend auswirken oder, wie Hegel sagt, *Bildung* bewirken.

Während unter „Bildung" heute in erster Linie eine Wissens- oder Informationsvermittlung, im Falle einer *Aus*bildung auch das Erlernen von handwerklichen Kenntnissen verstanden wird, meint der Bildungsbegriff bei Hegel (ähnlich wie bei Platon) nicht diese Art von Qualifizierungen, sondern vielmehr die Formung von bis dato ungeformten Individuen. Ungebildet zu sein heißt dann, noch etwas Besonderes und Eigenwilliges zu sein, keinen Sinn für das Allgemeine zu haben. Dieser Sinn muß also erst noch im wörtlichen Sinn herausgearbeitet werden – Bildung ist dann ganz maßgeblich mit körperlicher und geistiger Arbeit verbunden. Die bürgerliche Gesellschaft ist neben der Familie der Ort, an dem die Subjektivität gebildet werden kann.

Arbeit und Bildung

Die These ist also, daß durch die Tätigkeit der *Arbeit*, innerhalb des Systems der Bedürfnisse, als dem ersten „Moment" der bürgerlichen Gesellschaft, die von Natur aus eigenwilligen Individuen versittlicht, zu Ausprägungen („Akzidenzen") der Sittlichkeit gemacht werden. Hegel faßt diesen Vorgang in einprägsame Formeln: es gehe um die „Glättung der Besonderheit" sowie darum, die Natur einer Sache gelten lassen zu können, ein Ding also von einem objektiven und nicht (nur) von dem interessenbestimmten subjektiven Standpunkt sehen zu können. Ist diese durch die Arbeit erfolgte Bildung erfolgreich gewesen, dann kann man ihre Wirkung auch als Befreiung von der Unmittelbarkeit der Begierden des Sinnenwesens Mensch bezeichnen.[15]

Daß dem Recht bzw. der Rechtspflege, als dem zweiten Sittlichkeitsmoment der bürgerlichen Gesellschaft, eine versittlichende Wirkung innewohnen soll, ist relativ leicht nachvollziehbar. Es gehört zu den allgemeinen Kennzeichen des (Gesetzes-)Rechts, daß es verbindliche und allgemeine Regeln ungeachtet konkreter Personen und Situationen verkörpert. Weil die Gesetze öffentlich bekannt und allgemein anerkannt sein müssen, kann Hegel sagen, daß die rechtliche Rahmung der bürgerlichen Gesellschaft als „allgemein Gültiges

Die Rechtspflege

---

[15] Der junge Hegel, z. B. in seiner *Jenaer Realphilosophie*, war allerdings noch detailgenauer gewesen, was die Veranschaulichung dieses Bildungsprozesses anging. Die nach Bedürfnisbefriedigung strebenden Individuen seien gezwungen, so führt er aus, Arbeitskraft zu investieren. Ganz gleich, welche Arbeiten sie zu verrichten haben, sie müssen sich mit dem zu bearbeitenden Gegenstand beschäftigen und auseinandersetzen; sie müssen seine Eigengesetzlichkeit kennenlernen und versuchen, ihn gerade aufgrund der ihn bestimmenden Gesetze in den Griff zu bekommen. Die arbeitenden Individuen ersinnen arbeitssparame Listen, mit denen sich der Widerstand der spröden Materien brechen läßt – sie werden mit anderen Worten Werkzeuge erfinden. Werkzeuge lassen sich so als aufgespeicherte Vernunft begreifen.

gewußt" wird (§ 210). Durch die bürgerlichen Gesetze werden abstrakte Rechte (z. B. auf Eigentum) positiviert und damit Gegenstand einer allseitigen Anerkennung. Die Übertretung eines Gesetzes, die Verletzung eines Rechtsanspruches ist keine bilaterale Angelegenheit zwischen dem Täter und dem Opfer, sondern eine Herausforderung für die gesellschaftliche Ordnung. Die Härte der Strafen, so Hegel, wird sich nach der Festigkeit dieser Ordnung richten. Vom Standpunkt eines Bürgers schafft die rechtliche Ordnung und ihre „Pflege" also Rechtssicherheit, in erster Linie für seine ökonomischen Vorhaben; sie garantiert Eigentum, ermöglicht Verträge und sanktioniert deren Verletzung. Vom objektiven Standpunkt bewirkt das Recht zugleich, daß die Bedürfnisbefriedigung nach allgemeinen Regeln geschieht – die Wirtschaftssubjekte als Besonderes müssen sich nach einem Allgemeinen richten.

Die Korporationen

Die Vorstellung, Korporationen (§§ 250-256) verkörperten ein weiteres, drittes Sittlichkeitsmoment in der bürgerlichen Gesellschaft, mutet anfänglich etwas seltsam an. Klar ist, daß der Platon der *Politeia* bei Hegels Untergliederung der Gesellschaft in den ackerbauenden, den Gewerbestand und den „allgemeinen" Stand (Polizei und Beamte) Pate gestanden hat.[16] Korporationen oder Genossenschaften werden dann dem zweiten, dem „Gewerbestand" zugerechnet. Solche Zusammenschlüsse haben zunächst die gesetzlich und damit staatlich verbriefte Garantie, ihren eigenen Interessen nachzugehen, es handelt sich somit um organisierte Interessen. Aber das ist noch nicht alles, was eine Korporation zu bieten hat, Hegel schließt weitere, modern anmutende institutionensoziologische Beobachtungen an.

Innerhalb einer solchen Vereinigung von Gleichen wird zunächst der Einzelne als rechtmäßiges Mitglied anerkannt, das über ein spezifisches Können und darum über eine gesicherte Existenz verfügt. Zugleich kann man davon ausgehen, daß Korporationsmitglieder, quasi als Gegenleistung, sich für das Wohlergehen ihres Zusammenschlusses einsetzen. Die eigenen Interessen werden also zumindest zeitweise hintan gestellt, so daß Hegel die Korporationen mehrfach auch als „zweite Familie" bezeichnet: Genauso wie die ursprüngliche Familie sind die genossenschaftlichen Zusammenschlüsse in der Lage, die „Selbstsucht" der Mitglieder zu mäßigen. Zudem findet in der Korporation eine *bewußte* Sorge um andere Mitglieder, die nicht zur leiblichen Familie gehören, statt. Korporationen werden konsequenterweise als „Versittlichung des einzelstehenden Gewerbes" sowie (neben der Familie) als zweite „sittliche Wurzel" des Staates aufgefaßt.

---

[16] Vgl. Kap. V.1.2.

Das dritte „Moment" der Sittlichkeit ist schließlich der Staat (§§ 257-360). Dieser quantitativ umfangreichste Abschnitt im dritten Teil der *Rechtsphilosophie* kann hier deshalb kurz abgehandelt werden, weil er für die Sittlichkeit, im oben angeführten Sinne eines Interaktionsumfeldes, unerheblich ist. Es muß also weder auf das „äußere" noch auf das „innere Staatsrecht" (das die institutionelle Gliederung im Sinne einer Regierungslehre enthält) eingegangen werden. Herangezogen werden im folgenden deshalb nur die Paragraphen 257-274.

Der Staat, es ist bereits erwähnt worden, verkörpert für Hegel die „Wirklichkeit der sittlichen Idee", die „höchste" Ausprägung der Freiheit (§ 257; 258). Dies ergibt sich daraus, auch daran sei noch einmal erinnert, daß es in der *Rechtsphilosophie* nur um das „Inwendige" des „gedachten Begriffes" ‚Staat' geht – nicht um dessen historischen Ursprung und auch nicht um konkrete einzelne Staaten. Seine Wirklichkeit hat der Staat in den Sitten und, mittelbar, im Bewußtsein der Individuen, denen diese nicht fremd sind.

Es wird von Hegel noch einmal betont, daß es die Stärke des modernen Staates ausmacht, dem Prinzip der Subjektivität größtmöglichen Platz einzuräumen, es aber dennoch zu erreichen, daß diese Besonderheit – d. h. der Individualismus – mit dem Allgemeinen – der sittlichen Ordnung – verbunden wird, ja daß beide aufeinander angewiesen sind. Indem das Allgemeine das Besondere zuläßt, wird zugleich gewährleistet, daß durch das Tätigwerden des Besonderen das Allgemeine bewahrt wird. Möglich wird dies dadurch, so Hegel, daß das Allgemeine mittels der genannten Institutionen in die Sphäre der Besonderheit, die bürgerliche Gesellschaft, „hineinscheint". Mit anderen Worten, wenn die Individuen ihren eigenen Interessen im Rahmen des positiven Rechts und der Korporationen nachgehen, dann stärken sie zugleich den (Rechts- und Verbände-)Staat.

Darüber hinaus existiert in dem Vernunftstaat aber auch eine politische Gesinnung oder ein Patriotismus (§ 268). Darunter will Hegel allerdings nicht in erster Linie die außeralltäglichen Aufopferungen der Bürger im Krieg verstanden wissen, sondern ein „Zutrauen" (auch das Verhältnis der Bürger zum Staat wird bei Hegel also mit aus der Sphäre der Familie stammenden Begriffen beschrieben) bzw. das Bewußtsein der vielen Einzelnen, daß ihre individuellen Interessen im Staat gewahrt werden. Ist dieses Bewußtsein vorhanden, so wird dadurch die Erhaltung des Gemeinwesens von den Bürgern selbst und zudem wissentlich sichergestellt.

Schließlich sei noch auf einen letzten Punkt in Hegels Staatstheorie eingegangen: den der Verfassung und ihrer Entstehung (§ 272). Aus den voranstehenden Ausführungen ging einerseits hervor, daß

Der Staat

die Verwirklichung des sittlichen Staates als eine Auswicklung der Idee, als quasi automatischer Prozeß vorgestellt werden muß. Nun war Hegel andererseits Zeitzeuge von zwei politischen Großereignissen, der Gründung der USA sowie der Französischen Revolution, die sich beide in einer vom souveränen Volk verabschiedeten Verfassung niederschlugen. Die Frage liegt deshalb nahe, wer bei Hegel überhaupt zur Verfassungsgebung befugt sein soll. Da Hegel weder ein Verfechter umfassender Volkssouveränität ist (die eine Verfassung legitimieren könnte), noch ein Anhänger unveräußerlicher Rechte (die konstitutionell zu sichern wären), antwortet er schroff, daß das „Machen" einer Verfassung nur einem „Haufen", einer wilden Ansammlung von Einzelnen zustünde und voraussetze, daß noch *gar keine* Verfassung vorhanden ist. Das ist seiner Auffassung nach jedoch so gut wie nie der Fall; ein Volk befinde sich immer schon in irgendeiner, und sei es auch noch so unterentwickelten Verfassung. Diese sei eine „Arbeit von Jahrhunderten", so daß allenfalls, auch in revolutionären Situationen, von einer Berechtigung zur Verfassungsänderung gesprochen werden könne.

Diese Antwort ist natürlich für uns Heutige, die wir uns an den Gedanken gewöhnt haben, daß alles machbar ist, unbefriedigend. Und hieran zeigt sich noch einmal, stellvertretend für viele andere genannte und nicht genannte Aspekte der *Rechtsphilosophie*, daß sie nicht ohne weiteres in die Gegenwart paßt. Gleichwohl kann es unter philosophischem wie unter sozialwissenschaftlichem Gesichtspunkt nach wie vor lehrreich sein, sich auf ein Staatsmodell einzulassen, das den Individuen zwar Freiheiten zugesteht, das die Einzelnen aber dennoch nicht als unhintergehbare Legitimationsinstanz staatlicher Ordnung betrachtet. Um eine zeitgenössische Reformulierung dieser Art politischer Philosophie geht es im folgenden Abschnitt.

3. Taylor: Wertegemeinschaft und Politik der Anerkennung

Das, was man als das „Hegelsche System" bezeichnet hat, ist schon bald nach dem Tod seines Urhebers „zusammengebrochen". Zu den wichtigsten Gründen gehörte zum einen der Umstand, daß das Systemdenken, also der Versuch, die gesamte „Welt" in ein einheitliches Begriffskorsett stecken zu wollen, nicht mehr überzeugen konnte. Zum anderen hatten sich inzwischen die Naturwissenschaften mit ihren empirischen, erfahrungsgestützten Methoden erfolgreich etabliert und machten bald auch der klassischen Sozialphilosophie und der politischen Philosophie Konkurrenz in der Analyse von Gesellschaft und Staat. Hegels Philosophie und vor allem seine Lehre vom sittlichen Staat – sieht man einmal von der alles andere als belanglosen Karriere eines im Marxismus allerdings „vom Kopf auf die Füße" gestellten Hegel ab – gerieten in dieser Konstellation weitgehend in Vergessenheit.

Eine gewisse Renaissance erfuhr Hegels politische Theorie in den vergangenen Jahren im Zusammenhang mit der Kritik am Liberalismus als der in Theorie und Praxis des Westens vorherrschenden politischen Strömung.[17] Nicht zufälligerweise diente dabei Hegels Sittlichkeitstheorie als Grundlage für Kritiker, die der liberalen Theorie vorwarfen, über ihrer Suche nach verallgemeinerbaren „neutralen" Gerechtigkeitskriterien die normative Binnenstruktur von Gesellschaften vergessen zu haben und erst gar nicht in der Lage zu sein, diese begrifflich aufarbeiten zu können. Seit geraumer Zeit hat es sich eingebürgert, das keineswegs geschlossene Theorielager, das vermeintliche und tatsächliche Versäumnisse des akademischen und des institutionalisierten Liberalismus offenlegt, als das der „Kommunitaristen" zu bezeichnen. Einer seiner prominentesten Vertreter ist Charles Taylor. Taylor ist ein vehementer Kritiker eines überspitzten und darum falsch verstandenen neuzeitlichen Individualismus und bringt dagegen, unter Bezug auf Hegel, die Gemeinschaftsabhängigkeit des Individuums in Erinnerung (3.1). Die zentralen Integrationsfaktoren der Gemeinschaften sind für ihn geteilte Werte (3.2). Darüber hinaus hat er die Behauptung vertreten, daß (bedrohte) kulturelle Gemeinschaften unter rechtlichen Schutz gestellt werden müßten (3.3).

3.1 Die normativen Prämissen des neuzeitlichen Individualismus

Einer der Hauptkritikpunkte des Kommunitarismus am Liberalismus ist die ausdrückliche oder stillschweigende Annahme eines „ungebundenen Selbst" (Michael Sandel). Mit dieser Prämisse arbeiten viele zeitgenössische liberale Theorien und die meisten Gesellschaftsvertragstheorien. Vor allem diese Theorien modellieren den Menschen als rational und überwiegend eigeninteressiert. Der große Unterschied zwischen liberalen Grundauffassungen einerseits und kommunitaristischen andererseits läßt sich überdies auch an ihren unterschiedlichen Theorien der sozialen Beziehungen festmachen,

---

[17] Der neben Hegel zweite große klassische Referenzautor der Liberalismus-Kritiker ist Aristoteles.

die sich in den Leitbegriffen der „Gesellschaft" einerseits und der „Gemeinschaft" andererseits niederschlagen. In der Theorie der kommunitaristischen Gemeinschaft sind die sozialen Beziehungen und Institutionen ‚gewachsen‘, die Einzelnen sind durch ihre Sozialisierung in diesen traditionellen Rahmen eingepaßt, und ihr diesbezügliches sittliches Wissen wird wiederum an die nachfolgende Generation weitervermittelt. In der Theorie der liberalen Gesellschaft ist so gut wie alles ‚gemacht‘ oder ‚hergestellt‘ – angefangen bei den verschiedenen Geselligkeiten der Einzelnen, über die unzähligen Geschäftskontakte bis hin zur Moral und zum Staat – all dieses ist ‚machbar‘ bzw. soll zumindest von der Zustimmung der Einzelnen abhängig sein.

Nun läßt sich gegen die kommunitaristische Kritik an den individualistischen Grundannahmen einwenden, daß der Gesellschaftsvertrag den Staat und die Gesellschaft ja nicht in Wirklichkeit begründen soll, sondern eben nur ein Legitimationsmuster darstellt, dem reale Staaten möglichst gut entsprechen sollten. Dagegen ist allerdings wiederum geltend zu machen, daß die liberale Theorie in erheblichem Maß praxiswirksam war und ist, und sich somit die Auswirkungen ihrer Prämissen auch in der politischen Realität beobachten lassen: Viele der staatlichen Neugründungen nach dem Zusammenbruch des Ostblocks z. B. verfügen über respektable, nach westlichem Vorbild geschneiderte Verfassungen, die sowohl Grundrechtskataloge als auch Regeln zur Organisation der politischen Institutionen enthalten. Aber zumindest einige dieser Staaten sind dennoch weit vom Alltag einer liberalen Demokratie des Westens entfernt.

Offensichtlich bedarf es, um einen liberalen Staat zu machen, mehr als einer legitimen Verfassung – es muß auch eine Staatsbürgerschaft mit entsprechenden Wertvorstellungen vorhanden sein. Viele der liberalen Theorien würden dies sicher nicht ausdrücklich verneinen, aber sie bekommen diesen Aspekt der, wenn man so will, vorstaatlichen Ordnung mit ihrem Instrumentarium oft nicht, zumindest nicht ausreichend in den Blick. Insofern kann man das kommunitaristische Anliegen, zumindest teilweise, auch als Ergänzung des Liberalismus betrachten. Um den Nachweis einer solchen Vereinbarkeit geht es in den folgenden Ausführungen zu Taylors Position jedoch nicht. Vielmehr werden einige Probleme untersucht, die seiner Auffassung nach in liberalen Gesellschaften existieren.

Legitimations-
probleme in
westlichen
Gesellschaften

Beinahe zwangsläufig, so lautet eine zentrale These Taylors, führt die vor allem in der westlichen Welt anzutreffende ‚Umsetzung‘ des liberalen Individualismus in der gesellschaftlichen *Praxis* zu einer

„Legitimationskrise".[18] „Paradox" ist diese Entwicklung für ihn deshalb, weil sie sich einstellt, *obwohl* die liberalen und kapitalistischen Gesellschaften des modernen Westens, gemessen an ihren eigenen Maßstäben, durchaus erfolgreich sind. Ganz unbestreitbar läßt sich der Erfolg dieser Gesellschaften z. B. am individuellen wie am kollektiven Wohlstand genauso ablesen wie an den früher ungekannten Freiheitsgraden, die die Mitglieder dieser Gesellschaften genießen. Gleichwohl gibt es eine Kehrseite dieser Errungenschaften. Die Freiheit, die den Einzelnen gewährt wird, wird oft auf Kosten der traditionellen Gemeinschaftlichkeit erzielt. Man könnte sagen, die gesellschaftlichen Beziehungen nehmen in dem Maße zu, wie die gemeinschaftlichen Kontakte abnehmen; zugleich kann diese Entwicklung zur Isolation der von gemeinschaftlichen Bindungen nun Befreiten beitragen. Der enorme Wohlstand in den postindustriellen Gesellschaften hat überdies seinen Preis in der zunehmenden Naturzerstörung und in der Verflachung des geistigen Lebens. Von diesen sicher nicht realitätsfernen Beobachtungen ausgehend versucht Taylor zunächst, die den modernen Gesellschaften zugrundeliegenden *Moralvorstellungen* zu identifizieren, um dann zu zeigen, inwiefern sie für das identifizierte Legitimationsproblem mitverantwortlich sind.

Als Ausgangspunkt für diese Betrachtungen dienen die Gesellschaftsvertragstheorien des 17. und 18. Jahrhunderts. Sie sind der politische Ausdruck dafür, daß sich das abendländische Weltbild in der Neuzeit grundlegend gewandelt hat. Das alte aristotelisch-christliche Gedankengebäude bezüglich der natürlichen, der sozialen und der politischen Weltordnung hat nach und nach an Überzeugungskraft verloren. Es entsteht allmählich eine neue, aus den experimentierenden und mathematisierten Naturwissenschaften hervorgehende Weltsicht, die zum Vorbild für Wissenschaftlichkeit überhaupt wird, und gleichzeitig ein radikaler Zweifel an allem Überlieferten.

Die herausragenden intellektuellen Beobachter bzw. Förderer dieses Wandels sind: auf seiten der Naturwissenschaft Nikolaus Kopernikus (und im Anschluß an ihn dann Galileo Galilei), der um die Mitte des 16. Jahrhunderts das heliozentrische Weltbild schuf, welches das geozentrische des Ptolemäus ablöste; auf dem Gebiet der Philosophie René Descartes, dem im 17. Jahrhundert nichts mehr gewiß ist außer dem in seinem radikalen Zweifel an allem sich erkennenden Selbst; auf seiten von Politik und Staat Niccolò Machia-

---

[18] Zum folgenden vgl. Charles Taylor: Legitimationskrise?, in: ders.: *Negative Freiheit? Zur Kritik des neuzeitlichen Individualismus.* Frankfurt/M. 1988, 235-294.

velli, der zu Beginn des 16. Jahrhunderts (unter Rückgriff auf Aristoteles' *Politik*) nüchtern die Klugheitsregeln des Machterhalts für neuzeitliche Fürsten analysierte.

Einer der wesentlichen Unterschiede zwischen altem und neuem Weltbild läßt sich an dem jeweiligen „Natur"-Begriff festmachen. Nach einer klassischen, bei Platon anzutreffenden Sicht ist die „Natur" eines Gegenstandes oder Lebewesens dasjenige, was sie ihrer „Idee", dem kosmischen oder göttlichen Bauplan zufolge ist. Die Natur liegt nach dieser Sicht außerhalb einer Sache. Nach der neuen Vorstellung jedoch liegt die Natur einer Sache in dieser selbst, und sie zeigt sich in deren Funktionieren. Politisch überaus bedeutsam ist dieser Wandel nun deshalb, weil sich mit ihm zugleich das Verständnis des „guten Lebens", für das die Politik doch zumindest auch zuständig (gewesen) ist, gewandelt hat. Verstanden viele Philosophen früher unter einem guten Leben dasjenige, das in Übereinstimmung mit einer guten Verfassung, also einer für die Einzelnen *äußeren* Ordnung gelebt wurde, so bedeutet es für die neuzeitlichen Philosophen zunehmend, daß es auf die *innere* Ordnung oder Verfassung des Individuums bezogen sein muß. Taylor unterscheidet zwei verschiedene Versionen dieser Innengerichtetheit. Beide werden nachfolgend kurz und um einige Ergänzungen angereichert skizziert.

Gutes Leben und innere Ordnung

Der *ersten*, z. B. von Hobbes und Hume vertretenen Version zufolge ist der Mensch, wie alle anderen Lebewesen auch, ein Bedürfniswesen und strebt nach umfassender Befriedigung seiner Triebe und Wünsche. Da er diesen Zustand möglichst effizient erreichen will, setzt er dazu seine Vernunft ein. Die Vernunft dient ihm hier also als Mittel und läßt sich deshalb auch als „instrumentelle Vernunft" bezeichnen. Bei Hegel hatte diese Ausprägung der Vernunft ihren eigenen Platz in der produktiven Auseinandersetzung mit der Natur, also in der menschlichen Arbeit. Als „instrumentelle" Vernunft war sie dort bezeichnet worden, weil sie sich buchstäblich in der Erfindung von Werkzeugen, also in Instrumenten niederschlägt. Fatale Folgen hat die Neuausrichtung des guten Lebens aus kommunitaristischer Sicht deshalb, weil nun für den innen- oder bedürfnisgesteuerten Menschen das Herkommen, die konventionellen Maßstäbe für das Handeln, kurz: der ganze äußere soziale Rahmen keine Rolle mehr spielt, zumindest keine mehr spielen muß.

Maßgeblich sind jetzt nur noch die Bestimmungen des positiven Gesetzes. Es geht nicht mehr um die Prägung von Einstellungen oder gar um Erziehung i.S. der Anpassung an eine vorfindbare, nicht selbst geschaffene Ordnung, sondern um die verläßliche und auf Zwang gründende Regulierung von Verhalten. Innerhalb der positiven

Rechtsordnung gerät den vielen nach Befriedigung strebenden Individuen die gesamte Umwelt, inklusive der menschlichen, zu der Gesamtheit der Bedingungen, unter denen die subjektiven Wünsche oder Pläne erfüllt werden können. Die auf Verfügung und Kontrolle ausgerichtete instrumentelle, ursprünglich nur gegenüber der Natur eingenommene Einstellung bemächtigt sich nun auch des gesamten sozialen Lebens, das zuvor durch andere, nicht instrumentelle Regeln geprägt war.

Die *zweite* moderne Version der ‚innenliegenden‘ Natur des Menschen, die Taylor betrachtet, ist bereits eine Kritik an der ersten, eben geschilderten Version; ihr Gewährsmann ist Rousseau. Wenn man das politische Ideal der ersten Version, die institutionellen Bedingungen, unter denen sich die Bedürfnisnatur des Menschen am besten entfalten kann, als das betrachtet, was Hegel als „bürgerliche Gesellschaft" bezeichnet hat, dann gilt für die zweite Version, daß sie gerade darin die größte Bedrohung der eigentlichen Natur des Menschen erblickt. Rousseau ist nicht zufällig ein vehementer Kritiker der (entstehenden) bürgerlichen Gesellschaft seiner Zeit. Für ihn liegt das

> „besondere ausgezeichnete Wesen des Menschen nicht in der Autonomie und Rationalität [...] es liegt vielmehr in den sensiblen und edlen Gefühlen, die er besitzt, die aus seiner unverzerrten und makellosen Natur fließen. Es ist nicht die kalkulierende Vernunft, die ihm sagt, daß er seinem Nächsten keinen Schaden zufügen sollte [...], sondern die Stimme der Natur".[19]

Von Natur aus ist der Mensch mit einer, wie Rousseau es nennt, „Selbstliebe" ausgestattet, er verfügt über einen Selbsterhaltungstrieb. Dieser Trieb des in sich ruhenden Menschen ist befriedigt, wenn die „wahren" (man ist versucht zu sagen: objektiven) Bedürfnisse des Menschen gestillt sind; diese Selbstliebe ist nach Rousseau ein „gutes" und zugleich „absolutes", weil nur auf das Subjekt gerichtetes Gefühl. In der bürgerlichen Gesellschaft, und damit im Zustand wachsender gegenseitiger Abhängigkeit, entartet diese Liebe jedoch, sie wird zur „Selbstsucht", die sich von den wahren Bedürfnissen weit entfernt. Sie ist deshalb kein gutes, sondern ein „negatives" Gefühl, und sie ist zugleich ein „relatives", auf andere Gesellschaftsmitglieder bezogenes Gefühl. Die Selbstsucht ist die unter gesellschaftlichen Bedingungen entartete Selbstliebe, die sich in Neid, Mißgunst, Haß, Feindschaft, Besserseinwollen und in der Freude am Unglück anderer niederschlägt.

---

[19]   Taylor (1988), 266 f.

Diese nur in wenigen Grundbegriffen angedeutete komplexe Anthropologie Rousseaus wird nun von Taylor nicht ganz frei von Mißverständnissen beliehen, wenn es heißt, auch die zweite, also auf Rousseau zurückgehende moderne Version des guten Lebens beziehe sich auf das „Innen" der Individuen, nur eben nicht auf die vernünftig kalkulierenden Fähigkeiten, sondern auf die *emotionale* Grundausstattung der Einzelnen. Auch die emotionsfixierten Individuen sind demnach Ursache der Krisenerscheinungen in modernen Gesellschaften; bei ihnen macht sich nur ein Egoismus anderer Art bemerkbar: Während der Nutzenmaximierer seine Bedürfnisse mittels der instrumentellen Vernunft in der Außen- und Umwelt zu befriedigen sucht, wenden sich diejenigen, die emotionale Erfüllung suchen, nach innen, sie beschäftigen sich mit ihrer Innenwelt und deren Emotionshaushalt.[20] Auch in dieser Hinsicht läßt sich eine Optimierung anstreben. Fatal für die Gesellschaft ist dies, weil auch die nun ihre innere Erfüllung Suchenden die traditionellen, von Haus aus auf die Versittlichung der Gefühle ausgerichteten Institutionen, Ehe und Familie, unterlaufen – jene sind sich selbst genug. So weit zu negativen Auswirkungen des romantischen Innerlichkeitsideals aus der Sicht Taylors.

Wertrationalität und Gewissen

Das, was er anschließend positiv an der zweiten, der Rousseau-Version des guten Lebens hervorhebt, ist allerdings nur noch bedingt als innere Natürlichkeit anzusprechen. Taylor geht es in diesem Zusammenhang darum, daß es neben der instrumentellen Rationalität oder der Zweckrationalität auch eine „Wertrationalität" gibt, und er möchte Rousseau als einen Vertreter dieser Auffassung präsentieren. Diese Wertrationalität äußert sich angeblich darin, daß die „edlen Gefühle" bzw. die Stimme des Gewissens zur Geltung kommen.

Demgegenüber ist jedoch daran zu erinnern, daß es sich beim Gewissen, laut Rousseau, zwar tatsächlich um eine Form der Selbstliebe und darum um eine Ausprägung von guten oder wahren Gefühlen handelt, diese Liebe aber gerade *nicht* natürlich ist, sondern erzieherisch hervorgebracht werden muß, also auch künstlich ist. Darüber hinaus kann sie auch nicht so selbstgenügsam wie die ursprüngliche Selbstliebe sein, die nur die Selbsterhaltung des Individuums zum Gegenstand hatte. Denn die kultivierte Form der Selbstliebe ist auf eine Ordnung bezogen, die sich außerhalb des Individuums befindet, sie ist geradezu eine Liebe zu dieser Ordnung. Und explizit wertrationale Gesichtspunkte kommen bei Rousseau

---

[20]   Als ein Beleg für diese Innengerichtetheit moderner Menschen läßt sich das heutzutage große Angebot an Selbstfindungskursen anführen.

erst in seinen politischen Schriften, unter anderem dem *Gesellschafts-vertrag* ins Spiel, in dem die unter einer guten Verfassung lebenden, nicht dekadenten Bürger *urteilen* müssen, ob einzelne Gesetzesvorhaben dem allgemeinen Willen entsprechen.[21]

3.2 Werte und gemeinschaftliche Integration

Taylor verweist aber sicher zurecht darauf, daß beide Versionen des guten Lebens, zumindest wenn sie auf die Spitze getrieben werden, die bestehende gesellschaftliche Ordnung untergraben können. Von hierher rühren also, ideengeschichtlich gesehen, die Legitimationsprobleme der modernen Gesellschaften mit rein innengeleiteten Individuen. Hält man diese Argumentation für überzeugend, dann muß aber auch eine plausible Alternative geboten werden, und zwar eine solche, die den Vorrang der Gemeinschaft vor dem Individuum einsichtig machen kann. Taylor will einen solchen Nachweis mit der Untersuchung der Mikrostruktur der von Hegel thematisierten „Sittlichkeit" antreten. Im Mittelpunkt dieser Untersuchung stehen die „Werte". Werte sind der ideelle Stoff, aus dem seiner Meinung nach gemeinschaftliche Ordnungen in erster Linie bestehen, sie sind für Taylor das soziokulturelle Koordinatensystem, in dem Individuen sich bewegen, indem sie „Wertungen" vornehmen.

Um bei letzteren zu beginnen. Zwei Klassen von Wertungen müssen grundsätzlich unterschieden werden, beide beziehen sich auf Wünsche oder Bedürfnisse, die ein Individuum haben kann. Da sind zum einen die „schwachen" Wertungen. Sie ergeben sich daraus, daß jemand für die verschiedenen Wünsche, die er hegt, eine Rangfolge erstellen muß, so daß der dringlichste bzw. der am meisten Nutzen verheißende Wunsch realisiert wird. Jemand, der „schwach" wertet, muß also die verschiedenen Handlungsoptionen gegeneinander abwägen. Die „starken" Wertungen beziehen sich auf etwas anderes: nicht auf das Ergebnis der Befriedigung eines Wunsches (Optimierung des individuellen Nutzens), sondern auf die Beschaffenheit des Wunsches bzw. die individuelle Motivation, das Gewünschte haben zu wollen. Hierbei handelt es sich um eine „qualitative" Bewertung eines Wunsches, die über seine moralische (Un-) Zulässigkeit entscheidet. Ein Beispiel für die erste Form der Wertung wäre der Fall, in dem jemand ein Vanille-Eis einem Erdbeer-Eis vorzieht – über diese Form des Geschmacks läßt sich nicht sinnvoll streiten; es würde vermutlich niemand auf die Idee kommen, jemanden wegen

Schwache und starke Wertungen

---

[21] Vgl. Kap. VI.2. zum Thema „Stimmabgabe". Seine pädagogischen Vorstellungen hat Rousseau ausführlich in dem Erziehungsroman *Emile* erläutert.

seiner Eis-Vorlieben zu tadeln. Wenn allerdings jemand das Lügen der Wahrheit vorzieht, dann wird man das unter normalen Umständen nicht einfach zur Kenntnis nehmen, sondern diese Wahl selbst noch einmal bewerten, im angenommenen Fall in der Regel als „schlecht". Diese Fähigkeit des Bewertens ist für Taylor zentral:

> „Es muß klar sein, daß einem Handelnden, der völlig außer Stande wäre, Wünsche zu bewerten, der minimale Grad der Reflexionsfähigkeit fehlte, den wir mit einem menschlichen Akteur verbinden."[22]

Solche starken Wertungen unterscheiden sich von den schwachen auch dadurch, daß derjenige, der sie vollzieht, nicht ihr alleiniger Urheber ist (im Unterschied zur Abwägung beim Eis-Beispiel). Starke Wertungen werden ermöglicht durch gemeinschaftliche Werte, die immer schon vor demjenigen existieren, der sie in einer starken Wertung benutzt. Dieser kann sich die Werte lediglich zueigen machen. Anders als bei den subjektiven Vorlieben kann man die konkreten Wertungen als Anwendung bestimmter Elemente einer vom Einzelnen unabhängigen Wertordnung begreifen.

Wertegemeinschaft und Individuen Daß überhaupt in diesem Sinn gewertet werden kann, hängt auch mit der Fähigkeit, eine Sprache zu beherrschen, zusammen. Beide, die Werte und ihr sprachliches Medium, verkörpern ein Symbolsystem, das erlernt und übernommen, aber nicht willkürlich erfunden werden kann. Beide zählen bei Taylor zu den wichtigsten Bestandteilen der gemeinschaftlichen Ordnung. Diese Ordnung wird dadurch zu einer lebendigen Ordnung, daß die in ihnen enthaltenen Werte in konkreten Situationen anerkannt und aktualisiert werden, die normativen Maßstäbe werden so in das Denken und Handeln der Kollektivmitglieder eingebunden. Für die darin Eingebundenen heißt das zugleich, daß ihre Identität oder ihr Selbstverständnis von diesen allgemeinen Maßstäben geprägt wird.

Es klingt zwar zunächst widersprüchlich, daß die zu einer Gemeinschaft gehörenden unverwechselbaren Einzelnen über eine mehr oder weniger identische moralische Grundausstattung verfügen sollen. Aber auch die äußere Gestalt von Individuen wird mit Hilfe allgemeiner Merkmale beschrieben: Größe, Haar- und Augenfarbe, Gesichtsform etc. Genauso, wie dort ein bestimmtes Mischungsverhältnis erst das konkrete Erscheinungsbild von jemand ergibt, wird die moralische Persönlichkeit durch individuell bestimmte Vorrangrelationen zwischen gesellschaftlich anerkannten Werten

---

[22]   Charles Taylor: Was ist menschliches Handeln?, in: ders. (1988), 9-51, hier 27. Siehe auch ders.: *Quellen des Selbst. Die Entstehung neuzeitlicher Identität.* Frankfurt/M. 1994, Teil I.

ausgezeichnet. Und selbst diejenigen, die eine existierende Wertordnung teilweise oder vollständig ablehnen, müssen sich zunächst, wenn auch negativ, auf sie beziehen.

Taylors Versuch, die Eigenart der Wertegemeinschaft zu bestimmen, ist also diametral dem Vorgehen z. B. eines Descartes entgegengesetzt: Während der Philosoph als Erkenntnistheoretiker von allen sinnlichen Gegebenheiten und Erscheinungen der Außenwelt (die aber auch die soziale Mitwelt umfaßt) absehen, „abstrahieren" muß, um am Ende bei der einzigen Gewißheit des „ich denke" anzugelangen, geht der Sozialphilosoph bzw. Kommunitarist den entgegengesetzten Weg, nicht von außen nach innen, sondern von innen nach außen. Wer über den äußeren, durch Werte gebildeten gemeinschaftlichen Rahmen nichts zu sagen weiß, so Taylor, kennt auch die von ihm geprägten Subjekte nicht. Der Sozialphilosoph darf also, aus kommunitaristischer Sicht, keinesfalls die soziale Eingebettetheit ignorieren. Für diese These spricht, daß man im Alltag ebenfalls häufig das auf den ersten Blick unverständliche Verhalten von Individuen unter Verweis auf ihre sozialen Beziehungen zu verstehen versucht. In vielen Fällen wird das Handeln oder Verhalten von einzelnen als Ausprägung einer werthaltigen Ordnung aufgefaßt – seien dies Familien, kulturelle Gemeinschaften oder Nationen, in deren Einflußbereich sie sich befinden.

Dies alles anzuerkennen, soll bei Taylor nun aber nicht heißen, daß eine durch Werte integrierte Gemeinschaft oder ihre Mitglieder nicht lernfähig sein könnten. Allerdings wird ein Wertewandel sich normalerweise nicht von wenigen Einzelnen und kurzfristig herbeiführen lassen. Unabdingbar dazu ist v.a. eine länger andauernde institutionalisierte Aktivität, sei es von Gerichten, sei es von neuen sozialen Bewegungen (z. B. der Bürgerrechts- oder der Frauenbewegung), die auf eine Verschiebung einzelner Werte untereinander, ein neues Verständnis alter Werte oder schließlich die Übernahme neuer Werte hinwirken.

Ganz gleich, ob man nun die Werte-Philosophie von Taylor als eine Neuauflage von Hegels Sittlichkeit versteht oder nicht – geradezu zwangsläufig ergibt sich aus ihr eine Ablehnung der modernen individualistischen Moraltheorien in der Form des Utilitarismus oder der praktischen Philosophie Kants. Und hier liegt denn auch einer der Hauptgründe für den Konflikt mit liberalen Auffassungen.

Kritik des modernen Individualismus

Insbesondere über die Grundannahmen des derzeit prominenten politischen Liberalismus von John Rawls üb(e) der Kantianismus auch einen großen Einfluß als politische Ethik aus. Der Vorrang des „Rechten vor dem Guten" besagt dabei, daß die auf eine gerechte Verfassung bezogenen Überlegungen im Falle eines Konfliktes immer solche Argumente ausstechen, die sich auf das „Gute", also die Lebenspläne von einzelnen Bürgern und Gruppen beziehen. Mit anderen Worten soll die Politik, insofern sie die alle Bürger einer pluralistischen Gesellschaft bindenden Entscheidungen hervorbringt, freigehalten werden von gemeinschaftsspezifischen Wertvorstellungen. Taylor kritisiert dies als „Ethik der Inartikuliertheit", durch die die für eine Gemeinschaft (hier als Teil einer pluralistischen Gesellschaft betrachtet) konstitutiven Werte nicht mehr ausreichend zur Sprache gebracht werden. Wenn aber das Sprechen und das Zum-Ausdruck-bringen nicht mehr stattfindet, dann gerät der auf Werten beruhende Zusammenhalt einer Gemeinschaft in Gefahr.

3.3 Politik der Anerkennung

Das Mittel, mit dem eine solche für die Gemeinschaft wichtige Artikulation vorgenommen werden kann, ist also die Sprache. Die Sprache leistet die gemeinschaftliche Integration, aber nicht nur das, mit ihr wird zugleich eine Abgrenzung gegenüber anderen, den ‚Fremden' vorgenommen. Die Sprache ist deshalb neben der Religion oder der Abstammung das herausragende Instrument der Bildung nationaler Identität. Viele der gegenwärtigen lokalen Konflikte, wie z. B. im spanischen Baskenland oder im von Kurden besiedelten Osten der Türkei, drehen sich auch um die Erhaltung einer eigenständigen Sprache. Ein weiteres Beispiel ist der sog. Sprachenstreit in Québec, einer Provinz im Osten des Bundesstaats Kanada. Im mehrheitlich französischsprachigen Québec gibt es seit geraumer Zeit Bestrebungen (die bisher erfolglos waren), vor allem aufgrund der kulturellen Unterschiede unabhängig vom mehrheitlich englischsprachigen Mutterland zu werden. Taylor versucht, die seiner Auffassung nach existierende Schwäche des wertneutralen, auf Grundrechte fixierten Liberalismus an diesem Beispiel darzulegen.

Sprachenstreit und Separatismus

Der Sprachenstreit in der kanadischen Provinz Québec ist eingebettet in die bundesstaatliche Struktur bzw. in den Konflikt zwischen der englischsprachigen Mehrheit und der französischsprachigen Minderheit. Anfang der 1960er Jahre entstand in der französischsprachigen Provinz Québec eine nationalistische Strömung, die das Ziel der Unabhängigkeit von der Zentralregierung in Ottawa anstrebte. Diese Tendenz wurde erheblich verstärkt durch die separatistische Parti Québecois, die von 1976-1985 die Provinz-Regierung stellte. 1980 sprach sich die Mehrheit der Einwohner Québecs in einem Referendum zwar gegen die Loslösung von Ottawa aus, gleichwohl wurde die französische Identität auf anderen Wegen zu wahren versucht. So hatte die Provinz-Regierung in Québec 1976 ein Gesetz erlassen, das Werbung in *englischer* Sprache untersagte. Sinn und Zweck dieses Gesetzes war es, die französische

Sprache und ihre Sprecher gegenüber dem bundesweit dominanten Englisch zu schützen. Englisch wurde damit in Québec zur Minderheitssprache, und englischsprachige Geschäftsleute hatten daraufhin gegen dieses Gesetz geklagt und geltend gemacht, sie würden in ihrem Grundrecht auf freie Meinungsäußerung unzulässigerweise eingeschränkt. Das kanadische Bundesgericht hatte in einer Entscheidung in den achtziger Jahren dann zwar der Klage stattgegeben, die Provinz-Regierung in Québec hatte dieses Urteil jedoch für fünf Jahre ausgesetzt. Die Situation wurde damals zusätzlich dadurch verschärft, daß Québec 1982 als einzige kanadische Provinz der neuen Verfassung Kanadas die Zustimmung verweigerte, weil es die Rechte der Frankophonen nicht ausreichend geschützt sah. Das sog. Meech-Lake-Abkommen von 1987 sah deshalb vor, Québec als „besondere Gesellschaft" („distinct society") im kanadischen Bundesstaat anzuerkennen, aber dieser Kompromiß unter den Ministerpräsidenten scheiterte am Einspruch zweier Provinzen. Im Gefolge dieser Entwicklung keimte die Separatismus-Diskussion erneut auf.

Der von Taylor sogenannte „Québec-Liberalismus" hält die Einschränkung von (politischen) Grundrechten in einem nicht politischen Kontext wie der Geschäfts-Reklame für zulässig. Er beruft sich in diesem konkreten Fall nämlich nicht in erster Linie auf die *Gleichheit*, sondern auf die *Besonderheit* aller Einzelnen bzw. kultureller Gruppen, die diese trotz oder zusätzlich zur rechtlichen Gleichheit haben. Hierin spiegelt sich in gewissem Sinne die romantische Vorstellung von der Einmaligkeit der Individuen und der individuellen Völker („Volksgeister"). Der moderne Liberalismus verhält sich dieser für Taylor schützenswerten Besonderheit gegenüber gleichgültig oder neutral; er sorgt sich lediglich um die rechtliche Garantie der gleichgroßen Grundfreiheiten und nicht um das Wohlergehen von kulturellen oder religiösen Gemeinschaften unter diesem Regime der Rechte. D. h., im Rahmen eines liberalen Verfassungsstaates *können* kulturelle Gruppen existieren und gedeihen, aber es werden staatlicherseits keine unterstützenden Anstrengungen dazu unternommen. Zwar ist auch der Rechte-Liberalismus in gewissem Maße lernfähig, z. B. indem er Regierungsprogramme der „umgekehrten Diskriminierung" gutheißt, mit denen die Angehörigen großer Bevölkerungsgruppen (der Frauen, der Schwarzen), die in der Vergangenheit massiv benachteiligt worden sind, für eine bestimmte Zeit und vor allem auf dem beruflichen Sektor bevorzugt (von daher „umgekehrt diskriminiert") werden.

Maßnahmen wie die umgekehrte Diskriminierung sind dem kommunitaristisch inspirierten Québec-Liberalismus jedoch zu wenig, weil es dabei lediglich um die (Wieder-)Herstellung der Bedingungen geht, unter denen der „differenzblinde", neutrale Liberalismus (zukünftig) agieren kann. Nach Taylor muß eine sozusagen

Québec-Liberalismus

nachhaltige „Politik der Anerkennung" betrieben werden, die die kulturellen (sprachlichen) Unterschiede nicht nur zuläßt, sondern auch erhält. Und eine Gesellschaft kann kollektive Identitäten nur dadurch anerkennen, daß sie sie, wie im Falle der durch die Québec-Regierung erlassenen Sprachengesetze, *rechtlich* schützt bzw. bevorzugt. Die Einschränkungen, die durch solche Regelungen den nicht französischsprachigen Bürgern auferlegt werden (nicht in englischer Sprache werben zu können), sind nach Taylor hinnehmbar. Hier wird also ein für Liberale inakzeptabler Vorrang des Guten vor dem Rechten akzeptiert, bei dem die Einschränkung eines Grundrechts nicht nur die Existenz einer besonderen kulturellen Gemeinschaft sichert, sondern auch zu deren Weiterbestehen beiträgt.

> „Man könnte die französische Sprache zum Beispiel als eine kollektive Ressource betrachten, derer sich Individuen bedienen wollen, und könnte sich deshalb für ihre Erhaltung einsetzen, so wie man sich auch für die Erhaltung von sauberer Luft oder von Grünflächen einsetzt."[23]

Bei Taylor heißt es folglich auch ausdrücklich, daß die „Politik der Anerkennung" darum bemüht sein muß, Mitglieder einer Sprachgemeinschaft „zu erzeugen". Über die Unumgänglichkeit einer solchen Politik wird man allerdings geteilter Auffassung sein können.

So gibt es in dem konkreten Fall der kommerziellen Werbung auch noch eine andere, grundrechtsverträgliche Lösung. Denn Reklameschilder müssen gar nicht immer *ausschließlich* in Französisch verfaßt sein, es genügt, wenn sie immer *auch* in französischer Sprache verfaßt sind. Und was die aktive politisch-rechtliche Unterstützung kultureller Gruppen angeht, so fragt sich, ob die von Taylor davon erhoffte „Erzeugung" von Mitgliedern nicht doch ganz wesentlich eine Aufgabe der (in ihrem Bestand grundrechtlich gesicherten) betreffenden Gruppe, also gänzlich eine ‚innere Angelegenheit' ist. Die Frage ist, ob man kulturelle Gemeinschaften seitens der Regierung so behandeln kann wie bedrohte Tierarten, oder ob es nicht auch zur Autonomie gehört, daß Gemeinschaften ihr Fortbestehen selbst sichern (und dabei unter Umständen scheitern).

Welche Position man auch in dieser speziellen Frage für überzeugender hält – unbestreitbar ist, daß kommunitaristische Autoren wie Taylor den politischen Liberalismus durchaus mit Grund an die normativen oder werthaften oder schlicht gemeinschaftlichen Vorausset-

---

23   Charles Taylor: Die Politik der Anerkennung, in: ders., *Multikulturalismus und die Politik der Anerkennung*. Frankfurt/M. 1993, 13-78, hier 52.

zungen auch des staatlich organisierten Zusammenlebens erinnern. An Voraussetzungen, die der Staat allenfalls begrenzt hervorbringen kann, wovon er aber in nicht unerheblichem Maße abhängig ist.

4. Arendt: Sprache, Urteil, Politik

Im vierten und letzten Abschnitt dieses Kapitels wird es noch einmal um ein individuelles Vermögen gehen, das in Staat und Politik von Bedeutung ist. Anders als im ersten Abschnitt dieses Kapitels steht jedoch nicht das nur von einem einzelnen auszuübende Vermögen, die „königliche Kunst", wie es bei Platon hieß, zur Diskussion, sondern ein ‚Vermögen', auf das sich möglichst viele Bürger einer Republik verstehen sollten: auf die Verständigung über Politik. Bürger, so kann man die damit verbundene Einstellung allgemein kennzeichnen, sollten in der Lage sein, bei den die politische Gemeinschaft betreffenden Fragen und Problemen eine eigene, einigermaßen überlegte Position einzunehmen. Das ist jedoch alles andere als einfach. Vorauszusetzen sind ein eigener Beurteilungsstandpunkt sowie eine ausreichende Information über den Sachverhalt, der zu beurteilen ist. Auch muß es ausreichend Gelegenheit geben, die eigene Position anderen mitzuteilen. Die dazu erforderlichen Kompetenzen werden sich außerdem nicht außerhalb von sozialen Beziehungen entwickeln können. Sie setzen z. B. voraus, daß Individuen (Bürger) einen einigermaßen erfolgreichen Sozialisationsprozeß durchlaufen haben, in dem unter anderem das eigenständige Urteilen eingeübt werden konnte. Denn verläßlich urteilen können nur diejenigen, die in sozialen Beziehungen stehen, in denen sie mit anderen, die bereits Urteilskraft besitzen, in Berührung gekommen sind.

Das damit umrissene Thema der Verständigung über Politik läßt sich zumindest nach zwei Seiten hin bearbeiten: Zum einen kann es darum gehen, wie Bürger kommunizieren, was sie sagen und was sie damit bewirken. Zum anderen kann untersucht werden, was dieser Kommunikation noch vorausliegt bzw. wie das zustande kommt, was man eine Meinung oder ein Urteil nennt. Im Werk von Hannah Arendt finden sich beide Aspekte. Man kann bei ihr eine an Aristoteles angelehnte Analyse der politischen Kommunikation (4.1) und eine von Kant inspirierte Beschäftigung mit dem politischen Urteilen (4.2) unterscheiden.

4.1 „Vita activa" und die Tätigkeiten des Handelns und des Sprechens

Um die politische Kommunikation innerhalb einer Gemeinschaft näher zu bestimmen, benutzt Arendt eine Dreiteilung menschlicher Tätigkeiten im allgemeinen. Unterschieden werden das Arbeiten und das Herstellen einerseits, das Handeln (zusammen mit dem Sprechen) andererseits.[24] Arbeiten und Herstellen sind diejenigen Tätigkeiten, die mit der Reproduktion des menschlichen Lebens einhergehen. Obwohl beide Tätigkeiten, vor allem die Arbeit, von modernen Philosophen äußerst geschätzt worden sind, entweder weil sich durch sie individuelles Eigentum begründen ließ (wie bei John Locke) oder weil sich in ihnen die menschlichen Wesenskräfte offenbaren (wie bei Karl Marx), waren sie bei den Philosophen der griechischen Antike eher verpönt. Zwar wurde z. B. die Arbeit als notwendig angesehen, aber sie galt als eine niedere Tätigkeit, weil sie sich ‚bloß' mit dem Lebensunterhalt beschäftigt, und weil man sie, damals zumindest, alleine ausüben konnte, also keine Abstimmung mehrerer gleichberechtigter Akteure erforderlich war. Ganz anders das Handeln und das Sprechen. Es ist vorrangig der Erhaltung und der Gestaltung des öffentlichen, gemeinschaftlichen Lebens gewidmet und kann nur in Gegenwart von oder mit anderen ausgeübt werden, ganz gleich, ob es um militärische oder im engeren Sinne politische Aktionen wie etwa die Beratung bei Volksversammlungen geht. Handeln und Sprechen setzt, in Arendts Worten, eine „Mit-Welt" voraus.

Der Begriff des Handelns

Ähnlich wie Taylor die Priorität eines gemeinschaftlichen Wertesystems gegenüber dem Individuum behauptet, so geht Arendt von der Vorgängigkeit des „Bezugsgewebes für menschliche Angelegenheiten" aus. Es gibt immer schon eine Handlungspraxis von anderen, diese liegt „außerhalb von uns selbst". Einzelne Handelnde finden sie folglich immer schon vor und können, nach ausreichender Einweisung, ihren eigenen ‚Faden' in dieses Gewebe einschlagen, d. h.: sie können interagieren. Diese Handlungen sind dann wiederum Ausgangspunkte für die Handlungen anderer. Das Ergebnis von solchen mehr oder weniger komplexen und darum nur schwer vollständig vorhersehbaren Interaktionen sind „Geschichten", die jedoch erst am Ende einer langen Handlungskette erkennbar werden. Eine solche Geschichte hat keinen Autor im Sinne eines Urhebers, sondern nur einen Erzähler, der sie retrospektiv erkennen und aufzeichnen kann. Innerhalb einer Handlungsgemeinschaft gibt es

---

[24]   Vgl. Hannah Arendt: *Vita activa oder Vom tätigen Leben.* München und Zürich 1981, Kap. 1 und 2.

eine Vielzahl von Geschichten: diejenige der gesamten Gemeinschaft (die dann nicht selten als „Schicksalsgemeinschaft" firmiert), diejenigen einzelner Gruppen sowie schließlich die Geschichten der vielen Einzelnen, die normalerweise als Biographien angesprochen werden.

An einigen Stellen von *Vita activa* kann man nun den Eindruck gewinnen, als präsentiere Arendt eher ein „heroisches" als ein allgemein anwendbares Handlungskonzept. So heißt es z. B., die griechische Polis sei das „organisierte Andenken" an große Taten bzw. an herausragende Akteure gewesen. Arendt würdigt hier die heutzutage nicht leicht nachvollziehbare Begeisterung des klassischen Griechentums für „schöne Taten", sei es im sportlichen Wettkampf, im Krieg oder in der Politik. Und es ist auf den ersten Blick nicht zu sehen, wie ein solch aristokratisches Konzept mit seiner Fixierung auf das Außergewöhnliche auf moderne republikanische oder demokratische Verhältnisse übertragbar sein soll. Die Bedenken verringern sich, wenn man Arendts Ausführungen zur Geschichte des Wortes „handeln" berücksichtigt.

Ursprünglich hatten im Griechischen, so heißt es dazu, zwei die Handlung betreffende Worte existiert: eines, das den Beginn einer Handlung, das Anfangen oder Anführen bezeichnete, und eines, das die eigentliche Durchführung, die Vollendung oder den Abschluß einer Handlung betraf. Bei diesen zwei Stadien habe es sich so verhalten, daß die Aristokraten in einer Gemeinschaft, also die „Herausragenden", zwar meist die ‚Anfänger' gewesen seien, die vielen anderen aber die Unentbehrlichen, die „mithandeln". Ein solches Mithandeln wird als unabdingbar bei politischen Einrichtungen der Beratung und der Wahl, aber auch bei strategischen, kriegerischen Unternehmungen betrachtet. Auch hier kann man, trotz der aristokratischen Elemente bei der Handlungsinitiierung, durchaus noch von einem Zusammenhandeln sprechen. Das Sprechen ist dann sozusagen die Zwillingsaktivität des Handelns: es erläutert das Handeln für die Außenstehenden, die die Absicht eines Akteurs nicht kennen. Das Sprechen stellt es in einen allgemeineren Zusammenhang und macht es unter Umständen überhaupt erst sinnvoll. Das Handeln gibt seinerseits Aufschluß über das Sprechen – zumindest im nachhinein läßt sich an Handlungen ablesen, ob ein Sprecher tatsächlich gemeint hat, was er gesagt hat.

Bei Arendt schaffen sich nun die sprechenden und handelnden (und nicht die herstellenden und arbeitenden) Menschen zunächst einen öffentlichen „Erscheinungsraum". Das mag zunächst etwas geheimnisvoll klingen, aber für diese Behauptung läßt sich eine Vielzahl von Beispielen anführen. Ein solcher „Raum" *kann* im Zuge

Handeln und Sprechen

Öffentlichkeit und Kommunikation

von eher unvorhersehbaren politischen Ereignissen wie Revolutionen entstehen – wie in jüngerer Zeit wieder bei Gelegenheit der politischen Umwälzungen in Osteuropa zu beobachten gewesen war, in deren Verlauf z. B. zahlreiche Bürgerforen gegründet wurden. Besagter Raum kann ebenfalls entstehen im Zusammenhang mit etwas weniger spektakulären politischen Aktivitäten wie dem öffentlichen Eintreten für Bürgerrechte oder für Belange des Umweltschutzes oder schließlich bei eher spontanen Aktivitäten wie Demonstrationen oder Streiks.

Daß Menschen sich gegenseitig „erscheinen", bedeutet nicht lediglich, daß sie sich gegenüberstehen, einfach nur „anwesend" oder „vorhanden" sind, sie müssen *sich* auch etwas *über etwas* zu sagen haben. Grundsätzlich möglich ist dies wegen folgender Sachlage:

> „Denn wiewohl die gemeinsame Welt den allen gemeinsamen Versammlungsort bereitstellt, so nehmen doch alle, die hier zusammenkommen, jeweils verschiedene Plätze in ihr ein, und die Position des einen kann mit der eines anderen in ihr so wenig zusammenfallen wie die Position zweier Gegenstände."

Es ist allerdings keineswegs selbstverständlich, daß eine solche prinzipiell mögliche Kommunikation dann tatsächlich auch zustande kommt. Häufig bedarf es erst einer der eben erwähnten (Ausnahme-) Situationen als ‚Auslöser'. Und erst recht wird man nicht sagen können, daß die daran anschließende politische Kommunikation eine gesellschaftsumfassende wäre. Selbst da, wo besagter Erscheinungsraum bereits durch politisch Aktive geschaffen ist, werden die meisten wohl außerhalb von ihm bleiben – das ist nichts anderes als eine im philosophischen Vokabular vorgenommene Umschreibung des nur zu bekannten zeitgenössischen Phänomens der Politikverdrossenheit.

Macht und Staat

Ausgehend von ihren Ausführungen zu den menschlichen Tätigkeiten hat Arendt später andernorts[25] auch zwei spezifisch politische Phänomene: ‚Macht' und ‚Staat' analysiert. Zu dem ersten Phänomen heißt es, daß durch das öffentliche Interagieren und Kommunizieren der Vielen nicht nur ein Erscheinungsraum, sondern auch eine unverzichtbare politische Ressource, nämlich *Macht* geschaffen wird. Macht ist es, so Arendt, was den öffentlichen Bereich „überhaupt ins Dasein ruft und am Dasein erhält". Es versteht sich, daß es sich bei diesem Machtbegriff nicht um den in den Sozialwissenschaften ge-

---

[25] Vgl. z. B. Hannah Arendt: *Macht und Gewalt*. München 1981.

bräuchlichen Begriff der Macht handelt, den Max Weber geprägt hat. Es geht nicht um die Einflußnahme auf andere Akteure durch welche Mittel auch immer, mit denen dann „der eigene Wille auch gegen Widerstreben anderer" durchgesetzt wird. Arendts Machtbegriff ist rein kommunikativer Natur; kommunikative Macht *entsteht*, wenn die Möglichkeit des Zusammenhandelns und Sprechens aktualisiert bzw. realisiert wird, und sie *besteht* in einer sprachlich erzielten Übereinstimmung unter möglichst vielen Kommunikationsteilnehmern.

In Bezug auf den *Staat* wird geltend gemacht, daß die geschilderte Art der Machtgenerierung reichlich labil und sporadisch ist, und deshalb wird von Arendt auch noch eine andere, bekannte Figur zur Stabilisierung dieser politischen ‚Sprechsituation' eingeführt: der Vertrag. Durch den Vertrag im Sinne eines wechselseitigen Versprechens werden die „Versammelten" auch für die Zukunft aneinander gebunden, sie sind dann die Gemeinschaft derer, die durch ein gemeinsames „Vorhaben" bestimmt ist. Ein Vertrag ist aber seinerseits ein Produkt des Sprechhandelns, er ist ebenfalls Ausfluß kommunikativer Macht und kann sich zunächst in der Verfassung von „politischen Gesellschaften" i.S. lokal begrenzter „Machtgruppen" niederschlagen, dann aber auch in der Gründung und der Organisation eines Staates, den man, sofern es sich um einen föderal organisierten Staat handelt, als eine „Erweiterung" dieser örtlichen Zusammenschlüsse betrachten kann.

Man wird Arendt nicht Unrecht tun mit der Behauptung, daß die hier angeführten Äußerungen zum Staat weder sehr eingehend noch besonders anschlußfähig sind; sie selbst hat diese ‚Skizze' auch nicht weiterentwickelt. Allerdings lagen ihre Interessen auch gar nicht in erster Linie auf dem institutionellen Gebiet, also z. B. beim Staat, sondern bei den politischen Aktivitäten der Individuen. Und auf diesem Gebiet sind ihre Ideen durchaus in der zeitgenössischen Sozialwissenschaft rezipiert worden.[26]

4.2 Ästhetisches und politisches Urteil

Nun ist Arendt in ihrem weiteren Bemühen, dem Mechanismus der politischen Kommunikation weiter auf den Grund zu gehen, von ihrem anfänglich aristotelischen Konzept abgerückt und hat sich in späteren Schriften[27] statt dessen Kant zugewendet. Sie hat allerdings

---

[26] Das ist z. B. beim Macht-Begriff von J. Habermas ersichtlich; siehe Kap. VI.3.1.

[27] Hannah Arendt: *Das Urteilen. Texte zu Kants Politischer Philosophie*, hrsg. und mit einem Essay von Ronald Beiner. München und Zürich 1985.

nicht dessen politische oder rechtsphilosophische Schriften benutzt, sondern seine wichtigste Schrift zur Ästhetik, die *Kritik der Urteils-kraft.* Kritiker haben Arendt deshalb vorgeworfen, sie habe ihre frühere Position aufgegeben und an die Stelle der Beschäftigung mit dem politisch aktiven Leben *(vita activa)* die Beschäftigung mit dem kontemplativen Leben *(vita contemplativa)* gesetzt.

Denn die Ästhetik ist die Lehre von den Wahrnehmungen, genauer: von den passiven Wahrnehmungen des Schönen. Und von daher will es zunächst nicht einleuchten, wie Urteile zu einem Politikverständnis passen sollen, das ursprünglich durch das Handeln und Sprechen gekennzeichnet war. Zudem findet sich in der besagten Kritik Kants nur wenig, was ihre Eignung als politische Theorie rechtfertigen würde. Und dennoch behauptet Arendt, hier sei Kants ungeschriebene Theorie der Politik zu finden. Diese Behauptung ist zwar umstritten, aber zumindest Arendts These, der Begriff der politischen *Kommunikations*gemeinschaft lasse sich als *Urteils*gemeinschaft konkretisieren, ist gut nachvollziehbar.

Kommunikations- und Urteilsgemeinschaft haben darin etwas Gemeinsames, daß Kommunikation ‚über etwas‘ oft ein Urteil *voraussetzt.* Natürlich enthält nicht jede Form der Kommunikation ein diskutables Urteil. Die Äußerung „Bitte, schließe das Fenster!" drückt einen Wunsch aus, unter Umständen auch einen Befehl. Über die dieser Bitte zugrundeliegende Einschätzung, daß es draußen kalt bzw. laut ist, wird man aber vielleicht geteilter Meinung sein können. Ähnlich verhält es sich bei Aussagen, die persönlichen Präferenzen enthalten, wenn also z. B. das Vanille- dem Erdbeereis vorgezogen wird. Hierbei handelt es sich um Geschmacksfragen, und über die läßt sich laut einem Sprichwort nicht streiten. In dem Eis-Beispiel kommt demnach eine Bevorzugung zum Ausdruck, die letztlich an die physiologische Grundausstattung (die Geschmackswahrnehmung) eines Individuums gekoppelt ist. Allerdings könnte man dagegen geltend machen, daß auch ein sinnlicher Geschmack kultiviert werden kann, und daß es, wenn auch nicht von allen geteilte, Kriterien gibt, nach denen diese Kultivierung sich richtet. Über Geschmack läßt sich, in Grenzen, vermutlich doch streiten.

Urteil und Geschmack

Nun sind auch diejenigen Urteile, die Arendt ‚politische‘ nennt, Geschmacksurteile. Geschmack meint in diesem Zusammenhang allerdings kein sinnliches, sondern ein *intellektuelles* Vermögen. Es geht also nicht um die als positiv oder negativ wahrgenommenen Auswirkungen, die äußere Reize auf die „fünf Sinne" des Menschen haben, sondern um die Beurteilung von Äußerungen und Handlungen. Auch dabei spielt der Geschmack eine Rolle. So spricht man durchaus von einer „geschmacklosen Äußerung" und meint damit ein ungehöriges und beleidigendes verbales Verhalten. Auch eine bestimmte ‚Sicht der Dinge' oder eine Haltung kann vom Geschmack beurteilt werden. Dabei wird deutlich, daß es sich um ein Vermögen handelt, das die Tatsache des Gefallens oder Nichtgefallens selbst noch einmal beurteilt. Und die Beispiele, die Kant für ein solches Geschmacksurteil anführt, zeigen, daß er selbst sich nicht ausschließlich auf dem Gebiet des Ästhetischen bewegt. Der Geschmack, sagt Kant nämlich, kann Vergnügen mißbilligen (z. B. die Freude eines Bedürftigen an einer ihm zufließenden Hinterlassenschaft eines verstorbenen Verwandten) und Schmerz (z. B. über den Tod eines vertrauten Menschen) billigen. Der hier in Rede stehende intellektuelle, nicht sinnliche Geschmack ist also diejenige Instanz, die, wie Kant und im Abschluß an ihn Arendt sagt, über die „Mitteilbarkeit einer Empfindung" entscheidet, sie also entweder billigt oder mißbilligt. Er ist letztlich gar kein privater, einzelnen zuzurechender Sinn, sondern ein „gemeiner" Sinn – er ist der in einer Gemeinschaft anzutreffende *Gemeinsinn*, der das Urteil der einzelnen bestimmt.

Über den Gemeinsinn wird das Urteilen also an konkrete Gemeinschaften zurückgebunden. Zwar hat es zu seiner Voraussetzung, daß ein einzelner sich ein Urteil gebildet hat, aber dies ist zunächst nur ein erster Schritt, es handelt sich noch um ein Vor-Urteil, das anderen mitgeteilt werden muß und das von diesen anderen unter Umständen Bestätigung erhält. Das muß aber nicht so sein, denn wir können

Gemeinsinn

> „niemals jemanden zwingen, mit unseren Urteilen: ‚Das ist schön' oder ‚Das ist falsch', übereinzustimmen [...] Man kann allenfalls einem anderen die Zustimmung ‚ansinnen' oder um sie ‚betteln'. Und bei dieser Überzeugungstätigkeit appelliert man an den ‚gemeinschaftlichen Sinn'. Mit anderen Worten: Wenn man urteilt, urteilt man als ein Mitglied einer Gemeinschaft."[28]

Angemessenheit bei politischen Urteilen läßt sich nicht so demonstrieren, wie man normalerweise die Wahrheit von Aussagen über die physische Welt („Im Moment scheint die Sonne"; „Wasser gefriert normalerweise bei 0 Grad Celsius") belegen kann. Worauf ein Urteilender hofft, ist, daß andere eine Situation oder eine Handlung genauso sehen und einem diesbezüglich vorgebrachten Urteil zustimmen können. Allerdings muß es sich dabei um ein wohlüberlegtes Urteil handeln, d. h., der Urteilende muß über die Einzelheiten eines Problems informiert sein und diese Information von einem überzeugenden normativen Standpunkt aus bewerten. Politisch wird

---

[28] Arendt (1985), 97.

das so verstandene Urteilen dann, wenn als Standpunkt für die Beurteilung z. B. von administrativem Handeln oder von einzelnen Gesetzen Prinzipien der Verfassung herangezogen werden, und wenn des weiteren versucht wird, für die vorgebrachte Sichtweise die Zustimmung anderer zu erhalten.

Das politische Urteil als ein ästhetisches Urteil zu bestimmen oder die politische Gemeinschaft als eine Urteilsgemeinschaft, ist weiter verbreitet als es auf den ersten Blick scheinen mag. Beim späten Rawls z. B. kann man sich einen Eindruck verschaffen, welchen zentralen Stellenwert das Urteilen als Bürgerkompetenz in der wohlgeordneten Gesellschaft besitzt.[29] Überdies betrachten sowohl maßgebliche kommunitaristische Autoren (z. B. Michael Walzer) wie auch konservative Autoren (z. B. Michael Oakeshott) die Gesellschaftskritik als ein grundsätzlich interpretatives, vom individuellen Urteilsvermögen abhängiges Unternehmen. Schließlich und vor allem ist das Urteilen eine ‚Tätigkeit‘, mit der sich auch die Jurisprudenz bzw. die juristischen Methodenlehren beschäftigen.

Insbesondere bei letzteren wird deutlich, inwiefern Urteile sich einerseits auf bestehende Normen, andererseits aber auch auf Handlungen beziehen – Norm und Tatbestand müssen zusammengebracht werden. Es zeigt sich zudem, daß das hier angesprochene Urteilen kein Deduzieren, kein Ableiten eines konkreten Schlusses aus einem feststehenden Obersatz darstellt. Ein Urteil zu fällen bedeutet vielmehr, etwas Gegebenes, einen Fall, vielleicht sogar einen bisher so noch gar nicht aufgetretenen Fall, unter eine Regel oder ein Prinzip zu bringen. Und es ist kein Zufall, daß in diesem Zusammenhang häufig von einer Kunst gesprochen wird. Denn die Fähigkeit des Urteilens ist nur in Grenzen lehrbar. Die Urteilskraft selbst kann nur ausgebildet werden in einem Umfeld, in dem andere bereits über sie verfügen und sie in konkreten Fällen unter Beweis stellen.

Zusammenfassung

Bei den im vorangehenden erörterten Themen handelte es sich um solche, die speziell bei den Vertragstheoretikern keine größere Rolle spielen, die innerhalb der politischen Philosophie aber gleichwohl von Bedeutung sind. Aus dem damit nur ganz grob umrissenen Problembestand wurden zwei Aspekte herausgegriffen: Zum einen ging es um Fähigkeiten, über die Individuen verfügen müssen, entweder wenn sie gute Herrscher sein oder wenn sie an der Herrschaft beteiligt sein wollen. In diesem Zusammenhang wurde dann erstens Platons Argument betrachtet, wonach ein guter Herrscher (Monarch) sich auf die Kunst verstehen muß, ein den Staat tragendes Gewebe aus Bürgern, also eine politische Gemeinschaft zu schaffen. Zweitens wurde Hannah Arendts zeitgenössische Theorie skizziert, wonach eine solche Ge-

---

[29] Vgl. Kap. VI.3.

meinschaft nicht von außen hergestellt werden kann, sondern ihre Existenz dem Tätigsein, genauer: dem Urteilen der politisch Interessierten verdankt. Zum anderen beschäftigte sich das Kapitel mit der Frage, welche Sozialisationsprozesse die Bürger eines Staates durchlaufen müssen, um überhaupt gemeinschafts- bzw. politiktauglich zu sein. Diesbezüglich wurde erstens die Theorie Hegels besprochen, wonach der Staat mit seinen zahlreichen Institutionen die Aufgabe wahrnimmt, aus den von Natur aus zunächst nur bedürfnisorientierten einzelnen vollwertige, auch das Gemeinwohl befördernde Bürger zu formen. Zweitens erfolgte eine Skizze des zeitgenössischen kommunitaristischen Ansatzes von Charles Taylor, in dem die Angewiesenheit der Individuen auf Gemeinschaft als Eingebettetheit in eine Wertegemeinschaft rekonstruiert wurde.

Literatur

Primärtexte

Arendt, Hannah: *Vita activa*, Neuausgabe. München und Zürich 1981.
Arendt, Hannah: *Das Urteilen*, hrsg. und mit einem Essay von R. Beiner. München und Zürich 1985.
Hegel, Georg Wilhelm Friedrich: *Grundlinien der Philosophie des Rechts* (1821). *Werke in zwanzig Bänden*, auf der Grundlage der Werke von 1832-1845 neu editiert von E. Moldenhauer und K. M. Michel, Bd. 7. Frankfurt/M. 1982.
Platon: *Politikos*, in: *Sämtliche Werke*, hrsg. von E. Grassi unter Mitarbeit von W. Hess, Bd. 5. Hamburg 1982, 7-72.
Platon: *Nomoi*, in: *Sämtliche Werke*, auf der Grundlage der Bearbeitung von W. F. Otto, E. Grassi und G. Plamböck neu hrsg. von U. Wolf, Bd. 4. Hamburg 1994, 143-574.
Taylor, Charles: *Negative Freiheit?* Frankfurt/M. 1988.
Taylor, Charles: *Multikulturalismus und die Politik der Anerkennung*. Frankfurt/M. 1993.
Taylor, Charles: *Quellen des Selbst*. Frankfurt/M. 1994.

Sekundärliteratur

Brumlik, Micha und Hauke Brunkhorst (Hrsg.): *Gemeinschaft und Gerechtigkeit*. Frankfurt/M. 1993.
Castoriadis, Cornelius: *On Plato's Statesman*. Stanford 2002.
Honneth, Axel (Hrsg.): *Kommunitarismus*. Frankfurt/M. 1993.
Honneth, Axel: *Leiden an Unbestimmtheit*. Stuttgart 2001.
Ottmann, Henning: *Geschichte des politischen Denkens*, Bd. 1/2. Stuttgart und Weimar 2001.
Riedel, Manfred (Hrsg.): *Materialien zu Hegels Rechtsphilosophie*, 2 Bde. Frankfurt/M. 1975.
Passerin d'Entrèves, Mauricio: *The Political Philosophy of Hannah Arendt*. London und New York 1994.
Sandel, Michael (Hrsg.): *Liberalism and Its Critics*. New York 1984.

Siep, Ludwig (Hrsg.): *Georg Wilhelm Friedrich Hegel, Grundlinien der Philosophie des Rechts.* 2. bearb. Aufl., Berlin 2005.

Taylor, Charles: *Hegel.* Frankfurt/M. 1978.

Tully, James (Hrsg.): *Philosophy in an Age of Pluralism.* Cambridge 1994.

Vollrath, Ernst: *Grundlegung einer philosophischen Theorie des Politischen.* Würzburg 1987.

IV. Freiheit

(Reinhard Zintl)

Die Beziehung von Politik und Freiheit ist vielleicht die normativ zentrale Herausforderung für die politische Theorie: Politisches Handeln zielt auf Entscheidungen, die kollektive Verbindlichkeit haben; Politik enthält also immer auch Herrschaftlichkeit und somit etwas, das – auf den ersten Blick jedenfalls – gerade nicht Freiheit ist. Man könnte also die anarchistische Position, die Freiheit und Herrschaft als direkten Gegensatz ansieht, für die eigentlich naheliegende Sicht der Dinge halten. Kann es Freiheit nur als Freiheit von der Politik geben, oder gibt es auch Freiheit unter politischer Herrschaft, womöglich sogar Freiheit *durch* politische Herrschaft?

Zunächst einige Erläuterungen zur Verwendungsweise des Begriffs der Freiheit im nun folgenden Kapitel: Sieht man einmal von dem hier nicht berührten Thema der Willensfreiheit der Person ab und beschränkt sich auf die Betrachtung von Freiheit im Zusammenleben der Menschen, so kommen wenigstens drei geläufige und ganz unterschiedliche Bedeutungen in den Sinn:

- Wir können erstens die Freiheit der Person als individuelle Handlungsfreiheit (auch als die private Freiheit *von* der Politik) meinen;
- wir können zweitens die Freiheit der Person als Teilhabe *an* der Politik, also als die Möglichkeit demokratischer Mitbestimmung, meinen;
- drittens können wir schließlich die Freiheit eines ganzen politischen Gemeinwesens von Fremdherrschaft meinen.

Wir wollen aus den folgenden Betrachtungen zunächst einmal den dritten Begriff, die kollektive Unabhängigkeit von Fremdherrschaft, ausschließen. Die Freiheit der Völker kann man plausiblerweise als eine Angelegenheit betrachten, die der individuellen und der politischen Freiheit der Individuen normativ nachgeordnet ist (obwohl das offensichtlich nicht überall auf der Welt so gesehen wird): Jedes erwägenswerte Argument für die Freiheit einer Personengruppe von fremder Herrschaft muß ein Argument gegen jede Fremdherrschaft sein, ob diese nun von Mitgliedern der 'eigenen' Gruppe ausgeübt wird oder nicht.

Was die Freiheit der Person angeht, mit der wir uns im weiteren befassen wollen, so gilt wiederum, daß die individuelle Selbstbestimmung normativ notwendig der Teilhabe an politischen Entscheidungen vorausliegt: Wer über seine politische Mitbestimmung – also darüber, ob er überhaupt partizipieren will, wie er partizipieren will, wofür er eintreten will – nicht selbständig entscheiden kann, entscheidet politisch nicht wirklich mit. Selbstbestimmung ohne Mitbestimmung (also die Situation in einem liberalen Obrigkeitsstaat) ist durchaus vorstellbar, Mitbestimmung ohne Selbstbestimmung (also die Lage in einer Art unfreiheitlicher Demokratie) hingegen nicht. Unfreiheitliche, unbeschränkte oder auch totalitäre Demokratie ist zwar eine von liberalen Denkern recht gerne bemühte Schreckensvorstellung, ist aber bei genauerem Hinsehen als dauerhafte Institution nicht vorstellbar: Wenn die Mehrheit der Minderheit alles antun kann, was ihr beliebt, wird sie ihr als erstes die politischen Rechte nehmen, der gleiche Anreiz besteht in der nächsten Runde und so fort. Langer Rede kurzer Sinn: Demokratie ohne individuelle Grundrechte, die nicht beliebig politisch verfügbar sind, ist nicht möglich. Die freiheitliche, rechtsstaatlich verfaßte Demokratie ist nicht eine Spielart der Demokratie unter anderen, sondern sie ist die Demokratie schlechthin[1]. Zumindest das moderne politische Denken über Freiheit ist daher zuerst Denken über individuelle Freiheit und erst dann Denken über Demokratie.

Dementsprechend wird es in diesem Kapitel vor allem um die individuelle Freiheit als Thema der politischen Philosophie gehen und nur an den Stellen auch um die Demokratie, wo diese von Bedeutung für die individuelle Freiheit ist.

Worauf soll sich die individuelle Handlungsfreiheit erstrecken, wie weit soll sie reichen? Im Zusammenleben der Menschen bedeutet diese Frage zunächst einmal die Frage danach, woran wir einander legitimerweise hindern dürfen bzw. wozu wir einander legitimerweise zwingen dürfen. Die Antwort auf diese Frage legt den individuellen Bereich persönlicher Handlungswillkür fest, in dem wir einander eben zu nichts zwingen dürfen, in den von außen hineinzuwirken freiheitsverletzender Übergriff ist. Politisch bedeutet die Antwort auf unsere Frage zugleich eine Aussage darüber, welches die Grenzen legitimer staatlicher Zwangsgewalt sein müssen.

Die Frage nach den Grenzen des legitimen Zwangs ist aber nicht die einzige Frage, die man im Zusammenhang mit der individuellen Freiheit stellen kann: Wenn Selbstbestimmung der Person wichtig ist, ist sie ja wichtig wegen der Dinge, die sie ermöglicht – den aufrechten Gang, die Entfaltung der eigenen Anlagen, die Realisierung selbst gewählter Vorstellungen von einem gelungenen Leben, vielleicht auch die Teilhabe an den Dingen, die das Zusammenleben

---

[1]   Zur Demokratie vgl. im übrigen unten Kapitel VI.

ausmachen. Es könnte unter diesem Gesichtspunkt der Fall sein, daß eine Ordnung der Freiheit nicht nur zwangsgestützte Übergriffsverbote, sondern auch positive wechselseitige Verpflichtungen enthält oder vielleicht auch Vorgaben hinsichtlich dessen, was man mit seiner Freiheit anfangen soll. Politisch bedeutet die Antwort hierauf zugleich, welche staatlichen Leistungen und Gewährleistungen unter Gesichtspunkten der individuellen Freiheit legitim oder gefordert sind.

Sprechen wir nur über Handlungsschranken und die Schutzräume und Spielräume, die sie einrichten, so sprechen wir über ,*negative*' individuelle Freiheit (es ist nur die Rede von dem, was das Subjekt *nicht* erleiden darf bzw. seine Umgebung *nicht* tun darf); sprechen wir andererseits über das, was dem Subjekt an tatsächlichen Handlungsmöglichkeiten verfügbar ist, so sprechen wir über ,*positive*' individuelle Freiheit. Ordnungskonzeptionen, die sich allein auf das eine oder das andere Konzept von individueller Freiheit stützen, weisen je eigene Probleme auf, die zueinander komplementär sind: Interessiert man sich nur für negative Freiheit, so liegt der Einwand nahe, man interessiere sich nicht dafür, wie ungleich die Möglichkeiten verteilt sein mögen, mit der Freiheit etwas anzufangen – sie sei je nach den gesellschaftlichen Verhältnissen oftmals gewissermaßen leer. Betont man dagegen die positiven Handlungsmöglichkeiten und die entsprechenden Gewährleistungsverpflichtungen Dritter, so läuft man Gefahr, am Ende keine Selbstbestimmung der Subjekte mehr zu haben, sondern vielmehr eine Ordnung, in der alle vollständig für den Schutz und die Förderung einer ganz be-

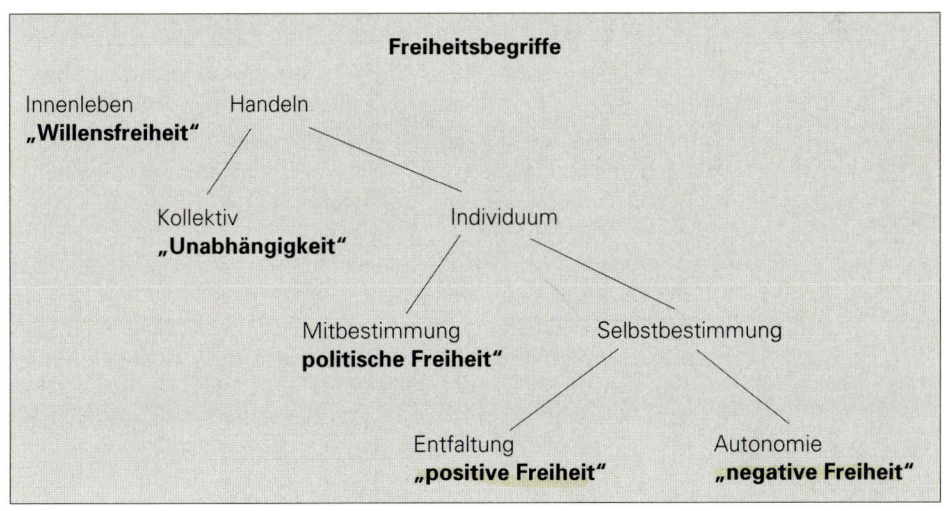

stimmten als angemessen anerkannten und allgemein durchgesetzten Vorstellung von der Entfaltung der Person in Anspruch genommen werden[2].

Es gibt wohl keinen politischen Philosophen, der sich nicht über Freiheit geäußert hat. Sich, wie es in unserem Zusammenhang notwendig ist, auf einige wenige Autoren zu beschränken, ist daher hier noch problembehafteter als bei anderen Themen. Die Auswahl, die im Folgenden präsentiert wird, ist daran orientiert, solche Denker zu betrachten, die sich zu den politiktheoretisch wichtigsten Streitpunkten maßgeblich und unterschiedlich geäußert haben. Wir beginnen mit Immanuel Kant, der die grundlegenden Dinge zur individuellen Autonomie gesagt hat, und zwar zunächst einmal gewissermaßen zu ihrem negativen Aspekt, nämlich dem, was sich *rechtlich* zum Thema sagen läßt. Im zweiten Schritt betrachten wir John Stuart Mill, der auf dieser Grundlage einerseits den *positiven* Aspekt näher untersucht, nämlich die Möglichkeit individueller Entfaltung, und der andererseits auf die kulturellen Voraussetzungen einer freiheitlichen Ordnung eingeht. Den Abschluß bildet die Gegenüberstellung zweier konträrer Konzeptionen der unter Gesichtspunkten der Freiheit erwünschten oder notwendigen Gesamtverfassung einer Gesellschaft – auf der einen Seite Friedrich August von Hayeks Vorstellung von Freiheit als Zusammenleben autonomer Akteure unter abstrakten Spielregeln und auf der anderen Seite Karl Marx und seine Vorstellung von Freiheit als der bewußten Verfügung gesellschaftlich lebender Wesen über das gemeinsame Schicksal.

1. Kant

Die für uns wichtigen Überlegungen finden sich knapp zusammengefaßt in der kurzen Schrift *Über den Gemeinspruch: Das mag in der Theorie richtig sein, taugt aber nicht für die Praxis*; für die menschenrechtliche Grundlegung sollten zusätzlich herangezogen werden insbesondere die Schrift *Zum ewigen Frieden* und die Rechtslehre aus der *Metaphysik der Sitten*.

Wir betrachten zunächst, was nach Kant die Freiheit des Menschen für diesen bedeutet, inwiefern sie zentraler Bestandteil seiner Menschenwürde ist (1.1); anschließend ist seine Vorstellung vom Zusammenleben freier Menschen zu erörtern, also die grundlegende Be-

---

[2] Man erinnere sich etwa an die Figur der allseits entfalteten sozialistischen Persönlichkeit in der DDR-Verfassung – einer Person, die genau insoweit Meinungs- und Handlungsfreiheit besaß, als diese Ausdruck gelungener sozialistischer Entfaltung war.

ziehung von Freiheit, Recht und Zwang (1.2); im dritten Schritt geht es um die Gestaltung der Regeln, die das Zusammenleben freier Menschen regulieren (1.3); schließlich ist die Rolle und Gestalt der staatlichen Zwangsgewalt ins Bild zu bringen (1.4).

1.1 Vernunft, Freiheit, Selbstgesetzgebung

Grundlage von Kants Freiheitsdenken ist die Beschreibung des Menschen als eines Wesens, das sich von allen anderen Lebewesen dadurch unterscheidet, daß es vernunftbegabt ist – mit der Fähigkeit ausgestattet, selbst zu denken, sich selbst Zwecke zu setzen, seinem eigenen Willen zu folgen. Insoweit der Mensch von seiner Vernunft Gebrauch macht, ist er in seinem Handeln keiner naturgesetzlichen Kausalität unterworfen. Aus dieser Tatsache zieht Kant ohne Umschweife eine normative Konsequenz: Die Ausstattung mit Vernunft macht die spezifische Würde des Menschen aus und sie gibt ihm sein Menschenrecht – eben das Recht, sich seiner Ausstattung entsprechend verhalten zu können. Das ist das einzige Menschenrecht – das Menschenrecht der Freiheit.

Niemand darf ihm diese Freiheit abnehmen, auch er selbst sollte nicht aus „Faulheit und Feigheit" in „selbstverschuldeter Unmündigkeit" verharren, sondern sich seines Verstandes „ohne Leitung eines anderen" bedienen *(Beantwortung der Frage: Was ist Aufklärung?,* 53). Die Begabung mit Vernunft verschafft dem Menschen nicht nur das Recht auf den Gebrauch der Vernunft, sondern sie erlegt ihm auch eine Pflicht hierzu auf – man soll sein Potential nicht brach liegen lassen.

Vernünftig sein heißt für Kant, nicht haltlos in der Welt herumzuirren, sondern buchstäblich auto-*nom* zu sein, sich also selbst *Gesetze* zu geben. Diese Selbstgesetzgebung eines bestimmten vernunftbegabten Wesens muß ihre Vernünftigkeit darin erweisen, daß sie für andere vernunftbegabte Wesen nachvollziehbar ist. *Moralisch* handeln heißt bei Kant, sich Maximen zu geben, die diesen Test bestehen, und sie zur Richtschnur des eigenen Handelns zu machen. Hierzu sind wir als Vernunftwesen unbedingt, in Kants Terminologie: *kategorisch,* verpflichtet: „Der kategorische Imperativ ist also nur ein einziger und zwar dieser: handle nur nach derjenigen Maxime, durch die du zugleich wollen kannst, daß sie ein allgemeines Gesetz werde".[3]

Da alle Menschen in ihrer vernunftgegebenen Menschenwürde gleich sind, ist zugleich gefordert, daß jedermann alle anderen auch

---

[3]   Das ist eine von verschiedenen Formulierungen, die Kant präsentiert; sie stammt aus der *Grundlegung zur Metaphysik der Sitten.*

in seiner eigenen Selbstgesetzgebung als seinesgleichen berücksichtigt. Kant insistiert darauf, daß jedes vernünftige Wesen immer auch als „Zweck an sich selbst" angesehen werden muß, also niemals nur als Mittel der Verfolgung der Zwecke anderer angesehen werden darf, und daß der Respekt vor der Würde des anderen nicht nur die Würde der anderen Person, sondern auch die Würde dessen schützt, der im anderen seinesgleichen respektiert. Das hat Folgen für die zulässigen Inhalte vernünftiger Selbstgesetzgebung: Es ist hiernach nicht möglich, daß jemand vernünftig „wollen" kann, daß es etwa ein allgemeines Gesetz gibt, das ihn zum Herrn und andere zu Sklaven macht, oder daß es ein allgemeines Recht des Stärkeren geben soll.

Die Moral einer Person, das also, wovon bis jetzt die Rede ist, ist eine Angelegenheit des Umgangs der Person mit sich selbst, eine Angelegenheit ihres Innenlebens, der Motive ihres Handelns, soweit dieses Handeln andere berührt. Sichtbar und für andere folgenreich ist nun aber nicht, *warum* Menschen etwas tun, sondern erst einmal nur, *was* sie tun. Damit kommen wir vom Innenleben zum äußeren Handeln, von der *Moral* zum *Recht*:

1.2 Umgang miteinander, Recht und Zwang

„Recht ist die Einschränkung der Freiheit eines jeden auf die Bedingung ihrer Zusammenstimmung mit der Freiheit von jedermann, in so fern diese nach einem allgemeinen Gesetze möglich ist; und das öffentliche Recht ist der Inbegriff der äußeren Gesetze, welche eine solche durchgängige Zusammenstimmung möglich machen. Da nun jede Einschränkung der Freiheit durch die Willkür eines anderen Zwang heißt: so folgt, daß die bürgerliche Verfassung ein Verhältnis freier Menschen ist, die [...] doch unter Zwangsgesetzen stehen" (*Über den Gemeinspruch ...*, 144).

So einfach und zugleich schwierig ist das: Freiheit des einzelnen setzt voraus, daß es allen anderen verboten ist, ihn im Bereich seiner Handlungsfreiheit zu beeinträchtigen, zu stören, zu behindern. Also darf ein solches Stören nicht zur Handlungsfreiheit anderer gehören. Wenn alle zugleich frei sein sollen, müssen diese Schutzbereiche und die entsprechenden Handlungsverbote für alle gleich aussehen – wie auch immer sie in einer bestimmten Rechtsordnung gestaltet sein mögen. Freiheit in Gesellschaft kann ohne Verbote nicht gedacht werden. Verboten Geltung zu verschaffen bedeutet, Zwang auszuüben. Eine Freiheitsordnung *muß* also zugleich eine Zwangsordnung sein.

Im Umkehrschluß gilt: Nur solcher Zwang ist mit dem Menschenrecht der Freiheit vereinbar, der gleiche Freiheit aller Rechtssubjekte sichert – der also die Handlungsspielräume jedes Menschen so einrichtet, daß sie mit gleichen Handlungsspielräumen aller anderen Menschen vereinbar sind. Nicht freiheitlich sind also auf jeden Fall Verbote, die ungleiche Spielräume einrichten; nicht freiheitlich sind sicherlich auch Verbote, die insgesamt mehr Einschränkungen enthalten als die „Bedingung ihrer Zusammenstimmung mit der Freiheit von jedermann" erfordert.

Festzuhalten ist zur Beziehung und zum Unterschied von Recht und Moral also an dieser Stelle folgendes: In einer freiheitlichen Rechtsordnung, wie Kant sie sich vorstellt, ist das Innenleben, also das Feld der Moral, kein Bereich, in dem Menschen aufeinander Zwang ausüben dürfen. Das folgt ganz unmittelbar aus der Rechtfertigung des Zwangs, die ja nur dort gegeben ist, wo die „Zusammenstimmung mit der Freiheit von jedermann" es notwendig macht. Das kann offensichtlich nur für Handlungen gelten, niemals für Motive – es sind ja Handlungen und nicht Motive, durch die man andere berührt und möglicherweise beeinträchtigt. Allein das Recht, nicht aber die Moral, darf dementsprechend mit Zwangsmitteln durchgesetzt werden. In diesem Sinne darf der Staat, als Institutionalisierung der Zwangsgewalt, *keine* moralische Anstalt sein.

1.3 Der Inhalt der Gesetze

Was wir jetzt haben, ist nicht eine Richtschnur, mit deren Hilfe die positiven Gesetze einfach deduziert werden können, sondern nur das Kriterium, das an sie anzulegen ist, um ihre Rechtfertigung zu prüfen: Gesetze sollen allgemein sein, sie sollen den Umgang der Menschen miteinander regulieren, sie dürfen Moral nicht erzwingen (das geht das Recht nichts an), sie dürfen nicht mehr erzwingen als notwendig ist, um Freiheit miteinander zu ermöglichen. All das läßt Spielräume für die tatsächliche Gesetzgebung. Daß die Willkürbereiche aller Individuen gleich und nicht unnötig klein sein sollen, legt noch nicht fest, was in diese Bereiche hineingeschrieben wird. Vereinfacht gesagt: Man kann die persönlichen Schutzbereiche sehr umfassend gestalten, dann muß man zugleich entsprechend strikte Zäune errichten, also viel verbieten; man kann die geschützten Bereiche schmal machen, dann muß man entsprechend weniger verbieten. Man kann etwa das Recht auf ungestörten Schlaf als jedermanns Recht festschreiben und muß dann jedermann verbieten, nachts Lärm zu machen; man kann auf die Statuierung eines solchen Rechts verzichten und kann entsprechend jedermann erlauben, sich auch nachts auszutoben (inkohärent wäre eine Rechtsordnung, in der das Recht auf ungestörten Schlaf und das Recht auf Lärm koexistieren; unnötig eng und insofern unfreiheitlich wäre eine Rechtsordnung, in der es zwar einerseits kein Recht auf ungestörten Schlaf gibt, in der aber dennoch andererseits nachts kein Lärm gemacht werden darf).

Prozedural am besten und sichersten wäre es, wenn die Gesetze des Zusammenlebens von allen, die den Gesetzen unterworfen sind, zusammen gemacht würden – wenn diese Personen vernünftig sind, werden sie sich keine Gesetze auferlegen, die sie selbst schädigen. Kant ist hier sehr nahe bei Rousseau[4]: Kriterium der Rechtmäßigkeit eines Gesetzes ist auch für Kant grundsätzlich die Zustimmung aller, die anschließend durch dieses Gesetz gebunden sind: Wenn alle über alle beschließen, beschließt jeder auch über sich selbst, und sich selbst kann man nicht unrecht tun.

Auch wenn die Einstimmigkeitsregel kein praktisch institutionalisierbares Verfahren sein mag, liefert sie doch einen brauchbaren gedanklichen Test („Probierstein") für jedes Gesetz, das durch eine reale Prozedur zustande gekommen ist, und zwar selbst dort, wo das Volk überhaupt nicht an der Gesetzgebung beteiligt ist: Jeder Gesetzgeber, auch ein Autokrat, ist nach Kant verpflichtet, sich bei jedem seiner Gesetze doch wenigstens zu fragen, ob allgemeine Zustimmung zu ihm zumindest möglich ist. Nicht gerecht wäre hiernach ein Gesetz, zu dem allgemeine Zustimmung undenkbar ist. Das von Kant benutzte Beispiel für ein Gesetz, das den Test nicht passieren würde, ist ein Gesetz, durch „das eine gewisse Klasse von Untertanen erblich den Vorzug des Herrenstandes haben sollte" (*Über den Gemeinspruch ...*, 153).

Damit wird zugleich auch nochmals deutlich, was wir schon im Zusammenhang mit den möglichen Inhalten der Moral sahen: Kant hält es nicht für hinreichend, daß ein Gesetz lediglich formal allgemein ist (ein allgemein formuliertes Recht des Stärkeren etwa); vielmehr muß der Allgemeinheitsanspruch vernünftig insofern sein, als er von allen Vernünftigen[5] übernommen werden kann. Nur eine

---

[4] Vgl. oben Kapitel II., Abschnitt 3.

[5] Daß Kant mit „allen" nur Männer meint, die obendrein in einer nicht sehr genau bestimmten Weise selbständig sein sollen, muß uns nicht stören: Es ist kein systematisch tragender Teil der Überlegungen, zeitgebunden, und im übrigen von Kant selbst mit erkennbarer Vorsicht vorgetragen („Es ist, ich gestehe es, etwas schwer die Erfordernis zu bestimmen, um auf den Stand eines Menschen, der sein eigener Herr ist, Anspruch machen zu können"; *Über den Gemeinspruch ...*, 151, Fußnote).

Allgemeinheit der Gesetze, die rechtliche Gleichheit schafft, erfüllt diese Forderung.

Die Beziehung von Recht und Moral bei Kant kann dann so beschrieben werden:

Moral ist, wie zuvor gesehen, insofern Privatangelegenheit, als sie im Unterschied zum Recht nicht mit Zwangsmitteln durchgesetzt werden darf. Legalität und Moralität sind zwei verschiedene Dinge. Das heißt aber nicht, daß das Recht moralisch indifferent ist. Vielmehr war ja der Ausgangspunkt aller Überlegungen die moralische Forderung, die sich aus dem Freiheitsrecht ergibt. Das positive Recht wird formuliert und mit Zwangsmitteln durchgesetzt, damit die Individuen die Möglichkeit haben, das ihrer Ansicht nach Richtige aus ihrem Leben zu machen; aber das Recht darf das nicht erzwingen. Oder anders gesagt: die Individuen sind rechtlich – von Staats wegen – frei, moralisch zu sein oder auch nicht; strikt verlangt ist von ihnen erst einmal nur Gesetzestreue. Der Gesetzgeber (bzw. das Volk als virtueller Gesetzgeber) ist verpflichtet, nichts zum Gesetz zu machen, was moralverhindernd oder moralschädigend ist. Nicht mehr und nicht weniger. In diesem Sinne und nur in diesem Sinne ist der Staat dann durchaus auch eine moralische Anstalt.

1.4 Die Staatsgewalt

Es ist für Kant klar, daß die Staatsgewalt unwiderstehlich und zugleich gezähmt sein muß, wenn Menschen in Freiheit zusammenleben können sollen. Der Zwang, der Freiheit sichert, darf nicht seinerseits die Freiheit bedrohen. Der Staat muß an das Recht gebunden sein. Der Inhaber der Durchsetzungsgewalt darf nicht über dem Gesetz stehen.

Eine gewisse Schwierigkeit der Position Kants liegt hier darin, daß er zwar hinsichtlich des *Prinzips* vollkommen eindeutig ist, daß er aber hinsichtlich der passenden *Institutionen* zurückhaltend ist, und zwar verständlicherweise. Vom Prinzip her kommt für ihn nur eine republikanische Verfassung in Frage:

Unter einer *Republik* versteht Kant einen Staat, in dem die ausführende Gewalt von der gesetzgebenden Gewalt getrennt ist und das Gesetz herrscht; Gegenstück hierzu ist eine despotische Verfassung, in der der Inhaber der Staatsgewalt Gesetze vollzieht, die er selbst gegeben hat – für Kant die Ersetzung des „öffentlichen Willens" durch den Privatwillen des Regenten[6]. Die Forderung, daß die Or-

---

6 Die Demokratie ist dementsprechend für Kant eine despotische Verfassung, da in ihr das Volk nicht nur die Gesetzgebung innehat, was Kant ja begrüßen

gane, die Zwangsgewalt innehaben, nicht zugleich Gesetzgeber sein dürfen, ist nun aber eine Forderung, deren tatsächliche institutionelle Umsetzung die bestehende Ordnung – Preußen im späten 18. Jahrhundert war keine Republik – nachhaltig verändert hätte. Sie hätte eine Revolution bedeutet. Also verlagert Kant die Forderung auf eine andere Ebene: Wenn die Verfassung nicht institutionell republikanisch ist, dann soll das Staatsoberhaupt sich jedenfalls so verhalten, als sei sie es (indem es etwa seine Gesetzgebung dem gerade erwähnten gedanklichen Test unterwirft).

Diese Haltung und das entsprechende Handeln des Staatsoberhaupts kann allerdings von den Subjekten nicht eingeklagt werden; insbesondere ein Widerstandsrecht schließt Kant so eindeutig aus wie Hobbes auch, und das mit einem Argument, das dem Hobbesschen Argument sehr ähnlich ist und in einer Hinsicht sogar noch über dieses hinausgeht: Zunächst hält Kant fest, daß ein Zwangsrecht gegen den Inhaber der Staatsgewalt eine Instanz voraussetzt, die über diesem steht, so daß sich für diese Instanz das gleiche Problem und hieraus ein unendlicher Regreß ergeben würde. Also muß die Staatsgewalt, um Frieden (und Recht) durchsetzen zu können, letzte Instanz sein; also kann niemand, auch nicht das Volk, Zwangsgewalt gegenüber der Staatsgewalt haben. „Und dieses Verbot ist unbedingt, so daß, es mag auch jene Macht oder ihr Agent, das Staatsoberhaupt, sogar den ursprünglichen Vertrag verletzt und sich dadurch des Rechts Gesetzgeber zu sein nach dem Begriff des Untertans verlustig gemacht haben […] dennoch dem Untertan kein Widerstand als Gegengewalt erlaubt bleibt" (*Über den Gemeinspruch* …, 156). Das ist nahe bei Hobbes, geht aber in der Formulierung insofern über diesen hinaus, als Hobbes bestimmte Verhaltensweisen des Souveräns vielleicht als unbillig beschrieben haben würde, aber sicher streng darauf geachtet hätte, sie nicht, wie Kant es tut, „vertragsverletzend" zu nennen.[7]

Kant argumentiert hier also nicht nur, wie seine Charakterisierung der eigenen Position behauptet, „gegen Hobbes" (und insoweit mit Locke), sondern sehr wohl auch gegen Locke (und insoweit mit Hobbes): Die Idee einerseits, daß das Staatsoberhaupt Unrecht tun kann und das nicht tun sollte, und daß es Standards gibt, nach denen sein Handeln zu beurteilen ist und an die es sich gebunden fühlen sollte, ist eine Lockesche Idee[8], die vollständige Unwiderstehlichkeit

---

würde, sondern auch die Kontrolle über die Zwangsmittel. Auch in dieser Hinsicht ist seine Sicht der Dinge nahe bei der von Rousseau. Vgl. unten Kap. VI., Abschnitt 2., und Kap. VIII., Abschnitt 1.

[7] Vgl. oben Kap. II., Abschnitt 1.

[8] Vgl. oben, Kap. II., Abschnitt 2.

der Staatsgewalt um des Friedens willen andererseits ist eine Hobbessche Idee.

Das ist kein fragwürdiger Kompromiß zwischen unvereinbaren Positionen, wie es vielleicht scheinen könnte, sondern Aufklärung in genau dem Sinne, den Kant propagiert, also öffentlicher Vernunftgebrauch mit dem Ziel der friedlichen Transformation der Verhältnisse: Der Maßstab von Recht und Unrecht kann an das Staatshandeln angelegt werden, und zwar von denen, die ihm unterworfen sind. Sie können von der Staatsgewalt rechtliches Verhalten erwarten und auch fordern, zwar nicht mit Zwangsmitteln, aber doch durch öffentliches Räsonnieren. Die „Freiheit der Feder" ist für Kant denn auch keine virtuelle Institution, sondern eine Institution, deren Gewährleistung und Respektierung er dem Staatsoberhaupt hier und jetzt abverlangt. Auf diese Weise kann seiner Meinung nach eine politische Öffentlichkeit und insgesamt, in unseren Begriffen ausgedrückt, eine politische Kultur entstehen, in der der Gehorsam der Bürger, der für Frieden und Rechtssicherheit notwendig ist, mit einem „Geist der Freiheit" verbunden ist, der die Aussichten dafür schafft, daß die Gesetze freiheitlich sind und nicht einfach ein despotischer Privatwille des Staatsoberhaupts.

2. Mill

Für John Stuart Mill ist ebenso klar wie für Kant, daß die Zwangsgewalt des Staates sich nur auf die Durchsetzung des Rechts erstrecken kann, und daß die Staatsgewalt in ihren Handlungen selbst an das Recht gebunden sein muß. Er schreibt in England, rund 70 Jahre nach Kant, und nimmt das, was bei Kant noch ein Problem sein konnte, nämlich die Verhinderung willkürlichen und rechtswidrigen Handelns der Staatsgewalt, mit der Durchsetzung der Demokratie als leidlich gewährleistet an. Er stellt kein irgendwie geartetes Gegenstück zu Kant dar, sondern in gewisser Weise eine Fortsetzung der Geschichte unter veränderten Bedingungen: Sein Problem liegt darin, daß der Sieg der Demokratie ein Pyrrhussieg sein könnte.

Das hier zu betrachtende Werk ist *On Liberty* (dt. *Über Freiheit*); für die Millschen Ideen über die Rolle von Eliten sind zusätzlich auch seine *Considerations on Representative Government* (dt. *Betrachtungen über die repräsentative Regierung*) aufschlußreich. Wir beginnen mit einer Einordnung seiner Problemstellung, auch im Vergleich zu Kant (2.1); anschließend werden Mills Freiheitskonzept und seine Argumentation für Freiheit zu behandeln sein (2.2), danach seine Beschreibung der notwendigen Grenzziehungen und

Schranken (2.3), zum Schluß dann seine Überlegungen zur Rolle der Staatsgewalt (2.4).

2.1 Problemstellung

Mills Sorge, daß der Sieg der Demokratie keineswegs freiheitssichernd sein müsse, rührt aus der folgenden Überlegung her: Solange die Herrschaft von den ihr Unterworfenen als Fremdherrschaft erlebt werde, sei Mißtrauen gegen sie ein natürlicher Impuls, seien alle Instinkte auf ihre Bändigung ausgerichtet. Sobald aber die Herrschaft demokratische Selbstherrschaft sei, versagten diese Instinkte, und zwar in gleich zwei Hinsichten: Die Tyrannei der Mehrheit drohe sowohl in der politischen Arena als auch dort, wo an sich Zwang keinen Platz hat, nämlich in der Sphäre des gesellschaftlichen Miteinanders. In der politischen Arena drohe Tyrannei dadurch, daß die Mehrheit der Minderheit ihren Willen aufzwingt (hier gibt es Berührungen mit Kants Bemerkung zum Despotismus der Demokratie). In der Sphäre des gesellschaftlichen Umgangs miteinander gebe es zwar keinen eigentlichen Zwang, aber Konformitätsdruck durch Mißbilligung jeglichen eigenwilligen, vom Mittelmaß abweichenden, Verhaltens.

Man könnte nun erwarten, daß Mill das größere Problem in der politische Mehrheitstyrannei sieht, eben weil hier Zwang und nicht nur Mißbilligung tragend ist. Mill argumentiert aber anders: Nur in der Arena des täglichen Umgangs miteinander können seiner Ansicht nach die Menschen eine Haltung gegenseitigen Respekts, auch vor der Andersartigkeit des anderen, lernen; und nur wenn sie sich einen solchen Respekt zu eigen gemacht haben, werden auch ihre Instinkte des Mißtrauens gegenüber der – ja von ihnen selbst ausgeübten – politischen Gewalt wieder funktionieren. Also muß man, so seine Konsequenz, am gesellschaftlichen und nicht am politischen Umgang der Menschen miteinander ansetzen.

Über die Freiheit ist insgesamt ein Plädoyer nicht unmittelbar für den Kampf gegen eine übermächtige Staatsgewalt, sondern erst einmal für die Selbstzügelung aller im Umgang miteinander. Die Eindämmung der Staatsgewalt ist Mill selbstverständlich wichtig – aber er erwartet sie als Resultat der Selbstzügelung der Bürger, die sie auch maßvoller im politischen Umgang miteinander machen werde.

2.2 Der intrinsische und der instrumentelle Wert der Freiheit

Mill geht es wie Kant um die individuelle Freiheit, nun aber mit einer massiven Betonung dessen, was die Früchte des Freiheitsgebrauchs für die Person sind – die freie und umfassende Entfaltung der Individualität. Mill, der sich hierin ausdrücklich auf Humboldt[9] beruft, hat erkennbare Maßstäbe, worin gelungene Entfaltung der Individuen besteht – in der Ausbildung starker Charaktere mit starken Leidenschaften und mit zugleich stark entwickelter Fähigkeit zur Selbstbändigung, in hochentwickelter Intellektualität und Bildung, in verfeinertem Geschmack, in Originalität des Denkens.

Diese intensive und farbige Schilderung hat nun aber nicht etwa den Zweck, allen eine bestimmte Weise des Freiheitsgebrauchs vorschreiben zu wollen. Eher ist das Gegenteil der Fall: Mill geht davon aus, daß es große Unterschiede zwischen den Menschen gibt hinsichtlich dessen, was sie mit ihrer Freiheit anfangen wollen und anfangen können – einige haben mehr Anlagen als andere, können der Vollkommenheit näher kommen. In einer für unsere Wahrnehmungs- und Redegewohnheiten gelegentlich irritierenden Weise und mit vollkommener Selbstverständlichkeit unterscheidet Mill zwischen den Wenigen, die herausragen, und den Vielen, die Mittelmaß sind und es normalerweise auch bleiben werden. Sein Argument hat nun aber nicht etwa die Tendenz, den inkompetenten Freiheitsgebrauch der Mittelmäßigen herabzuwürdigen oder für weniger schützenswert zu erklären als die vollwertige Entfaltung der Wenigen. Vielmehr geht es ihm darum, die Vielen – wenn sie schon nicht selbst an voller Entfaltung interessiert sind (was ihr Recht ist) – geneigt zu machen, den Freiheitsgebrauch der Wenigen zu erdulden, auch wenn er ihnen extravagant vorkommt und sie sich mit allgemeiner Konformität wohler fühlen würden.

Da Mills Argument nicht an die Liebhaber der Freiheit gerichtet ist, sondern an diejenigen, die ihr gleichgültig oder sogar skeptisch gegenüberstehen, betont er in seinen Ausführungen nicht so sehr den intrinsischen Wert der Freiheit für diejenigen, die sie genießen (der für ihn selbst eigentlich ausschlaggebend ist), sondern demonstriert ausführlich ihren instrumentellen Wert, die Folgen der Freiheit für den gesellschaftlichen Wohlstand und Fortschritt. Er unterscheidet hierbei zwischen der Meinungsfreiheit einerseits und der Handlungsfreiheit andererseits.

2.2.1 Meinungsfreiheit

Hinsichtlich der Möglichkeit, Urteile zu bilden und zu äußern, plädiert Mill für ein Recht eines jeden auf beliebig unangepaßte Meinungen und ihre Äußerung, nicht nur dann, wenn die Wahrheit nicht

---

[9] Wilhelm von Humboldt, *Ideen zu einem Versuch, die Grenzen der Wirksamkeit des Staates zu bestimmen.*

bekannt ist oder es keine klaren Bewertungsmaßstäbe gibt, sondern auch dann, wenn jemand erkennbar falsche Behauptungen aufstellt oder von allen anderen nicht geteilte Werturteile äußert. Die intrinsische und die instrumentelle Argumentation hierzu kann so skizziert werden:

- Das *intrinsische* Argument ist ein Argument aus dem Umkreis des Menschenrechts der Freiheit, wie wir es bei Kant kennengelernt haben – man darf einander den Vernunftgebrauch nicht vorschreiben; die Würde des Menschen besteht darin, selbst zu denken, und auch darin, seine eigenen Irrtümer zu begehen.
- Das *instrumentelle* Argument für komplette Meinungsfreiheit stützt sich auf die gesellschaftlichen Folgen des Arrangements: Selbst offensichtlich richtige Meinungen müssen sich jederzeit herausfordern lassen können; das verhindert dogmatische Erstarrung und hält die Möglichkeit des gesellschaftlichen Hinzulernens offen. Auch für die Vertreter falscher oder unumstritten anstößiger Meinungen ist es besser, gegebenenfalls freiwillig ihre Position zu korrigieren als unter äußerem Druck oder in blindem Gehorsam zu irgendeinem Dogma. All das gilt erst recht, wo es keine sichere Erkenntnis und keine unumstrittenen Werturteile gibt – also praktisch immer.

2.2.2 Handlungsfreiheit

Auch hier betont Mill zunächst die individuelle Wahlfreiheit und die damit einhergehende Vielfalt der Lebensgestaltungen in einer Gesellschaft. Konformität oder auch kulturelle Homogenität sind keine wichtigen Merkmale einer Gesellschaft. Speziell liegt ihm am Herzen die Möglichkeit, sich aus der Masse herauszuheben, neue Wege zu gehen, die Möglichkeit des avantgardistischen Ausprobierens von Lebensweisen, auch die Entfaltung des Genies. Dabei leugnet Mill nicht, daß es gesellschaftliche Gebräuche gibt, die sich bewährt haben und die zu übernehmen ratsam sein mag – aber das soll ebenso bewußt geschehen wie die etwaige Abweichung, nach Prüfung und eigenem Urteil, nicht in gedankenloser Konformität. Wie für das Denken und Sprechen gilt auch für das Handeln, daß es einen intrinsischen und einen instrumentellen Wert der Freiheit gibt.

- Der *intrinsische* Wert der Handlungsfreiheit besteht in der Möglichkeit der individuellen Entfaltung, wobei Mill hierzu einen ganzheitlichen, romantisch anmutenden, Ton anschlägt, der ihn in Distanz zu vielen Eigenschaften der modernen wirtschaftlichen

Entwicklung und ihrer Form der Arbeitsteilung bringt. Am besten kann das ein Zitat belegen: „Unter den Werken des Menschen, mit deren Vervollkommnung und Verschönerung das menschliche Leben zu Recht beschäftigt ist, ist das seiner Bedeutung nach erste sicherlich der Mensch selbst. Angenommen, es wäre möglich, Häuser zu bauen, Korn wachsen zu lassen, Schlachten zu schlagen, Prozesse zu führen, und sogar Kirchen zu errichten und Gebete zu sprechen durch Maschinen … so würde es einen beträchtlichen Verlust bedeuten, für diese Automaten auch nur die Männer und Frauen auszutauschen, die gegenwärtig die zivilisierten Teile der Welt bewohnen und die gewiß nur kümmerliche Muster dessen sind, was die Natur hervorbringen kann und will"[10].

- Unter *instrumentellen* Aspekten gilt, daß alle von den Fortschritten etwas haben, die die Querdenker in Gang setzen. Das gilt nach Mill nicht nur innerhalb einer Gesellschaft, sondern ist analog übertragbar auf das Miteinander ganzer Gesellschaften. Die zu seiner Zeit bestehende Führungsrolle Europas in der Welt beruht seiner Überzeugung nach auf der Dynamik, die die Inhomogenität Europas erzeugt hat. Einheitlichkeit – man könnte vielleicht auch sagen: Harmonisierung – ist demgegenüber für ihn die spezifische Eigenschaft versteinerter Gesellschaftsformen.

2.3 Übergriffe und Schranken

Anders als das Reden und Meinen muß das Handeln offensichtlich Schranken unterliegen – weil es sich auf andere Personen erstreckt und daher potentiell freiheitsgefährdend ist. Mill selbst nimmt allerdings den Unterschied zwischen Reden und Handeln in dieser Hinsicht nicht zu ernst: Soweit Reden Handeln ist, unterliegt es den Schranken, denen jedes Handeln unterliegt. Reden ist Handeln, soweit es direkt oder indirekt Folgen für die anderen hat. Also kann man auch gleich sagen: Wann immer wir anderen in problematischer Weise in die Quere kommen, sei es durch Reden oder durch Handeln, sind Schranken angebracht.

Was aber stellt nun eine problematische Berührung anderer dar? Grundsätzlich ist die Richtung bei Mill sicherlich die gleiche wie bei Kant: Schranken sind nur zum Schutze Dritter legitim, nicht zur Er-

---

[10] *Über Freiheit*, 62. Die Würde der Mittelmäßigen, die solche Höhen nicht erreichen, besteht bei Mill in der Herausbildung einer Fähigkeit zur Anerkennung der Besseren, auch zur Bereitschaft, sich an ihnen zu orientieren. Das ist nicht elitär gedacht: Es gibt kein Privileg auf gelungene Entfaltung; jeder ist dazu eingeladen.

zwingung einer bestimmten Lebensweise. Bei Kant war zumindest begrifflich klar, was das bedeutet: Meine Autonomie kann nicht darin bestehen, eine gleiche Autonomie anderer zu behindern oder unmöglich zu machen; also müssen mir alle Handlungen verboten sein, die gleiche Handlungen anderer unmöglich machen. Bei Mill hingegen liest sich das etwas anders: Schranken meines Handelns sind unter Freiheitsgesichtspunkten legitim, soweit sie das Wohlergehen („das Wohl und die Interessen") Dritter schützen. Was aber ist das Wohlergehen Dritter? Wer soll darüber in welcher Weise entscheiden?

Der Unterschied der Konzeptionen liegt nicht darin, daß die Konkretisierung dessen, was schützenswert ist, nicht aus dem Begriff der Freiheit selbst direkt folgt. Auch bei Kant haben wir ja gesehen, daß sein Kriterium zunächst nur ein Prüfkriterium ist, nicht aber die Positivierung bereits vorwegnimmt. Insofern kann man Mill mit guten Gründen gegen den Vorwurf in Schutz nehmen, sein Grenzziehungskriterium sei weich und deutbar, er sei „Relativist". So wie Kant kann auch Mill in Anspruch nehmen, zunächst einmal nur eine Richtschnur formuliert zu haben, noch nicht aber bereits die konkrete Regel. Man kann es auch positiver formulieren: Beide, Kant und Mill, geben ein Kriterium zu bedenken, beanspruchen aber nicht, die konkreten Institutionen philosophisch zwingend herleiten zu können. Das ist nicht Relativismus, sondern die Bescheidenheit, die sich für den Philosophen gehört, der sich nicht die Rolle des Philosophenkönigs anmaßt.

Der Unterschied zwischen Kant und Mill liegt nicht hier, sondern vielmehr darin, daß die Richtschnur der Schrankenbildung bei Mill anders formuliert ist als bei Kant, also darin, daß das Wohlergehen Dritter, wie auch immer konkretisiert, mehr enthält als ihre Autonomie. Der Unterschied ist nicht nur graduell, Mills Darstellung ist nicht einfach etwas facettenreicher als diejenige Kants. Vielmehr folgt aus ihr eine Dreiteilung der möglichen Beziehungen zwischen Subjekt und Umgebung, wo sich bei Kant nur eine Zweiteilung findet.

Bei Kant finden wir

- einerseits den Bereich des Rechts, in dem die Subjekte voreinander durch äußeren Zwang geschützt werden,
- andererseits den Bereich individueller Willkür, der durch die individuelle Moral reguliert wird.

Bei Mill hingegen finden wir

- erstens vitale Interessen Dritter (etwa physische Einwirkungen der Handlungen des Subjekts auf sie, oder Verletzungen ihres Eigentums);

- zweitens legitime, aber schwächere Interessen Dritter (etwa moralische Ärgernisse für Betrachter durch bösartigen Umgang des Subjekts mit seiner Familie);
- schließlich die persönliche Lebensführung (etwa Lesegewohnheiten, religiöse Überzeugungen), die Dritte nichts angeht.

Offensichtlich gilt hinsichtlich der ersten und der dritten Gruppe für Mill wie Kant das Gleiche. Vitale Interessen am einen Ende dürften im wesentlichen etwa das enthalten, was für Kant die unbedingt schützenswerten Voraussetzungen individueller Autonomie sind; sie müssen als Rechte fixiert werden; der Gesetzgeber muß hierüber in legitimer Weise entscheiden (in einer Weise also, der alle zustimmen können); danach ist die entsprechende Handlungsbeschränkung durch Zwang legitim. Für alles, was ans andere Ende, in die individuelle Autonomie gehört, ist das Individuum nur sich selbst verantwortlich, also sind äußere Beschränkungen illegitim.

Was gilt nun aber für Mills mittlere Gruppe, die „schwächeren" Interessen? Das sind legitime Interessen Dritter, denen aber keine Transformation in Rechte zuteil wird; dementsprechend kann es auch keinen legitimen Zwang geben. Weil es sich aber dennoch um legitime Interessen handelt, gibt es legitime Formen des sozialen Drucks – eben Mißbilligung.

Wir haben es also bei Mill nicht mit nur einem Grenzziehungsproblem zu tun, sondern mit zwei solchen Problemen: Erstens ist zu entscheiden, was Recht sein soll und was jenseits des Rechts liegen soll; zweitens ist im Bereich jenseits des Rechts zu entscheiden, was legitimes Interesse der Umgebung und was lediglich unangebrachte Einmischung ist. Für Kant ist offensichtlich die erste Entscheidung wichtig, also die Entscheidung zwischen Zwang und Nicht-Zwang (die zweite Unterscheidung behandelt er ja nicht einmal). Für Mill hingegen scheint die zweite Frage die eigentlich wichtige zu sein, also die Frage nach der Grenzziehung zwischen dem, was die Umgebung überhaupt etwas angeht, und dem, was sie nichts angeht. Die Frage, mit welchen Mitteln die Umgebung durchsetzt, was sie durchsetzen darf, scheint für ihn eher eine Zweckmäßigkeitsfrage zu sein und keine kategoriale Differenz zu enthalten; vielmehr soll die Gesellschaft selbst entscheiden, wann moralische und wann gesetzliche Sanktionen eher zu ihrem Schutz geeignet sind.

Ohne Zweifel lenkt Mill hier die Aufmerksamkeit auf einen wichtigen Punkt, der durch seine massive Betonung des Nonkonformismus ein wenig verdunkelt wird: Ordnung kann nicht allein auf staatlichen Zwang gebaut werden, sondern beruht auch auf der Geltung sozialer Normen. Soziale Normen wiederum sind gekennzeichnet dadurch, daß die Subjekte selbst nicht nur Normadressaten, sondern in gewissem Umfang Normgeber (ohne Mandat) und Normdurchsetzer (ohne harte Zwangsgewalt) sind. Insofern ist nicht nur Rechtsetzung, sondern auch „Moral" eine öffentliche Angelegenheit. Dieser Punkt bringt Mill vielleicht nicht in Gegensatz zu Kant, wird aber von Kant jedenfalls nicht betont.

Zugleich kommt nun ein Problem auf den Tisch, das Mill sehr beunruhigt: Im Unterschied zum rechtlichen Zwang, der durch Verfahren in Form gebracht und somit gebändigt wird, für den wir also sagen können, was „die Gesellschaft" entschieden hat, und zwar ausdrücklich und mit Argumenten, gibt es für den Mechanismus der Mißbilligung keine Prozedur, keine Schranken, keine beschränkenden Verfahrensregeln – nur Subjektivität. Zwar ist der Eingriff weniger massiv als im Falle gesetzlich gestützten Zwangs, dafür sind die Willkürspielräume unbeschränkt.

Wo Kant ein Klima der Freiheit braucht, das die Staatsgewalt im Zaum hält, braucht nun Mill zusätzlich ein Klima der Mäßigung, des gegenseitigen Respekts der Subjekte als rechtlich Gleiche und auch ihrer Toleranz füreinander. Also muß die individuelle Subjektivität gebändigt werden. Das allerdings ist keine Prozedurfrage, die man durch die Wahl der richtigen Spielregeln angehen kann, sondern eine kulturelle Frage. Politisch gesprochen: Es ist eine öffentliche Angelegenheit, und zwar nicht eine Sache unmittelbar der Gesetzgebung, sondern indirekt der Erziehung.

Damit kommen wir zur Rolle von Staatsgewalt und Politik in Mills Freiheitsdenken:

2.4 Staatsgewalt und Politik

Wie schon eingangs festgehalten, ist die Rolle des Staates, soweit er rechtsschützende und an das Recht gebundene Instanz ist, bei Mill nicht anders als bei Kant konzipiert. Ebenfalls so wie Kant sieht Mill die Schranken öffentlicher Regelsetzung: Nicht mehr als das, was für ein ordentliches Miteinander notwendig ist, darf reguliert werden.

Es gibt aber weitere Aufgaben des Staates, die aus Mills Betonung der Entfaltung einerseits und der moralischen Zuständigkeit der Gesellschaft andererseits folgen:

Zum Thema Entfaltung: Der Staat darf nicht indifferent gegenüber den Lebensbedingungen der Bürger sein. Er hat gewisse Pflichten, für die Voraussetzungen der Entfaltung zu sorgen. Allerdings soll das subsidiär erfolgen, d. h. der Staat soll die Eigenverantwortung der Bürger nicht nur zulassen, sondern sie auch aktiv unterstützen. Hierzu gehört insbesondere die Förderung zivilgesellschaftlicher Organisationsformen, die Schaffung von Möglichkeiten der Einübung von Partizipation und des entsprechenden Lernens durch Handeln. Es ist eine wichtige Aufgabe des Staates, den aufrechten Gang der Bürger nicht nur als Privatsubjekte, sondern auch als Staatsbürger zu fördern: Bürger, die an passiven Gehorsam gewöhnt sind, sind nicht nur brav und leicht zu lenken – mit ihnen ist auch nicht viel anzufangen.

Zum Thema Moral: Erziehung ist keine Privatangelegenheit, die Familie kein in dieser Hinsicht der Öffentlichkeit unzugänglicher Privatbereich. Vielmehr ist auch die Gesellschaft berechtigt und verpflichtet, zur Heranbildung moralisch kompetenter Subjekte, die wissen, was sich gehört, zumindest subsidiär beizutragen. Das ist ja eine Voraussetzung dafür, daß Ordnung auch über gesellschaftlich durchgesetzte Moral statt ausschließlich über rechtlichen Zwang hergestellt wird. Zugleich müssen die Mitglieder der Gesellschaft Maßstäbe dafür haben, wie weit sie in ihren Erwartungen an das Verhalten anderer gehen dürfen, sie müssen wissen, was sie tolerieren sollten bzw. wann sie sich über die etwaige Mißbilligung Dritter hinwegsetzen sollten und wann nicht. All das bedeutet nicht, daß das Erziehungswesen in die Hand des Staates geraten sollte – aber klar ist, daß der Staat das Recht hat, hier zu tun, was notwendig oder zweckmäßig erscheint.

In grober Vereinfachung, aber doch nicht entstellend, kann man Mill wohl eher als einen freiheitlichen Kommunitarier[11] denn als einen privatistischen Liberalen ansehen – trotz oder vielleicht gerade wegen seiner massiven Betonung der individuellen Entfaltung.

3. Von Hayek

An dieser Stelle verzweigen sich gewissermaßen die Wege: Betonen wir nun eher die rechtlich-negative Dimension der Freiheit, mit der Konsequenz, daß der Staat vornehmlich Rechtsschutzinstanz und allenfalls Schiedsrichter sein sollte („protektiver Staat"), oder betonen wir stärker die positiv-entfaltungsbezogene Dimension, mit der Konsequenz, daß der Staat vornehmlich leistende und gewährleistende Instanz sein sollte?

Dementsprechend sollen in den letzten beiden Teilen dieses Kapitels zwei gegensätzliche Ordnungsentwürfe betrachtet werden, in denen die Freiheit der Person im Mittelpunkt steht, und die genau deshalb so unterschiedlich ausfallen, weil in ihnen die eine oder die

---

[11] Vgl. oben, Kap. III.

andere dieser beiden Dimensionen des Freiheitskonzepts zum jeweils allein tragenden Kriterium wird – bei Hayek die Abwesenheit von willkürlich ausgeübtem Zwang auf das Individuum, bei Marx die nichtentfremdete Entfaltung der Person in Gesellschaft.

Wir beginnen mit Hayek, zu dem man vom klassischen Freiheitsdenken aus viel leichter Zugang findet als zu Marx. Der zentrale Text für uns ist *Die Verfassung der Freiheit* (vor allem die ersten zehn Kapitel), ergänzend kann auch herangezogen werden das dreibändige spätere Werk *Recht, Gesetzgebung und Freiheit*.

In der Betrachtung der Hayekschen Ordnungskonzeption wollen wir folgendermaßen verfahren: Im ersten Schritt soll die Hayeksche Verwendung des Freiheitsbegriffs dargestellt werden (3.1), anschließend seine Charakterisierung der Eigenschaften einer Ordnung, in der diese Freiheit institutionell tragend ist (3.2); danach ist zu betrachten, wer in einer solchen Gesellschaft wofür Verantwortung trägt, welche wechselseitigen – auch politisch zu bewältigenden – Verpflichtungen die Mitglieder einer solchen Gesellschaft füreinander haben (3.3); schließlich wird das politische Institutionengefüge diskutiert, das zu alledem paßt (3.4).

3.1 Grundlagen

Hayek unterscheidet zunächst individuelle und politische Freiheit, so wie wir es schon bei Kant und Mill kennengelernt haben, und konzentriert sich dann auf die individuelle Freiheit. In deutlichem Gegensatz zu Mill und auch mit einer Gewichtsverschiebung gegenüber Kant stellt er das normativ in den Vordergrund, was er die negative Freiheit nennt, also Freiheit als die Sicherheit vor fremder Willkür, gewährleistet durch allgemeine und abstrakte Verbotsregeln. Freiheit als ein Konzept, das irgendwelche Ideen ‚positiver‘ Entfaltung und womöglich des Anspruchs auf entsprechende Gewährleistungen enthalten könnte, ist für ihn problematisch – zunächst begrifflich, da nach seiner Ansicht hier Freiheit mit „Macht" verwechselt wird, und in der Folge auch institutionell:

Der Grund hierfür liegt seiner Ansicht nach darin, daß jede Institutionenordnung, in der positive Freiheitsideen tragend sind, eine *bestimmte* Vorstellung gelungener Entfaltung enthalten muß, hierzu passende Gewährleistungen für die Subjekte einerseits und entsprechende Lenkung des Verhaltens der Subjekte andererseits vorsehen muß und schließlich eine Herrschaft braucht, die die Mittel und die Ermächtigung hat, das durchzusetzen. Dem setzt er entgegen die Vorstellung, daß zwar nicht unbedingt sicher ist, daß jeder Mensch am besten weiß, was für ihn gut ist, daß aber erst recht niemand solches Wissen allgemein für andere zu haben behaupten kann. Die erste Bedrohung der menschlichen Freiheit ist in Hayeks Sicht Gängelung bzw. Zwang, nicht das Fehlen von Hilfsmitteln. Also muß vor allem hiergegen Sicherheit geschaffen werden.

Das bedeutet allerdings nicht, daß Hayek sich nicht für die tatsächliche Lage der Personen interessiert. Vielmehr entfaltet er ein Argument, daß eine Ordnung, die willkürlichen Zwang verhindert, es nicht nur den Subjekten selbst überläßt, welche Vorstellung von ihrer Entfaltung sie verfolgen wollen. Seine These ist, daß eine solche Ordnung *indirekt* die Hilfsmittel individueller Entfaltung reicher verfügbar macht als eine Ordnung, in der die Versorgung mit Hilfsmitteln *direkt* als positiv-freiheitliches Anrecht institutionell festgeschrieben ist. Eine solche Ordnung, die direkt allein den negativen Teil der Freiheit institutionalisiert, kann nur existieren, wenn die in ihr lebenden Personen ethische Urteile entwickeln, die zu dieser Ordnung passen, insbesondere ihr angemessene Vorstellungen von Gerechtigkeit.

Betrachten wir zunächst Hayeks Charakterisierung einer freiheitlichen Ordnung und der Leistung, die er ihr zutraut:

3.2 Freiheit und Fortschritt

3.2.1 Spontane Ordnung und Organisation

Individuelle Freiheit besteht darin, sich seine Ziele selbst setzen zu können. Individuen mit gemeinsamen Zielen können sich freiwillig zusammentun und eine Gruppe bilden, der dann diese bestimmten Ziele als Gruppenziele zugeschrieben werden können. Eine solche Gruppe wird sich Prioritäten setzen, einen Handlungsplan entwerfen, den Mitgliedern dementsprechend ihren Platz und ihre Aufgabe zuweisen. Eine solche Form der Vergesellschaftung nennt Hayek *Organisation*. Die Freiheit der Individuen besteht hier zuallererst in der *Freiheit des Beitritts* in das Zweckbündnis und der *Freiheit des Austritts* aus dem Zweckbündnis, nicht aber darin, innerhalb des Zweckbündnisses ihre eigenen Ziele zu verfolgen.

Man kann sich durchaus eine Gesellschaft insgesamt als eine Art Organisation im Hayekschen Sinne vorstellen. Die entsprechende Vorstellung ist dann ebenfalls, daß es gemeinsam verbindliche Ziele gibt, daß die Koordination durch planmäßige Zuweisung von Einzelaufgaben an die Mitglieder der Gesellschaft hergestellt wird, und daß Ordnung in dem Maße herrscht, wie das Ganze auch tatsächlich durchgesetzt wird. Hayek vergleicht eine solche Ordnung der Gesellschaft bildhaft mit einer Schlachtordnung (*Taxis*), ihr Prinzip ist die konkrete einzelne Handlungsanweisung, der positive Befehl (*Thesis*). Eine solche Befehlsordnung funktioniert dann wie gewollt, wenn die Anweisungen, die den Mitgliedern der Gesellschaft gegeben werden, kohärent sind, umfassend, möglichst auch auf Unvorhergesehenes eingerichtet usw. Diese Ordnung kann durchaus als demokratisch verfaßt gedacht werden.

Hayeks Position hierzu ist: *Innerhalb* einer freiheitlichen Gesellschaft kann es Organisationen geben, aber die Gesellschaft *insgesamt* kann nicht organisationsförmig gestaltet sein, wenn sie freiheitlich genannt werden soll. Eine Gesellschaft ist kein spezifisches Zweckbündnis; und sie ist freiheitlich nur dann, wenn ihre Mitglieder nicht schon durch die Mitgliedschaft gleichgeschaltet sind. Ihre Verfassung muß grundlegend respektieren, daß zunächst einmal nur Individuen Ziele haben und daß diese verschieden sein können.

Wie aber soll eine Vergesellschaftung aussehen, die nicht Organisation ist? Hayeks Antwort ist einfach: Ein nicht-chaotischer Zustand der Gesellschaft beruht nicht notwendig auf konkreten Befehlen, sondern kann auch auf der Grundlage abstrakter Spielregeln, insbesondere Regeln gerechten Handelns (*Nomoi*), zustande kommen. Die Spielregeln geben nicht Ziele des Handelns vor, sondern sie regulieren nur, mit welchen Mitteln jemand seine Ziele verfolgen darf; vor allem bestimmen sie, was man bei der Verfolgung seiner Ziele *nicht* tun darf; sie sind also im Kern *Verbote*, die Spielräume einrichten und schützen: Sie bestimmen den Bereich individueller Verfügung, in den Dritte nicht eingreifen dürfen („Eigentum" im weiteren Sinne), die Möglichkeiten der Verfügung über dieses Eigentum im Verkehr mit anderen („Verträge", „Versprechen"), sie regeln schließlich, was im Fall der Verletzung fremder Sphären zu geschehen hat („Schadensersatz")[12]. In einer so verfaßten Gesellschaft gibt es zwei Ebenen der Ordnung, die man unterscheiden sollte: zum einen die *abstrakte Ordnung* der Gesellschaft, das ist ihr Regelwerk; zum anderen die Ordnung des tatsächlichen Handelns, die sich im Rahmen des Regelwerks einspielt – eben die *spontane Ordnung*. Diese spontane Ordnung ist nicht die Taxis, die vorbedachte Aufstellung, die aus Befehlen resultiert, sondern *Kosmos*, „Ergebnis menschlichen Handelns, aber nicht menschlichen Entwurfs". Niemand hatte einen Plan, der auf den Gesamtzustand insgesamt gerichtet war wie in der Organisation; Pläne haben nur die einzelnen Akteure, bezogen auf ihre speziellen Vorhaben.

Nun sind offensichtlich abstrakte Spielregeln als solche freiheitlicher als konkrete Befehle. Aber wie sieht die resultierende spon-

---

[12] Hayek folgt hier weitgehend Hume; vgl. unten Kapitel V.

tane Ordnung aus? Vielleicht ist sie kein Chaos, aber vielleicht bringen wir auch nicht viel zustande? Diese Sorge entstammt, so Hayek, einem rationalistischen Mißverständnis des Funktionierens menschlicher Gesellschaft, dem Mißverständnis, daß nur das, was wir ganz durchschauen und ganz bedacht haben, etwas nützen kann, unseren Absichten gerecht werden kann. Seine zentrale und wesentliche Teile seines Gesamtwerks bestimmende These ist, daß das Gegenteil der Fall ist: Eine spontane Ordnung kann unseren Zielen viel dienlicher sein als eine bewußt gewollte Ordnung – gesetzt den Fall, wir haben die richtigen Spielregeln.

Daß wir nicht wissen können, wie der Zustand einer Gesellschaft, in der das Handeln der Individuen durch abstrakte Regeln koordiniert ist, im einzelnen aussieht, bedeutet ja nicht, daß wir über seine Eigenschaften überhaupt nichts sagen können. Vielmehr können wir die Handlungslogik, die gegebene Spielregeln mit sich bringen, analysieren und hieraus sehr wohl Schlüsse auf den allgemeinen Charakter der spontanen Ordnung ziehen, der zu erwarten ist. Man kann sich ohne Schwierigkeiten Spielregeln vorstellen, die zu beliebig bizarren und unerträglichen Zuständen führen, ebenso wie es Befehlsordnungen geben kann, die besser oder schlechter abschneiden.

Hayeks Behauptung hierzu lautet kurz zusammengefaßt: Die Übergriffsverbote, die den Kernbestand negativer individueller Freiheit ausmachen – Eigentumsschutz, Vertragsfreiheit, die Pflicht, angerichteten Schaden wieder gut zu machen – erzeugen eine *spontane* Ordnung, die jeder *geplanten* Ordnung überlegen ist, nicht schon deshalb, weil sie freiheitlich ist, sondern auch ganz handfest deshalb, weil sie ein höheres Maß an Bedürfnisbefriedigung mit sich bringt. Freiheitliche Ordnungen sind produktiver, fortschrittlicher, friedlicher als Befehlsordnungen. Freiheit *ist* nicht nur ein Wert, sie *hat* auch einen Wert.

3.2.2 Fortschritt

Das Argument, auf das diese Behauptung überlegener Leistungsfähigkeit einer auf freiheitlichen Regeln beruhenden Ordnung sich stützt, bezieht sich vor allem auf die Anreizwirkung solcher Regeln: Da alle Kooperation im Rahmen der genannten Spielregeln freiwillig ist, findet jeder Kooperationswillige Partner nur dann, wenn der von ihm in die Kooperation eingebrachte Beitrag mindestens so attraktiv ist wie der Beitrag, der von anderen potentiellen Partnern eingebracht werden könnte. Freiwillige Kooperation impliziert also Wettbewerb. Die rechtlich verbürgte Sicherheit des Eigentums und die durch Vertragsfreiheit geschaffene Unsicherheit seiner Verwertungsmöglichkeiten (Käufer können zu Konkurrenten abwandern …) sorgen für ein Maximum an Dynamik: Jeder Beteiligte hat einen Anreiz, seine Ressourcen so produktiv einzusetzen wie möglich – sich auf das zu konzentrieren, was er am besten kann, die anderen über seine mögliche Leistung zu informieren usw. Niemand bleibt in zweitbesten Lösungen stecken; jede bisher erfolgreiche Praxis kann jederzeit durch eine Erfindung anderswo überboten werden, so daß sich niemand auf seinen Lorbeeren ausruhen kann. Der Wettbewerb ist ein unvergleichlich leistungsfähiges Informationsverarbeitungsverfahren; in keiner aus einem Guß gelenkten Ordnung besteht eine vergleichbare Möglichkeit und ein vergleichbarer Druck, aus Fehlern zu lernen.

Eine freiheitliche Ordnung ist also fortschrittlich in einem bestimmten Sinne: Dem Wettbewerb besser angepaßte Problemlösungen verdrängen schlechter angepaßte, das gilt für Güter des Konsums, für die Technologie, für Verhaltensweisen, ja für ganze Lebensformen. Dieser Fortschritt ist getragen von den Subjekten selbst. Keine Autorität und keine machtvolle Koalition verordnet ihn, sondern er findet statt, weil Individuen ihn so wollen oder weil sie durch Anpassung an ihn ihre persönlichen Ziele am besten verfolgen können.

Zugleich ist die Chance vergleichsweise groß, daß die Verhältnisse friedlich sein werden: Niemand kann einem anderen seinen Willen aufzwingen (auch keine Koalition kann das, anders als bei der Erstellung eines gemeinsam verbindlichen Plans); und niemand hat die Lage eines anderen zu verantworten: Keiner ist ja einem anderen etwas schuldig. Wer auf das falsche Pferd gesetzt hat und entsprechend zu den Verlierern gehört, wird das zwar unerfreulich finden, kann sich aber nicht ungerecht behandelt fühlen.

Damit kommen wir unmittelbar zu dem Grund, aus dem Hayek mit positiven Freiheitsideen, mit dem Begriff der Entfaltung und der gesellschaftlichen Sicherung ihrer materiellen Voraussetzungen, nichts anfangen kann: Die Fortschrittsdynamik der Wettbewerbsordnung hängt ab von der Chance des Gewinnens und daher auch vom Risiko des Verlierens. Die Möglichkeit des Verlierens abzuschaffen, schafft die Dynamik ab, sie zu beschränken, beschränkt die Dynamik. Maximale Dynamik bei nicht vorab fixierter Verteilung schafft maximale allgemeine Einkommens*erwartungen* – also sind irgendwelche Festschreibungen in Form von Entfaltungsgarantien Unfug: die ganz einfache negative Freiheit, im Rahmen der Regeln tun und lassen zu können, was man will, genügt[13]. Mills Entfaltungsideen

---

[13] Daß es gute Gründe dafür gibt, ein Minimum an Sicherung gegen Risiken zu institutionalisieren, bleibt hiervon unberührt und wird von Hayek nicht bestritten; hierzu mehr im nächsten Unterabschnitt.

sind daher in Hayeks Sicht ausgesprochen bedenklich – sie sind institutionell nicht umsetzbar; obendrein richten sie den Blick in die falsche Richtung. Der ganzheitliche Entfaltungsbegriff Mills mit der darin enthaltenen Skepsis gegen industrielle Arbeitsorganisation rückt genau die Produktivitätsfortschritte ins Zwielicht, die nach Hayek der Kern der Sache sind und die es erst erlaubt haben, das Massenelend zu überwinden, das die historische Normalsituation bis zum Beginn der Moderne war. Würde man dem Millschen Impuls folgend Maschinen abschaffen, so würde man in Hayeks Sicht die zentrale Entfaltungsvoraussetzung, nämlich verfügbares Einkommen, gefährden. Man sollte, so Hayeks Überzeugung, Reden wie die oben (in Unterabschnitt 2.2.2 zitierte), die nur gut klingen, aber höchst gefährlich sind, besser unterlassen und statt dessen hinnehmen, daß der Mensch, um als Einkommens*verwender* seine Träume verwirklichen zu können, sich erst einmal zum Zwecke des Einkommens*erwerbs* unter die Knute des Wettbewerbs begeben muß, in dem Selbstverwirklichung zwar möglich ist – aber nur dann, wenn man auch bereit ist, dafür Einkommenseinbußen in Kauf zu nehmen.

3.3 Freiheit und ‚soziale Gerechtigkeit‘

Angenommen, eine Gesellschaft hat sich für Spielregeln der gerade beschriebenen Sorte entschieden. Angenommen weiter, daß alle Beteiligten die Regeln eingehalten haben. Zu den Eigenschaften der hieraus folgenden Ordnung gehört, wie wir sahen, daß es Gewinner und Verlierer geben kann, und daß niemandem ein bestimmtes Einkommen garantiert ist. Jeder ist zwar durch die Rechtsordnung davor geschützt, seines Eigentums beraubt zu werden, jedoch sind die Verwertungsmöglichkeiten aus seinem Eigentum davon abhängig, welchen Wert potentielle Vertragspartner seinem Kooperationsbeitrag zumessen. Hayek betont, daß das am Ende erzielte Einkommen auch pures Glück oder Pech enthält, so daß man nicht einmal sagen kann, daß Wettbewerbseinkommen ‚leistungsgerecht‘ seien. Ist die Verteilung, die sich aus diesem Spiel ergibt, ‚gerecht‘, ‚ungerecht‘ oder keines von beiden? Nach Hayek ist die dritte Antwort die richtige:

Gerecht handelt für ihn, wer die geltenden Spielregeln respektiert. Ungerecht handelt, wer die Regeln verletzt. Für die Charakterisierung des Resultats, das sich ergibt, wenn alle Individuen im Rahmen dieser Regeln ihre Interessen verfolgen, ist dagegen der Begriff der Gerechtigkeit unangemessen. Am einfachsten kann man sich das anhand der auch von Hayek betonten Parallele zum Sport klar machen: Ein 1:1 im Fußball ist nicht gerechter als ein 6:0; wichtig ist allein die Vorgeschichte des Resultats; ein gekauftes Unentschieden etwa stellt ein Unrecht dar. Für freiwillige Kooperation und ihre Ergebnisse gilt dann unter Gerechtigkeitsgesichtspunkten folgendes: Was auch immer die Resultate eines Vertrages sind, wie gut oder schlecht der eine oder der andere der Partner abschneiden mag, es kann nicht als ungerecht bezeichnet werden, sofern die Spielregeln nicht verletzt wurden. Eine nachträgliche Veränderung eines auf erlaubte Weise zustande gekommenen Resultats, etwa durch politische Entscheidung, kann niemals als ‚Korrektur‘ im Namen der Gerechtigkeit gelten. Vielmehr bedeutet sie nichts anderes als eine *ad hoc* durchgesetzte Außerkraftsetzung der Regeln, implizit mit der Botschaft versehen, daß mit ihnen ethisch etwas nicht in Ordnung ist, und damit letztlich die Zerstörung freiheitlicher Spielregeln. Der Begriff der ‚sozialen Gerechtigkeit‘, ausgespielt gegen die ‚Ungerechtigkeit‘ des freien Wettbewerbs, sollte demnach in freiheitlichem Denken keinen Platz haben.

Das bedeutet allerdings nicht, daß es im Rahmen einer freiheitlichen Ordnung unmöglich ist, sich überhaupt politisch um Verteilungszustände zu kümmern: Erstens ist es nicht ordnungswidrig und wird auch von Hayek ausdrücklich vorgeschlagen, Nothilfe mindestens dort politisch zu organisieren, wo die autonome Initiative versagt. Zugleich macht Hayek klar, daß der Umfang des als notwendig Erachteten Gegenstand legitimer politischer Entscheidung ist und jedenfalls in prosperierenden Gesellschaften plausiblerweise weit über dem physischen Existenzminimum liegen wird (einfach deshalb, weil mit der Zunahme des allgemeinen Wohlstandes auch die Vorstellungen davon, was der Mensch mindestens zum Leben braucht, sich verändern dürften). Man kann das Motiv der Hilfe *Caritas* oder auch *Solidarität* nennen – wichtig ist, daß es jedenfalls nicht um die Korrektur von vermeintlichen Ungerechtigkeiten des Wettbewerbsprozesses geht, sondern um ein eigenes Feld kollektiver Verantwortlichkeit. Hayek gibt hier lediglich zu bedenken, daß man diese Tätigkeit nicht zu großzügig ausgestalten sollte: Ihre Finanzierung ist ja nur möglich durch Umlenkung von Mitteln aus der Vertragsarena in die politische Arena und schwächt von einem bestimmten Umfang an die Wachstumskraft der Wirtschaft.

Zweitens verbietet das Hayeksche Freiheitskonzept nicht, daß bereits in den Spielregeln bestimmte Vertragsinhalte ausgeschlossen werden, solange das in Form allgemeingültiger Festsetzung geschieht. Man denke etwa an die Gestaltung von „Inhalt und Schranken" des Eigentumsgebrauchs durch den Gesetzgeber oder an bestimmte Ausformungen des Vertragsrechts (etwa die Unwirksamkeit sittenwidriger Verträge). Hayek plädiert für Sparsamkeit bei solchen Regelgestaltungen, begründet das aber nicht mit einem Freiheitsargument (aus guten Gründen, da ja die Abstraktheit der Regeln durch solche Gestaltungen nicht verletzt wird), sondern wiederum aus der Sorge um die Fortschrittsdynamik der spontanen Ordnung.

Keinesfalls vereinbar mit einer Verfassung der Freiheit ist es nach Hayek hingegen, die Politik zu ermächtigen, diejenigen Verteilungszustände herzustellen, die man aus irgendwelchen Gründen als gerecht zu bezeichnen beschlossen hat. In diesem Falle könnte die Rolle der Politik nicht mehr subsidiär zu den freien Handlungen der Bürger sein, sondern die Politik müßte das eigentliche Handlungszentrum der Gesellschaft sein. Mit ‚sozialer Gerechtigkeit‘, verstanden als Verteilungsgerechtigkeit, ernst zu machen wäre demnach nur möglich, wenn die Entscheidungsmacht zentralisiert wäre (sei es demokratisch oder autokratisch), wenn also keine individuelle Freiheit mehr herrschte. In Hayeks Sicht kehrte man damit zum Moralsystem primitiver Gesellschaften zurück, das auf der Unterordnung aller Gruppenmitglieder unter gemeinsame Zwecke und uneingeschränkter Solidarität aller gegenüber allen beruht.

3.4 Die politische Verfassung

Hayek weist sehr deutlich darauf hin, daß eine Ordnung der Gesellschaft, die den von ihm propagierten Grundsätzen entspricht, keine selbstverständliche Ordnung ist. Sowohl unsere moralischen Intuitionen (die er als durch die starke Solidarität der „Horde" geprägt und entsprechend irritiert durch das kühlere Klima einer freiheitlichen Gesellschaft ansieht) als auch unsere konkreten Interessen (die immer auch auf politisch geschaffenes Einkommen gerichtet sein werden) stehen dem entgegen. Wir sollten uns also, so sein Plädoyer, ein institutionelles Korsett verpassen, das uns in gewissem Maße vor uns selbst schützt. Hierbei muß die Schlacht um die rechtsstaatliche Zähmung der Staatsgewalt nicht noch einmal geschlagen werden. Vielmehr kommt es darauf an, sicherzustellen, daß der Staat sich nicht um zu viel kümmert und die Gesellschaft sich nicht schleichend von einer freiheitlichen in eine komplett politisch gestaltete Gesellschaft verwandelt. Die abstrakte Ordnung, die das tragende Element ist, darf nicht zum Spielball der aktuellen politischen Problembewältigung werden.

Im dritten Band von *Recht, Gesetzgebung und Freiheit* entwirft Hayek eine Verfassung, die den Punkt demonstriert, um den es ihm geht. Seine Absicht hierbei ist nicht, einen regelrechten Revisionsvorschlag für bestehende Verfassungen zu liefern, sondern vielmehr eine Idealverfassung, die als lehrreiches Kontrastbild zu den bestehenden Institutionen dienen soll, als Herausforderung für unser Denken und vielleicht auch als Inspiration für neu zu konzipierende Verfassungen.

Das entscheidende Merkmal dieser Verfassung ist eine bestimmte Sorte von Gewaltenteilung, und zwar die Aufteilung dessen, was wir pauschal Gesetzgebung zu nennen gewöhnt sind, auf zwei verschiedene Kammern. Mit dem Etikett ‚Gesetz' versehen wir heutzutage – in nach Hayek höchst unsinniger Weise – zwei ganz verschiedene Dinge: Zum einen das, was seiner Ansicht nach allein das Etikett ‚Gesetz' verdient, nämlich abstrakte Regeln gerechten Handelns; zum anderen Richtlinien und Ermächtigungen für die Führung der Geschäfte des Gemeinwesens, am sinnfälligsten in Form von Haushaltsgesetzen – etwas, das Hayek ‚Maßnahme' oder ‚Einzelentscheidung' nennen würde, aber niemals Gesetz. Entscheidungen, die so unterschiedlichen Charakter haben, sollten, so sein Vorschlag, vernünftigerweise aber auch zwei separaten Entscheidungsgremien mit separaten Aufgaben zugewiesen werden, einer wirklich gesetzgebenden Kammer und einer ‚Regierungsversammlung'.

Die Regierungsversammlung tut das, was unsere Parlamente gewöhnlich tun: Sie kooperiert mit der Exekutive, kontrolliert sie auch, sorgt dafür, daß die Maßnahmen der Exekutive in akzeptabler Weise die Interessen der Wähler verarbeiten.

Die gesetzgebende Kammer andererseits soll für die Aufrechterhaltung der abstrakten Ordnung verantwortlich sein. Sie soll Regeln erlassen, die für eine nicht begrenzte Menge noch unbekannter künftiger Situationen gelten, die keine spezifischen Zwecke verfolgen, die weder darauf zielen noch erwarten lassen, daß sie bestimmte vorab identifizierbare Personengruppen in spezifischer Weise berühren. Diese Gesetze sind verbindlicher Rahmen der Tätigkeit der Regierungsversammlung. Sie bestimmen nicht die Aufgaben der Regierungsversammlung und sie legen auch keine bestimmten Grenzen des Umfangs der Staatstätigkeit fest, aber sie entscheiden darüber, welcher Instrumente sich die Regierungsversammlung bedienen darf – insbesondere schließen sie jegliches diskriminierende Regierungsverhalten, etwa selektive Bevorzugungen oder Belastungen umschriebener Personengruppen, aus.

Nach Hayeks Auffassung ist das eine ganz andere Sorte von Gewaltenteilung als wir sie kennen. Interessant ist hierbei folgendes: Es ist mit Sicherheit eine andere Gewaltenteilung, als sie die von Hayek sonst so geschätzten Briten praktizieren; sie ist aber ausgesprochen ähnlich derjenigen, die der von Hayek überhaupt nicht geschätzte Rousseau im Sinn hat[14] – in der Unterscheidung von

---

[14] Vgl. oben Kap. II., Abschnitt 3., und unten Kap. VI., Abschnitt 2.

abstrakten Gerechtigkeitsurteilen und konkreten Interessen, in der Vorstellung, daß die Gesetzgebung keine Interessenangelegenheit sein soll, in der Vorstellung, daß Gesetzgebung und Regierung institutionell streng voneinander getrennt sein sollen.

4. Marx

Daß Marx in diesem Kapitel behandelt wird, bedarf sicherlich einer Erläuterung. Im Unterschied zu den drei gerade betrachteten Autoren kann Marx ja nicht als ein Denker betrachtet werden, der sich speziell auf Freiheit konzentriert hat. Marx ist aber derjenige, der sich am intensivsten mit den Implikationen der Freiheitsvorstellungen auseinandergesetzt hat, die wir bisher behandelt haben. Insbesondere gegenüber der Hayekschen Zuspitzung stellt Marx ein lehrreiches Kontrastprogramm vor, und zwar nicht, wie man hier vielleicht denken könnte, als Anwalt einer kollektivistischen Ordnungsidee, sondern vielmehr als Anwalt eines alternativen *individualistischen* Programms. Aus diesem Grund ist er derjenige, den wir lesen sollten, wenn wir den Gegenstand von allen Seiten betrachten wollen[15].

Die Marxschen Überlegungen, die für uns wichtig sind, können in drei Themenkomplexe gruppiert werden, die wir nacheinander betrachten wollen:

Erstens sind Fragen der individuellen Entfaltung und der Rolle abstrakter Regeln für die Entfaltung zu behandeln (4.1); zweitens wird es um die Beziehung zwischen Ungleichheit des Eigentums und gesellschaftlichen Machtverhältnissen gehen (4.2); drittens werden die liberale Vorstellung von naturwüchsiger Entwicklung und die Marxsche Vorstellung von bewußter gesellschaftlicher Entscheidung einander gegenübergestellt (4.3).

Dem Abschnitt 4.1 liegen vor allem die Frühschriften (insbesondere *Zur Judenfrage, Die Deutsche Ideologie, Pariser Manuskripte zur Nationalökonomie und Philosophie*) und die *Kritik des Gothaer Programms* zugrunde, dem Abschnitt 4.2 das *Kapital, Band I* (Kapitel 1-9), dem Abschnitt 4.3 das *Kapital, Band III* (Kapitel 48) und nochmals die Frühschriften.

---

[15] Da Marx hier gewissermaßen als Kommentar zu den vorher behandelten Konzeptionen oder Herausforderung für sie gelesen wird, steht er am Schluß des Kapitels, obwohl er rein chronologisch gesehen weiter vorn zu plazieren gewesen wäre.

4.1 Abstrakte Regeln und Entfremdung

Zunächst also zur Frage individueller Entfaltung und der Rolle abstrakter Regeln. Ausgangspunkt ist bei Marx ein detaillierter Frontalangriff gegen den Menschenrechtskatalog der Französischen Revolution und damit gegen die Idee rechtlich geschützter individueller Autonomie, der es wert ist, wörtlich zitiert zu werden:

> „Die Freiheit ist also das Recht, alles zu tun und zu treiben, was keinem anderen schadet. Die Grenze, in welcher sich jeder dem anderen unschädlich bewegen kann, ist durch das Gesetz bestimmt, wie die Grenze zweier Felder durch den Zaunpfahl bestimmt ist. Es handelt sich um die Freiheit des Menschen als isolierter und auf sich zurückgezogener Monade.
>
> [...] das Menschenrecht der Freiheit basiert nicht auf der Verbindung des Menschen mit dem Menschen, sondern vielmehr auf der Absonderung des Menschen von dem Menschen. Es ist das Recht dieser Absonderung, das Recht des beschränkten, auf sich beschränkten Individuums.
>
> [...] Jene individuelle Freiheit [... bildet] die Grundlage der bürgerlichen Gesellschaft. Sie läßt jeden Menschen im anderen Menschen nicht die Verwirklichung, sondern vielmehr die Schranke seiner Freiheit finden.
>
> [...] Keines der sogenannten Menschenrechte geht also über den egoistischen Menschen hinaus, über den Menschen, wie er [...] vom Gemeinwesen abgesondertes Individuum ist. Weit entfernt, daß der Mensch in ihnen als Gattungswesen aufgefaßt wurde, erscheint vielmehr das Gattungswesen selbst, die Gesellschaft, als ein den Individuen äußerlicher Rahmen, als Beschränkung ihrer ursprünglichen Selbständigkeit." (*Zur Judenfrage*)

Die *Entfremdung*[16] des Menschen von dem, was er sein könnte, ist die spezifische Eigenschaft der bürgerlichen Gesellschaft, eingebaut in ihre grundlegendsten Institutionen, die Menschenrechte selbst. Die Tradition, in der die Freiheit des Individuums *zunächst* einmal den Schutz vor Übergriffen verlangt, wird von Marx als eine Tradition gedeutet, in der die Umgebung des Individuums *nur* als Bedrohung vorkommt. Er selbst radikalisiert seinerseits den anderen Aspekt, nämlich die Rolle der Umgebung als Voraussetzung menschlicher Entfaltung. In seiner Vision der guten Gesellschaft geht es nicht darum, ängstlich eine negative Freiheit zu schützen, die alle in die Entfremdung von ihrer eigenen Gattung treibt und die Entfaltung ihrer Anlagen verhindert. Es geht vielmehr darum, daß jeder einzelne von allen anderen in seiner Individualität gefördert wird, daß die Sache eines jeden zugleich die Sache

---

[16]   Für den Bezug zu Hegel vgl. oben Kap. III., Abschnitt 2.

aller ist, daß umgekehrt jeder einzelne nach seinen Kräften die Entfaltung aller anderen zu fördern sucht. Der Satz, in dem dieses Programm als das Prinzip der kommunistischen Gesellschaft zusammengefaßt ist, lautet: „Jeder nach seinen Fähigkeiten, jedem nach seinen Bedürfnissen!" (*Kritik des Gothaer Programms*).

Dieser Satz ist nicht einfach eine allgemeine Aufforderung, miteinander freundlich und solidarisch umzugehen. Er ist vielmehr die Konsequenz eines Arguments, in dem Marx abstrakten Regeln, dem Recht selbst, eine grundsätzliche Absage erteilt. Gleiches Recht für alle, so seine Argumentation, also die zentrale Eigenschaft des Rechts überhaupt, ist nur möglich, wenn man die tatsächlich bestehende Vielfalt der Personen und ihrer Umstände jeweils über einen Leisten schlägt, unter bestimmte Rechtstatbestände subsumiert. Da es am Menschen nichts Unwesentliches gibt, wovon man getrost abstrahieren kann, ist die rechtliche Gleichbehandlung in Wirklichkeit Ungleichbehandlung. „Um alle diese Mißstände zu vermeiden, müßte das Recht, statt gleich, vielmehr ungleich sein. ..."[17]. Da das ein Selbstwiderspruch ist, muß man das Recht abschaffen und durch etwas anderes ersetzen.

Das ist nicht ‚kollektivistisch' gedacht. Vielmehr treibt Marx gerade den Individualismus in bestimmter Hinsicht auf die Spitze: Jeder Mensch ist einzigartig, jeder Mensch ist zugleich ganz und gar Gesellschaftswesen, also müssen alle sich ganz und gar auf alle einlassen. Eine abstrakte Rechtsordnung würde das strangulieren. In gewisser Weise radikalisiert also Marx etwas, das wir auch bei Mill finden, gegen das, was wir bei Kant finden. Man kann hier eine Vorstellung bekommen, warum Hayek so skeptisch gegenüber der Idee der Entfaltung ist und sich lieber auf dem sichereren Boden einer negativen Konzeption individueller Freiheit bewegt, in der das Recht tragend ist und nicht der gute Wille[18].

4.2 Eigentumsverhältnisse und gesellschaftliche Macht

Die abstrakte Gleichheit der bürgerlichen Rechtsordnung ist, wie gerade gesehen, für Marx bereits als solche ein Hindernis der

---

[17] Marx geht hier weiter als Platon, der das Problem ähnlich beschreibt, für den aber Gesetze immerhin als zweitbeste Lösung in Frage kommen; vgl. oben, Kap. III., Abschnitt 1.

[18] Man kann Marx mit einiger Berechtigung als ‚kollektivistischen Individualisten' bezeichnen, obwohl das zunächst etwas bizarr klingt: ‚Kollektivistisch' ist er nicht der Intention nach, sondern hinsichtlich des Verfahrens: Die „Gesellschaft" ist unumschränkt ermächtigt, den Individuen bei ihrer Entfaltung zu helfen; sie darf hierbei alles, was sie für notwendig oder richtig hält.

menschlichen Entfaltung. Speziell in der kapitalistischen Version der bürgerlichen Gesellschaft ist in die Rechtsgleichheit der Menschen als Eigentümer überdies eine Ungleichheit eingebettet, die unter Freiheitsgesichtspunkten folgenreich ist. Das ist die Ungleichheit zwischen denen, die Eigentümer der Produktionsmittel sind, und denen, die nichts als ihre Arbeitskraft besitzen.

Hier schließt Marx an Locke an[19]. Erinnern wir uns an den Lockeschen Aneignungsvorbehalt: Die Welt ist der Menschheit als gemeinsamer Besitz gegeben; jeder darf sich durch eigene Arbeit aneignen, was er verbrauchen kann, unter dem Vorbehalt, daß nichts verdirbt – und all das zumindest solange, wie für andere gleiche Aneignungsmöglichkeiten gewahrt bleiben. Letzteres hat Bedeutung ganz offensichtlich nicht nur für Gegenstände des Konsums, sondern erst recht für Produktionsmittel, insbesondere für Grund und Boden. Lockes Formulierung („zumindest" …) ist insofern vorsichtig, als sie Aneignungen, die die Aneignungsmöglichkeiten anderer Personen einschränken, für rechtfertigungsbedürftig erklärt, aber keineswegs für grundsätzlich nicht zu rechtfertigen. Hier setzt Marx ein: Bestimmte Aneignungen sind für ihn immer ein Problem, sie sind niemals zu rechtfertigen, und zwar diejenigen, durch die Menschen anderen Menschen den Zugang zu Produktionsmitteln überhaupt versperren. Wenn jemand nämlich keinen Zugang zu Produktionsmitteln hat, dann, so Marx, bleibt ihm nichts anderes übrig, als das zu Markte zu tragen, was er auf jeden Fall hat, nämlich seine Arbeitskraft, und sie den Eigentümern der Produktionsmittel zur Verwertung anzudienen – mit fatalen Folgen unter anderem für seine Freiheit.

Exkurs: Ausbeutung

Marx diskutiert die Konzentration der Produktionsmittel in den Händen weniger vor allem unter dem Gesichtspunkt der Ausbeutung, der in unserem Zusammenhang nicht als solcher wichtig ist, jedoch wenigstens kurz erläutert werden muß: Ausbeutung ist für Marx die Enteignung der Resultate fremder Arbeitskraft. Im historischen Normalfall war das nach seiner Darstellung eine gewaltsame Veranstaltung, buchstäblich durch Zwangsarbeit realisiert. Die bürgerliche Gesellschaft habe mit der Zwangsarbeit Schluß gemacht, aber nicht mit der Ausbeutung selbst. Vielmehr sei es ihr gelungen, die Enteignung ohne manifesten Zwang zu installieren, nämlich durch die Notwendigkeit des Verkaufs der Arbeitskraft: Wer seine Arbeitskraft verkauft, bekommt, ganz wie es sich in einem regelrechten Tausch gehört, das, was sie wert ist, als Kaufpreis. Was sie wert ist, bestimmt sich durch ihre Produktionskosten, wie der Wert jeder anderen Ware auch. Die Ware Arbeitskraft hat nun aber die besondere Eigenschaft, mehr produzieren zu können als zu ihrer Reproduktion notwendig ist – sie erzeugt mehr Wert als sie selbst wert ist, und dieser Mehrwert gehört dem Käufer dieser Ware. Die Wert-

---

[19] Vgl. oben Kap. III., Abschnitt 2.

lehre hinter der Ausbeutungstheorie ist umstritten und mit ihr folglich auch die Ausbeutungstheorie selbst. Das muß uns aber nicht stören, denn wichtig in unserem Zusammenhang ist ein hiervon unberührter Aspekt der Theorie, nämlich ihr Machtaspekt.

Der Verkauf der Arbeitskraft bedeutet unweigerlich, daß man sich selbst fremdem Kommando unterstellt, sich in ein Unterwerfungsverhältnis begibt und insofern seine Freiheit einschränkt. Entscheidend ist nun, ob man sich freiwillig auf ein solches Unterwerfungsverhältnis einläßt oder ob man keine andere Wahl hat. Wenn man selbst über Produktionsmittel verfügt, hat man die Wahl: Man kann ja seine Arbeitskraft in eigener Verfügung mit ihnen verbinden und Waren herstellen, die man dann zu Markte trägt. Man unterliegt in diesem Fall zwar dem anonymen Zwang des Marktes, aber keinen fremden Befehlen. Besitzt man keine Produktionsmittel, so hat man keine solche Wahl.

Folgt man Marx in diesem Punkt, so wird man die liberale Behauptung, daß Eigentumsschutz und Vertragsfreiheit zuverlässig vor fremder Willkür schützen, mit einem einschränkenden Vermerk versehen müssen: Eine bestimmte Art von Eigentum bzw. Nichteigentum – eben das Eigentum bzw. Nichteigentum an Produktionsmitteln – hat qualitative Folgen für die Freiheit; rechtliche Gleichheit kann somit durchaus mit ungleich verteilter *negativer* Freiheit verbunden sein, nicht nur mit ungleich verteilten *positiven* Entfaltungsmöglichkeiten.

4.3 Naturwüchsige Entwicklung und bewußte Entscheidung

Wir kommen noch einmal auf die Entfremdung zurück, und zwar nun auf das, was sie für die Gesellschaft insgesamt bedeutet. Entfremdung hat zwar bei Marx mit „Arbeitsteilung" zu tun, aber das ist bei ihm keine Charakterisierung des Arbeitsprozesses im technischen Sinne, sondern bezieht sich auf den Entscheidungsprozeß, in dem über die Arbeit verfügt wird. Das kapitalistische Privateigentum erzeugt eine Form der Arbeitsteilung, bei der „die Tätigkeit ... nicht freiwillig, sondern naturwüchsig geteilt ist", wodurch „die eigene Tat des Menschen ihm zu einer fremden gegenüberstehenden Macht [wird], die ihn unterjocht, statt daß er sie beherrscht" (*Deutsche Ideologie*). Marx spricht hier über genau das, was Hayek eine spontane Ordnung nennt, und rückt ganz bestimmte Eigenschaften dieser Ordnung in den Blick:

In der individuellen Entscheidung unter abstrakten Spielregeln geht es immer nur darum, sich an einen gesellschaftlichen Zustand, der außerhalb des eigenen Verantwortungsbereichs liegt, bestmöglich anzupassen, und niemals darum, gesellschaftliche Zustände entweder aktiv zu beeinflussen oder auch nur die Folgen der eigenen Handlungen für diese Zustände zu berücksichtigen. Das gesellschaftliche Resultat solcher Entscheidungen ist, über die Zeit hinweg betrachtet, ein Entwicklungsprozeß der Ausstattung mit Gütern, auch ein Entwicklungsprozeß von Verhaltensweisen und der Lebensverhältnisse insgesamt – diese Entwicklung aber findet evolutionär statt, in Marxens Worten: „naturwüchsig", „hinter dem Rücken" der Menschen. Motor des Ganzen ist nicht irgend jemandes Willkür, auch nicht ein bewußter Entwurf, sondern – auch in Hayeks Sicht – der anonyme Zwang der Verhältnisse. Es bleibt offen, ob die Menschen, wenn sie über die dadurch geschaffenen Zustände und Entwicklungspfade bewußt entscheiden könnten, diese auch so wollen würden.

Marx plädiert demgegenüber vehement dafür, sich nicht anonymem Zwang zu überantworten, sondern das Schicksal in die eigenen Hände zu nehmen, genauer: über das gemeinsame Schicksal auch gemeinsam und *bewußt* gemeinsam zu entscheiden. Der Zustand und Pfad der Gesellschaft soll nicht nur Ergebnis menschlichen Handelns, sondern auch menschlichen Entwurfs sein. Erst dann, wenn die „gesellschaftliche Kraft" nicht mehr von der „politischen Kraft" getrennt ist, ist die menschliche Emanzipation vollbracht, die Entfremdung überwunden (*Zur Judenfrage*).

Für die Gestaltung des Produktionsprozesses bedeutet das nicht etwa die Beseitigung der industriellen und insofern auch technisch hoch arbeitsteiligen und entsprechend spezialisierten Arbeitsformen und eine Rückkehr zu irgendwelchen ganzheitlichen Lebensweisen. Rein technisch sollte der „Stoffwechsel mit der Natur" so effizient wie möglich organisiert werden; hier handelt es sich um ein „Reich der Notwendigkeit", nicht aber um ein Feld der Selbstvervollkommnung (Mill setzt also in seiner Maschinenkritik nicht nur für Hayek, sondern auch für Marx am ganz falschen Ende an). Die Freiheit in diesem Bereich besteht nach Marx allein in der gemeinsamen und bewußten Verfügung der Beteiligten über den Produktionsprozeß. Das eigentliche „Reich der Freiheit", in dem sich die menschliche Individualität allein oder zusammen mit anderen entfaltet, liegt jenseits der Produktion. Ganz lapidar und prosaisch hält Marx hierzu fest: „Die Verkürzung des Arbeitstags ist die Grundbedingung." (*Kapital*, Bd. III, Kap. 48).

Es ist offensichtlich, daß Marx also den Zustand und Pfad einer Gesellschaft, normativ gesprochen, als Angelegenheit bewußter politischer Entscheidung und nicht evolutionärer Entwicklung ansah, einer Entscheidung, die im Prinzip demokratisch sein sollte. Es bleibt bei ihm allerdings undeutlich, wie eine Gesellschaft diesen Entscheidungsprozeß institutionell gestalten sollte: Der gesellschaftliche Wille, den Marx im Sinne hat, wenn er über die gemeinsame Verfügung über die gemeinsamen Dinge spricht, ist selbstverständlich nicht als willkürlich gedacht – erstens sollte der Wille, gemäß der oben zitierten Maxime „Jeder nach seinen Fähigkeiten, jedem nach seinen Bedürfnissen", sicherlich bestimmten ethischen Erfordernissen genügen; zweitens sollte er wohlinformiert sein, orientiert an der Erkenntnis dessen, was objektiv richtig, vernünftig usw. sei (der Sozialismus nannte sich nicht von ungefähr „wissenschaftlicher Sozialismus"). Es ist nicht überraschend, daß die hohen kognitiven und auch moralischen Anforderungen, die hier anfallen, nach dem Urteil zumindest von Marxens Nachfolgern nur von einer Elite („Avantgarde") erfüllt werden können, so daß die Marxsche Demokratie von Anfang an sicher vor allem als Herrschaft ‚für' das Volk und nicht als Herrschaft ‚durch' das Volk verstanden werden muß. Nimmt man das zusammen mit der erwähnten Abneigung Marxens gegen abstrakte Regeln (die diesen Eliten Zügel anlegen könnten), so wird man die Art und Weise, wie der reale Sozialismus funktionierte, kaum als die schlechte Realisierung einer guten Idee ansehen können – die Realisierung war durchaus so, wie es die Konzeption erwarten lassen konnte.

Man sollte allerdings aus dieser Unbestimmtheit nicht die falschen Konsequenzen ziehen: Sicherlich ist die Art von politischer Selbststeuerung, die Marx im Sinn hat, keine diskutable Alternative zum Hayekschen Fortschrittsevolutionismus. Sehr wohl diskutabel ist aber die Frage, wann und für welche Probleme eine rechtlich gebundene und verfahrensmäßig artikulierte demokratische Verfügung über die Verhältnisse und ihre Entwicklung eine Alternative zur Entwicklung ohne Entwurf ist. Keineswegs ist es so, daß allein letzteres freiheitlich genannt werden kann.

Zusammenfassung

Politik als die Herstellung kollektiv verbindlicher Entscheidungen enthält immer einen Aspekt des Zwangs und somit etwas, das – auf den ersten Blick jedenfalls – gerade nicht Freiheit ist. Kann es Freiheit nur als Freiheit von der Politik geben, oder gibt es auch Freiheit unter politischer Herrschaft, womöglich sogar als Freiheit *durch* politische Herrschaft? Die Auswahl von Argumenten, die in diesem Kapitel betrachtet wurden, zeigt das Gemeinsame ebenso wie das weiterhin Umstrittene. Wir begannen mit Immanuel Kant, der die grundlegenden Dinge zur individuellen Autonomie gesagt hat, und schlossen die Betrachtung von John Stuart Mill an, der auf dieser Grundlage den *positiven* Aspekt näher untersuchte, nämlich die Möglichkeit individueller Entfaltung und ihre politisch-kulturellen Voraussetzungen. Den Abschluß bildet die Gegenüberstellung zweier konträrer Konzeptionen der erwünschten oder notwendigen Gesamtverfassung einer Gesellschaft – auf der einen Seite Friedrich August von Hayeks Vorstellung von Freiheit als Zusammenleben autonomer Akteure unter abstrakten Spielregeln und auf der anderen Seite Karl Marx und seine Vorstellung von Freiheit als der bewußten Verfügung gesellschaftlich lebender Wesen über das gemeinsame Schicksal – die die politische Auseinandersetzung weiterhin prägen und aller Voraussicht nach auch in Zukunft prägen werden.

Literatur

Primärtexte

Hayek, Friedrich August von: *Die Verfassung der Freiheit* (1960). Tübingen 1971.

Hayek, Friedrich August von: *Recht, Gesetzgebung und Freiheit* (1973, 1976, 1979), Bde. I, II, III. München 1980 und 1981.

Humboldt, Wilhelm von: *Ideen zu einem Versuch, die Grenzen der Wirksamkeit des Staates zu bestimmen* (1792). (Werke in 5 Bänden, Bd. 1) Darmstadt 1960.

Kant, Immanuel: *Über den Gemeinspruch: Das mag in der Theorie richtig sein, taugt aber nicht für die Praxis* (1793), *Werkausgabe* Bd. XI. Frankfurt /M.1968, 125-172.

Kant, Immanuel: *Beantwortung der Frage: Was ist Aufklärung?* (1783), *Werkausgabe* Bd. XI. Frankfurt/M. 1968, 53-61.

Kant, Immanuel: *Zum ewigen Frieden. Ein philosophischer Entwurf* (1795). *Werkausgabe* Bd. XI; Frankfurt/M. 1968, 191-251.

Kant, Immanuel: *Grundlegung zur Metaphysik der Sitten* (1785), *Werkausgabe* Bd. VI. Frankfurt/M. 1968.

Kant, Immanuel: *Metaphysik der Sitten* (1797), *Werkausgabe* Bd. VIII. Frankfurt/M 1968.

Marx, Karl: *Zur Judenfrage* (1843), in: *MEW*, Bd. 1. Berlin 1956, S. 347-377.

Marx, Karl: *Ökonomisch-philosophische Manuskripte* (1844), in: *MEW*, Erg.-Bd. I. Berlin 1968, S. 465-588.

Marx Karl: *Das Kapital. Kritik der politischen Ökonomie*, Bd. 1 (1964), in: *MEW*, Bd. 23. Berlin 1973.

Marx, Karl: *Randglossen zum Programm der deutschen Arbeiterpartei (Kritik des Gothaer Programms*, 1875), in: *MEW*, Bd. 19. Berlin 1974, S. 15-32.

Marx Karl: *Das Kapital. Kritik der politischen Ökonomie*, Bd. 3 (1894), hrsg. von Friedrich Engels, in: *MEW*, Bd. 25. Berlin 1975.

Mill, John Stuart: *On Liberty* (1859). (Collected Works, Bd. 18). Toronto 1977.

Mill, John Stuart: *Über Freiheit.* Übers. von Achim von Borries. Frankfurt/M. 1969.

Mill, John Stuart: *Considerations on Representative Government* (1861) (*Collected Works*, Bd. 19). Toronto 1977.

Mill, John Stuart: *Betrachtungen über die repräsentative Regierung.* Paderborn 1971.

Sekundärliteratur

Dumont, Louis: *From Mandeville to Marx: The Genesis and Triumph of Economic Ideology.* Chicago und London 1977.

Euchner, Walter: *Karl Marx.* München 1983.

Fetscher, Iring (Hrsg.): *Grundbegriffe des Marxismus.* Hamburg 1976.

Gräfrath, Bernd: *John Stuart Mill: „Über die Freiheit". Ein einführender Kommentar.* Paderborn 1992.

Gray, John N.: *Freiheit im Denken Hayeks.* Tübingen 1995.

Himmelfarb, Gertrude: *On Liberty and Liberalism.* San Francisco 1990.

Kersting, Wolfgang: *Wohlgeordnete Freiheit. Immanuel Kants Rechts- und Staatsphilosophie.* Berlin 1984.

Rawls, John: *Geschichte der Moralphilosophie. Hume – Leibniz – Kant – Hegel.* Frankfurt/M. 2002.

V. Gerechtigkeit

(Johannes Schmidt)

Das Problem der Gerechtigkeit ist ein Thema, das die politische Philosophie seit ihren Anfängen beschäftigt. Platons *Politeia,* das erste uns erhaltene Hauptwerk der abendländischen politischen Philosophie, trägt den Untertitel ‚Über das Gerechte‘, und John Rawls' *Eine Theorie der Gerechtigkeit,* das einflußreichste sozialphilosophische Werk des 20. Jahrhunderts, läßt bereits im Titel erkennen, daß sich an der Aktualität dieses Themas bis heute nichts geändert hat. Seine dauerhafte philosophische Brisanz rührt vermutlich daher, daß Ungerechtigkeit von allen Menschen zu allen Zeiten als gravierendes moralisches oder politisches Problem betrachtet wurde, dessen Behebung eine hohe Priorität genießen sollte. Fragt man einen Zeitgenossen, ob es – in seiner familiären oder beruflichen Umgebung, bei der Lösung lokaler oder globaler politischer Konflikte etc. – gerecht oder ungerecht zugehen sollte, so wird er in aller Regel antworten, daß Gerechtigkeit herzustellen und Ungerechtigkeit zu vermeiden sei. Fragt man ihn darüber hinaus, ob er auch dann für eine gerechte Lösung plädieren würde, wenn die Beseitigung von Ungerechtigkeit mit erheblichen Kosten – etwa mit persönlichen Nachteilen oder dem Verzicht auf wirtschaftliches Wachstum – verbunden wäre, so wird er nicht selten bereit sein, diese Kosten in Kauf zu nehmen, wenn er von der Gerechtigkeit der angestrebten Lösung überzeugt ist. Wir haben allen Grund zu der Annahme, daß ein Zeitgenosse Platons oder Thomas von Aquins auf diese Fragen ganz ähnlich reagiert hätte.

Angesichts der enormen Wertschätzung, die die Gerechtigkeit seit jeher unter den Menschen genießt, haben es bedeutende Philosophen immer wieder als ihre Aufgabe angesehen, ihrem Publikum einen präzisen und begründeten Vorschlag für die Beseitigung von Ungerechtigkeiten zu unterbreiten. Ein umfassender und systematischer Vorschlag zur Beseitigung von Ungerechtigkeiten soll hier als (normative) Theorie der Gerechtigkeit bezeichnet werden. Die Entwicklung einer solchen Theorie stellt sehr hohe Anforderungen an einen Philosophen. Diese Anforderungen sind an den folgenden vier Fragen zu erkennen, die er seinem Publikum im Idealfall zu beantworten hätte:

(1) Worin besteht das Problem der Gerechtigkeit?
(2) Wie hat eine gerechte Lösung des unter (1) beschriebenen Problems auszusehen?
(3) Welche Gründe gibt es, die unter (2) beschriebene Lösung für eine gerechte Lösung zu halten?
(4) Läßt sich die unter (3) als gerecht begründete Lösung tatsächlich realisieren?

Die erste Frage zielt auf den Gegenstandsbereich einer Theorie der Gerechtigkeit. Daß eine Beantwortung dieser Frage alles andere als einfach ist, zeigt ein Blick auf die alltägliche Verwendung der Begriffe ‚gerecht' und ‚ungerecht'. Jeder von uns spricht, hört oder liest häufig von einem (un)gerechten Krieg, einer (un)gerechten Benotung, einem (un)gerechten Unentschieden, einem (un)gerechten Urteil, einem (un)gerechten Menschen, einer (un)gerechten Einkommensverteilung, einer (un)gerechten Bestrafung und vielen anderen (un)gerechten Dingen mehr. Es dürfte klar sein, daß ein Philosoph, der die mannigfaltigen Verwendungsweisen der Begriffe ‚gerecht' und ‚ungerecht' in seiner Theorie restlos einzufangen versuchen wollte, hoffnungslos überfordert wäre. Die Entwicklung einer normativen Theorie der Gerechtigkeit wird daher nur gelingen können, wenn der Philosoph die empirische Komplexität des Gerechtigkeitsbegriffs bewußt reduziert. Im Zuge dieser Reduktion wird er diejenigen Verwendungsweisen des Begriffs isolieren, die ihm als die häufigsten, wichtigsten oder interessantesten erscheinen. Am Ende dieses Prozesses wird dann ein theoretischer Begriff der Gerechtigkeit stehen, der eine philosophische Untersuchung des Problems der Gerechtigkeit erlaubt, ohne allzu viel von seiner empirischen Vielfalt zu opfern.

Ein theoretischer Begriff der Gerechtigkeit gibt den Rahmen ab, innerhalb dessen sich die Fragen (2) bis (4) erörtern lassen. Sobald wir wissen, worin das Problem der Gerechtigkeit im wesentlichen besteht, möchten wir in erster Linie wissen, wie eine moralisch akzeptable Lösung dieses Problems auszusehen hätte. Da es die zweite Frage ist, die das breite Publikum am meisten interessiert, wird ein Philosoph bei ihrer Beantwortung große Sorgfalt walten lassen. Er wird schließlich eine Menge von Prinzipien (oder auch nur ein einziges Prinzip) präsentieren, deren (oder dessen) Befolgung das Problem der Gerechtigkeit nach seiner Überzeugung zuverlässig löst. Eine derartige Menge von Gerechtigkeitsprinzipien soll im folgenden als Konzeption der Gerechtigkeit bezeichnet werden. Mit jeder Konzeption der Gerechtigkeit wird ein bestimmter (theoretischer) Begriff der Gerechtigkeit inhaltlich präzisiert. Ein bestimmter Gerechtigkeitsbegriff läßt also immer noch höchst unterschiedliche Konzeptionen der Gerechtigkeit zu. Das läßt sich leicht zeigen, wenn man annimmt, das Problem der Gerechtigkeit bestehe im wesentlichen in einer gerechten Verteilung von Gütern (wie Einkommen und Vermögen) auf die Mitglieder einer Gesellschaft. Dieser Begriff der Verteilungsgerechtigkeit ist mit einer strikten Gleichverteilung, einer Verteilung nach Leistung, einer Verteilung nach Bedürfnis und vielen anderen Verteilungsprinzipien zu vereinbaren.

Da ein bestimmter Begriff der Gerechtigkeit grundsätzlich ein breites Spektrum von Konzeptionen der Gerechtigkeit zuläßt, wird ein Philosoph seinen Lesern ein Argument zu unterbreiten haben, das ihnen zeigt, warum die von ihm präsentierten Gerechtigkeitsprinzipien allen konkurrierenden Prinzipien moralisch vorzuziehen sind. Die Bedeutung dieses Arguments, mit dem die dritte Frage beantwortet wird, liegt auf der Hand: Nur wenn es dem Philosophen gelingt, seine Leser von der moralischen Qualität seiner Gerechtigkeitsprinzipien zu überzeugen, werden diese Prinzipien eine Chance haben, sich in der Praxis durchzusetzen. Der praktische Erfolg einer Konzeption der Gerechtigkeit hängt allerdings nicht nur davon ab, ob es einem Philosophen gelingt, sie in überzeugender Weise moralisch zu rechtfertigen. Er hängt ganz offensichtlich auch davon ab, ob sie sich überhaupt in die Praxis umsetzen läßt. Eine Konzeption der Gerechtigkeit enthält, wie erwähnt, ein Prinzip oder mehrere Prinzipien der Gerechtigkeit. Jedes Gerechtigkeitsprinzip stellt (direkt oder indirekt) bestimmte Anforderungen an das Verhalten von Individuen. Enthält eine Konzeption der Gerechtigkeit ein Prinzip, das von Menschen Unmögliches verlangt, so ist sie grundsätzlich nicht realisierbar. Das gleiche gilt, wenn sie zwei Prinzipien enthält, deren Anforderungen nicht gleichzeitig erfüllt werden können. Um Fälle wie diese auszuschließen, muß ein Philosoph eine positive Antwort auf die vierte Frage parat haben. Eine solche Antwort hätte zu zeigen, daß die favorisierte Konzeption der Gerechtigkeit aus Prinzipien besteht, deren Anforderungen von realen Individuen unter plausiblen Bedingungen gleichzeitig erfüllt werden können.

Eine Theorie der Gerechtigkeit, die auf jede der vier genannten Fragen eine systematische Antwort gibt, kann als vollständig bezeichnet werden. Platons *Politeia* läßt sich als erster, grandioser Versuch zur Formulierung einer derart vollständigen Theorie interpretieren. Ein ähnlich ambitionierter Versuch ist erst wieder mit Rawls' *Theorie der Gerechtigkeit* unternommen worden. Daß auch unvollständige Theorien der Gerechtigkeit höchst aufschlußreich sein können, zeigen die Untersuchungen, die Aristoteles in der *Nikomachischen Ethik* und in der *Politik* anstellt. Die folgende Darstellung wird neben den Theorien Platons, Aristoteles' und Rawls' die Gerechtigkeitstheorie behandeln, die David Hume in seinem *Traktat über die menschliche Natur* entwickelt. Diese Theorie stellt im Rahmen unserer Erörterung insofern einen Sonderfall dar, als es Hume in erster Linie nicht um die Rechtfertigung, sondern um die Erklärung einer bestimmten Konzeption der Gerechtigkeit geht. Im Mittelpunkt seiner Theorie steht die Frage, welche (positiven) Gründe wir für die Tatsache angeben können, daß sich eine bestimmte Konzeption der Gerechtigkeit faktisch durchgesetzt hat, und nicht die Frage, welche (normativen) Gründe uns bewegen sollten, eine bestimmte Konzeption der Gerechtigkeit für moralisch richtig zu halten.

Angesichts der Komplexität der Materie und der Fülle des Materials haben wir uns dazu entschlossen, das Thema ‚Gerechtigkeit‘ sehr ausführlich zu erörtern. Trotz dieser Vorentscheidung erwies es sich als unmöglich, die Theorien der eben genannten politischen Philosophen jeweils auf alle vier der eingangs genannten Fragen hin zu untersuchen. Statt dessen mußten Schwerpunkte gesetzt werden. So konzentrieren sich die beiden ersten Abschnitte, die den klassischen Theorien von Platon und Aristoteles gewidmet sind, auf die Erörterung begrifflicher und konzeptioneller Fragen, während die beiden letzten Abschnitte, die die modernen Theorien von Hume und Rawls behandeln, darüber hinaus auch auf das Rechtfertigungsproblem und das Realisierungsproblem eingehen.

1. Platon

Platon unterscheidet in der *Politeia* nicht streng zwischen dem Begriff und einer Konzeption der Gerechtigkeit. Dies rührt daher, daß er sich in erster Linie weder für die tatsächliche Verwendung der Begriffe ‚gerecht‘ und ‚ungerecht‘ noch für die Bandbreite der tatsächlich favorisierten Gerechtigkeitsprinzipien interessiert. Was Platon statt dessen umtreibt, ist die Frage, worin das wahre ‚Wesen‘ bzw. die wahre ‚Natur‘ der Gerechtigkeit besteht. Seine Untersuchung dieser Frage zeigt allerdings sehr deutlich, daß er die Begriffe ‚gerecht‘ und ‚ungerecht‘ auf zwei Gegenstandsbereiche reduziert – die seelische Verfassung eines Individuums zum einen und die politische Verfassung eines Gemeinwesens zum anderen. Dementsprechend geht es in der *Politeia* über weite Strecken darum, die Konzeption eines gerechten Menschen und die Konzeption eines gerechten Staates zu entwickeln.

Platon entfaltet seine Argumentation in der Form eines Gesprächs, das Sokrates mit einer Reihe von Partnern führt. Die Dialogform prägt vor allem das erste Buch der *Politeia*, in dem sich Sokrates kritisch mit verbreiteten Auffassungen der Gerechtigkeit beschäftigt, die von Kephalos (einem wohlhabenden alten Mann), Polemarchos (dessen Sohn) und Thrasymachos (einem Sophisten) vertreten werden. Während es in Buch I darum geht, die Unzulänglichkeit der herrschenden Vorstellungen über die Gerechtigkeit zu demonstrieren, wird in den Büchern II – IX Platons eigene Gerechtigkeitstheorie entwickelt.[1] Diese Theorie ist höchst komplex, weil Platon

---

[1]   Das abschließende Buch X der *Politeia* enthält eine Reihe von Nachbetrachtungen zu dieser Theorie.

erstens nicht nur den gerechten Menschen und den gerechten Staat, sondern auch die verschiedenen Formen der Ungerechtigkeit zu kennzeichnen sucht, sich zweitens ausführlich mit den Bedingungen beschäftigt, die eine Verwirklichung seines Gerechtigkeitsideals ermöglichen würden, und drittens der Frage nachgeht, ob denn der Gerechte oder der Ungerechte besser lebe. Angesichts der enormen Komplexität seiner Theorie hat sich Platon entschlossen, Sokrates nun einen verkappten Monolog halten zu lassen, der von Glaukon und Adeimantos, seinen beiden wichtigsten Gesprächspartnern (und Brüdern Platons), meist nur kurz unterbrochen wird.

Es ist im Rahmen dieser Einführung nicht möglich, die in der *Politeia* ausgebreitete Gerechtigkeitstheorie in ihren Grundzügen vollständig nachzuzeichnen. Die folgende Darstellung wird sich auf die Bücher I – IV konzentrieren, in denen Platon vor dem Hintergrund einer kritischen Auseinandersetzung mit herrschenden Gerechtigkeitsvorstellungen sein Ideal eines gerechten Staates bzw. eines gerechten Individuums entwickelt. Auf die Bücher VIII und IX, die sich mit der Ungerechtigkeit (und dem Glück bzw. Unglück des Gerechten bzw. Ungerechten) beschäftigen, werden wir zumindest kurz eingehen. Mehr als ein Hinweis auf die Bücher V – VII, die philosophisch anspruchsvollsten Partien des Werkes, wird dagegen nicht möglich sein.

1.1 Verbreitete Vorstellungen über die Gerechtigkeit

Platon beginnt seine Untersuchung mit einer Reihe von teils konventionellen, teils provozierenden Ansichten über die Gerechtigkeit, die im ersten Buch ausführlich diskutiert und zu Beginn des zweiten Buches systematisch zugespitzt werden, um der gesamten folgenden Erörterung als Grundlage zu dienen. Die für den Gang der Argumentation wichtigsten Ansichten lassen sich zu den folgenden Thesen vereinfachen:

(1) Die Begriffe ‚gerecht' und ‚ungerecht' beziehen sich primär auf die moralische Qualität des individuellen Verhaltens.
(2) Sich ungerecht zu verhalten ist vorteilhafter als sich gerecht zu verhalten.
(3) Die Regeln gerechten Verhaltens sind das Produkt einer Übereinkunft aller Gesellschaftsmitglieder.

(1) Die erste These wird implizit von Kephalos und Polemarchos verfochten. Kephalos läßt sich von Sokrates auf die Überzeugung

festnageln, die Gerechtigkeit bestehe darin, wahrhaftig zu sein und anderen das zurückzugeben, was man von ihnen empfangen hat. Sokrates hat keinerlei Mühe, diese Position zu erschüttern, denn es gibt ganz offensichtlich Situationen, in denen wir es für moralisch falsch, und insofern für ungerecht, halten, eine der beiden genannten Verhaltensnormen zu erfüllen. So würde es – das ist Sokrates' Gegenbeispiel – keiner von uns als seine moralische Pflicht betrachten, einem wahnsinnig gewordenen Freund die Waffe zurückzugeben, die er zuvor bei uns deponiert hat. Um diesem Einwand zu entgehen, schlägt Polemarchos, dem Dichter Simonides folgend, vor, das Gerechte als das zu bestimmen, was ein Individuum einem anderen Individuum schuldig ist. Wie aber sind diese Schuldigkeiten zu präzisieren? Solange sich das, was wir anderen schuldig sind, in bestimmten Pflichten wie der Pflicht zur Wahrhaftigkeit oder der Pflicht zur Rückerstattung erschöpft, ist im Vergleich mit Kephalos' Vorschlag offenbar nichts gewonnen. Polemarchos reagiert auf dieses Problem dadurch, daß er das, was man einem anderen schuldig ist, mit dem übersetzt, was einem anderen gebührt. Die Gerechtigkeit besteht nach dieser neuen Fassung des Begriffs also darin, jedem das zuzuteilen, was ihm gebührt. Was aber gebührt einem Individuum, und wovon hängt es ab, was ihm gebührt? Polemarchos' Antwort ist simpel: Freunden gebührt Gutes und Feinden Böses. Es sei daher gerecht, Freunden zu nutzen und Feinden zu schaden.

Polemarchos' letzte Präzisierung des Gerechtigkeitsbegriffs rettet ihn zwar vor Sokrates' Gegenbeispiel – dem Freunde Gutes zu tun, heißt in diesem Beispiel ja offensichtlich, ihm die Waffe nicht zurückzugeben –, setzt ihn aber einer Fülle von neuen Einwänden aus. Ein einfacher Einwand operiert mit der Figur des falschen Freundes bzw. des verkannten Feindes. Als Freunde bzw. Feinde betrachten wir, so Polemarchos, Menschen, die wir für gut bzw. böse halten. Nun kann es sehr wohl passieren, daß uns ein Mensch gut bzw. böse zu sein scheint, der tatsächlich böse bzw. gut ist. Falls wir uns in dieser Weise irren, würde uns Polemarchos' Konzeption der Gerechtigkeit dazu zwingen, einem Bösen Gutes und einem Guten Böses zuzufügen. Eine naheliegende Reaktion auf diesen Einwand besteht darin, die Begriffe von Freund und Feind neu zu definieren und als Freund bzw. Feind nun einen Menschen zu bezeichnen, der in Wahrheit gut bzw. böse ist. Sokrates kontert diese Ausflucht des Polemarchos mit dem Versuch zu zeigen, daß es unter keinen Umständen gerecht sein kann, einem anderen Individuum – und sei es auch ein Feind im soeben definierten Sinne – Böses zuzufügen. Sein Argument ist allerdings wenig überzeugend, weil es auf der dubiosen

Prämisse beruht, einem Menschen zu schaden heiße immer, diesen Menschen moralisch schlechter, d. h.: ungerechter, zu machen.

Wenig überzeugend sind auch die übrigen Einwände, die Sokrates gegen Polemarchos' Konzeption der Gerechtigkeit vorbringt. Es ist hier nicht möglich, auf diese Einwände näher einzugehen. Wir müssen uns damit begnügen, die Intention festzuhalten, die allen gegen Kephalos und Polemarchos vorgebrachten Argumenten zugrunde liegt. Es geht Platon im wesentlichen darum, die Grenzen der traditionellen Vorstellungen über die Gerechtigkeit zu demonstrieren. Diese Vorstellungen müssen nach Platons Überzeugung das Wesen der Gerechtigkeit unweigerlich verfehlen, weil sie an den äußeren Handlungen von Individuen ansetzen. Dies gilt sowohl für Kephalos, dessen Konzeption der Gerechtigkeit sich in einer Liste spezieller Handlungspflichten erschöpft, als auch für Polemarchos, der diese Liste durch ein allgemeines Handlungsprinzip zu ersetzen versucht. Folgt man Platon, so läßt sich das Wesen der Gerechtigkeit dagegen nur dann bestimmen, wenn man an der inneren Verfassung eines Individuums, an seiner Seele oder an seinem Charakter, ansetzt. Dieser begriffliche Ansatz läßt es zwar durchaus zu, von einer gerechten oder ungerechten Handlung zu sprechen. Eine gerechte bzw. ungerechte Handlung ist dann aber keineswegs als eine Handlung zu bestimmen, die einer Regel des gerechten Verhaltens entspricht bzw. widerspricht, sondern vielmehr als eine Handlung, die einer gerechten bzw. ungerechten mentalen Verfassung entspringt.

(2) Die zweite These gibt den Kern der Position wieder, die von Thrasymachos vertreten wird. Diese Position ist nicht ohne Mühe zu erkennen, weil Thrasymachos im Verlauf des Gesprächs zwei verschiedene Behauptungen aufstellt. Er behauptet zunächst, die Gerechtigkeit sei mit dem Interesse des Stärkeren zu identifizieren. Als Antwort auf die Frage, worin das Wesen der Gerechtigkeit bestehe, kann diese Behauptung zunächst nur verblüffen. Im Verlauf des Gesprächs stellt sich allerdings bald heraus, daß Thrasymachos in erster Linie keine begriffliche Präzisierung der Gerechtigkeit, sondern eine Antwort auf die Frage liefern wollte, wem denn die Gerechtigkeit nütze. Diese Antwort geht stillschweigend von der begrifflichen Voraussetzung aus, daß es gerecht sei, den Gesetzen zu gehorchen. Wenn nun – was niemand bestreiten wird – die Gesetze von den Herrschenden gemacht werden, und wenn sich die Herrschenden – was Thrasymachos ausdrücklich annimmt – bei der Gesetzgebung an ihren eigenen Interessen orientieren, so muß man – so sein Argument – schließen, daß es gerecht ist, die Interessen der Herrschenden zu befördern. Da nun die Regierenden insofern

stärker sind als die Regierten, als sie über die staatlichen Zwangsmittel verfügen, kommt er ohne weiteres zu dem Schluß, es sei
gerecht, die Interessen der Stärkeren durchzusetzen.

Während Kephalos und Polemarchos die Gerechtigkeit als
ethisches Problem, als Problem des guten individuellen Lebens,
einführten, bringt Thrasymachos' erste Behauptung das Problem der
politischen Gerechtigkeit, das Problem gerechter Herrschaft, ins
Spiel. Seine provozierende These, daß die Gerechtigkeit im Staat
unweigerlich den Herrschenden zum Nutzen und den Beherrschten
zum Schaden gereiche, fordert Sokrates zu einer bohrenden Kritik
heraus. Sein erster Einwand läßt sich in der folgenden Weise refor-
mulieren: Thrasymachos hat die Gerechtigkeit zugleich in formaler
und in materialer Weise bestimmt. Gerecht zu sein, heißt für ihn
nämlich einerseits, den Gesetzen zu gehorchen, und andererseits,
das Interesse der Regierenden zu befördern. Wenn sich nun die
Regierenden über ihre eigenen Interessen täuschen und ein Gesetz
erlassen, das ihnen faktisch nicht zum Nutzen, sondern zum Schaden
gereicht, wird die formale Bestimmung des Gerechten mit seiner
inhaltlichen Bestimmung kollidieren. Als gerecht ist in diesem Fall
nämlich ein Verhalten zu klassifizieren, das gegen das Interesse der
Herrschenden verstößt.

Eine naheliegende Möglichkeit, um diesen Einwand abzuwehren,
bestünde darin, nicht den tatsächlichen, sondern den intendierten
Nutzen eines Gesetzes zum Maßstab zu nehmen und zu argumentieren, daß die Gerechtigkeit der Regierten – d. h.: ihr Gehorsam
gegenüber einem bestimmten Gesetz – unweigerlich die Absicht der
Regierenden befördert, sich mit diesem Gesetz einen bestimmten
Nutzen zu verschaffen. Thrasymachos jedoch weigert sich, diesen
von Kleitophon (einem ansonsten schweigsamen Zuhörer) ins Gespräch gebrachten Ausweg zu wählen und bemüht sich statt dessen,
den Einwand mit dem Begriff eines wahren Herrschers zu entkräften.
Ein Regierender, so seine Entgegnung, sei nur dann ein wahrer
Herrscher, wenn er sich nicht irre. Mit dieser begrifflichen Zuspitzung
entgeht Thrasymachos zwar Sokrates' erstem Einwand, setzt sich
zugleich aber neuer Kritik aus. Ist es nicht völlig abwegig, einen
wahren Herrscher als einen Herrscher zu bestimmen, der seine eigenen Interessen zum Maßstab seiner politischen Entscheidungen
macht? Würden wir einen wahren Herrscher – analog zu einem
wahren Arzt oder einem wahren Steuermann – nicht vielmehr als
einen Herrscher bestimmen, der – analog zur Gesundheit der Patienten oder der Sicherheit der Passagiere – das Wohl der Beherrschten
zur Richtschnur seiner Regierungstätigkeit macht? Zeichnet sich eine
gerechte politische Ordnung demnach – in diametralem Gegensatz

zu Thrasymachos' Behauptung – nicht dadurch aus, daß Herrschaft zum Wohl der Beherrschten ausgeübt wird?

Angesichts dieser bedrohlichen Wendung des Gesprächs rückt Thrasymachos von der Figur des wahren Herrschers ab und kehrt zu seinem eigentlichen Anliegen, nämlich zu der Frage zurück, wem denn die Gerechtigkeit nütze. Die Gerechtigkeit – so lautet seine zweite Behauptung – ist das Gut eines anderen, sie zahlt sich für den gerechten Akteur nicht aus. Ein Individuum kann kein genuines Motiv haben, gerecht zu handeln, weil seine Gerechtigkeit zwar anderen Individuen Vorteile, ihm selbst aber Nachteile bringt. Was sich dagegen bezahlt macht, ist die Ungerechtigkeit. Sie stimmt auf Kosten der Interessen anderer Individuen mit dem Interesse des ungerechten Akteurs überein. Es gibt daher ein genuines Motiv, ungerecht zu handeln. Dieses Motiv wird immer dann zum Tragen kommen, wenn der Akteur eine Chance sieht, eine ungerechte Handlung begehen zu können, ohne mit einer Bestrafung rechnen zu müssen – sei es, weil er eine alltägliche Ungerechtigkeit (wie einen Diebstahl) unentdeckt zu begehen, sei es, weil er eine gewaltige Ungerechtigkeit (wie die Errichtung einer Tyrannei) unter dem Beifall der Öffentlichkeit durchzusetzen imstande ist. Thrasymachos untermauert seine zweite Behauptung mit der Alltagserfahrung, daß der Gerechte im Leben immer schlechter fährt als der Ungerechte: Der Gerechte wird im privaten Verkehr vom Ungerechten ausgebeutet; der Gerechte zahlt seine Steuern, der Ungerechte sucht sie zu vermeiden; der Gerechte übt ein öffentliches Amt verantwortungsvoll und unter Vernachlässigung seiner privaten Geschäfte aus, während sich der Ungerechte im Amt bereichert, etc.

Zwischen den beiden Behauptungen des Thrasymachos besteht streng genommen ein logischer Widerspruch. Wenn nämlich die Gerechtigkeit zwar den Adressaten einer Handlung zum Vorteil, dem Handelnden selbst aber zum Nachteil gereicht, können nur die gerechten Handlungen des Schwächeren, nicht aber die gerechten Handlungen des Stärkeren das Interesse dieses Stärkeren befördern. Man tut jedoch gut daran, diesen Widerspruch nicht allzu stark zu betonen und die zweite Behauptung statt dessen als Erweiterung und Klärung der ersten Behauptung zu interpretieren. Worum es Thrasymachos in beiden Fällen ganz offensichtlich geht, ist zu zeigen, daß die Gerechtigkeit einem Akteur grundsätzlich schadet und die Ungerechtigkeit ihm grundsätzlich nützt. Dieser Nachweis wird mit der ersten Behauptung aus der speziellen Perspektive der Regierten und mit der zweiten Behauptung aus der allgemeinen Perspektive aller denkbaren Akteure zu erbringen versucht. Die zweite Behauptung unterscheidet sich im übrigen nicht nur durch ihre größere Allgemeinheit von der ersten, sondern auch dadurch, daß sie einen anderen Begriff der Gerechtigkeit unterstellt. Thrasymachos geht nun nämlich stillschweigend davon aus, daß sich die Begriffe ‚gerecht' und ‚ungerecht' nicht nur auf die äußeren Handlungen, sondern auch auf die mentale Disposition eines Individuums erstrecken. So wird der Ungerechte als ein Mensch geschildert, dessen Innenleben von dem Wunsch geprägt ist, mehr als alle anderen haben zu wollen, während der Gerechte als ein Mensch erscheint, der nicht mehr haben will, als ihm fairerweise zukommt.

Sokrates bringt eine Reihe von Argumenten vor, um die nun geklärte Position des Thrasymachos zu erschüttern. Keines dieser Argumente indes vermag den Leser zu überzeugen.[2] Wie schwach sie sind, ist exemplarisch an dem Argument zu erkennen, mit dem Sokrates zu zeigen versucht, daß es nicht – wie Thrasymachos behauptet – der Ungerechte, sondern der Gerechte ist, der glücklich lebt. Jedes Ding, so beginnt dieses Argument, hat eine spezifische Funktion und eine spezifische Vortrefflichkeit bzw. Tugend, die die Qualität verbürgt, mit der die jeweilige Funktion erfüllt wird. Die spezifische Funktion der Seele, so fährt Sokrates fort, besteht darin, über die Art der individuellen Lebensführung zu entscheiden. Nun sei man aber übereingekommen, daß die spezifische Tugend der Seele die Gerechtigkeit sei. Daher wird, so folgert Sokrates, nur die gerechte Seele die spezifische Funktion der Seele gut erfüllen. Nur der Gerechte wird demnach gut leben. Nimmt man nun mit Sokrates noch an, daß nur wer gut lebt auch glücklich ist, so landet man bei der erwünschten Konklusion: Nur der Gerechte ist glücklich! – Wir müssen hier darauf verzichten, auf dieses Argument ausführlich einzugehen. Eines aber dürfte unmittelbar klar sein: Das ganze Argument steht und fällt mit der Prämisse, daß die Gerechtigkeit als spezifische Tugend der Seele zu betrachten ist. Diese zentrale Prämisse wird von Sokrates jedoch ad hoc und ohne jede Begründung eingeführt. Er behauptet zwar, daß hinsichtlich dieser Prämisse bereits ein allgemeiner Konsens bestehe. Davon aber kann überhaupt keine Rede sein. Die Frage, ob und in welcher Weise die Prädikate ‚gerecht' und ‚ungerecht' auf die menschliche Seele zu beziehen sind, ist an dieser Stelle des Dialogs noch in keiner Weise geklärt.

(3) Die dritte These wird von Glaukon zwar vorgetragen, nicht aber selbst vertreten. Sie klärt eine Frage, die in Thrasymachos' Ausführungen offen geblieben war. Wenn es kein genuines Motiv gibt, sich

---

2 Dies zu tun, ist im ersten Buch der *Politeia* auch gar nicht Platons Absicht. Eine überzeugende Widerlegung der von Thrasymachos vertretenen Position ist ausdrücklich den Büchern II - IX vorbehalten.

gerecht zu verhalten, wie ist es dann zu erklären, daß Rechtsordnungen entstanden sind, deren Regeln von den allermeisten Menschen eingehalten werden? Die von Glaukon skizzierte Antwort enthält die Grundzüge der Theorie, die mehr als zweitausend Jahre später von Thomas Hobbes entwickelt wurde.[3] Wie Hobbes geht Glaukon von der Beschreibung eines Zustands aus, in dem die Menschen ihrer Natur gemäß, d. h. ohne einer staatlichen Gewalt zu unterliegen, zusammenleben. In diesem Naturzustand wird – so die von Glaukon referierte Position – kein Individuum ein Motiv haben, sich gerecht zu verhalten, d. h. die Regeln zu wahren, die von einer Rechtsordnung typischerweise gesetzt werden – wie seine Verträge einzuhalten, den Besitz und das Leben anderer Individuen zu respektieren etc. Jedes Individuum wird vielmehr ein natürliches Motiv haben, sich ungerecht zu verhalten, weil es vom Bruch der genannten Regeln profitieren kann. Nun muß ein Individuum allerdings die Chancen, die ihm sein ungerechtes Verhalten eröffnet, gegen die Risiken abwägen, die ihm dadurch entstehen, daß es selbst jederzeit zum Opfer des ungerechten Verhaltens anderer Individuen werden kann. Da die aus der Ungerechtigkeit der anderen entstehenden Nachteile plausiblerweise sehr viel größer sind als die aus der eigenen Ungerechtigkeit resultierenden Vorteile, wird jedes Individuum der vertraglichen Etablierung einer staatlichen Gewalt zustimmen, die alle Individuen dazu zwingt, sich gerecht zu verhalten. Ist diese Gewalt erst einmal etabliert, hat jeder Bürger ganz offensichtlich ein Motiv, die von ihr gesetzten Regeln einzuhalten, weil er bei jeder Regelverletzung mit einer staatlichen Sanktion zu rechnen hat.

Die von Glaukon referierte Position betrachtet die Gerechtigkeit als eine Erfindung von Menschen[4], die zwar stark genug sind, um anderen Unrecht zuzufügen, aber zu schwach, um sich vor dem Unrecht oder der Vergeltung anderer zuverlässig zu schützen. Ein extrem starkes Individuum, das anderen nach Belieben Unrecht tun könnte, ohne jemals Unrecht leiden oder eine Bestrafung durch andere befürchten zu müssen, hätte keinen Grund, sich an dem skizzierten Gesellschaftsvertrag zu beteiligen. Ein extrem schwaches Individuum, das der Ungerechtigkeit seiner Umwelt unterläge, ohne selbst anderen Unrecht zufügen oder sich für erlittenes Unrecht rächen zu können, würde von diesem Vertrag ausgeschlossen werden. Vertragspartner werden dagegen alle Individuen sein, die in der genannten Weise stark und schwach zugleich sind. Sie haben sich zwischen einer Situation, in der man sowohl Unrecht tun kann als

---

3   Vgl. dazu oben Kap. II.
4   In diesem Sinne wird die Gerechtigkeit von David Hume als künstliche Tugend gekennzeichnet. Vgl. dazu unten Abschnitt 3.2.2.

auch Unrecht zu leiden hat, und einer Situation, in der man weder Unrecht tun darf noch mit Unrecht zu rechnen hat, zu entscheiden. Ihre Entscheidung für die zweite Option ist kein moralisches, sondern ein ihrem aufgeklärten Interesse entspringendes Votum für die Gerechtigkeit. Jeder Mensch würde eine Situation bevorzugen, in der er selbst Unrecht tun kann, ohne Unrecht leiden oder Strafe befürchten zu müssen.[5] Nur weil diese Option einem ‚normalen‘ Menschen nicht zur Verfügung steht, wird er sich einer Rechtsordnung unterwerfen. Die Gerechtigkeit ist daher für alle Vertragspartner nur die zweitbeste Option.

1.2 Der gerechte Staat

Am Ende des ersten und zu Beginn des zweiten Buches der *Politeia* gibt Platon deutlich zu erkennen, daß er die bisherige Behandlung des Problems der Gerechtigkeit aus zwei Gründen für völlig unzureichend hält. Zum einen hat man nämlich – und darauf weist Sokrates selbst hin – im Zuge der Auseinandersetzung mit Thrasymachos die Frage nach dem Wesen der Gerechtigkeit völlig aus den Augen verloren. Zum anderen ist dessen These vom Nutzen der Ungerechtigkeit – so argumentieren Glaukon und Adeimantos – nicht wirklich überzeugend kritisiert worden. Eine neue und umfassendere Untersuchung sowohl des Wesens als auch des Nutzens der Gerechtigkeit ist daher geboten.

Die erneute Untersuchung beginnt mit der Unterscheidung dreier Arten von Gütern. Wenn wir irgendein Objekt begehren, werden wir dies nach Platon in einer der drei folgenden Weisen tun. Wir werden ein Objekt entweder (wie etwa unser Wohlbefinden) ausschließlich um seiner selbst willen oder (wie etwa unsere Gesundheit) sowohl um seiner selbst als auch um seiner Folgen willen oder schließlich (wie körperliches Training) ausschließlich um seiner Folgen willen anstreben. Glaukon und Sokrates sind sich einig, daß die Gerechtigkeit zwar von der breiten Masse als ein Gut der dritten Kategorie betrachtet wird, tatsächlich aber als ein Gut der zweiten Kategorie zu betrachten ist. Damit ist das Problem formuliert, das Sokrates in den restlichen Büchern der *Politeia* zu lösen hat. Er soll zeigen, daß die Gerechtigkeit nicht nur wegen ihrer äußeren Folgen – d. h.: weil sie ein gutes Leben sichert – , sondern auch per se – d. h.: weil sie eine gute innere Verfassung verbürgt – für jeden Menschen erstrebenswert ist.

---

5   Glaukon schildert diese Situation in der berühmten Sage vom Ring des Gyges.

Um dies zeigen zu können, muß zunächst einmal geklärt werden, worin das Wesen der Gerechtigkeit für den einzelnen Menschen besteht. Da sich diese Frage als äußerst schwierig erweist, schlägt Sokrates vor, einen Umweg zu wählen und vor dem gerechten Menschen den gerechten Staat[6] zu untersuchen. Dieser Umweg wird mit dem Argument begründet, daß sich die Natur eines Phänomens im Großen sehr viel besser als im Kleinen erkennen lasse. Damit ist klar, daß Platon die Gerechtigkeit im Staat und die Gerechtigkeit im Individuum als ein und dasselbe Phänomen betrachtet. Nur unter dieser Voraussetzung hat seine Strategie, zunächst den gerechten Staat zu kennzeichnen, um danach den gerechten Menschen völlig analog kennzeichnen zu können, einen Sinn. Wie aber ist die Gerechtigkeit im Staat zu erkennen? Platon meint, man müsse sich nur die Entstehung eines Staates in Gedanken vor Augen führen, um zu erkennen, wie Gerechtigkeit und Ungerechtigkeit in ihm entstehen. Diese methodische Äußerung ist schwer zu interpretieren. Was Platon hier sicherlich nicht empfiehlt, ist irgendeine Art von historischer Analyse. Eher scheint ihm eine Argumentation vorzuschweben, die von der Natur des Menschen bzw. des menschlichen Zusammenlebens auf die Grundfunktion des Staates, von dieser Funktion auf die Verfassung eines vollkommenen Staates und von dieser Verfassung auf das Wesen der Gerechtigkeit im Staat schließt.

Am Anfang dieser Argumentation stehen zwei Prämissen zur menschlichen Natur. Platon geht davon aus, daß die Menschen von Natur aus in je einer relevanten Hinsicht gleich und ungleich sind. Sie sind insofern gleich, als keiner alle seine Bedürfnisse im Alleingang befriedigen kann, und sie sind insofern ungleich, als sie sich durch unterschiedliche Begabungen und Talente auszeichnen. Angesichts dieser beiden natürlichen Tatsachen ist es für jedes Individuum von Vorteil, sich auf eine bestimmte Tätigkeit zu spezialisieren und die Früchte seiner Arbeit gegen die Produkte der Tätigkeit der anderen Individuen einzutauschen. Die aus Arbeitsteilung und Kooperation resultierenden Vorteile werden nach Platon insgesamt am größten sein, wenn jedes Individuum ausschließlich die Tätigkeit ausübt, für die es von Natur aus am besten geeignet ist. Solange es nur darum geht, die elementaren Bedürfnisse des Menschen (nach Nahrung, Kleidung und Wohnung) zu befriedigen, ist nach Platons Überzeugung keine Staatsgewalt vonnöten, um das skizzierte System einer natürlichen Arbeitsteilung zu realisieren. Ein solches System wird sich vielmehr von selbst durchsetzen, weil es in jedermanns

---

6   Wenn hier und im folgenden von ‚Staat' die Rede ist, ist immer der klassische griechische Stadtstaat, die Polis, gemeint.

Interesse ist und keinerlei Konfliktpotential enthält. Jeder wird demnach seinen natürlichen Platz als Bauer, Handwerker, Händler oder Tagelöhner einnehmen und mit allen anderen Mitgliedern der Kooperationsgemeinschaft einvernehmlich zusammenleben. Ein Problem der politischen Gerechtigkeit kann es unter diesen Umständen nicht geben.

Dieses Problem entsteht erst dann, wenn sich die Menschen mit der Befriedigung ihrer elementaren Bedürfnisse nicht mehr zufrieden geben und darüber hinaus alle möglichen nicht lebensnotwendigen Dinge (wie kulinarische, literarische oder musikalische Genüsse) zu begehren beginnen. Die Befriedigung dieser luxuriösen Bedürfnisse verwandelt die kleine, einfache Kooperationsgemeinschaft in eine große und bunte Gesellschaft, in der sich nun auch Köche, Dichter, Schauspieler, Musiker und die Vertreter zahlloser anderer Berufe tummeln. Da das Land der einfachen Gemeinschaft nicht ausreicht, um alle Mitglieder dieser üppigen Gesellschaft zu ernähren, wird diese Krieg gegen andere Gemeinschaften führen müssen, um ihnen Land zu rauben. Wer aber soll für den Aggressor in den Krieg ziehen? Die Antwort ergibt sich unmittelbar aus Platons Prinzip der Spezialisierung: Es müssen diejenigen sein, die sich von Natur aus am besten für das Kriegshandwerk eignen. Da nach dem genannten Prinzip jeder Mensch eine Tätigkeit am besten verrichtet, wenn er sich ausschließlich auf diese Tätigkeit konzentriert, kann das Heer nicht bei Bedarf aus der werktätigen Bevölkerung rekrutiert, sondern muß als Berufsarmee organisiert werden. Der Klasse der arbeitenden Bürger steht somit eine Klasse von Kriegern gegenüber, die Platon als Wächter bezeichnet.

Damit ist bereits klar, daß eine vielfältig ausdifferenzierte Gesellschaft nicht ohne Staatsgewalt bestehen kann. Die Armee der Wächter muß schließlich sowohl politisch rekrutiert als auch politisch geführt werden. Die Notwendigkeit einer politischen Gewalt resultiert nach Platon aber auch aus der Tatsache, daß in einer üppigen Gesellschaft vielfältige Konflikte aufbrechen, die nach gesetzgeberischen Maßnahmen, richterlichen Entscheidungen und dem Einsatz von Polizeikräften verlangen. Die Frage, wer in Platons idealem Staat die politischen Herrschaftsfunktionen wahrnehmen sollte, beantwortet sich von selbst: Es sind diejenigen, die von Natur aus am besten zum Herrschen geeignet sind. Für Platon kann es keinen Zweifel daran geben, daß sich zum Herrschen geeignete Persönlichkeiten nur unter den Wächtern finden werden. Die Klasse der Wächter wird dementsprechend in zwei Teilklassen zerlegt – die Klasse der Herrscher (bzw. vollkommenen Hüter) und die Klasse der einfachen Wächter (bzw. Hüter, Helfer oder Gehilfen). Während es dieser

zukommt, die innere und äußere Sicherheit des Staates durch polizeiliche und militärische Aktionen zu gewährleisten, hat jene die
Aufgabe, Gesetze zu geben, Recht zu sprechen und sämtliche Regierungsfunktionen wahrzunehmen.

Platons vollkommener Staat ist ein Drei-Klassen-Staat. An seiner
Spitze steht eine schmale politische Elite, die in der Wahrnehmung
ihrer Funktionen durch eine Schar von Sicherheitskräften unterstützt
wird. Diesen beiden privilegierten Klassen steht die breite Masse der
Erwerbstätigen gegenüber, die von allen politischen, administrativen,
polizeilichen und militärischen Tätigkeiten ausgeschlossen sind.
Während es jedem Mitglied dieser dritten Klasse völlig freisteht,
seinen privaten Interessen nachzugehen, sind die Mitglieder der
beiden ersten Klassen ausschließlich dem Gemeinwohl verpflichtet.
Um sicherzustellen, daß die Herrscher und die übrigen Wächter
dieser Verpflichtung bestmöglich nachkommen, ist neben ihrer Re-
krutierung auch ihre Erziehung und ihre Lebensweise einem strengen Reglement unterworfen: Zum Wächter taugt grundsätzlich nur,
wer von Natur aus bestimmte körperliche Vorzüge (wie Schnelligkeit
und Stärke) mit bestimmten mentalen Qualitäten (wie Mut und
Lernbegierde) vereinigt. Als Herrscher sind grundsätzlich nur diejenigen geeignet, denen darüber hinaus das Gemeinwohl von Kindesbeinen an besonders am Herzen liegt. Alle zum Wächteramt Geeigneten müssen sich einem umfangreichen pädagogischen Programm
unterziehen, das durch eine asketische körperliche und eine rigide
musische Erziehung auf die Bildung eines guten Charakters zielt.
Wer die Eignung zum Herrscher besitzt, muß darüber hinaus ein
langwieriges wissenschaftliches Studium absolvieren, das der Vervollkommnung seiner intellektuellen Fähigkeiten dient. Wer die Ausbildung zum Wächter durchlaufen hat, ist gezwungen, mit den übrigen Wächtern ein (von der Klasse der Erwerbstätigen finanziertes)
Kasernenleben zu führen und auf jegliches Privateigentum zu verzichten. Selbst Frauen und Kinder müssen allen Wächtern gemeinsam gehören.[7]

Wie ist es nun möglich, aus der skizzierten Verfassung eines vollkommenen Staates das Wesen der politischen Gerechtigkeit abzulei-
ten? Platon schlägt vor, bei der Beantwortung dieser Frage einer
eliminativen Methode zu folgen. Die Anwendung dieser Methode
beruht auf der nicht näher begründeten Prämisse, daß ein vollkommener Staat, da er vollkommen gut sei, die vier Tugenden der Weisheit, Tapferkeit, Besonnenheit und Gerechtigkeit besitzen müsse.

---

[7] Platon betont ausdrücklich, daß für das Wächteramt grundsätzlich nicht nur
Männer, sondern auch Frauen geeignet sind. Daher könnte man auch sagen,
daß Männer und Kinder allen Frauen gemeinsam gehören.

Wenn sich nun – wie Platon offensichtlich annimmt – das Spektrum der möglichen Tugenden eines Staates in den vier genannten Tugenden erschöpft, dann läßt sich – so sein methodischer Vorschlag – die Gerechtigkeit eines Staates dadurch erkennen, daß man anhand der Verfassung eines vollkommenen Staates zunächst die Weisheit, Tapferkeit und Besonnenheit eines Staates identifiziert und dann zusieht, was nach Abzug dieser drei Tugenden an Tugendhaftigkeit noch übrigbleibt. Dieser Rest muß dann wohl die politische Gerechtigkeit sein. Mit der Bestimmung der drei erstgenannten Tugenden hat Platon keine sonderliche Mühe. Weise nennt er einen Staat, der die Herrschaft nur den Weisen, d. h. nur denjenigen anvertraut, die imstande sind, das Gemeinwohl zuverlässig zu erkennen. Wie die Weisheit eines Staates auf der Weisheit seiner Herrscher beruht, so stützt sich die Tapferkeit eines Staates auf die Tapferkeit derer, die für die äußere und innere Sicherheit seiner Bürger sorgen. Während Platon die Weisheit bzw. Tapferkeit eines Staates auf die Weisheit bzw. Tapferkeit seiner Herrscher bzw. Wächter zurückführt, macht er die Besonnenheit eines Staates von einer allen drei Klassen gemeinsamen Überzeugung abhängig. Besonnen nennt er nämlich einen Staat, unter dessen Mitgliedern ein allgemeiner Konsens darüber besteht, daß es den von Natur aus Besseren zukommt, zu herrschen, daß sich also die von Natur aus Schlechteren damit bescheiden müssen, sich beherrschen zu lassen.

Mit der Bestimmung der politischen Gerechtigkeit hat Platon dagegen erkennbare Schwierigkeiten. Nach der Eliminierung von Weisheit, Tapferkeit und Besonnenheit scheint für eine vierte Tugend des Staates zunächst kein Platz zu sein. Platon löst dieses Problem dadurch, daß er die Gerechtigkeit letztlich nicht – wie es sein Plädoyer für die eliminative Methode nahelegt – als eine den anderen Tugenden gleichwertige, sondern als eine ihnen allen zugrunde liegende Tugend des Staates bestimmt. Die nähere Kennzeichnung dieser fundamentalen Tugend setzt an dem Prinzip der Spezialisierung an. Platon nennt einen Staat nämlich genau dann gerecht, wenn die Mitglieder jeder Klasse ausschließlich das tun, was ihnen ihrer Natur gemäß zu tun gebührt – wenn die Herrscher also weise regieren, die Wächter tapfer für die Sicherheit des Staates sorgen und die einfachen Bürger fern aller Politik ihrer Erwerbstätigkeit nachgehen. Das Wesen der politischen Gerechtigkeit besteht für Platon also darin, daß jeder im Staat auf eine gewisse Weise das Seine tut. Dabei hängt das, was für ein Individuum als ‚das Seine‘ zu betrachten ist, zwar grundsätzlich davon ab, für welche Tätigkeit es sich von Natur aus eignet. Die Gerechtigkeit einer politischen Ordnung wird nach Platons Überzeugung aber nicht bereits dadurch zerstört, daß sich ein von der Natur zum Bauern bzw. Schuster prädestinierter Bürger als Schuster bzw. Bauer betätigt. Sie wird erst dann zerstört, wenn eine derartige Verfehlung der natürlichen Arbeitsteilung nicht auf die dritte Klasse beschränkt bleibt, sondern die Grenzen des natürlichen Klassensystems überschreitet – wenn etwa ein zum Handwerker Geborener sich als Wächter oder gar als Herrscher betätigt. Ein gerechter Staat zeichnet sich nach Platon also wesentlich dadurch aus, daß alle von Natur aus nur für die Erwerbstätigkeit Geeigneten von der Ausübung aller im weitesten Sinne politischen Funktionen ausgeschlossen werden.

Platons Konzeption einer gerechten politischen Ordnung muß jeden modernen Leser befremden.[8] Wie kann man einen Staat als gerecht betrachten, der streng hierarchisch aufgebaut ist und der Masse seiner Bürger keine politischen Rechte zugesteht? Gehen wir nicht alle davon aus, daß sich eine gerechte Herrschaftsordnung – wie immer sie auch im einzelnen aussehen mag – in jedem Fall dadurch auszeichnet, daß alle Staatsbürger die gleichen politischen Rechte genießen? Es ist vor allem Platons Plädoyer für eine radikale politische Ungleichheit, die es uns unmöglich macht, sein Ideal eines vollkommenen Staates als Ideal einer gerechten Ordnung wahrzunehmen. Für Platon indes ist dieses Plädoyer nur konsequent: Wenn die Grundfunktion des Staates darin besteht, eine natürliche Kooperationsgemeinschaft von unterschiedlich begabten Individuen zu erhalten; wenn es die Wahrnehmung dieser Grundfunktion erforderlich macht, sowohl politische Führungsaufgaben als auch polizeilich-militärische Aufgaben zu bewältigen; wenn sich ein vollkommener Staat dadurch auszeichnet, daß er die Grundfunktion des Staates auf bestmögliche Weise erfüllt; wenn die bestmögliche Ausübung einer Tätigkeit eine natürliche Eignung für und eine ausschließliche Konzentration auf diese Tätigkeit erfordert; wenn schließlich die Gerechtigkeit als fundamentale Tugend eines vollkommenen Staates zu betrachten ist, dann kann es nicht verwundern, daß politische Gerechtigkeit und politische Ungleichheit am Ende Hand in Hand gehen.

Wie sehr sich Platons Ideal eines gerechten Staates von modernen Gerechtigkeitsvorstellungen unterscheidet, zeigt auch seine Behandlung des Problems der ökonomischen Ungleichheit. Eine der wichtigsten Aufgaben der Wächter besteht darin, die Entstehung von Reichtum und Armut in der Klasse der Erwerbstätigen zu verhindern. Platon begründet seine Empfehlung zur Vermeidung extremer ökonomischer

---

8 Man kann getrost davon ausgehen, daß diese Konzeption auch Platons Zeitgenossen befremdet hat.

Ungleichheit allerdings keineswegs mit der uns vertrauten Forderung nach sozialer Gerechtigkeit, sondern mit den negativen Folgen, die diese Ungleichheit für das Funktionieren der natürlichen Arbeitsteilung einerseits und die Gewährleistung der staatlichen Einheit andererseits nach sich zöge. Was ihn umtreibt, ist nicht die Möglichkeit, daß eine ungleiche Einkommens- und Vermögensverteilung weder den Leistungen noch den Bedürfnissen der Bürger (oder irgendeinem anderen Kriterium der Verteilungsgerechtigkeit) entsprechen könnte. Statt dessen befürchtet er zum einen, daß sowohl der Reiche als auch der Arme einen Anreiz hätte, seine Tätigkeit deutlich schlechter zu verrichten, als es ihm von Natur aus möglich wäre. Zum anderen peinigt ihn die Sorge, daß mit einer Klasse von Reichen und einer Klasse von Armen ein gravierender Interessenkonflikt entstünde, dessen Austragung die Einheit des Staates bedrohen würde.[9]

Platon begnügt sich nicht damit, das Ideal eines gerechten Staates zu entwickeln, sondern setzt sich darüber hinaus intensiv mit der Frage auseinander, ob sich dieses Ideal auch in die Praxis umsetzen läßt. In diesem Zusammenhang legt er zwar großen Wert auf die Feststellung, daß die Kennzeichnung einer vollkommenen politischen Ordnung (insofern sie der Kennzeichnung einer vollkommenen menschlichen Seele dient) auch dann von philosophischem Interesse wäre, wenn sich eine Verwirklichung dieser Ordnung als völlig unmöglich erwiese. Unabhängig davon aber gibt er sich die größte Mühe, zu zeigen, daß es zumindest im Prinzip möglich ist, seinen Idealstaatsentwurf zu verwirklichen. Dabei geht es ihm keineswegs um den Nachweis, daß sich jedes Detail dieses Entwurfs in die Praxis umsetzen läßt. Er begnügt sich vielmehr damit, zu zeigen, daß man diesem Entwurf in der Realität sehr nahe kommen kann. Wie ist es nun möglich, die tatsächlich existierenden ungerechten Staaten durch eine realen Akteuren (zumindest grundsätzlich) verfügbare Maßnahme in (zumindest annähernd) gerechte Staaten zu verwandeln? Platons Antwort ist notorisch: Diese Verwandlung kann nur gelingen, wenn entweder die Philosophen zu Herrschern oder die Herrscher zu Philosophen gemacht werden. – Mit der Forderung nach einer Philosophenherrschaft wendet sich die *Politeia* dem Begriff des (wahren) Philosophen, dem Unterschied zwischen Meinung und Wissen, der Eignung eines Philosophen für die Ausübung politischer Herrschaft, der Idee des Guten, der Ausbildung eines Philosophen und vielen weiteren komplizierten Fragen zu. Auf eine Erörterung dieser Fragen müssen wir hier verzichten.

---

[9] Diese Einheit zu sichern, ist eines der wichtigsten Anliegen, die Platon mit der *Politeia* verbindet. Vgl. dazu auch oben Kap. III., Abschnitt 1.

1.3 Der gerechte Mensch

Nachdem er die politische Gerechtigkeit geklärt hat, kehrt Platon zu der Ausgangsfrage zurück, worin das Wesen der Gerechtigkeit für den einzelnen Menschen bestehe. Er kann diese Frage relativ rasch beantworten, weil er annimmt, daß zwischen einem Staat und einem Individuum (bzw. genauer: einer menschlichen Seele) eine völlige Strukturgleichheit besteht. Vor dem Hintergrund dieser Isomorphie-Annahme besteht sein Problem nur noch darin, drei den natürlichen Klassen eines Gemeinwesens entsprechende Teile der Seele zu finden und die Gerechtigkeit der menschlichen Seele analog zur Gerechtigkeit des Staates zu bestimmen.

Platon führt ein langes Argument, um zu zeigen, daß die menschliche Seele von Natur aus in drei Teile zerfällt – in die Vernunft, den Eifer (bzw. Mut oder Zorn) und das Begehren. Diese drei Seelenteile sind als grundsätzlich konkurrierende Motivationsquellen des menschlichen Handelns zu interpretieren. Dabei steht die Vernunft für die Fähigkeit eines Menschen, zu überlegen, zu lernen und das zu erkennen, was dem Wohl der gesamten Seele dienlich ist. Unter dem Begriff des Eifers faßt Platon ein Spektrum von heftigen Emotionen zusammen, das von aggressiven Neigungen bis zum Ehrgeiz reicht. Das Begehren schließlich umfaßt alle nur denkbaren menschlichen Wünsche, soweit sich diese Wünsche auf bestimmte Gegenstände (wie etwa Nahrung oder Geld) richten. Die zwischen diesen drei Seelenteilen und den drei Klassen eines Gemeinwesens bestehenden Analogien liegen auf der Hand: Die Vernunft entspricht den Herrschern, der Eifer den (einfachen) Wächtern und das Begehren der erwerbstätigen Bevölkerung.

Damit ist für Platon auch klar, wie die Tugenden der Weisheit, Tapferkeit, Besonnenheit und Gerechtigkeit für den einzelnen Menschen zu bestimmen sind: Ein Mensch ist weise, wenn er sich von seiner Vernunft beherrschen läßt, also das tut, was dem Wohl seiner ganzen Seele dient. Er ist tapfer, wenn er die Motivationskraft seines eifrigen Seelenteils in den Dienst der Vernunftherrschaft stellt. Er ist besonnen, wenn alle drei Seelenteile darin übereinkommen, daß es der Vernunft gebührt zu herrschen, während es dem Eifer und dem Begehren gebührt zu gehorchen. Und er ist gerecht, wenn jeder Seelenteil das Seinige tut, also die Funktion erfüllt, die ihm seiner Natur gemäß zukommt – sei es weise zu herrschen (Vernunft), diese Herrschaft tapfer zu unterstützen (Eifer) oder sich dieser Herrschaft besonnen zu unterwerfen (Begehren).

Platon bestimmt die individuelle Gerechtigkeit als eine mentale Verfassung, in der die verschiedenen Bestandteile der menschlichen

Psyche vollkommen miteinander harmonieren. Der Gerechte erscheint daher als eins mit sich selbst, als ein Freund seiner selbst. Die Gerechtigkeit erweist sich als die Tugend, die einer Person (wie auch der Polis) ihre innere Einheit verbürgt. Diese Einheit durch Erziehung und Bildung (vor allem der Philosophenherrscher) zu sichern, ist Platons vordringliches Anliegen. Ist diese innere Einheit im Falle eines bestimmten Individuums auf Dauer erreicht, wäre es verfehlt, die äußeren Handlungen dieses Individuums durch strikte Verhaltensregeln normieren zu wollen. Ein gerechtes – d. h. seelisch richtig gestimmtes – Individuum wird sich nämlich nach Platons Überzeugung in jeder Situation gerecht – d. h. dieser Situation vollkommen angemessen – verhalten. Dieses Verhalten wird zwar in den meisten Fällen mit den traditionellen Gerechtigkeitsnormen übereinstimmen – ein gerechter Mensch wird also in aller Regel die Wahrheit sagen, das Eigentum seiner Mitmenschen respektieren, seine Verträge einhalten etc. Es sind aber auch einzelne Fälle denkbar, in denen ein gerechter Mensch bewußt gegen traditionelle Gerechtigkeitsregeln verstoßen wird – indem er z. B. unter bestimmten Umständen zum Nutzen der Belogenen die Unwahrheit sagt.[10]

Aus der Bestimmung der individuellen Gerechtigkeit ergibt sich unmittelbar eine allgemeine Kennzeichnung der individuellen Ungerechtigkeit. Ein ungerechter Mensch zeichnet sich offenbar durch eine mentale Verfassung aus, in der die verschiedenen Seelenteile in einem unharmonischen Verhältnis zueinander stehen. Diese psychische Disharmonie rührt daher, daß die natürliche Ordnung von herrschenden und beherrschten Motivationsbestandteilen in der Seele eines ungerechten Menschen zerstört ist. Für Platon ist die Verletzung dieser natürlichen Ordnung Grund genug, die Seele eines Ungerechten als krank – und dementsprechend die Seele eines Gerechten als gesund – zu diagnostizieren. Vor dem Hintergrund dieser Diagnose fällt es ihm sehr leicht zu argumentieren, daß Sokrates' erste Aufgabe – die Gerechtigkeit als ein per se erstrebenswertes Gut zu erweisen – als gelöst betrachtet werden kann. Wer von uns möchte schon lieber krank als gesund sein?

1.4 Formen der Ungerechtigkeit

Um Sokrates' zweite Aufgabe – die Gerechtigkeit als ein auch seiner Folgen wegen erstrebenswertes Gut zu erweisen – bewältigen zu können, muß Platon weit ausholen. Die Frage, ob der Gerechte

---

[10] Diese ‚noble Lüge‘ spielt in der *Politeia* als Herrschaftsinstrument der Philosophen eine bedeutende Rolle.

besser oder schlechter lebt als der Ungerechte, ob dem Gerechten oder dem Ungerechten ein glückliches Leben beschieden ist, läßt sich – darüber besteht zwischen den Gesprächspartnern Einigkeit – am besten beantworten, wenn man die Gerechtigkeit und die Ungerechtigkeit in ihrer jeweils äußersten Ausprägung betrachtet, wenn man also dem vollkommen Gerechten den vollkommen Ungerechten gegenüberstellt. Als vollkommen Gerechter erweist sich der Philosoph, mit dessen Eigenschaften sich Platon in den mittleren Büchern der *Politeia* ausführlich beschäftigt. Als vollkommen Ungerechter erscheint der Tyrann, den Platon am Ende einer langwierigen Untersuchung charakterisiert, die den verschiedenen Formen der Ungerechtigkeit gewidmet ist. Diese Untersuchung geht – wie die Analyse der Gerechtigkeit – von der Annahme aus, daß sich ein Phänomen im Großen sehr viel besser erkennen läßt als im Kleinen, behandelt also zunächst die verschiedenen Formen einer ungerechten Staatsverfassung, um danach die analogen Formen einer ungerechten psychischen Verfassung zu klären. Wir können die Ergebnisse dieser detaillierten Untersuchung im folgenden nur andeuten.

Platon unterscheidet vier Idealtypen einer ungerechten politischen Verfassung – die Timokratie, die Oligarchie, die Demokratie und die Tyrannis.[11] Die Timokratie schildert er als eine Herrschaft der Militärs, die die Bevölkerung ausbeuten, um ständig Krieg führen zu können. Diese Herrschaftsform kommt dem gerechten Staat insofern noch am nächsten, als die von Natur aus grundsätzlich zur Herrschaft Geeigneten (also die Wächter) die Herrschaft immerhin tatsächlich (wenn auch nicht weise) ausüben. In dieser Hinsicht unterscheidet sich die Timokratie von der Oligarchie, die Platon als eine Herrschaft der Reichen über die Armen darstellt. Politische Rechte werden in einer Oligarchie nicht mehr nach der natürlichen Eignung zur Herrschaft, sondern nach einem Vermögenszensus zugeteilt. Vom Idealstaat noch weiter entfernt als die Oligarchie ist Platon zufolge die Demokratie, die eine geordnete Ausübung politischer Herrschaft unmöglich macht, weil sie allen Bürgern eine schrankenlose Freiheit einräumt und den Gesetzen keine Geltung verschafft. Als vollkommen ungerechten Staat schildert Platon schließlich die Tyrannis, die Willkürherrschaft eines einzelnen Machthabers.

Da Platon Individuum und Staat als isomorph betrachtet, gibt er für jede Form einer ungerechten politischen Verfassung die analoge

---

[11] Im Zuge dieser Unterscheidung versucht Platon auch die Mechanismen aufzuzeigen, die den besten Staat in eine Timokratie, die Timokratie in eine Oligarchie, die Oligarchie in eine Demokratie und die Demokratie in eine Tyrannis verwandeln.

Form einer ungerechten seelischen Verfassung an. Den Idealtypen eines timokratischen, oligarchischen, demokratischen und tyrannischen Staates entsprechen also die Idealtypen eines timokratischen, oligarchischen, demokratischen und tyrannischen Menschen. Ohne weiteres nachzuvollziehen ist dabei allerdings nur Platons Kennzeichnung des timokratischen Menschen als eines Menschen, in dessen Seele der Eifer die Herrschaft angetreten hat. Während sich diese Kennzeichnung problemlos mit der Lehre von den drei Seelenteilen vereinbaren läßt, muß Platon diese Lehre modifizieren, um die drei übrigen Typen der individuellen Ungerechtigkeit gegeneinander abgrenzen zu können. Jeder dieser drei Typen zeichnet sich nämlich dadurch aus, daß das Begehren die beiden anderen Seelenteile beherrscht. Um drei verschiedene Formen dieser Herrschaft zu erhalten, führt Platon die Unterscheidung zwischen besseren (bzw. notwendigen) und schlechteren (bzw. nicht notwendigen) Begierden ein. Der oligarchische Mensch kann dann als ein Mensch gekennzeichnet werden, in dessen Seele die besseren die schlechteren Begierden im Zaum halten. Im Gegensatz dazu zeichnet sich der demokratische Mensch dadurch aus, daß er alle Begierden unterschiedslos befriedigt, weshalb in seiner Seele auch keinerlei Ordnung mehr herrscht. Eine solche Ordnung ist zwar in der Psyche des tyrannischen Menschen zu erkennen. Diese Ordnung beruht aber nur darauf, daß sich der tyrannische Mensch seinen übelsten Begierden willenlos unterwirft.

Platonische Analogien zwischen Mensch und Staat

Individuum	*Gemeinwesen*
Natürliche Teile der Seele	Natürliche Klassen des Staates
– Vernunft	– Herrscher (bzw. vollkommene Hüter)
– Eifer (bzw. Mut, Zorn)	– Wächter (bzw. einfache Hüter, Helfer)
– Begehren	– Erwerbstätige Bevölkerung
Gerechtigkeit als psychische Verfassung, in der jeder Seelenteil das Seinige tut	Gerechtigkeit als politische Verfassung, in der jede Klasse das Ihrige tut
Ungerechte Verfassungen der Seele	Ungerechte Verfassungen des Staates
– Timokratischer Mensch	– Timokratie
– Oligarchischer Mensch	– Oligarchie
– Demokratischer Mensch	– Demokratie
– Tyrannischer Mensch	– Tyrannis

Platons Anspruch, vier Typen der individuellen Ungerechtigkeit analog zu den vier Typen der politischen Ungerechtigkeit zu entwickeln, wird auf Kosten einer arg schematischen und insgesamt wenig überzeugenden Argumentation eingelöst. Zu den am wenigsten überzeugenden Passagen dieser Argumentation zählt ausgerechnet die Schilderung des Tyrannen, der nicht – wie ihn Thrasymachos gesehen hatte – als erfolgreicher Potentat, sondern als getriebener Psychopath erscheint. Darunter leidet auch die folgende Beweisführung, die in mehreren Anläufen zu zeigen versucht, daß dem vollkommen Gerechten ein glückliches und dem vollkommen Ungerechten ein unglückliches Leben beschieden ist. Wir können auf diese Beweise, mit denen Sokrates' zweite Aufgabe endgültig bewältigt werden soll, hier allerdings nicht näher eingehen.

Zu den einen modernen Leser am meisten irritierenden Passagen der *Politeia* zählt sicher Platons Behandlung der Demokratie. Platon kritisiert die Demokratie vehement als eine ungerechte Staatsverfassung, die nur von der Tyrannis an Ungerechtigkeit noch übertroffen wird. Diese Kritik stützt sich zum Teil auf eine unfaire Polemik. Platon schildert die Demokratie nämlich als eine politische Verfassung, in der die Gesetze weder bei der Besetzung öffentlicher Ämter noch im täglichen Verkehr der Bürger untereinander zuverlässig eingehalten werden. Jedermann hat – so insinuiert diese Schilderung – in einer Demokratie buchstäblich das Recht, zu tun, was er will – sei es, die Gesetze zu befolgen, sei es, die Gesetze zu brechen. Eine derartige Kennzeichnung widerspricht nicht nur unserem heutigen Verständnis von Demokratie, sondern auch der zu Platons Zeiten in der attischen Demokratie geübten Praxis.

Von diesem Zerrbild einer demokratischen Verfassung zu trennen sind allerdings die systematischen Einwände, mit denen Platon die Ungerechtigkeit einer Demokratie begründet. Diese Einwände richten sich zum einen gegen die demokratische Freiheit – d. h. gegen das Recht eines Bürgers, sich am politischen Prozeß zu beteiligen – und zum anderen gegen die demokratische Gleichheit – d. h. dagegen, daß die demokratische Freiheit jedem Bürger in gleicher Weise zusteht. An der politischen Freiheit hat Platon vor allem auszusetzen, daß dem genannten Recht keine Pflicht entspricht. Ein Staat, der einem Bürger die politische Freiheit gewährt, kann diesen Bürger nicht dazu zwingen, sich an der Ausübung der Staatsgewalt zu beteiligen – auch dann nicht, wenn dieser Bürger von Natur aus zum Herrschen geeignet wäre. In einem demokratischen Staat gibt es daher keinerlei Gewähr dafür, daß die für die Wahrnehmung von Herrschaftsfunktionen am besten Geeigneten diese Funktionen auch tatsächlich ausüben. Gegen die demokratische Gleichheit spricht aus

Platons Sicht, daß die Staatsbürger völlig unabhängig von ihren natürlichen Fähigkeiten mit den gleichen politischen Rechten ausgestattet werden. Eine Demokratie behandelt demnach ungleiche Individuen in gleicher Weise. Für Platon ist diese Art der Gleichbehandlung eine krasse Ungerechtigkeit. Eine gerechte Staatsverfassung zeichnet sich nach seiner Überzeugung nämlich dadurch aus, daß nur den von Natur aus gleich befähigten Individuen die gleichen politischen Rechte zugestanden werden. Gleiche Individuen wären demnach zwar gleich, ungleiche Individuen aber ungleich zu behandeln.

2. Aristoteles

Im Gegensatz zu Platon unterscheidet Aristoteles zwischen dem Begriff und einer Konzeption der Gerechtigkeit. Den Begriff der Gerechtigkeit bzw. die verschiedenen Dimensionen dieses Begriffs theoretisch zu klären, ist das Hauptanliegen der Untersuchung, die Aristoteles im fünften Buch der *Nikomachischen Ethik* anstellt. Diese Untersuchung geht von der Frage aus, wie die Prädikate ‚gerecht‘ und ‚ungerecht‘ tatsächlich verwendet werden, und kommt zu dem Ergebnis, daß man nicht nur zwischen einer allgemeinen und einer besonderen Verwendungsweise dieser Prädikate, sondern auch zwischen verschiedenen Varianten der besonderen Verwendungsweise zu unterscheiden hat. Mit diesem Ergebnis steckt Aristoteles einen komplexen begrifflichen Rahmen ab, der es grundsätzlich erlaubt, ein breites Spektrum von alternativen Konzeptionen der Gerechtigkeit zu formulieren. Dieses Spektrum genauer zu untersuchen oder eine eigene Konzeption der Gerechtigkeit zu rechtfertigen, ist indes nicht die Absicht, die Aristoteles in der *Nikomachischen Ethik* verfolgt. Seine Analyse bleibt insofern unvollständig. Diese Unvollständigkeit wird im dritten Buch der *Politik*, das sich mit konkurrierenden Konzeptionen einer gerechten politischen Verfassung beschäftigt, nur zum Teil behoben.

Aristoteles stimmt mit Platon darin überein, daß die Begriffe ‚gerecht‘ und ‚ungerecht‘ sowohl auf die seelische Verfassung eines Menschen als auch auf die politische Verfassung eines Gemeinwesens bezogen werden können. Während Platon jedoch die individuelle Gerechtigkeit und die politische Gerechtigkeit als gleichrangig betrachtet, macht Aristoteles den Begriff der politischen Gerechtigkeit von dem Begriff (bzw. genauer: einer spezifischen Dimension des Begriffs) der individuellen Gerechtigkeit abhängig. Aristoteles sieht sich daher genötigt, die Reihenfolge der platonischen Untersuchung umzukehren. War es Platon ohne weiteres möglich, zuerst das Wesen eines gerechten Staates zu kennzeichnen, um danach das Wesen eines gerechten Menschen zu charakterisieren, muß Aristoteles im ersten Schritt den Begriff eines gerechten Menschen untersuchen, um im zweiten Schritt den Begriff einer gerechten Staatsverfassung klären zu können. Den ersten Schritt seiner Untersuchung vollzieht Aristoteles im fünften Buch der *Nikomachischen Ethik*, das die Gerechtigkeit als ethische Tugend eines Individuums behandelt. Der zweite Schritt wird in der *Nikomachischen Ethik* zwar kurz angedeutet, aber erst im dritten Buch der *Politik*, das die Gerechtigkeit als moralische Qualität einer politischen Verfassung behandelt, wirklich vollzogen.[12]

2.1 Gerechtigkeit – ein mehrdeutiger Begriff

Aristoteles betrachtet die Gerechtigkeit – wie jede andere ethische Tugend – als einen mentalen Habitus, der einen Menschen disponiert, sich in bestimmten Situationen in einer bestimmten Weise zu verhalten. Er teilt damit Platons Überzeugung, daß sich die Begriffe ‚gerecht' und ‚ungerecht' in erster Linie nicht auf die äußeren Handlungen eines Individuums, sondern auf die diesen Handlungen zugrunde liegende charakterliche Haltung beziehen. Im Gegensatz zu Platon vertritt Aristoteles jedoch die Auffassung, daß man die einen gerechten Menschen auszeichnende Handlungsdisposition nur dann theoretisch klären kann, wenn man an der alltagssprachlichen Verwendung der Begriffe ‚gerecht' und ‚ungerecht' ansetzt. Da man im Alltag sehr viel häufiger mit Klagen über die Ungerechtigkeit als mit einem Lob der Gerechtigkeit zu tun hat, liegt es nahe, den Begriff der Gerechtigkeit als Gegenteil des Begriffs der Ungerechtigkeit zu bestimmen. Aristoteles' Untersuchung des Gerechtigkeitsbegriffs beginnt dementsprechend mit der Frage, was denn gemeint sei, wenn ein Mensch landläufig als ungerecht bezeichnet wird.

Dabei stellt sich heraus, daß der Begriff der Ungerechtigkeit nicht eindeutig, sondern sowohl in einem allgemeinen als auch in einem besonderen Sinn verwendet wird. Als ungerecht im allgemeinen Sinn wird nach Aristoteles ein Mensch bezeichnet, der die Gesetze verletzt, als ungerecht im besonderen Sinn dagegen ein Mensch, der die Gleichheit mißachtet. Es fällt auf, daß Aristoteles zwar den Ungerechten in der besonderen Bedeutung, nicht aber den Unge-

---

[12] Von der systematischen Reihenfolge dieser beiden Schritte strikt zu trennen ist die schwierige Frage, in welcher zeitlichen Reihenfolge die beiden genannten Textpartien tatsächlich entstanden sind.

rechten in der allgemeinen Bedeutung des Begriffs durch eine mentale Disposition kennzeichnet. Während dieser nämlich schlicht als ein Gesetzesbrecher erscheint, wird jener als ein Individuum geschildert, das sich durch eine bestimmte Motivationslage auszeichnet – es ist unersättlich und will sich auf Kosten anderer einen unfairen Vorteil verschaffen. Wenn nun das Prädikat ‚ungerecht‘ in zwei grundsätzlich verschiedenen Bedeutungen verwendet wird, dann muß dies – so schließt Aristoteles – in analoger Weise auch für das Prädikat ‚gerecht‘ gelten. Man hat demnach zwischen einem allgemeinen und einem besonderen Begriff der Gerechtigkeit zu unterscheiden. Mit dem Begriff ‚gerecht‘ wird in seiner allgemeinen Bedeutung ein Mensch bezeichnet, der die Gesetze einhält, in seiner besonderen Bedeutung dagegen ein Mensch, der die Gleichheit achtet, also nicht mehr haben will, als ihm fairerweise zukommt.

In der *Nikomachischen Ethik* geht Aristoteles offenbar davon aus, daß weniger der allgemeine als der besondere Begriff der Gerechtigkeit einer Klärung bedarf. Er gibt sich nämlich alle erdenkliche Mühe, um zu zeigen, daß erstens ein besonderer Begriff der Gerechtigkeit bzw. Ungerechtigkeit überhaupt existiert, und daß zweitens verschiedene Dimensionen dieses Begriffs zu unterscheiden sind. Demgegenüber wird der allgemeine Begriff der Gerechtigkeit ziemlich kurz abgehandelt.

2.2 Allgemeiner Begriff der Gerechtigkeit

Die Gerechtigkeit (bzw. Ungerechtigkeit) im allgemeinen Sinn ist für Aristoteles der Inbegriff der ethischen Tugend (bzw. Schlechtigkeit). Diese Einschätzung muß einen modernen Leser zunächst einmal befremden. Keiner von uns würde wohl auf die Idee kommen, einen Menschen schon deshalb für vollkommen tugendhaft zu halten, weil er die Gesetze peinlich genau beachtet. Ist nicht jeder von uns mit moralischen Problemen konfrontiert, die durch das Gesetz in keiner Weise geregelt werden? Gibt es überdies nicht Beispiele für Gesetze, deren Befolgung wir für unmoralisch erachten? Um angesichts dieser Fragen die aristotelische Position nachvollziehen zu können, die den Gehorsam gegenüber dem Gesetz mit der Tugend schlechthin identifiziert, muß man sich Klarheit darüber verschaffen, welcher Begriff von Gesetz dieser Position zugrunde liegt.

Der Begriff des Gesetzes umfaßte zur Zeit des Aristoteles eine Vielzahl von höchst unterschiedlichen Regeln. Als Gesetz wurde zwar in erster Linie (1) eine Regel bezeichnet, die von einer zur Setzung verbindlicher Verhaltensnormen befugten staatlichen Instanz nach einem bestimmten Verfahren beschlossen wurde – eine

Regel also, die wir heute als positives Gesetz bezeichnen. Als Gesetze wurden aber auch (2) Verhaltensregeln bezeichnet, denen man eine natürliche, d. h. von menschlicher Setzung völlig unabhängige, Geltung zuschrieb – Regeln also, die wir heute als natürliche Gesetze bezeichnen. Der Terminus ‚Gesetz' wurde darüber hinaus (3) auf Regeln angewendet, die ihre Geltung weder einer bewußten menschlichen Setzung noch der Idee einer natürlichen Ordnung, sondern der schlichten Tatsache verdankten, daß sich in bestimmten sozialen Kontexten bestimmte Verhaltenserwartungen herausgebildet hatten – auf Regeln also, die wir heute als Konventionen bezeichnen. Selbst Regeln, die (4) rein rituelle Verhaltensvorschriften enthielten, wurden als Gesetze bezeichnet. So vielfältig wie die Geltungsgrundlagen waren auch die Materien, die durch die verschiedenen ‚Gesetze' geregelt wurden. Ein Gesetz konnte zum Beispiel verlangen, daß (1) gestohlenes Gut zurückzugeben ist, (2) Tote zu bestatten sind, (3) Ehepartner die Treue zu wahren haben oder (4) einem Gott nur Ziegen zu opfern sind. Der nach Aristoteles im allgemeinen Sinn gerechte Mensch ist ein Mensch, der alle Regeln des Typs (1) bis (4) genau befolgt. Es ist sicherlich sehr viel plausibler, einen solchen Menschen als tugendhaft zu betrachten, als einen Menschen, der sich im heutigen Sinne gesetzeskonform verhält, also nur allen Regeln des Typs (1) genügt.

Dennoch bleibt die Gleichsetzung von strikter Gesetzeskonformität und vollkommener Tugendhaftigkeit solange problematisch, als dem möglichen Inhalt eines Gesetzes keinerlei Schranken auferlegt werden. Das ist leicht zu erkennen, wenn wir uns auf den ersten der vier genannten Regeltypen beschränken. Solange wir jede Regel, die eine zur Gesetzgebung befugte staatliche Instanz nach einem für die Gesetzgebung vorgesehenen Verfahren verabschiedet, als Gesetz bezeichnen, können wir nicht ausschließen, daß uns ein positives Gesetz als moralisch verwerflich erscheint (weil es zum Beispiel einen Teil der Bevölkerung massiv diskriminiert). Wer wird dann einen Menschen, der dieses Gesetz befolgt (sich also zum Beispiel an der massiven Diskriminierung beteiligt), als gerecht oder gar als vollkommen tugendhaft betrachten wollen? Aristoteles hat dieses Problem klar gesehen. Ein Gesetz kann – so schreibt er – grundsätzlich dem gemeinsamen Interesse aller Bürger oder dem spezifischen Interesse einer wohldefinierten Gruppe von Bürgern dienen. Ein Gesetz kann – mit anderen Worten – selbst gerecht oder ungerecht sein.

Die Unterscheidung zwischen einem gerechten und einem ungerechten Gesetz läßt sich nun verwenden, um zwischen einem qualifizierten und einem unqualifizierten Begriff der allgemeinen Gerechtigkeit zu differenzieren. Ein Bürger, der alle Gesetze – seien sie gerecht oder ungerecht – zuverlässig einhält, wäre demnach als gerecht im unqualifizierten Sinn zu bezeichnen.[13] Es wäre bizarr, die allgemeine Gerechtigkeit eines solchen Bürgers mit der vollkommenen Tugendhaftigkeit eines Menschen gleichsetzen zu wollen. Diese Gleichsetzung wird erst dann plausibel, wenn man den Begriff der allgemeinen Gerechtigkeit qualifiziert und einen Staat betrachtet, dessen Gesetze ausnahmslos den gemeinsamen Nutzen seiner Bürger befördern. Ein gerechter Bürger gehorcht in einem derart vollkommenen Staat nur gerechten Gesetzen, bringt also mit jeder gesetzestreuen Handlung das Gemeinwohl zur Geltung. Die Idee, einen gerechten Bürger unter diesen Umständen als vollkommen tugendhaften Menschen zu kennzeichnen, dürfte auch für den modernen Leser nachzuvollziehen sein.

Aristoteles betrachtet die allgemeine Gerechtigkeit als umfassende ethische Tugend, die alle einzelnen ethischen Tugenden – wie zum Beispiel die Tapferkeit und die Besonnenheit – in sich vereinigt. Diese einzelnen Tugenden sind als Teile eines Ganzen zu interpretieren, das die Gerechtigkeit darstellt. Daß die Achtung vor dem Gesetz, also die ganze Tugend, die ethischen Kardinaltugenden als Teile enthält, demonstriert Aristoteles mit dem Hinweis, daß die Gesetze (im oben erläuterten, weiten Sinn) die für die einzelnen Tugenden charakteristischen Verhaltensweisen propagieren – also zum Beispiel die Flucht vor dem Feinde oder den Ehebruch verbieten (d. h. in gewisser Weise: Tapferkeit und Besonnenheit gebieten). Aristoteles legt großen Wert auf die Feststellung, daß die allgemeine Gerechtigkeit mit der ganzen ethischen Tugend nicht ohne jede Einschränkung, sondern nur insofern identifiziert werden darf, als sich die vollkommene charakterliche Haltung eines Individuums auf das Verhältnis zu seinen Mitmenschen bezieht. Damit wird der ethisch richtige Umgang eines Menschen mit sich selbst aus dem Begriff der Gerechtigkeit ausgeklammert. Da sie immer auf den Mitbürger bezogen ist, zeigt Aristoteles keine Scheu, die Gerechtigkeit als ein fremdes Gut, d. h. als eine Handlungsdisposition zu definieren, die in erster Linie nicht dem Akteur selbst, sondern den von seinen Handlungen Betroffenen zum Vorteil gereicht. Im Gegensatz zu Thrasymachos, der in Platons *Politeia* eine ganz ähnliche Charakterisierung der Gerechtigkeit gegeben hatte, geht es Aristoteles jedoch nicht darum, die Gerechtigkeit als grundsätzlich irrationale Haltung zu diskreditieren. Er räumt zwar ein, daß ein gerechter

---

[13] Dieser unqualifizierte Begriff der allgemeinen Gerechtigkeit wird im ersten Buch der *Politeia* von Thrasymachos ins Spiel gebracht. Vgl. oben Abschnitt 1.1.

Bürger häufig zu seinem eigenen Schaden den Nutzen der Herrschenden oder den Nutzen einer bestimmten gesellschaftlichen
Gruppe mehrt, berücksichtigt aber auch die Möglichkeit, daß ein
gerechter Bürger mit dem Wohl seiner Mitbürger das eigene Wohl
befördert.

2.3 Besonderer Begriff der Gerechtigkeit

Zu Beginn seiner ausführlichen Untersuchung des besonderen Gerechtigkeitsbegriffs bemüht sich Aristoteles darum, den Nachweis zu
erbringen, daß jenseits der skizzierten allgemeinen Bedeutung der
Prädikate ‚gerecht' und ‚ungerecht' eine spezielle Bedeutung tatsächlich existiert. Dieser Nachweis wird mit den drei folgenden, eng
zusammenhängenden Argumenten geführt, die bezeichnenderweise
wieder mit dem Begriff der Ungerechtigkeit operieren:

(1) Es gibt einerseits eine Vielzahl von Fällen, in denen ein Individuum zwar das Gesetz bricht (also ungerecht im allgemeinen
Sinn handelt), in denen aber in keiner Weise zu erkennen ist, daß
dieser Regelbruch auf das Motiv der Gewinnsucht zurückgeht
(weswegen er nicht als ungerecht im besonderen Sinn klassifiziert
werden kann). Jedem derartigen Regelbruch liegt eine der bekannten ethischen Schlechtigkeiten zugrunde – wie etwa die Feigheit im Falle eines Soldaten, der sich dem Feind kampflos ergibt.
Andererseits lassen sich gesetzeswidrige Handlungen anführen,
die zwar durch Habsucht motiviert sind, aber keinem der bekannten ethischen Laster zugeordnet werden können – wie etwa
der Betrug, den ein Geschäftsmann an seinem Partner verübt.
Jedem solchen Regelbruch muß ein spezifisches ethisches Laster,
die Ungerechtigkeit in der besonderen Bedeutung des Begriffs,
zugrunde liegen.

(2) Eine bestimmte Handlung, die als ungerecht im allgemeinen Sinn
zu klassifizieren ist (weil sie einen Regelbruch impliziert), wird nur
dann auch in einem spezielleren Sinn als ungerecht bezeichnet,
wenn sie dem Motiv des Mehrhabenwollens entspringt. Liegt derselben äußeren Handlung ein anderes Motiv zugrunde, wird sie in
einem besonderen Sinn nicht als ungerecht bezeichnet, sondern mit
anderen Wertprädikaten (wie feige, zuchtlos etc.) belegt. So gilt ein
Ehebrecher nur dann als ungerecht, wenn er aus Gewinnsucht handelt. Läßt er sich dagegen von seinen Trieben überwältigen, gilt er
als zuchtlos.

(3) Die Menge aller ungerechten Handlungen im allgemeinen Sinn (d. h. die Menge aller gesetzeswidrigen Handlungen) läßt sich in verschiedene Teilmengen von Handlungen zerlegen, denen jeweils ein spezifischer Charakterfehler (d. h. ein spezifisches ethisches Laster) korrespondiert. So entspricht den Ehebrüchen die Zuchtlosigkeit, den Mißhandlungen der Zorn und der Flucht vor dem Feind die Feigheit. Für eine dieser Teilmengen von Handlungen indes läßt sich keine andere ethische Schlechtigkeit angeben als die in einem besonderen Sinne verstandene Ungerechtigkeit. Die in diesem Sinne ungerechten Handlungen zeichnen sich dadurch aus, daß sie zum einen auf den Erwerb von Gütern gerichtet sind, die – wie Geld, äußerer Besitz oder öffentliche Ehren und Ämter – wesentliche Bedürfnisse eines Menschen befriedigen, und zum anderen auf das spezifische Motiv des Mehrhabenwollens zurückgehen.

Diese Argumentation ist im Detail nicht völlig überzeugend. So geht das zweite Argument davon aus, daß eine bestimmte äußere Handlung grundsätzlich auf verschiedene Charakterfehler zurückgeführt werden kann, während das dritte Argument eine eindeutige Korrespondenz von äußeren Handlungen und ethischen Lastern unterstellt. Aristoteles geht jedoch auf Unstimmigkeiten dieser Art nicht ein, sondern zieht aus der Summe seiner drei Argumente den Schluß, daß neben dem allgemeinen Begriff der Ungerechtigkeit ein besonderer Begriff der Ungerechtigkeit existiert, der sich zum allgemeinen Begriff wie ein Teil zum Ganzen verhält. Es muß daher – so sein Analogieschluß – außer dem allgemeinen Begriff der Gerechtigkeit noch einen besonderen Begriff der Gerechtigkeit geben, der gegenüber dem allgemeinen Begriff eine geringere Extension aufweist. Der gemeinsame Ertrag der drei Argumente besteht für Aristoteles in dem Nachweis, daß zwar nicht jeder Bruch der Gesetze eine Verletzung der Gleichheit, wohl aber jede Verletzung der Gleichheit einen Bruch der Gesetze impliziert. Nicht jede im allgemeinen Sinne ungerechte (bzw. analog: gerechte) Handlung ist demnach auch im besonderen Sinne als ungerecht (bzw. gerecht) zu bewerten. Umgekehrt gilt jedoch, daß jede im besonderen Sinne ungerechte (bzw. gerechte) Handlung auch im allgemeinen Sinne als ungerecht (bzw. gerecht) zu bewerten ist. Mit anderen Worten: Die besondere Gerechtigkeit ist eine partikulare ethische Tugend, die – wie die Tapferkeit und die Besonnenheit – als Teil der universalen ethischen Tugend, d. h. der allgemeinen Gerechtigkeit, zu betrachten ist.

Es ist zu beachten, daß Aristoteles im Zuge der skizzierten Argumentation ganz beiläufig den Gegenstandsbereich des besonderen Gerechtigkeitsbegriffs klärt. Ein derart ausgezeichneter Gegenstands-

bereich hatte im Fall des allgemeinen Gerechtigkeitsbegriffs nicht
existiert. Wenn die Prädikate ‚gerecht' und ‚ungerecht' in ihrer allgemeinen Bedeutung verwendet werden, ist nämlich in keiner Weise
klar, auf welche Materien sich die Gesetze beziehen, deren Wahrung
bzw. Mißachtung mit diesen Prädikaten belegt wird. Klar ist nur, daß
es sich um Materien handeln muß, die gesetzlich geregelt sind. Im
Gegensatz dazu haben die Gesetze, deren Einhaltung bzw. Verletzung als gerecht bzw. ungerecht im besonderen Sinn bezeichnet
wird, eine zumindest in groben Umrissen erkennbare Materie. Sie
regeln den Zugang zu materiellen und immateriellen Gütern, von
denen das Wohlbefinden und der Erfolg eines Menschen wesentlich
abhängen.

Nun sind im Rahmen dieses grob umrissenen Gegenstandsbe-
reichs verschiedene politische, soziale und ökonomische Kontexte
zu unterscheiden, innerhalb derer die Prädikate ‚gerecht' und ‚ungerecht' in einer jeweils spezifischen Bedeutung verwendet werden.
Aristoteles nimmt eine genauere Bestimmung dieser Kontexte zum
Anlaß, um den besonderen Begriff der Gerechtigkeit weiter zu differenzieren. Er unterscheidet zunächst zwischen zwei Versionen
dieses Begriffs – der *verteilenden* (oder distributiven) Gerechtigkeit
und der *ausgleichenden* (oder wiederherstellenden oder korrektiven) Gerechtigkeit. Der Begriff der *distributiven* Gerechtigkeit bezieht sich auf das Verhältnis des Staates zu seinen Bürgern und wird
in allen Situationen verwendet, in denen eine staatliche Instanz ein
als gemeinsam deklariertes Gut – sei es Geld, Land, eine öffentliche
Ehrenstellung oder ein politisches Amt – auf die Mitglieder der Polis
zu verteilen hat. Der Begriff der *korrektiven* Gerechtigkeit bezieht
sich auf das Verhältnis der Bürger untereinander und wird in allen
Situationen angewendet, in denen eine staatliche Instanz vor dem
Problem steht, das Unrecht, das ein Bürger einem anderen Bürger
angetan hat, wieder gutzumachen.

Ein solches Unrecht kann nach Aristoteles entweder in einem
vertraglichen oder in einem nicht-vertraglichen Delikt bestehen. Im
Falle eines vertraglichen Delikts hat ein Individuum eine rechtliche
Verpflichtung verletzt, die es einem anderen Individuum gegenüber
freiwillig eingegangen ist. Im Falle eines nicht-vertraglichen Delikts
hat eine Person einer anderen Person einen rechtlich erheblichen
Schaden zugefügt, ohne daß eine der beiden Personen willentlich
ein Rechtsverhältnis herbeigeführt hätte. Aristoteles spricht in diesem
Zusammenhang daher auch von freiwilligen bzw. unfreiwilligen
Beziehungen der Bürger. Zu den freiwilligen Beziehungen zählt er
zum Beispiel Kauf und Verkauf, Darlehen und Miete. Im Rahmen
der unfreiwilligen Beziehungen unterscheidet er zwischen heim-

lichen Delikten (wie Diebstahl oder Ehebruch) und gewaltsamen Delikten (wie Mißhandlung oder Totschlag).

Obwohl Aristoteles ausdrücklich nur die verteilende und die ausgleichende Gerechtigkeit als Varianten des Begriffs der besonderen Gerechtigkeit nennt, führt er im Rahmen eines Exkurses, der sich mit dem Problem der Wiedervergeltung beschäftigt, stillschweigend noch eine dritte Variante dieses Begriffs ein – die *austauschende* (oder kommutative) Gerechtigkeit. Der Begriff der *kommutativen* Gerechtigkeit bezieht sich ausschließlich auf die sehr spezielle Frage, was von den Konditionen zu halten ist, zu denen Waren und Dienstleistungen getauscht werden.[14]

Dimensionen des Gerechtigkeitsbegriffs nach Aristoteles

A. Gerechtigkeit im *allgemeinen* Sinn: Achtung vor dem Gesetz
B. Gerechtigkeit im *besonderen* Sinn: Achtung der Gleichheit
    a. bei der Verteilung gemeinsamer Güter: *distributive* (oder verteilende) Gerechtigkeit
    b. bei der Wiedergutmachung von Unrecht: *korrektive* (oder ausgleichende oder wiederherstellende) Gerechtigkeit
    c. beim Tausch von Gütern: *kommutative* (oder austauschende) Gerechtigkeit

---

Jede der genannten Versionen des besonderen Gerechtigkeitsbegriffs wird von Aristoteles einer genaueren Analyse unterzogen, die vor allem die Frage klären soll, welcher Begriff von Gleichheit der distributiven, korrektiven und kommutativen Gerechtigkeit jeweils zugrunde liegt. Im Zuge dieser Untersuchung bedient sich Aristoteles einer mathematisierenden Argumentation, die für den heutigen Leser nicht immer leicht zu verstehen ist. Wir werden uns im folgenden darum bemühen, eine möglichst transparente Darstellung dieser Argumentation zu geben.

2.3.1 Distributive Gerechtigkeit

Der Begriff der Verteilungsgerechtigkeit wird von Aristoteles mit dem Konzept der geometrischen Gleichheit (bzw. einer Gleichheit gemäß

---

[14] Es ist eine auch unter Spezialisten höchst umstrittene Frage, welche systematische Bedeutung der kommutativen Gerechtigkeit in Aristoteles' Untersuchung zukommt. Während manche Autoren sie der ausgleichenden Gerechtigkeit zuordnen, sehen andere in ihr den Ausdruck einer – von Aristoteles angeblich betonten – wiedervergeltenden (oder reziproken) Gerechtigkeit. Wir schließen uns im Text einer dritten Gruppe von Autoren an, die die kommutative Gerechtigkeit weder der ausgleichenden noch einer wiedervergeltenden Gerechtigkeit zuordnen, sondern als speziellen Fall betrachten, der sich in Aristoteles' ausdrückliche Systematik nicht einordnen läßt.

der geometrischen Proportion) präzisiert. Nehmen wir an, ein gemeinsames Gut g sei auf zwei Individuen i und j zu verteilen. Der auf das Individuum i bzw. j entfallende Anteil an dem Gut g sei g(i) bzw. g(j). Nehmen wir weiter an, der Wert dieser beiden Güteranteile lasse sich problemlos quantifizieren und betrage v(g(i)) für den Anteil des Individuums i und v(g(j)) für den Anteil des Individuums j. Unter diesen Umständen ist nach Aristoteles von einer gerechten Verteilung zu sprechen, wenn sich (1) die Werte der beiden Güteranteile zueinander genauso verhalten wie die Werte der beiden Individuen. Er setzt dabei voraus, daß sich für jedes Individuum ein Wert (bzw. eine Würdigkeit) angeben läßt, der den Anspruch dieses Individuums zur Geltung bringt, bei der Verteilung eines gemeinsamen Gutes zum Zuge zu kommen. Nehmen wir an, der Wert des Individuums i bzw. j sei w(i) bzw. w(j) und lasse sich genauso problemlos messen wie der Wert der individuellen Güteranteile. Der Begriff der distributiven Gerechtigkeit läßt sich dann mit der folgenden Gleichung übersetzen:

(1) $w(i) : w(j) = v(g(i)) : v(g(j))$

Nehmen wir nun noch an, daß die Werte der Individuen und die Werte der Güteranteile problemlos miteinander verglichen werden können, so läßt sich diese Gleichung alternativ durch eine der beiden folgenden Gleichungen ausdrücken:

(2) $w(i) : v(g(i)) = w(j) : v(g(j))$

(3) $[w(i) + v(g(i))] : [w(j) + v(g(j))] = w(i) : w(j)$

Eine gerechte Güterverteilung zeichnet sich demnach begrifflich auch dadurch aus, daß (2) das Verhältnis zwischen dem Wert einer Person und dem Wert des auf diese Person entfallenden Güteranteils für alle Personen gleich ist, und daß (3) das vor der Verteilung zwischen dem Wert zweier Personen bestehende Verhältnis durch die Verteilung nicht verändert wird.

Dem Begriff der distributiven Gerechtigkeit liegt die Vorstellung zugrunde, daß bei der Verteilung gemeinsamen Gutes durch die Polis relevante Ungleichheiten der Bürger zu berücksichtigen sind. Zwei Bürger gelten dabei als in relevanter Hinsicht ungleich (bzw. gleich), wenn sie das für die Lösung des anstehenden Verteilungsproblems als relevant erachtete Merkmal in unterschiedlicher (bzw. identischer) Ausprägung besitzen. Sind zwei Bürger in diesem Sinne in relevanter Hinsicht ungleich (bzw. gleich), so wird ihnen bei der Verteilung des gemeinsamen Gutes ein ungleicher (bzw. gleicher) Wert beigemessen. Nur wenn zwei Bürgern in dieser Weise der gleiche Wert beigemessen wird, sollen sie nach dem Begriff der distributiven Gerechtigkeit auch gleichwertige Güteranteile erhalten. Wird ihnen dagegen ein ungleicher Wert attestiert, so soll der Würdigere einen wertvolleren und der weniger Würdige einen weniger wertvollen Anteil am gemeinsamen Gut bekommen. Der Begriff der Verteilungsgerechtigkeit läßt sich daher in der Maxime zusammenfassen, daß Gleiche gleich und Ungleiche ungleich zu behandeln sind.[15] Jede Verteilung, die Gleiche ungleich oder Ungleiche gleich behandelt, ist demnach als ungerecht zu betrachten. Eine derart ungerechte Verteilung würde nach Aristoteles' Überzeugung zu schweren Konflikten führen und den Bestand der Polis gefährden.

Der Begriff der distributiven Gerechtigkeit läßt sich mit einem breiten Spektrum von Konzeptionen der Verteilungsgerechtigkeit vereinbaren. Diese Konzeptionen unterscheiden sich hinsichtlich der Frage, welches Merkmal einen gleichen bzw. ungleichen Wert der Bürger zu begründen geeignet ist. In der *Nikomachischen Ethik* gibt Aristoteles keine Antwort auf diese Frage. Er weist allerdings darauf hin, daß das relevante Anspruchsmerkmal grundsätzlich von dem zur Lösung anstehenden Verteilungsproblem abhängt – so liegt es nahe, den Ertrag aus einer gemeinsamen Investition nach dem finanziellen Einsatz der Partner zu verteilen, während es absurd wäre, hohe politische Ämter an die Meistbietenden zu versteigern. Darüber hinaus macht er klar, daß bei der Verteilung politischer Kompetenzen hinsichtlich des relevanten Anspruchsmerkmals gravierende ideologische Konflikte bestehen – so setzen die Verfechter der Oligarchie den Wert eines Bürgers mit seinem Vermögen an, während die Anhänger der Demokratie allen frei Geborenen den gleichen Wert beimessen. Auf ideologische Konflikte dieser Art kommt Aristoteles im dritten Buch der *Politik* zurück, das sich im Gegensatz zum fünften Buch der *Nikomachischen Ethik* mit konzeptionellen Fragen beschäftigt.[16]

In den Erläuterungen, die Aristoteles zum Begriff der distributiven Gerechtigkeit gibt, spielt die Tatsache, daß er die besondere Gerechtigkeit als ethische Tugend betrachtet, keine sonderliche Rolle. Es geht Aristoteles hier weniger darum, die charakterliche Haltung eines gerechten Individuums oder die aus einer solchen Haltung resultierenden individuellen Handlungen zu beschreiben, als darum, die formalen Eigenschaften eines gerechten gesellschaftlichen Zustands zu kennzeichnen. Ein gesellschaftlicher Zustand ist im Sinne des Begriffs der distributiven Gerechtigkeit genau dann als gerecht zu

---

[15] Diese Maxime lag bereits Platons Konzeption einer gerechten Staatsverfassung zugrunde. Vgl. oben 1.4.

[16] Vgl. dazu unten 2.4.

betrachten, wenn alle Individuen bei der Verteilung eines gemeinsamen Gutes ihrem Wert entsprechend berücksichtigt worden sind.

Daß sich Aristoteles auf die formalen Eigenschaften von Verteilungszuständen konzentriert, ist leicht zu verstehen, wenn man die engen Grenzen betrachtet, die einer Interpretation der distributiven Gerechtigkeit als individueller Tugend gezogen sind. In diesem Zusammenhang ist zu beachten, daß die verteilende Gerechtigkeit in erster Linie nicht als Tugend der Empfänger, sondern als Tugend der Verteiler eines Gutes zu interpretieren ist. Zwar kann sich eine faire bzw. unfaire Handlungsdisposition sowohl beim Austeilenden als auch beim Empfangenden finden. Sich dieser Disposition entsprechend zu verhalten, ist aber zunächst einmal eine Angelegenheit des Austeilenden. Wenn es nun darum geht, ein gemeinsames Gut politisch zu verteilen, sind es in der Regel nicht einzelne Menschen, sondern staatliche Körperschaften, die eine Verteilungsentscheidung treffen und vollziehen. Die Tugend der distributiven Gerechtigkeit müßte demnach grundsätzlich nicht individuellen, sondern kollektiven Akteuren zugeschrieben werden. Selbst wenn man jedoch davon ausgehen könnte, daß Entscheidung und Vollzug buchstäblich bei einem einzigen Menschen liegen, wären Fälle denkbar, in denen dieser Mensch gerecht bzw. ungerecht verteilt, ohne gerecht bzw. ungerecht (d. h. tugendhaft bzw. lasterhaft) zu sein. So hätte ein von der Gewinnsucht getriebener Akteur, der keine Chance sieht, sich im Zuge der Verteilung zu bereichern, weil er nicht zu den Empfängern des Gutes zählt, wohl keinen Anreiz, dieses Gut in ungerechter Weise zu verteilen. Auf der anderen Seite könnte ein durch und durch fairer Akteur eine gerechte Verteilung verfehlen, weil er sich über den Wert der einzelnen Güteranteile und/oder über die Würdigkeit der empfangenden Personen im Irrtum befindet.

2.3.2 Korrektive Gerechtigkeit

Der Begriff der ausgleichenden Gerechtigkeit wird von Aristoteles mit dem Konzept der arithmetischen Gleichheit (bzw. einer Gleichheit gemäß der arithmetischen Proportion) präzisiert. Rein mathematisch betrachtet, besteht der Unterschied zwischen der geometrischen Proportion und der arithmetischen Proportion darin, daß diese durch eine Gleichheit von Differenzen, jene aber durch eine Gleichheit von Quotienten definiert ist. Diesem formalen Gegensatz entspricht nach Aristoteles ein substantiell erheblicher Befund: Eine staatliche Instanz, deren Aufgabe darin besteht, ausgleichende Gerechtigkeit walten zu lassen, muß mit den ihr unterworfenen Bürgern nämlich in einer ganz anderen Weise umgehen als eine staatliche

Instanz, die mit der Herstellung von Verteilungsgerechtigkeit betraut ist.

Ein wesentlicher Aspekt der distributiven Gerechtigkeit besteht für Aristoteles darin, daß ihre Verwirklichung nur in Ansehung der Person, d. h. unter Berücksichtigung von Merkmalen gelingen kann, durch die sich die Bürger in relevanter Hinsicht unterscheiden. Wenn es solche Unterschiede nicht gäbe, wenn also alle Bürger in allen für die Verteilung gemeinsamer Güter relevanten Hinsichten gleich wären, gäbe es kein ernstzunehmendes Problem der distributiven Gerechtigkeit. Jede gerechte Verteilung würde dann nämlich allen Anspruchsberechtigten einen gleichwertigen Güteranteil zukommen lassen. Nun sind die Bürger aber nach Aristoteles nicht als Gleiche, sondern als Ungleiche zu unterstellen, wenn es um die Verteilung von gemeinsamen Gütern geht. Dieser Annahme liegt seine Überzeugung zugrunde, daß verschiedene Individuen grundsätzlich in verschiedenem Umfang zum Gedeihen einer gemeinsamen Unternehmung im allgemeinen und der Polis im besonderen beitragen. Zwar hängt das Merkmal, das über die Höhe des individuellen Beitrags zum Erreichen eines gemeinsamen Zwecks entscheidet, von der jeweils betrachteten Kooperationsform ab (z. B. davon, ob es sich um eine gemeinsame ökonomische oder um eine gemeinsame politische Unternehmung handelt). Das ändert aber nichts daran, daß jede Kooperationsform mit der Ungleichheit der individuellen Beiträge angemessen umzugehen hat. Ein angemessener Umgang mit dieser Ungleichheit kann nach Aristoteles nur darin bestehen, die Früchte der Gemeinschaft den individuellen Leistungen für die Gemeinschaft entsprechend zu verteilen.

Im Gegensatz zur verteilenden Gerechtigkeit hat die Verwirklichung der ausgleichenden Gerechtigkeit nach Aristoteles ohne Ansehung der Person, d. h. unter Vernachlässigung zahlreicher Merkmale zu erfolgen, durch die sich die Bürger eines Staates tatsächlich voneinander unterscheiden. Wenn es darum geht, ein Unrecht, das eine Person i einer Person j zugefügt hat, wieder gutzumachen, ist es völlig unerheblich, ob die Person i bzw. j reich oder arm, tugendhaft oder lasterhaft, von adeliger oder niederer Herkunft ist etc. Ausschlaggebend ist allein die Tatsache, daß die Person i ein bestimmtes Unrecht zugefügt und die Person j dieses Unrecht erlitten hat. Der Begriff der korrektiven Gerechtigkeit geht daher von der Annahme aus, daß alle Bürger in relevanter Hinsicht als gleich zu betrachten sind. Diese Gleichheit kommt – modern gesprochen[17] – darin zum Ausdruck, daß jeder Bürger eine Reihe von Rechten ge-

---

[17] Aristoteles kennt den Begriff eines individuellen Rechts noch nicht.

nießt, die der Staat allen anderen Bürgern gegenüber durchzusetzen hat. Zu den Rechten, die Aristoteles implizit voraussetzt, zählen das Recht auf Leben, das Recht auf körperliche Unversehrtheit, das Recht auf Eigentum und alle Rechte, die durch Verträge der Bürger erzeugt werden. Ein Problem der ausgleichenden Gerechtigkeit entsteht nun immer dann, wenn ein Bürger durch die Aktion eines anderen Bürgers – sei es ein Vertragsbruch[18], ein Diebstahl, eine körperliche Attacke oder ein Mord – in einem seiner Rechte verletzt wird. Da jede dieser rechtswidrigen Aktionen in gewisser Weise einen ‚Gewinner' (den Schädiger) und einen ‚Verlierer' (den Geschädigten)[19] erzeugt, kann die Aufgabe der korrigierenden Gerechtigkeit nach Aristoteles nur darin bestehen, auf dem Wege eines angemessenen Schadensersatzes den Ausgangszustand gleicher individueller Rechtspositionen wiederherzustellen. Diese Aufgabe fällt dem Richter zu, der seine Entscheidung ohne Ansehen der Person zu treffen, d. h. von der Frage zu abstrahieren hat, ob der Gute (Reiche, Adelige etc.) den Bösen (Armen, Niedriggeborenen etc.) oder der Böse den Guten betrogen, bestohlen, geschlagen oder ermordet hat.

Um zu demonstrieren, daß mit der korrektiven Gerechtigkeit eine bestimmte Gleichheitsidee verwirklicht wird, verweist Aristoteles zunächst auf die Tatsache, daß Richter häufig als Mittler bezeichnet werden, und gibt dann die folgende Illustration der Art von Mitte, die der Richter herzustellen hat. Gegeben sei eine Strecke ab mit

$$ab = ac + cb \quad \text{und} \quad ac = cb.$$

Die gleich großen Streckenabschnitte ac und cb sollen den Rechtspositionen zweier Individuen vor einem Delikt entsprechen. Ein Delikt (z. B. ein Diebstahl) läßt sich dann so abbilden, daß ein Individuum (z. B. der Dieb) seine Position zu Lasten des anderen Individuums (z. B. des Bestohlenen) verbessert:

$$ab = ac' + c'b \quad \text{mit} \quad ac' > c'b$$

Die Aufgabe des Richters besteht dann darin, durch eine angemessene Kompensation den status quo ante wiederherzustellen. Folgt man Aristoteles, so tut er dies genau dann, wenn er zwischen Gewinn und Verlust die Mitte wählt, d. h. wenn er ac' bzw. c'b um

---

[18] Aristoteles stützt seine Untersuchung der ausgleichenden Gerechtigkeit ausschließlich auf nicht-vertragliche Delikte. Die Ergebnisse seiner Untersuchung lassen sich aber mühelos auf vertragliche Delikte übertragen.

[19] Aristoteles ist sich darüber im klaren, daß von ‚Gewinn' und ‚Verlust' bei zahlreichen Delikten (wie etwa Mord oder Totschlag) nur noch metaphorisch gesprochen werden kann.

(ac'-c'b)/2 verkleinert bzw. vergrößert. Das Ergebnis einer solchen Kompensation sind die ursprünglichen Rechtspositionen ac und cb:

ac = ac' - (ac'-c'b)/2 und cb = c'b + (ac'-c'b)/2

Aristoteles' Illustration der ausgleichenden Gerechtigkeit führt insofern in die Irre, als sie davon ausgeht, daß der ‚Gewinn' des Täters (d. h. die Strecke ac'-ac) mit dem ‚Verlust' des Opfers (d. h. der Strecke cb-c'b) exakt übereinstimmt. Dies ist jedoch nur bei einigen Delikten – wie etwa einem Diebstahl – tatsächlich der Fall. Bei anderen Delikten – wie etwa einer Körperverletzung – liegen ‚Gewinn' und ‚Verlust' von Täter und Opfer, soweit man diese Begriffe überhaupt noch verwenden kann, auf völlig verschiedenen Ebenen. Schließlich gibt es Delikte, bei denen man – wie im Falle eines Mordes – allenfalls von einem ‚Gewinn' des Täters, keinesfalls jedoch von einem zu kompensierenden ‚Verlust' des Opfers sinnvoll sprechen kann. Je nach Art des Delikts wird es für einen Richter unterschiedlich schwierig sein, einen gerechten Schadensersatz festzulegen. Während der durch einen Diebstahl entstandene Verlust schon dadurch ausgeglichen werden kann, daß der Dieb das gestohlene Gut an den Eigentümer zurückgibt, läßt sich der durch eine Körperverletzung verursachte Schaden nur dann kompensieren, wenn es gelingt, eine der körperlichen Beeinträchtigung des Opfers in ihrem Wert entsprechende Beeinträchtigung des Täters zu bestimmen.[20] Mag man die Bestimmung eines derart gerechten Schadensersatzes noch für möglich halten, so steht der Richter vor einer völlig unlösbaren Aufgabe, wenn er mit einem Mord konfrontiert wird. Wie soll er einen Toten dafür entschädigen, daß man ihn getötet hat? Da sich die Rechtsposition einer Person, die in ihrem Lebensrecht verletzt wurde, nicht wiederherstellen läßt, stößt der Begriff der korrigierenden Gerechtigkeit bei allen Tötungsdelikten an seine Grenzen.[21]

Auch bei der Untersuchung der ausgleichenden Gerechtigkeit schenkt Aristoteles seiner systematischen These, die besondere Gerechtigkeit sei eine ethische Tugend, keine sonderliche Aufmerksamkeit. Es ist nicht die Frage, welche charakterliche Haltung einen

---

[20] Ein gerechter Ausgleich kann in diesem Fall also nicht einfach darin bestehen, dem Täter die Verletzung zuzufügen, die er selbst seinem Opfer zugefügt hat.

[21] Dies ist nicht der einzige Einwand gegen den Begriff der korrektiven Gerechtigkeit. Ein anderer Einwand lautet, daß sich Aristoteles auf den zivilrechtlichen Aspekt von Delikten beschränkt, ihren strafrechtlichen Aspekt also völlig vernachlässigt.

gerechten Richter auszeichnet, die ihn in erster Linie interessiert, sondern die Frage, was ein gerechtes Urteil ausmacht. Ein richterliches Urteil ist nach Aristoteles genau dann als gerecht zu betrachten, wenn es den Täter zwingt, den Schaden, den er seinem Opfer zugefügt hat, mit einer gleichwertigen Leistung zu kompensieren. Es ist nicht ausgeschlossen, daß ein derart gerechtes Urteil von einem ungerechten Richter – zum Beispiel einem Richter, der sich von beiden Prozeßparteien hat bestechen lassen – gefällt wird. Genauso wenig kann man ausschließen, daß ein gerechter Richter – also ein Richter, der weder eigene Interessen ins Spiel bringt noch eine der Parteien bevorzugt – ein ungerechtes Urteil fällen wird. Es sind also – analog zum Begriff der distributiven Gerechtigkeit – Bedingungen denkbar, unter denen Aristoteles' Kennzeichnung der korrektiven Gerechtigkeit mit seiner Kennzeichnung der besonderen Gerechtigkeit kollidiert.

2.3.3 Kommutative Gerechtigkeit

Die Ausführungen, die Aristoteles zur Tauschgerechtigkeit macht, bergen erhebliche Unklarheiten. Diese Unklarheiten sind unter anderem darauf zurückzuführen, daß der Begriff der kommutativen Gerechtigkeit in gewisser Hinsicht mit dem Begriff der korrektiven Gerechtigkeit und in anderer Hinsicht mit dem Begriff der distributiven Gerechtigkeit übereinstimmt. Die Realisierung der Tauschgerechtigkeit setzt wie die Verwirklichung der ausgleichenden Gerechtigkeit einen sozialen Kontext voraus, in dem Privatleute miteinander verkehren. Während der Begriff der korrektiven Gerechtigkeit jedoch sowohl auf freiwillige als auch auf unfreiwillige Beziehungen anzuwenden ist, bezieht sich der Begriff der kommutativen Gerechtigkeit nur auf den sehr speziellen Fall, daß zwei Bürger freiwillig in eine Tauschbeziehung eintreten. Daraus zu schließen, daß die austauschende Gerechtigkeit als Spezialfall der ausgleichenden Gerechtigkeit zu betrachten ist, wäre indes verfehlt. Im Gegensatz zum Begriff der korrektiven Gerechtigkeit setzt der Begriff der kommutativen Gerechtigkeit nämlich keinen Regelbruch voraus, sondern zielt auf die Frage, welche Regeln eine gerechte soziale Beziehung kennzeichnen. In dieser Hinsicht stimmt er mit dem Begriff der distributiven Gerechtigkeit überein, der ebenfalls an der Frage ansetzt, unter welchen Umständen die Behandlung eines Akteurs durch einen anderen Akteur als gerecht oder ungerecht zu betrachten ist. Während die kommutative Gerechtigkeit jedoch ein symmetrisches Verhältnis zweier privater Akteure unterstellt, setzt die distributive Gerechtigkeit eine asymmetrische Beziehung zwischen einem staatlichen und einem privaten Akteur voraus. Da der Begriff der kommutativen Gerechtigkeit partiell sowohl mit dem Begriff der korrektiven Gerechtigkeit als auch mit dem Begriff der distributiven Gerechtigkeit übereinstimmt, ist es nicht verwunderlich, daß sich das eine gerechte Tauschbeziehung charakterisierende Gleichheitskonzept nicht ohne weiteres identifizieren läßt.

Aristoteles' Untersuchung der Tauschgerechtigkeit geht implizit von der platonischen Annahme aus, daß es eine natürliche Ungleichverteilung der individuellen Begabungen gibt, deren Aufrechterhaltung bzw. Zuspitzung für alle Beteiligten wünschenswert ist. Da der Mensch von Natur aus nicht autark ist, kann er durch die Zusammenarbeit mit anderen nur gewinnen. Dabei werden die aus der Kooperation resultierenden Gewinne umso größer sein, je weiter Spezialisierung und Arbeitsteilung fortgeschritten sind. Am wünschenswertesten ist demnach ein gesellschaftlicher Zustand, in dem jedes Individuum nur noch die Arbeit verrichtet, die es am besten verrichten kann: Häuser bauen, Schuhe machen, das Land bestellen etc. Dieser hohe Spezialisierungsgrad zieht eine Fülle von Tauschaktivitäten nach sich: Der Baumeister braucht Schuhe und Nahrung etc., die er gegen sein eigenes Produkt tauscht. Wenn nun alle Produkte (von Natur oder aus irgendwelchen anderen Gründen) den gleichen Wert hätten, würde es nach Aristoteles beim Tausch kein genuines – d. h. über das Problem der korrigierenden Gerechtigkeit hinausgehendes – Problem der Gerechtigkeit geben. Die Vertreter der verschiedenen Berufe würden unter diesen Umständen ihre Produkte eins zu eins tauschen, und niemand hätte einen Grund, sich über die Ungerechtigkeit eines solchen Tauschgeschäfts zu beklagen.

Das Problem besteht nun darin, daß die Produkte der verschiedenen Berufe (aus Gründen, die Aristoteles nicht näher erörtert) nicht gleichwertig sind: Ein Haus hat einen größeren Wert als ein Schuh etc. Unter diesen Umständen wird der freiwillige Austausch zwischen zwei Partnern grundsätzlich prekär: Ein Baumeister wird nicht bereit sein, ein Haus gegen einen Schuh zu tauschen etc. Da nach Aristoteles' Überzeugung der Bestand der Gesellschaft davon abhängt, daß getauscht wird, muß für die unterschiedlichen Güterwerte ein Ausgleich geschaffen werden. Dieser Ausgleich kann offensichtlich nicht an den Tauschpartnern selbst ansetzen. Das würde nämlich bedeuten, alle Tauschakte auf die Vertreter des jeweils gleichen Berufs zu beschränken, die kein Motiv haben, ihre Produkte auszutauschen: Ein Schuster wird die Schuhe eines anderen Schusters nicht gegen seine eigenen Schuhe tauschen wollen etc. Da ein Tausch somit immer ungleiche Partner voraussetzt, kann der erforderliche Ausgleich nur auf der Ebene der Erzeugnisse stattfinden.

Die entscheidende Frage lautet dann: Wie hat man sich einen gerechten Ausgleich der Erzeugnisse vorzustellen, der dafür sorgt, daß der Tausch unter beliebigen Partnern ungehindert funktioniert und die Gesellschaft den größtmöglichen Kooperationsgewinn realisiert?

Es ist schwer zu erkennen, welche Antwort Aristoteles auf diese Frage gibt. Klar ist zunächst nur, daß von einem gerechten Tausch genau dann zu sprechen ist, wenn gleichwertige Gütermengen getauscht werden. Um diese Gleichwertigkeit zu sichern, wird es in aller Regel nötig sein, zwei Güter nicht eins zu eins, sondern in einem jeweils spezifischen Mengenverhältnis zu tauschen. Eine Konsequenz der Notwendigkeit, äquivalente Gütermengen zu bestimmen, sieht Aristoteles in der konventionellen Einführung des Geldes, das den komplizierten Naturaltausch vereinfacht, weil es den Preis eines Gutes in einer für alle Güter identischen Einheit zu messen erlaubt. Mit der Lösung dieses Meßproblems ist allerdings nicht viel gewonnen, was das moralische Problem eines gerechten Tausches betrifft. Dieses Problem wäre erst dann gelöst, wenn die Frage geklärt wäre, unter welchen Bedingungen eine bestimmte Mengenproportion bzw. ein bestimmter Güterpreis als gerechte Proportion bzw. als gerechter Preis zu gelten hat.

Aristoteles hat auf diese Frage allenfalls eine formal eindeutige Antwort parat. Betrachten wir zwei Individuen A und B (z. B. einen Baumeister und einen Schuster), die vor dem Problem stehen, ihre typischen Produkte a und b (z. B. Häuser und Schuhe) zu tauschen. Ein gerechter Tausch zeichnet sich nach Aristoteles dann dadurch aus, daß sich das Individuum A zum Individuum B genauso verhält wie das Produkt b zum Produkt a. Diese auf den ersten Blick völlig unverständliche Formulierung wird in der Literatur häufig mit der folgenden Gleichung übersetzt, wobei w(A) bzw. w(B) den Wert des Individuums A bzw. B und m(a) bzw. m(b) die beim Tausch eingesetzte Menge des Gutes a bzw. b bezeichnet:

$$w(A) : w(B) = m(b) : m(a)$$

Von einem gerechten Tausch wäre demnach genau dann zu sprechen, wenn das Mengenverhältnis der Güter b und a mit dem Wertverhältnis der Produzenten A und B übereinstimmt. Diese Formulierung ist insofern unbefriedigend, als offen bleibt, was mit den Werten w(A) und w(B) gemeint ist. Was Aristoteles hier vor Augen hat, ist keineswegs – wie manche Interpreten argumentieren – der moralische Wert einer Person, sondern lediglich der ökonomische Wert des von einem Individuum produzierten Gutes. Die Analyse der kommutativen Gerechtigkeit geht offensichtlich von der Annahme aus, daß zwei Individuen A und B nur insofern ein unterschiedlicher Wert beizumessen ist, als die von ihnen produzierten Güter a und b einen unterschiedlichen Wert besitzen. Bezeichnet man den Wert einer Einheit des Gutes a bzw. b mit v(a) bzw. v(b) und den – in Geldeinheiten ausgedrückten – Preis einer Einheit des Gutes a bzw. b mit p(a) bzw. p(b), so läßt sich der Begriff der kommutativen Gerechtigkeit mit einer schlichten Formel übersetzen:

$$v(a) : v(b) = m(b) : m(a) = p(a) : p(b)$$

Ein gerechter Tausch ist nach dieser Formel dadurch gekennzeichnet, daß das Preisverhältnis der getauschten Güter ihrem Wertverhältnis entspricht. Was diese formale Bestimmung der kommutativen Gerechtigkeit inhaltlich bedeutet, hängt davon ab, ob man den relativen Wert eines Gutes als von seinem relativen Preis unabhängige oder abhängige Größe interpretiert. Da sich Aristoteles zu dieser Frage nicht äußert, sind beide Deutungen zulässig. Die erste Deutung geht von der Annahme aus, daß sich der relative Wert eines Gutes objektiv, d. h. völlig unabhängig von den subjektiven Präferenzen der potentiellen Tauschpartner, bestimmen läßt. Nach dieser objektivistischen Interpretation besteht das Problem der kommutativen Gerechtigkeit darin, den Preis eines Gutes so festzulegen, daß er seinem Wert entspricht. Es leuchtet ein, daß eine Lösung dieses Problems nur von einer zentralen Instanz (wie einer staatlichen Preisfestsetzungsbehörde) zu erwarten wäre. Im Gegensatz dazu geht die zweite Deutung davon aus, daß sich der relative Wert eines Gutes nur subjektiv, d. h. als Resultat einer Vielzahl von individuellen Angebots- und Nachfrageentscheidungen, bestimmen läßt. Folgt man dieser subjektivistischen Interpretation, so stimmt der Wert eines Gutes mit seinem Marktpreis überein. Jeder Tausch, der zu Marktpreisen erfolgt, ist demnach als gerechter Tausch zu bewerten. Um gerechte Tauschbedingungen zu sichern, genügt es daher, die institutionellen Voraussetzungen eines Marktsystems zu gewährleisten. Da die Gewährleistung einer marktwirtschaftlichen Ordnung als typische Staatsaufgabe zu betrachten ist, kommt auch die zweite Deutung der kommutativen Gerechtigkeit nicht ohne eine zentrale Instanz aus. Im Gegensatz zur ersten Deutung legt diese Instanz nun jedoch nicht mehr die Güterpreise, sondern nur noch den institutionellen Rahmen fest, innerhalb dessen eine dezentrale Bestimmung der Güterpreise erfolgen kann.

Welcher dieser beiden Deutungen Aristoteles selbst zuneigt, ist dem Text der *Nikomachischen Ethik* schlechterdings nicht zu entnehmen. Es gibt allerdings einen systematischen Grund für die Behauptung, daß Aristoteles die objektivistische Interpretation zu bevorzugen hätte. Nur diese Interpretation erlaubt es nämlich zumindest grundsätzlich, die kommutative Gerechtigkeit als ethische Tugend eines Individuums (etwa eines staatlichen Preisaufsehers) zu betrachten. Dagegen ist nicht zu erkennen, wie es einem einzelnen Anbieter oder Nachfrager möglich sein soll, für einen gerechten Tausch im Sinne der subjektivistischen Deutung zu sorgen. Obwohl Aristoteles keinen Zweifel daran läßt, daß die besondere Gerechtigkeit als individuelle Tugend zu betrachten ist, wird in der Literatur häufig die These vertreten, daß der Begriff der kommutativen Gerechtigkeit subjektivistisch zu interpretieren sei. Zur Begründung dieser These wird gerne eine Textpassage angeführt, in der Aristoteles darauf pocht, daß es letztlich der Bedarf ist, der über die Gerechtigkeit der Tauschkonditionen entscheidet. Diese Begründung wäre allerdings nur dann stichhaltig, wenn sich der Begriff des Bedarfes nur subjektivistisch (etwa im Sinne eines Nachfrageüberschusses) interpretieren ließe. Da sich dieser Begriff jedoch ohne weiteres auch objektivistisch (etwa im Sinne einer naturgegebenen Notwendigkeit) interpretieren läßt, ist mit der genannten Textpassage nichts zu gewinnen.

Im Gegensatz zu den Begriffen der distributiven und korrektiven Gerechtigkeit äußert sich Aristoteles nicht eindeutig zu der Frage, welches Konzept von Gleichheit dem Begriff der kommutativen Gerechtigkeit zugrunde liegt. Tatsächlich operiert seine Untersuchung der Tauschgerechtigkeit mit der Annahme, daß die Bürger in relevanter Hinsicht sowohl als Gleiche als auch als Ungleiche zu betrachten sind. Die Bürger sind in relevanter Hinsicht ungleich, weil sie ungleiche natürliche Talente besitzen und diesen Talenten entsprechend Güter von ungleichem Wert herstellen. Soweit die Realisierung der kommutativen Gerechtigkeit diese Ungleichheit der Produzenten berücksichtigt, erfolgt sie – analog zur verteilenden Gerechtigkeit – in Ansehung der Person. Da die Gütermenge, die ein Produzent im Zuge eines gerechten Tausches einzusetzen hat, ceteris paribus mit einem steigenden Wert seines Gutes sinkt, kann man argumentieren, daß Aristoteles den Begriff der kommutativen Gerechtigkeit mit einem Gleichheitskonzept präzisiert, das die Idee der geometrischen Gleichheit in gewisser Weise umkehrt. Sobald man die Bürger jedoch nicht mehr in ihrer Rolle als Produzenten, sondern in ihrer Rolle als Tauschpartner betrachtet, erscheinen sie nicht mehr als Ungleiche, sondern als Gleiche. Zwei Individuen, die eine Tauschbeziehung eingehen möchten, sind insofern in relevanter Hinsicht gleich, als jeder von ihnen das Recht hat, für seine Leistung eine gleichwertige Gegenleistung zu bekommen. Soweit die Realisierung der kommutativen Gerechtigkeit dieser Gleichheit der Tauschpartner Rechnung trägt, erfolgt sie – analog zur korrigierenden Gerechtigkeit – ohne Ansehung der Person. Da ein gerechter Tausch den ‚Verlust‘, den ein Individuum als Anbieter erleidet, durch den ‚Gewinn‘ kompensiert, den es als Nachfrager realisiert, liegt nun der Schluß nahe, daß Aristoteles auch den Begriff der kommutativen Gerechtigkeit mit dem Konzept der arithmetischen Gleichheit untermauert.

2.4 Konzeptionen der politischen Gerechtigkeit

In der *Nikomachischen Ethik* stellt Aristoteles die verschiedenen Varianten des Gerechtigkeitsbegriffs in einen politischen Kontext, ohne die Gerechtigkeit bzw. Ungerechtigkeit dieses Kontextes selbst zum Gegenstand der Untersuchung zu machen. So ist zwar klar zu erkennen, daß die allgemeine Gerechtigkeit eine gesetzgebende, die distributive Gerechtigkeit eine verteilende, die korrektive Gerechtigkeit eine richterliche und die kommutative Gerechtigkeit eine preisfestsetzende oder marktordnende staatliche Instanz voraussetzt. Ebenso klar ist aber auch, daß sich Aristoteles für die Frage, ob diese staatlichen Instanzen in eine gerechte oder ungerechte politische Ordnung eingebettet sind, an dieser Stelle nicht sonderlich interessiert. Diese Frage – und mit ihr: das Problem der politischen Gerechtigkeit – wird erst in der *Politik* einer genaueren Analyse unterzogen. Diese Analyse geht davon aus, daß das Problem der politischen Gerechtigkeit im wesentlichen darin besteht, der Ausübung politischer Herrschaft eine gerechte politische Verfassung zugrunde zu legen. Da Aristoteles die Gerechtigkeit bzw. Ungerechtigkeit einer politischen Verfassung in erster Linie an der Qualität der Regeln bemißt, nach denen politische Ämter und Kompetenzen auf die Mitglieder eines Gemeinwesens verteilt werden, geht die *Politik* von einem Begriff der politischen Gerechtigkeit aus, der den in der *Nikomachischen Ethik* entwickelten Begriff der distributiven Gerechtigkeit auf einer höheren Ebene anwendet. Ging es dort um die Frage, nach welcher Maxime gemeinsame Güter in einem verfaßten Staat zu verteilen sind, so geht es hier um die Frage, nach welchem Prinzip ein Staat zu verfassen ist, nach welchen Kriterien seinen Bürgern also politische Rechte zugeteilt werden sollen.

Man kann nicht sagen, daß Aristoteles diese Frage in eindeutiger Weise beantwortet. Immerhin sind die Grundzüge seiner Antwort zu erkennen. Da er den Begriff der politischen Gerechtigkeit auf den Begriff der Verteilungsgerechtigkeit zurückführt, kann er eine politische Verfassung nur dann als gerecht betrachten, wenn sie geometrische Gleichheit herstellt, wenn sie also in relevanter Hinsicht gleichen bzw. ungleichen Bürgern gleiche bzw. ungleiche politische Rechte einräumt. Dabei sollen zwei Bürger genau dann als in relevanter Hinsicht gleich bzw. ungleich gelten, wenn sie einen gleichen bzw. ungleichen Beitrag zur Erreichung des Staatszwecks leisten, der nach Aristoteles in der Sicherung eines vollkommenen Lebens besteht. Damit ist einerseits klar, daß eine ganze Reihe von körperlichen Merkmalen – wie Größe, Schnelligkeit oder Hautfarbe – als irrelevant zu betrachten ist, wenn es um die Zuteilung politischer Rechte geht. Nicht minder klar ist für Aristoteles andererseits, daß sich soziale, ökonomische und charakterliche Merkmale von Individuen angeben lassen, die bei der Zuteilung politischer Rechte als grundsätzlich relevant zu betrachten sind. Als Merkmale, die ein Individuum grundsätzlich befähigen, einen Beitrag zur Erreichung des Staatszwecks zu leisten, nennt Aristoteles insbesondere eine freie Geburt, ein großes Vermögen und eine ausgeprägte Tugend. Jedes Individuum, das zumindest eines dieser drei Merkmale besitzt, kann demnach grundsätzlich einen Anspruch auf ein politisches Amt erheben. Aristoteles faßt die grundsätzlich Anspruchsberechtigten in drei Gruppen zusammen – der großen Gruppe aller Freigeborenen, der deutlich kleineren Gruppe aller Reichen und der kleinsten Gruppe aller Tugendhaften. Vor diesem Hintergrund läßt sich das Problem der politischen Gerechtigkeit zu der Frage vereinfachen, wie die Beteiligung dieser drei Gruppen an der Ausübung politischer Herrschaft konstitutionell geregelt werden sollte.

Aristoteles untersucht eine ganze Reihe von Konzeptionen der politischen Gerechtigkeit, die auf diese Frage eine jeweils spezifische Antwort geben. Dabei sind ‚reine' Konzeptionen, die die Zuteilung politischer Rechte von einem einzigen relevanten Merkmal abhängig machen, von ‚gemischten' Konzeptionen zu unterscheiden, die auf mehr als ein relevantes Merkmal zurückgreifen. Eine reine Konzeption der politischen Gerechtigkeit wird insbesondere von den Verfechtern einer demokratischen bzw. oligarchischen Verfassung propagiert, die alle Freigeborenen bzw. alle Reichen an der Ausübung politischer Herrschaft beteiligt. Diese beiden Konzeptionen der politischen Gerechtigkeit sind nach Aristoteles als völlig verfehlt zu betrachten. Er begründet diese Einschätzung mit dem Argument, daß die Freien und Reichen zwar für den Bestand eines Staates unerläßlich seien, zu seinem eigentlichen Zweck – dem vollkommenen Leben – aber nichts beitragen könnten. Da ein Beitrag zum vollkommenen Leben nur von den Tugendhaften zu erwarten ist, wäre von allen reinen Konzeptionen der politischen Gerechtigkeit allenfalls eine aristokratische Konzeption zu rechtfertigen, die alle Nichttugendhaften von der konstitutionellen Gewährleistung politischer Rechte ausschließt. Gegen eine rein aristokratische Verfassung sprechen nach Aristoteles jedoch zwei Einwände. Zum einen wäre eine solche Verfassung insofern ungerecht, als sie den Beitrag ignorierte, den die Reichen und Freien zur schlichten Existenz des Staates leisten. Zum anderen wäre diese Verfassung instabil, weil den wenigen Inhabern der Staatsgewalt eine politisch rechtlose Masse gegenüberstünde, die jederzeit aufbegehren könnte. Aus diesen beiden Gründen plädiert Aristoteles für eine gemischte Verfassung, die zwar den Tugendhaften die wichtigsten politischen Ämter und Kompetenzen vorbehält, aber auch die Reichen und Freien an der Ausübung politischer Herrschaft beteiligt.[22]

Eine demokratische Verfassung, die allen Mitgliedern des Gemeinwesens die gleichen politischen Rechte gewährt und diese Gleichverteilung mit der freien Geburt aller Bürger begründet, ist nach Aristoteles' Überzeugung als ungerecht zu betrachten, weil sie in relevanter Hinsicht – d. h.: hinsichtlich ihres Vermögens und ihrer Tugend – ungleiche Individuen in gleicher Weise behandelt. Insoweit stimmt Aristoteles' Kritik der Demokratie mit Platons Kritik überein (siehe oben 1.4). Im Gegensatz zu Platon kann sich Aristoteles jedoch besondere Umstände vorstellen, unter denen sich eine demokratische Verfassung – bzw. genauer: eine demokratisch-aristokratische Mischverfassung, in der das Volk die wichtigsten politischen Funktionen übernimmt – rechtfertigen ließe. Diese Rechtfertigung geht zwar nach wie vor davon aus, daß die Zuteilung politischer Rechte in erster Linie nach der Tugendhaftigkeit der Bürger zu erfolgen habe, wendet die Logik der distributiven Gerechtigkeit aber nicht mehr auf Individuen, sondern auf Gruppen an. Vergleicht man die sehr kleine Gruppe der Tugendhaften mit der sehr großen Gruppe der Freigeborenen, so kann nach Aristoteles kein Zweifel daran bestehen, daß jedes Mitglied der ersten Gruppe die für die Zuteilung politischer Rechte in erster Linie relevanten Eigenschaften (wie Gerechtigkeit[23] und Vernunft) in weit höherem Maße besitzen wird als jedes Mitglied der zweiten Gruppe. Er mag allerdings nicht ausschließen, daß die – beim Einzelnen sehr schwach

---

[22] Im siebten Buch der *Politik*, das der Untersuchung des besten Staates gewidmet ist, plädiert Aristoteles demgegenüber für eine rein aristokratische Verfassung. Er geht dabei allerdings davon aus, daß die Gruppe der Tugendhaften mit der Gruppe der Vermögenden übereinstimmt.

[23] Obwohl sich Aristoteles zu dieser Frage nicht äußert, scheint klar zu sein, daß hier die Gerechtigkeit im Sinne der ganzen ethischen Tugend gemeint ist.

ausgeprägten – Tugenden der einfachen Bürger die – beim Einzelnen sehr stark ausgeprägten – Tugenden der besten Bürger in der Summe übertreffen. Sollte dieser Fall eintreten, wäre nach Aristoteles eine Verfassung als gerecht zu betrachten, die zwar die Bekleidung hoher politischer Ämter den Tugendhaften vorbehielte, dem Volk aber die Befugnis zur Wahl und Kontrolle der Amtsträger einräumte.[24]

Die Überlegungen, die Aristoteles zu alternativen Konzeptionen der politischen Gerechtigkeit anstellt, werfen eine Reihe von Fragen auf. Die meisten dieser Fragen haben damit zu tun, daß Aristoteles den Begriff der politischen Gerechtigkeit auf den Begriff der Verteilungsgerechtigkeit zurückführt. Eine erste Frage ergibt sich aus der Tatsache, daß die distributive Gerechtigkeit – wie die allgemeine Gerechtigkeit und die beiden anderen Varianten der besonderen Gerechtigkeit – in der *Nikomachischen Ethik* als ethische Tugend eines Individuums bestimmt wurde. Ist es möglich, diese grundlegende Bestimmung für die politische Gerechtigkeit aufrechtzuerhalten? Da eine gerechte Verteilung von politischen Ämtern und Kompetenzen durch eine verfassungsgebende Instanz zu erfolgen hat, läßt sich die politische Gerechtigkeit offenbar nur dann als ethische Tugend interpretieren, wenn man einen einzelnen Menschen (wie Solon oder Lykurg) als Verfassungsgeber im Auge hat. Sobald man die im klassischen Griechenland verbreitete Vorstellung eines individuellen Verfassungsgebers akzeptiert, wird die Tugend der politischen Gerechtigkeit durch den ihr zugrunde liegenden Begriff der Verteilungsgerechtigkeit nicht unerheblich beschränkt. Von einer gerechten politischen Verfassung kann dem Konzept der geometrischen Gleichheit entsprechend nämlich nur dann gesprochen werden, wenn der Verfassungsgeber gleichwertigen (bzw. ungleichwertigen) Bürgern gleichwertige (bzw. ungleichwertige) politische Rechte einräumt. Vor diesem Hintergrund muß Aristoteles' Argument zugunsten einer demokratisch-aristokratischen Mischverfassung als problematisch erscheinen, weil es das Konzept der geometrischen Gleichheit ad hoc in einer neuen Fassung verwendet, derzufolge gleichwertige (bzw. ungleichwertige) politische Rechte gleichwertigen (bzw. ungleichwertigen) Gruppen von Bürgern zu gewähren sind.

---

[24] Die Kehrseite dieses ‚Summierungsarguments' zugunsten einer politischen Beteiligung des Volkes ist ein Argument, mit dem Aristoteles eine absolute Monarchie als potentiell gerechte Verfassung begründet. Sollte nämlich ein einziger Mensch alle anderen Bürger (im Aggregat) an Tugend überragen, so wäre es nach Aristoteles gerechtfertigt, diesem Überragenden die Alleinherrschaft anzuvertrauen, ohne ihn an das Gesetz zu binden.

Selbst wenn man von diesem Problem absieht, bleibt eine fundamentale Frage bestehen. Diese Frage ergibt sich aus der Tatsache, daß die verteilende Gerechtigkeit – wie jede Variante der besonderen Gerechtigkeit – in der *Nikomachischen Ethik* als Teil der allgemeinen Gerechtigkeit charakterisiert wurde. Läßt sich auch diese Charakterisierung auf die politische Gerechtigkeit ausdehnen? Diese Frage zu bejahen, würde bedeuten, jeden Akt der politischen Gerechtigkeit, d. h. jede gerechte Verteilung politischer Kompetenzen, als eine gesetzeskonforme Handlung zu interpretieren. Eine solche Interpretation wäre offenbar nur dann sinnvoll, wenn man von der Existenz eines den Bemühungen aller verfassungsgebenden Instanzen übergeordneten Gesetzes ausginge. Es gibt jedoch keinerlei Anhaltspunkt dafür, daß Aristoteles' Untersuchung der politischen Gerechtigkeit ein derartiges Gesetz voraussetzt.[25]

3. Hume

David Hume wurde mehr als zweitausend Jahre nach dem Tod des Aristoteles geboren. Trotz dieser enormen zeitlichen Distanz ist nicht zu verkennen, daß Humes Gerechtigkeitstheorie in einer wesentlichen Hinsicht vom klassischen griechischen Erbe geprägt ist. Hume betrachtet die Gerechtigkeit nämlich wie Platon und Aristoteles als eine individuelle Tugend, d. h. als eine dauerhafte mentale Verfassung, die einen Menschen disponiert, in einer bestimmten Weise zu handeln. Wie Aristoteles interessiert sich Hume in erster Linie allerdings nicht für die Frage, wie die einen gerechten Menschen auszeichnende mentale Disposition im einzelnen zu charakterisieren wäre, sondern für die Frage, welche sozialen Konsequenzen gerechte bzw. ungerechte individuelle Handlungen nach sich ziehen. Dabei geht es ihm weniger um die gesellschaftlichen Folgen singulärer individueller Handlungen als um die sozialen Konsequenzen einer allgemeinen Praxis von regelgebundenen individuellen Handlungen. Im Mittelpunkt seiner Gerechtigkeitstheorie steht eine Untersuchung der Leistung, die einige fundamentale Regeln des gerechten individuellen Verhaltens für die Ordnung der Gesellschaft erbringen.

---

[25] In der *Nikomachischen Ethik* gibt es zwar eine Passage, in der Aristoteles zwischen einer natürlichen und einer konventionellen Gerechtigkeit unterscheidet. Diese Unterscheidung bezieht sich aber auf zwei verschiedene Formen der politischen Gerechtigkeit, stellt also der politischen Gerechtigkeit keine ‚höhere' Form der Gerechtigkeit gegenüber.

Wie weit sich Hume den genannten Übereinstimmungen zum Trotz von der politischen Philosophie der Griechen entfernt hat, wird bereits an der Tatsache deutlich, daß er einen sehr engen Begriff der Gerechtigkeit verwendet. Die Enge dieses Begriffs läßt sich am besten demonstrieren, wenn man die begriffliche Untersuchung des Aristoteles zum Vergleich heranzieht. War dieser noch (mit Platon) davon ausgegangen, daß die Prädikate ‚gerecht' und ‚ungerecht' sowohl auf die seelische Verfassung eines Individuums als auch auf die politische Verfassung eines Gemeinwesens zu beziehen sind, so begnügt sich Hume mit einem Begriff der Gerechtigkeit, der neben der psychischen Verfassung eines Individuums nur seine äußeren Handlungen erfaßt. Zu dieser Ausblendung des Problems der politischen Gerechtigkeit kommt eine zweite Verengung des aristotelischen Begriffsapparats. Hatte Aristoteles im Rahmen der individuellen Gerechtigkeit zwischen einem allgemeinen und einem besonderen Begriff sowie im Rahmen des besonderen Gerechtigkeitsbegriffs zwischen einer distributiven, einer korrektiven und einer kommutativen Variante unterschieden, so reduziert Hume den Begriff der Gerechtigkeit faktisch auf den Begriff der kommutativen Gerechtigkeit. Alle von ihm als fundamental erachteten Verhaltensregeln betreffen nämlich die gerechte Gestaltung der symmetrischen Beziehungen privater Akteure.

Diese fundamentalen Regeln der Gerechtigkeit verlangen von einem Individuum im wesentlichen, das Eigentum aller anderen Individuen zu respektieren und seine Versprechen bzw. Verträge einzuhalten. In ihrer Summe bilden diese Regeln eine liberale Konzeption der Gerechtigkeit. Obwohl kein Zweifel daran bestehen kann, daß Hume von der moralischen Qualität dieser liberalen Konzeption persönlich überzeugt war, geht es ihm in seiner Theorie in erster Linie nicht darum, diese Konzeption zu rechtfertigen, sondern darum, sie zu erklären. Hume präsentiert also keine normative, sondern eine positive Theorie der Gerechtigkeit. Im Mittelpunkt dieser Theorie steht der Versuch, die beiden folgenden Fragen zu beantworten:

(1) Warum haben sich allgemeine Regeln des gerechten Verhaltens faktisch durchgesetzt?
(2) Warum sind wir geneigt, die Einhaltung (bzw. Verletzung) dieser Regeln als moralisch richtig (bzw. falsch) zu bewerten?

Hume entfaltet seine Antwort auf diese Fragen am klarsten im *Traktat über die menschliche Natur* (vor allem Buch III, Teil ii, Abschnitte 1-6). Die folgende Darstellung wird sich daher im wesentlichen auf den *Traktat* stützen und Humes *Untersuchung über die Prinzipien der Moral* (vor allem Abschnitt III) nur ergänzend zu Rate ziehen.

3.1 Gerechtigkeit – eine künstliche Tugend

Humes Moraltheorie unterscheidet zwischen natürlichen und künstlichen Tugenden. Diese Unterscheidung beruht auf der grundlegenden Prämisse, daß es nicht die äußeren Merkmale, sondern die inneren Motive von Handlungen sind, die ihre Tugendhaftigkeit begründen. Nun kann das die Tugendhaftigkeit einer Handlung begründende Motiv nach Hume nicht in der Tugendhaftigkeit der Handlung selbst bestehen. Ansonsten würde man zum einen die Tugendhaftigkeit einer Handlung mit der Tugendhaftigkeit des ihr zugrunde liegenden Motivs und zum anderen die Tugendhaftigkeit dieses Motivs mit der Tugendhaftigkeit der aus ihm resultierenden Handlung begründen. Will man eine derart zirkuläre Begründung vermeiden, muß man davon ausgehen, daß sich die Tugendhaftigkeit einer Handlung auf ein primäres, von ihrer moralischen Qualität unabhängiges Motiv zurückführen läßt. Dieses unabhängige Motiv kann nun in der menschlichen Natur ursprünglich vorhanden oder ihr ursprünglich fremd sein. Im ersten Fall spricht Hume von einer natürlichen, im zweiten Fall von einer künstlichen Tugend. Um genau zu sein: Wenn wir eine Klasse x von Handlungen betrachten, die wir als moralisch richtig im Sinne einer Tugend y bewerten, so ist y als natürliche Tugend zu kennzeichnen, wenn sich alle Handlungen der Klasse x auf ein bestimmtes, in der menschlichen Natur ursprünglich vorhandenes Motiv z zurückführen lassen. Sind wir dagegen nicht in der Lage, für die Handlungen der Klasse x ein zugleich natürliches und universelles Motiv z anzugeben, so ist y als künstliche Tugend zu klassifizieren.

Hume beginnt seine Gerechtigkeitstheorie mit der These, daß es sich bei der Gerechtigkeit nicht um eine natürliche, sondern um eine künstliche Tugend handelt. Um diese These zu untermauern, müßte Hume streng genommen zunächst die Klasse aller gerechten Handlungen beschreiben und dann zeigen, daß es kein natürliches Motiv gibt, das allen gerechten Handlungen zugrunde liegt. Das Argument, das Hume tatsächlich führt, bleibt hinter diesem strengen Nachweis zurück. Hume beschränkt sich nämlich nicht nur im wesentlichen auf einen einzigen Typus von gerechten Handlungen, sondern auch auf drei mögliche natürliche Motive, um zu zeigen, daß keines dieser prominenten Motive in der Lage ist, alle gerechten Handlungen des betrachteten Typus zu erklären: Nehmen wir an, ein Individuum i habe einem Individuum j für eine bestimmte Zeit einen bestimmten

Geldbetrag geliehen und fordere sein Geld nach Ablauf der Frist wieder zurück. Welches natürliche Motiv sollte das Individuum j haben, das ihm gewährte Darlehen zurückzuzahlen? Zwar würde dieses Individuum auf die Frage, warum es sich bemüßigt fühle, das geliehene Geld zurückzugeben, vermutlich antworten, sein Ehrgefühl bzw. Pflichtgefühl lasse gar keine andere Aktion zu. Dieser Antwort ist aber lediglich zu entnehmen, daß es in zivilisierten Gesellschaften eine moralische Norm gibt, derzufolge man seine Darlehen zurückzuzahlen hat. Was diese Antwort völlig offen läßt, ist die Frage, welches Motiv ein Mensch im Naturzustand – d. h. außerhalb aller Normen der bürgerlichen Gesellschaft – haben könnte, eine ihm geliehene Geldsumme zurückzuerstatten. Dies indes ist die von Hume gestellte Frage.

Um zu zeigen, daß es auf diese Frage keine Antwort gibt, geht Hume drei natürliche Motive durch, die einen Menschen grundsätzlich veranlassen könnten, gerecht zu handeln, im vorliegenden Fall also seine Schulden zu bezahlen. Das erste dieser Motive, das Eigeninteresse des Schuldners, kann er sehr rasch abhandeln. Da es in aller Regel im Interesse des Individuums j liegen würde, das ihm geliehene Geld ganz einfach zu behalten, scheidet das Eigeninteresse als universelles Motiv gerechter Handlungen ganz offensichtlich aus.

Das zweite natürliche Motiv, die Orientierung des Schuldners am öffentlichen Interesse, wird von Hume mit den drei folgenden Argumenten aus dem Kreis der Kandidaten eliminiert: (1) Eine Orientierung am öffentlichen Interesse würde im Einzelfall häufig zu ungerechten Handlungen führen. Dies läßt sich leicht demonstrieren, wenn man sich Individuum i als kinderlosen, unsympathischen Geizkragen und Individuum j als kinderreichen, sympathischen Wohltäter vorstellt. Unter diesen Umständen wäre dem öffentlichen Interesse nach allgemeiner Überzeugung besser gedient, wenn Individuum j nicht gezwungen wäre, seine Schulden bei Individuum i zu begleichen. (2) Es lassen sich Fälle konstruieren, in denen von einem Menschen eine gerechte Handlung verlangt wird, obwohl von einem öffentlichen Interesse an dieser Handlung nicht sinnvoll gesprochen werden kann. Ein solcher Fall läge etwa vor, wenn sowohl die Gewährung als auch die Rückzahlung eines Darlehens unter vollkommenem Ausschluß der Öffentlichkeit zu erfolgen hätte. Kein Mensch würde auf die Idee kommen, dem Individuum j unter diesen Umständen seine moralische Pflicht zur Rückzahlung zu erlassen. (3) Die Erfahrung lehrt, daß eine Orientierung am öffentlichen Interesse bei den meisten Menschen viel zu schwach ausgeprägt ist, um als universelles Motiv gerechter Handlungen in Frage zu kommen. Nimmt man etwa an, daß das öffentliche Interesse für und das private Interesse des Individuums j gegen eine Rückzahlung des Darlehens spräche, so würde sich der Darlehensnehmer auf der Grundlage seiner natürlichen Motive typischerweise gegen eine Rückzahlung entscheiden.

Das dritte natürliche Motiv, das Hume ins Spiel bringt, ist das Wohlwollen des Darlehensnehmers, d. h. seine Orientierung an den Interessen des Darlehensgebers. Die Argumente, die dieses Motiv als universelle Grundlage gerechter Handlungen ausschließen, liegen auf der Hand. Zum einen würde das Individuum j immer dann, wenn es dem Individuum i gegenüber keine altruistische Neigung hegte, aus seiner moralischen Pflicht entlassen, das Darlehen zurückzuzahlen. Daß ein Schuldner am Wohlergehen seines Kreditgebers keinen positiven Anteil nimmt, dürfte aber der Regelfall sein. Zum anderen wäre das Individuum j selbst dann, wenn es dem Individuum i gegenüber eine altruistische Neigung hegte, nicht in jedem Fall gezwungen, seine Schulden zu bezahlen. Falls der Darlehensnehmer nämlich davon ausgehen müßte, daß sich der Darlehensgeber (etwa ein Drogensüchtiger) mit der Verwendung des zurückgezahlten Geldes selbst schaden würde, hätte das Wohlwollen des Individuums j die Konsequenz, daß dem Individuum i die Rückzahlung verweigert würde. Darüber hinaus könnte man – was Hume gar nicht mehr für nötig hält – analog zum öffentlichen Interesse argumentieren, daß sich das natürliche Eigeninteresse des Schuldners in aller Regel gegen sein natürliches Wohlwollen durchsetzen dürfte.

3.2 Individuelle Gerechtigkeit und gesellschaftliche Ordnung

Aus seiner Kritik des Eigeninteresses, des öffentlichen Interesses und des Wohlwollens als natürlicher Motive gerechten Handelns schließt Hume, daß die Gerechtigkeit als künstliche Tugend einzustufen ist. Da die Gerechtigkeit zwar einerseits, insofern sie eine *künstliche* Tugend ist, auf kein natürliches Motiv zurückgeführt werden kann, andererseits aber, insofern sie eine künstliche *Tugend* ist, auf ein von ihrer moralischen Qualität unabhängiges Motiv zurückzuführen sein muß, stellt sich die Frage, wie das allen gerechten Handlungen zugrunde liegende, gewissermaßen künstliche, Motiv zu kennzeichnen ist. Hume beantwortet diese Frage im Zuge einer groß angelegten Theorie der gesellschaftlichen Ordnung, die zum einen die Etablierung eines Systems von Verhaltensregeln und zum anderen die moralische Bedeutung dieser Regeln zu klären versucht.

3.2.1 Das Problem der Gerechtigkeit

Humes Theorie der gesellschaftlichen Ordnung geht – wie die klassischen Theorien des Gesellschaftsvertrags[26] – von der Idee eines
natürlichen Zustands aus, in dem die Menschen zusammenleben,
ohne irgendwelchen politischen oder sozialen Regeln unterworfen
zu sein. Dieser Zustand zeichnet sich wesentlich dadurch aus, daß
dem Menschen (im Gegensatz zum Tier) ein autarkes Leben verwehrt ist, weil zwischen seinen natürlichen Bedürfnissen und den
Mitteln, die ihm die Natur zu ihrer Befriedigung bereitstellt, ein ek-
latantes Mißverhältnis besteht. Nun ließe sich dieses Mißverhältnis
grundsätzlich durch die Bildung einer großen, arbeitsteilig organisierten Gesellschaft überwinden, weil in ihr zwar einerseits (etwa
durch Nachahmung) neue Bedürfnisse entstehen, mit den aus der
Kooperation resultierenden Gewinnen aber andererseits die zur Bedürfnisbefriedigung vorhandenen Mittel überproportional zuneh-
men. In einer großen Gesellschaft zu leben, wäre also für jedes Individuum höchst erstrebenswert. Solange die Menschen allerdings
ausschließlich ihren natürlichen Motiven folgen, bleiben ihnen die
enormen Vorteile einer großen Gesellschaft versagt. Von Natur aus
bilden sich nämlich nur sehr kleine Gesellschaften, die auf der sexuellen Anziehung zwischen Mann und Frau sowie auf der natürlichen Liebe der Eltern zu ihren Kindern beruhen. Während die
menschliche Natur die Bildung von Familien oder Clans begünstigt,
verhindert sie – zumindest unter normalen äußeren Bedingungen
– die Etablierung einer großen Gesellschaft. Dies ist das Problem der
Gerechtigkeit bzw. das Problem, auf das die Menschen nach Humes
Theorie mit der Erfindung von Regeln der Gerechtigkeit geantwortet
haben.

Im einzelnen führt Hume drei Bedingungen an, die – jede für sich
genommen – als notwendig und – in ihrer Summe – als hinreichend
zu betrachten sind, um das Problem der Gerechtigkeit zu erzeugen.
Diese Bedingungen kennzeichnen zum einen die subjektive Motivation und zum anderen die objektiven Umstände des menschlichen
Lebens im Naturzustand. Die subjektive Bedingung läßt sich ziemlich
kurz abhandeln: Hume nimmt an, daß das Handeln eines Menschen
von Natur aus durch sein eigenes Interesse sowie durch die Interessen der ihm nahestehenden Personen (Verwandte, Freunde etc.)
motiviert ist. Mit dieser Annahme setzt er sich ausdrücklich von einer
Position ab, die die natürliche Motivation eines Menschen auf sein
Eigeninteresse zu reduzieren sucht. Im Gegensatz dazu betrachtet
Hume altruistische Affekte als normalen Bestandteil der mensch-

---

[26] Vgl. dazu oben Kap. II.

lichen Motivation. Er geht sogar davon aus, daß die altruistischen Affekte eines Individuums seine egoistischen Affekte in ihrer Summe regelmäßig überwiegen. Zugleich betont er jedoch, daß sich das Wohlwollen eines Menschen auf einen sehr kleinen Kreis seiner Mitmenschen beschränkt. Darüber hinaus nimmt er an, daß der Egoismus eines Menschen seinen Altruismus insofern dominiert, als es keine andere Person gibt, deren Wohlbefinden ihm so sehr am Herzen läge wie sein eigenes.

Bei der Kennzeichnung der objektiven Bedingungen des menschlichen Lebens holt Hume etwas weiter aus. Er nimmt zunächst an, daß es für jeden Menschen drei Arten von natürlichen Gütern gibt – seine mentale Zufriedenheit, seine körperlichen Vorzüge und die in seinem Besitz befindlichen äußeren Güter. Sodann argumentiert er, daß weder die erste noch die zweite Güterart im Naturzustand irgendein Problem verursacht, weil es einerseits keinem Individuum möglich sei, einem anderen Individuum seine mentale Zufriedenheit zu rauben, und weil andererseits kein Individuum einen Anreiz habe, einem anderen Individuum seine körperlichen Vorzüge zu nehmen. Im Gegensatz dazu sei der Genuß der dritten Güterart höchst prekär. Die externen Güter zeichnen sich nämlich dadurch aus, daß sie von Natur aus erstens knapp und zweitens insofern unsicher sind, als sie jedem Menschen von jedem anderen Menschen grundsätzlich jederzeit weggenommen werden können. Es sind diese beiden Eigenschaften der äußeren Güter, die nach Humes Überzeugung die objektiven Bedingungen des menschlichen Lebens kennzeichnen.

Das Argument, auf dem diese Kennzeichnung beruht, ist voller Schwächen. Es ist nicht einzusehen, weshalb im Naturzustand zwar der äußere Besitz eines Menschen, nicht aber seine psychische bzw. physische Integrität dem Zugriff seiner Mitmenschen ausgesetzt sein soll. Zum einen gehört nicht viel Phantasie dazu, sich Foltermethoden auszumalen, die einem Normalsterblichen nicht nur körperliche Pein bereiten, sondern ihm auch seine mentale Zufriedenheit rauben werden. Zum anderen kann man sich mühelos vorstellen, daß ein Individuum im Naturzustand nicht selten einen Anreiz haben wird, ein anderes Individuum zu verstümmeln oder gar zu töten – immer dann nämlich, wenn es sich durch die körperlichen Vorzüge oder die bloße Existenz des anderen bedroht fühlt. Man muß daher zu dem Schluß kommen, daß sich die von Hume auf die äußeren Güter beschränkte Unsicherheit im Naturzustand auf alle Güterarten erstreckt.[27]

---

[27] Diesen Schluß hatte bereits Hobbes gezogen (vgl. oben Kap. II.1.). Die Tatsache, daß Hume im Naturzustand nur den Genuß der äußeren Güter als unsicher betrachtet, hat erhebliche Folgen für seine Theorie der gesellschaft-

Da Hume diesen Schluß nicht zieht, kommt er zu einer relativ engen Beschreibung des Problems der Gerechtigkeit. Dieses Problem besteht nach seiner Überzeugung nämlich darin, daß Individuen, die sich um ihr eigenes Wohl sowie um das Wohl ihrer nächsten Angehörigen und Freunde kümmern, um den Genuß von sowohl knappen als auch leicht transferierbaren Gütern konkurrieren. Das Ergebnis dieser Konkurrenz ist ein permanenter Konflikt, der nicht nur den Konsum aller in der Natur bereits vorhandenen Güter unsicher, sondern auch die Chance zur arbeitsteiligen Produktion neuer Güter zunichte macht. Hume weist ausdrücklich darauf hin, daß dieser umfassende Konflikt erst dann entsteht, wenn sowohl die subjektiven als auch die objektiven Bedingungen der Gerechtigkeit erfüllt sind. Wären die Menschen von Natur aus ‚Engel‘, denen das Interesse jedes Mitmenschen genauso am Herzen läge wie ihr eigenes Interesse, gäbe es – der Knappheit und Transferierbarkeit materieller Güter zum Trotz – kein Problem der Gerechtigkeit. Ein Problem der Gerechtigkeit gäbe es auch dann nicht, wenn man zwar Humes Motivationsprämisse beibehielte, aber von einem Schlaraffenland ausginge, in dem alle äußeren Güter (wiewohl leicht transferierbar) im Überfluß vorhanden wären. Zum gleichen Ergebnis käme man schließlich auch dann, wenn man sowohl an Humes Motivationsprämisse als auch an seiner Knappheitsannahme festhielte, aber von nicht-transferierbaren äußeren Gütern ausginge.[28]

3.2.2 Gerechtigkeit und Eigentum

Hume betrachtet die Regeln der Gerechtigkeit als künstliche Verhaltensnormen, die ein friedliches Zusammenleben in einer großen Gesellschaft ermöglichen, weil sie den Zugang zu äußeren Gütern in einer für jedermann akzeptierbaren Weise ordnen. Diese Verhaltensregeln lösen das Problem der Gerechtigkeit insofern auf künstlichem Wege, als sie nicht das unmittelbare Produkt der menschlichen Affekte, sondern das mittelbare Produkt der menschlichen Vernunft sind.

---

lichen Ordnung. Die Regeln, die diese Ordnung stiften, gewähren dem Menschen nämlich weder ein Recht auf Leben noch ein Recht auf körperliche Unversehrtheit.

[28] In der *Untersuchung über die Prinzipien der Moral* betont Hume, daß es die normalen Bedingungen des menschlichen Zusammenlebens sind, die das Problem der Gerechtigkeit erzeugen. Diese Bedingungen liegen nicht bereits dann vor, wenn die Menschen keine ‚Engel‘ sind, sondern erst dann, wenn sie auch keine ‚Teufel‘ sind. Darüber hinaus sind sie nicht schon dann erfüllt, wenn kein materieller Überfluß herrscht, sondern erst dann, wenn auch keine extreme materielle Not herrscht.

Die *erste fundamentale Regel der Gerechtigkeit* verlangt von jedem Individuum, den äußeren Besitz aller anderen Gesellschaftsmitglieder zu respektieren. Hume legt größten Wert auf den Nachweis, daß diese Regel auf eine alle Gesellschaftsmitglieder umfassende Konvention zurückgeht.[29] Als Konvention wird dabei eine soziale Praxis des regelgebundenen individuellen Verhaltens bezeichnet, die sich durchsetzt, weil ein gemeinsames Wissen aller Gesellschaftsmitglieder darüber besteht (d. h. weil jedes Individuum weiß, daß alle Individuen wissen), daß es in jedermanns Interesse liegt, sich in einer bestimmten Situation in einer bestimmten Weise zu verhalten, sofern sich in dieser Situation auch alle anderen in dieser Weise verhalten. Jedem Individuum wird – so Humes Argument – sehr schnell klar werden, daß ein gesellschaftlicher Zustand, in dem jeder den äußeren Besitz jedes anderen respektiert, für alle Individuen besser wäre als der Naturzustand, in dem die äußeren Güter jedes Menschen jederzeit zur Disposition seiner Mitmenschen stehen. Ein Individuum wird daher auch grundsätzlich geneigt sein, den äußeren Besitz eines anderen Individuums zu respektieren, sofern es davon ausgehen kann, daß dieses im Gegenzug auch seinen äußeren Besitz unangetastet läßt. Sobald es zwei Individuen gelingt, sich ihre bedingte Neigung zum Verzicht auf einen gewaltsamen Zugriff auf die äußeren Güter des anderen (verbal oder nonverbal) mitzuteilen, werden sie in ihrem bilateralen Verhältnis diesen Verzicht praktizieren. Da beide von der Sicherheit, über ihre äußeren Güter ungestört vom anderen verfügen zu können, profitieren, wird ihr Beispiel Schule machen, und in der Gesellschaft wird sich allmählich eine Praxis des wechselseitigen Verzichts auf gewaltsame Übergriffe ausbreiten. Am Ende dieses Prozesses steht eine allgemeine gesellschaftliche Praxis des wechselseitigen Gewaltverzichts, d. h. ein Zustand, in dem jedes Individuum von jedem anderen Individuum vernünftigerweise erwarten kann, daß es seinen äußeren Besitz respektiert.

Mit der konventionellen Durchsetzung einer Regel, die es jedem Gesellschaftsmitglied verbietet, den äußeren Besitz eines anderen Gesellschaftsmitglieds anzutasten, entstehen nach Hume die Begriffe der Gerechtigkeit (bzw. Ungerechtigkeit) und des (Privat-)Eigentums. In einer gesellschaftlichen Ordnung wird das Verhalten eines

---

[29] Mit diesem Nachweis setzt er sich deutlich von den Theorien des Gesellschaftsvertrags (vgl. oben Kap. II.) ab. Diese Theorien machen aus Humes Sicht unter anderem den Fehler, die Etablierung einer gesellschaftlichen Ordnung mit einem wechselseitigen Versprechen aller Gesellschaftsmitglieder, d. h. mit einer Institution zu begründen, die sich selbst auf eine Konvention stützt. Vgl. dazu unten 3.2.3.

Menschen, der diese Regel befolgt (bzw. bricht), von seinen Mitmenschen als gerecht (bzw. ungerecht) bezeichnet. Nimmt man an, daß sich alle Gesellschaftsmitglieder gerecht verhalten, läßt sich der Begriff des Privateigentums erläutern. Als Privateigentum eines Individuums werden dann nämlich diejenigen seiner äußeren Güter bezeichnet, über die es unbehelligt von allen anderen Individuen dauerhaft verfügen kann. Folgt man Humes Argument, so hängt der Begriff des Privateigentums von dem Begriff der Gerechtigkeit ab[30]. Über Privateigentum läßt sich demnach erst sinnvoll sprechen, wenn zuvor geklärt wurde, was unter einem gerechten Verhalten zu verstehen ist. Dieselbe Abhängigkeitsbeziehung gilt auch für die Begriffe des Rechts und der Verpflichtung. Was es bedeutet, ein Recht auf Privateigentum zu besitzen oder verpflichtet zu sein, das Eigentum eines anderen zu respektieren, kann nach Hume unabhängig von der Frage, was unter einer Regel der Gerechtigkeit zu verstehen ist, schlechterdings nicht geklärt werden.

Wie das Recht auf Privateigentum eine Pflicht zu gerechtem Verhalten voraussetzt, so setzt die Pflicht zu gerechtem Verhalten die Existenz einer Konvention voraus, die festlegt, was unter einem gerechten Verhalten verstanden werden soll. Da Hume die Gerechtigkeit als künstliche Tugend betrachtet, muß er zeigen, daß die Einhaltung dieser Konvention auf einem Motiv beruht, das erstens von der moralischen Pflicht zu gerechtem Verhalten unabhängig ist, zweitens keinen natürlichen Ursprung hat und drittens alle gerechten Handlungen erklären kann. Hume findet dieses Motiv in dem aufgeklärten oder durch die Vernunft beschränkten Eigeninteresse eines Menschen.[31] Während das natürliche oder unaufgeklärte Eigeninteresse einem Menschen gebietet, eine Regel der Gerechtigkeit immer dann zu brechen, wenn ihm der Regelbruch in einer bestimmten Situation einen Zuwachs an äußeren Gütern verspricht, sagt ihm seine Vernunft, daß sich der Wunsch nach einer möglichst umfangreichen Ausstattung mit äußeren Gütern sehr viel besser erfüllen ließe, wenn er sein Verhalten in jeder Situation an eine Regel der Gerechtigkeit binden würde – zumindest dann, wenn dies auch alle anderen Gesellschaftsmitglieder täten. Solange alle Individuen ihrem unmittelbaren Eigeninteresse folgen, ist ein friedliches Zusammen-

---

[30] Hume kehrt damit die verbreitete Vorstellung um, der Begriff der Gerechtigkeit setze den Begriff des Eigentums voraus. Diese Vorstellung kommt zum Beispiel in der alten Formel zum Ausdruck, die die Gerechtigkeit als den beständigen Willen definiert, jedem das Seine zu geben.

[31] Hume gebraucht den Begriff des Eigeninteresses hier in einem weiteren Sinn, der sowohl das Interesse eines Menschen an seinem eigenen Wohlergehen als auch sein Interesse am Wohlergehen seiner nächsten Verwandten und Freunde umfaßt.

leben nicht möglich, weil der äußere Besitz jedes Menschen dem gewaltsamen Zugriff seiner Mitmenschen ausgesetzt ist. Sobald sich alle Individuen dagegen an ihrem aufgeklärten Eigeninteresse orientieren, resultiert eine gesellschaftliche Ordnung, in der sich jeder seines äußeren Besitzes sicher sein kann und in der jeder darüber hinaus die Chance hat, diesen Besitz durch Kooperation mit anderen zu vermehren.

Es läßt sich rasch zeigen, daß das durch die Vernunft beschränkte Eigeninteresse allen drei Anforderungen genügt, die Hume an das primäre Motiv der Gerechtigkeit stellt. Da sich – wie wir gleich sehen werden – eine moralische Pflicht zu gerechtem Verhalten erst dann erklären läßt, wenn man die konventionelle Etablierung einer Praxis des gerechten Verhaltens voraussetzt, muß das diese Praxis begründende Motiv von der moralischen Billigung gerechten Verhaltens unabhängig sein. Dieses Motiv hat insofern einen künstlichen Ursprung, als es auf einer durch die Vernunft vermittelten Bändigung des natürlichen Eigeninteresses beruht und nur im Rahmen einer Konvention, also einer menschlichen Erfindung, wirksam werden kann. Falls sich eine solche Erfindung durchgesetzt hat, ist das aufgeklärte Eigeninteresse eines Individuums – im Gegensatz zu seinem natürlichen Eigeninteresse, seinem natürlichen Wohlwollen anderen Individuen gegenüber und seiner natürlichen Orientierung am öffentlichen Interesse – darüber hinaus in der Lage, jede einzelne seiner gerechten Handlungen zu erklären. Da unter der Annahme einer bestehenden Konvention nämlich jeder vernünftigerweise erwarten kann, daß jeder andere sich jederzeit gerecht verhalten wird, ist es für jedes Gesellschaftsmitglied rational, sich in jeder Situation gerecht zu verhalten, weil es die mit der Aufrechterhaltung der gesellschaftlichen Ordnung verbundenen, immensen Vorteile nur auf dem Wege einer strikten Regelbefolgung sichern kann.[32]

Eine Konvention, die den äußeren Besitz eines Gesellschaftsmitglieds vor gewaltsamen Übergriffen schützt, dient insofern dem öffentlichen Interesse, als sie ein allen Individuen gemeinsames Privatinteresse durchsetzt. Zwar mag ein Individuum, das sich gerecht

---

[32] Ein Individuum, das der strikten Regelkonformität seiner Umgebung mit situativen Regelverletzungen begegnete, könnte der Gerechtigkeitstheorie des *Traktats über die menschliche Natur* zufolge zwar kurzfristig zusätzliche Vorteile erzielen, würde aber langfristig den Bestand der gesellschaftlichen Ordnung – und damit sein eigenes Wohlergehen – gefährden. In der *Untersuchung über die Prinzipien der Moral* räumt Hume dagegen ein, daß es Situationen gibt, in denen eine ungerechte Handlung das wohlverstandene Interesse eines Individuums befördert, weil sie ihm einen erheblichen materiellen Gewinn verschafft, ohne die Stabilität der gesellschaftlichen Ordnung nennenswert zu beeinträchtigen.

verhält, keineswegs die Absicht haben, das Gemeinwohl zu befördern, es kann aber – bei gerechtem Verhalten aller anderen Individuen – nicht umhin, genau dies zu tun. An diesem Zusammenhang zwischen individuellem Verhalten und öffentlichem Interesse setzt Humes Beantwortung der Frage an, warum die Gerechtigkeit als moralische Tugend (bzw. die Ungerechtigkeit als moralisches Laster) betrachtet wird. Diese Erklärung beruht auf der allgemeinen Prämisse, daß als Tugend (bzw. Laster) eine mentale Disposition zu bezeichnen ist, die bei unparteiischer Betrachtung ein Gefühl des Vergnügens (bzw. Mißvergnügens) hervorruft.[33] Da sich die mentale Disposition eines Menschen nicht unmittelbar beobachten läßt, müssen wir unsere moralischen Urteile auf Indikatoren stützen, die den Charakter eines Menschen möglichst zuverlässig anzeigen. Als verläßlichste Indikatoren erweisen sich nach Hume die Handlungen eines Menschen. Eine Tugend (bzw. ein Laster) ist demnach als eine mentale Disposition zu bestimmen, die einer Klasse von Handlungen zugrunde liegt, deren unparteiische Betrachtung ein Gefühl des Vergnügens (bzw. Mißvergnügens) erzeugt.

Wie kommt es nun, daß jede gerechte Handlung bei einem unparteiischen Beobachter eine angenehme Empfindung hervorruft? Hume beantwortet diese Frage mit dem Hinweis auf die menschliche Sympathie. Unter Sympathie ist dabei die natürliche Neigung eines Menschen zu verstehen, sich in seine Mitmenschen hineinzuversetzen, mit dem Ergebnis, daß er am Ende dieses Identifikationsprozesses die Gefühle seiner Mitmenschen in gewissem Umfang selbst empfindet.[34] Ein Mensch, der mit einem Trauernden sympathisiert, wird selbst traurig werden etc. Geht es nun darum, eine gerechte Handlung moralisch zu beurteilen, so wird ein unparteiischer Betrachter angesichts dieser Handlung immer angenehm berührt sein, weil er – so Humes Behauptung – mit dem öffentlichen Interesse sympathisiert.

Es ist nicht ohne weiteres klar, was mit dieser Behauptung gemeint ist. Nehmen wir an, ein Individuum a zahle ein ihm von einem Individuum b gewährtes Darlehen nach Ablauf der vereinbarten Frist zurück. Ein neutraler Beobachter c wird die gerechte Handlung des Individuums a sicher moralisch billigen. Inwiefern kann man jedoch sagen, daß sich dieses moralische Urteil auf eine Sympathie mit dem

---

[33] Dieser Prämisse liegt Humes Überzeugung zugrunde, daß es nicht unsere Erkenntnisfähigkeit, sondern unser Empfindungsvermögen ist, das uns in die Lage versetzt, moralische Unterscheidungen zu treffen.

[34] Humes Begriff der Sympathie unterscheidet sich ganz offensichtlich vom heutigen Sprachgebrauch. Wir würden die skizzierte natürliche Disposition nicht als Sympathie, sondern als Empathie bezeichnen.

öffentlichen Interesse stützt? Die einzigen Interessen, mit denen der Beobachter c in dieser Situation unmittelbar sympathisieren kann, sind die natürlichen Interessen der Individuen a und b. Nun muß man wohl davon ausgehen, daß es im natürlichen Eigeninteresse des Darlehensnehmers bzw. Darlehensgebers liegt, das geliehene Geld zu behalten bzw. zurückzubekommen. Ein unparteiischer Betrachter, der mit den natürlichen Interessen beider Parteien sympathisiert, könnte daher je nachdem, ob er die Interessen des Darlehensgebers oder die Interessen des Darlehensnehmers stärker gewichtet, grundsätzlich sowohl zu dem Schluß kommen, die gerechte Handlung des Individuums a sei moralisch zu billigen, als auch zu dem Schluß, sie sei moralisch zu mißbilligen. Da im Einzelfall nicht klar ist, ob eine gerechte oder eine ungerechte Handlung das öffentliche Interesse befördert, muß Humes Sympathieargument offenbar auf die moralische Bewertung eines Systems von Handlungen bezogen werden. Wenn ein neutraler Beobachter c die gerechte Aktion des Individuums a moralisch billigt, so tut er das demnach deshalb, weil er mit dem aufgeklärten Interesse sympathisiert, das alle Gesellschaftsmitglieder – also nicht nur a und b, sondern auch c selbst sowie alle nicht unmittelbar Beteiligten – an der Existenz einer allgemeinen Regel haben, die jedem Individuum in jeder Situation eine ungerechte Handlung verbietet. Da sich diese Art der Sympathie nicht mehr auf natürliche Affekte, sondern auf den vernünftigen Umgang mit natürlichen Affekten bezieht, muß die (für Hume sehr wichtige) Frage offen bleiben, ob eine Sympathie mit dem öffentlichen Interesse beim unparteiischen Beobachter tatsächlich ein Gefühl der Billigung oder nicht vielmehr eine intellektuelle Einsicht hervorruft.

3.2.3 Gerechtigkeit und Versprechen

Die *zweite fundamentale Regel der Gerechtigkeit* besagt, daß das Eigentum eines Individuums nur mit seiner Zustimmung auf ein anderes Individuum übertragen werden darf.[35] Da Hume von eigeninteressierten Akteuren ausgeht, die nur für ihre nächste Umgebung altruistische Gefühle hegen, sind zwei Sorten von freiwilligen Eigentumstransfers zu unterscheiden. Im ersten Fall überträgt ein Individuum eines (oder mehrere) seiner Güter einem anderen Individuum,

---

[35] Hume untersucht neben dieser fundamentalen Regel noch eine ganze Reihe von weiteren Regeln, die die allgemeine Eigentumskonvention näher spezifizieren, es also erlauben, im Einzelfall festzustellen, welches Individuum das Eigentumsrecht an einem bestimmten Gut besitzt. Auf diese zusätzlichen Regeln können wir hier nicht eingehen.

ohne dafür eine Gegenleistung zu verlangen. Im zweiten Fall ist es zu einer Übertragung seines Eigentums nur dann bereit, wenn es eine (ebenfalls freiwillige) Gegenleistung erhält. Im ersten Fall liegt eine Schenkung, im zweiten Fall ein Tausch vor. Eine Schenkung erzeugt jenseits der Pflicht, das Eigentum eines anderen Individuums nicht gewaltsam anzutasten, grundsätzlich (d. h. sofern sie nicht auf einer vertraglichen Grundlage erfolgt) kein neues Problem der Gerechtigkeit, weil weder der Schenkende zur Übertragung noch der Beschenkte zur Annahme eines Gutes verpflichtet ist. Anders liegen die Dinge beim Tausch, der explizit oder implizit immer einen Vertrag, d. h. eine wechselseitige Bekundung des Willens zweier Individuen voraussetzt, das Eigentum an einem bestimmten Gut unter der Bedingung einer bestimmten Gegenleistung auf den Tauschpartner zu übertragen. Ist ein solcher Vertrag geschlossen, sind beide Seiten gerechterweise verpflichtet, ihren Teil der Vereinbarung zu erfüllen. Diese moralische Pflicht geht offensichtlich über die Pflicht hinaus, das Eigentum des Vertragspartners nicht gewaltsam anzutasten.

Hume diskutiert die moralische Pflicht zur Vertragserfüllung nicht anhand des speziellen Falles von Tauschverträgen, sondern anhand der allgemeinen Frage, warum wir moralisch verpflichtet sind, unsere Versprechen einzuhalten. Diese allgemeinere Pflicht beruht auf der *dritten fundamentalen Regel der Gerechtigkeit,* die es jedem Individuum verbietet, seine Versprechen zu brechen. Ein Individuum, das ein von ihm gegebenes Versprechen einhält, praktiziert in gewisser Weise eine noch künstlichere Tugend als ein Individuum, das das Eigentum eines anderen respektiert. Zwar gibt es in beiden Fällen kein natürliches Motiv, sich unter allen Umständen gerecht zu verhalten. Während einem Menschen aber von Natur aus immerhin klar ist, was es heißt, den äußeren Besitz eines Mitmenschen zu achten, hat er – so Humes Argument – von Natur aus keine Ahnung, was es bedeutet, ein Versprechen zu halten. Dem künstlichen Respekt vor dem Eigentum entspricht der Verzicht auf eine bestimmte Klasse von natürlichen äußeren Handlungen (wie Raub oder Diebstahl). Im Gegensatz dazu gibt es keine Klasse von natürlichen äußeren Handlungen, die der künstlichen Bindung an ein Versprechen entsprächen. Der Grund für diesen Unterschied ist leicht zu erkennen: Der Respekt vor dem Eigentum ist zwar ein künstliches Phänomen, er bezieht sich aber auf ein natürliches Phänomen – die im Besitz eines Menschen befindlichen äußeren Güter. Demgegenüber ist die Wahrung eines Versprechens nicht nur selbst ein künstliches Phänomen, sondern sie bezieht sich auch auf ein künstliches Phänomen – die vom Menschen gemachte Erfindung des Versprechens.

Daß das Versprechen kein natürliches Phänomen ist, schließt Hume aus seinem Nachweis, daß kein natürlicher mentaler Akt zu finden ist, der in der Formel ‚ich verspreche' zum Ausdruck käme.

Humes fundamentale Regeln der Gerechtigkeit

Erste Regel: Es ist jedem Individuum verboten, den äußeren Besitz eines anderen Individuums anzutasten.
Zweite Regel: Das Eigentum eines Individuums darf nur mit seiner Zustimmung auf ein anderes Individuum übertragen werden.
Dritte Regel: Es ist jedem Individuum verboten, ein einem anderen Individuum gegebenes Versprechen zu brechen.

Die Institution des Versprechens ist eine menschliche Erfindung, die ein schwerwiegendes Problem der Kooperation unter rationalen Akteuren löst. Dieses Problem besteht darin, daß eigeninteressierten Individuen, die nur an Humes erste und zweite Regel der Gerechtigkeit gebunden sind, ein Tausch von Dienstleistungen verwehrt ist, die zu unterschiedlichen Zeitpunkten erbracht werden müßten. Betrachten wir zwei Bauern i und j, die vor dem Problem stehen, ihre Ernte einzubringen. Nehmen wir an, Individuum i baue ein Getreide des Typs x und Individuum j ein Getreide des Typs y an. Nehmen wir weiter an, das Getreide der Sorte x sei zum Zeitpunkt t_1 und das der Sorte y zu einem späteren Zeitpunkt t_2 reif. Nehmen wir nun noch an, daß kein Bauer in der Lage ist, seine Ernte vollständig alleine einzubringen, so läßt sich das von Hume untersuchte Kooperationsproblem rasch verdeutlichen. Es ist klar, daß beide Bauern profitieren würden, wenn sie sich wechselseitig bei der Ernte unterstützten. Dies würde bedeuten, daß der Bauer j dem Bauern i zum Zeitpunkt t_1 und der Bauer i dem Bauern j zum Zeitpunkt t_2 bei der Ernte zu helfen hätte. Das Problem eines solchen Arrangements besteht allerdings darin, daß der nur an seiner eigenen Ernte interessierte Bauer i zum Zeitpunkt t_2 keinen Anreiz hätte, seinem Kollegen eine Gegenleistung zu erbringen, nachdem er dessen Leistung zum Zeitpunkt t_1 erhalten hätte. Da der ebenfalls nur an seiner eigenen Ernte interessierte Bauer j dies durchschauen wird, hat er wiederum keinen Anreiz, seinem Kollegen zum Zeitpunkt t_1 eine Vorleistung zu erbringen. Solange sich beide Akteure nur an ihrem natürlichen Eigeninteresse orientieren, wird eine für beide vorteilhafte Kooperation daher nicht zustande kommen.

Angesichts des skizzierten Kooperationsproblems liegt es im aufgeklärten Eigeninteresse aller Individuen, einander glaubwürdig versichern zu können, daß sie sich ihrem unmittelbaren Eigeninteresse zum Trotz kooperativ verhalten, d. h. die ihnen zukommende Vorleistung bzw. Gegenleistung in jedem Fall erbringen werden. Eine glaubwürdige Versicherung dieser Art abzugeben, ist der Sinn der Formel ‚ich verspreche'. Hume argumentiert, daß sowohl diese Formel, die zunächst nur die Intention einer individuellen Selbstbindung signalisiert, als auch die Praxis, sich tatsächlich dieser Intention gemäß zu verhalten, auf konventionellem Wege etabliert wurde. Das Versprechen ist demnach eine Institution, die sich durchgesetzt hat, weil sie dem aufgeklärten Eigeninteresse aller Gesellschaftsmitglieder entspricht. Seine Versprechen strikt zu halten, ist eine Maxime, die dem vernünftigen Interesse jedes Individuums dient, auch wenn es im Einzelfall (etwa für den Bauern i in unserem Beispiel) sehr wohl von Vorteil sein kann, ein Versprechen zu brechen. Die aus einer solchen Aktion kurzfristig resultierenden Vorteile werden nämlich nach Humes Überzeugung durch die langfristigen Nachteile übertroffen, die einem wortbrüchigen Individuum dadurch entstehen, daß es – weil ihm niemand mehr vertraut – aus der Kooperationsgemeinschaft ausgeschlossen wird.

Nach alledem fällt es Hume nicht schwer, zu erklären, warum wir uns an unsere Versprechen moralisch gebunden fühlen. Ein Individuum, das seine Versprechen hält, befördert – unter der Annahme, daß dies auch alle anderen Individuen tun – mit seinem aufgeklärten Privatinteresse zugleich das öffentliche Interesse. Sein Verhalten bzw. die ihm zugrunde liegende mentale Disposition wird daher von jedem unparteiischen Beobachter (via Sympathie mit dem öffentlichen Interesse) moralisch gebilligt werden.

3.3 Gerechtigkeit und Staat

Ein Blick auf die drei fundamentalen Regeln der Gerechtigkeit zeigt, daß Hume die Gerechtigkeit als eine Tugend betrachtet, die private Akteure in ihrem Verhältnis zueinander praktizieren (oder ignorieren). Eine Version der Gerechtigkeit, die der Staat seinen Bürgern gegenüber praktizieren könnte, kommt in Humes Theorie dagegen überhaupt nicht vor. Wenn sich alle Individuen unter allen Umständen gerecht verhalten würden, könnte man nach dieser Theorie auf eine staatliche Gewalt sogar ganz verzichten. Die drei fundamentalen Regeln der Gerechtigkeit würden dann nämlich völlig ausreichen, um ein friedliches und für alle Individuen fruchtbares Zusammenleben in einer großen Gesellschaft zu ermöglichen.

Nun kann man allerdings nur unter sehr speziellen Voraussetzungen davon ausgehen, daß sich die fundamentalen Regeln der

Gerechtigkeit selbst – d. h. ohne die Einschaltung einer äußeren Sanktionsinstanz – durchsetzen werden. Diese Voraussetzungen sind Hume zufolge in einer mittelgroßen Gesellschaft erfüllt, die – wie eine einfache Stammesgesellschaft – die elementaren Bedürfnisse ihrer Mitglieder befriedigt, ohne einem von ihnen einen besonderen Reichtum zu erlauben. In einer solchen Gesellschaft wird kein Individuum einen ausgeprägten Anreiz haben, sich am äußeren Besitz eines anderen Individuums zu vergreifen, da es dessen Güter (ein Zelt, einen Bogen etc.) in der Regel selbst besitzt. Darüber hinaus wird sich ein Individuum, selbst wenn ein solcher Anreiz existieren sollte, grundsätzlich immer regelkonform verhalten, weil ihm die negativen Konsequenzen, die ein Regelbruch für den Bestand der gesellschaftlichen Ordnung nach sich zöge, deutlich vor Augen stehen. Sobald man eine sehr große Gesellschaft betrachtet, in der die äußeren Güter ungleich verteilt sind, muß man dagegen davon ausgehen, daß die fundamentalen Regeln der Gerechtigkeit in zahllosen Fällen gebrochen werden. Nun gibt es nämlich nicht nur für viele Individuen einen starken Anreiz, sich am äußeren Besitz ihrer Umgebung zu vergreifen, sondern sie werden sich tendenziell auch diesem Anreiz entsprechend verhalten, weil die fatalen Konsequenzen einer ungerechten Handlung im Einzelfall kaum mehr wahrgenommen werden. Angesichts dieser Tendenz zum Regelbruch läßt sich der Bestand einer gesellschaftlichen Ordnung nur noch durch die Einrichtung einer äußeren Instanz gewährleisten, die die Individuen durch die Androhung von Zwang dazu anhält, sich gerecht zu verhalten.

Hume betrachtet den Staat demnach als eine künstlich geschaffene Instanz, die alle Individuen dazu zwingt, den unter den Bedingungen einer einfachen und mittelgroßen Gesellschaft zwanglos befolgten Regeln der Gerechtigkeit auch unter den Bedingungen einer fortgeschrittenen und sehr großen Gesellschaft zu gehorchen. Die Notwendigkeit dieser Zwangsinstanz ist letztlich mit einer Merkwürdigkeit der menschlichen Natur zu erklären. Jeder Mensch wird nach Hume von (räumlich oder zeitlich) nahen Objekten stärker affiziert als von fernen Objekten. Jeder Mensch wird daher auch einen gegenwärtigen Vorteil einem künftigen Vorteil vorziehen. Diese natürliche Präferenz für gegenwärtige Vorteile ist insofern irrational, als sie das Handeln eines Menschen auch dann bestimmt, wenn ihm völlig klar ist, daß ein gegenwärtiger Vorteil im Vergleich zu einem künftigen Vorteil äußerst gering ist. Unter den Bedingungen einer mittelgroßen und einfachen Gesellschaft kann diese natürliche Präferenz das friedliche Zusammenleben nicht stören, weil ungerechtes Verhalten keine nennenswerten gegenwärtigen Vorteile verspricht.

Das ändert sich mit dem Übergang zu einer sehr großen und komplexen Gesellschaft, in der die aus Diebstahl und Vertragsbruch kurzfristig erzielbaren Vorteile dem langfristigen Vorteil einer Gewährleistung der sozialen Ordnung gegenüberstehen. Obwohl für niemanden ein Zweifel daran bestehen kann, daß dieser langfristige Vorteil die kurzfristigen Vorteile bei weitem überwiegt, werden sich viele Individuen angesichts dieser Alternative dafür entscheiden, die Regeln der Gerechtigkeit zu verletzen. Die rationale Antwort auf diese irrationalen Aktionen ist die Schaffung einer staatlichen Gewalt, die alle Individuen dazu zwingt, die mit der Aufrechterhaltung einer gesellschaftlichen Ordnung langfristig verbundenen Vorteile höher zu gewichten als die mit ungerechten Handlungen kurzfristig erzielbaren Gewinne.

Die Grundfunktion des Staates besteht nach Hume darin, den fundamentalen Regeln der Gerechtigkeit, die unabhängig von und vor aller staatlichen Gewalt auf rein konventionellem Wege entstanden sind, Geltung zu verschaffen. Da diese Regeln die privaten Beziehungen der Gesellschaftsmitglieder im allgemeinen und den Tausch von Gütern und Dienstleistungen im besonderen normieren, setzt ein Staat, der seine Grundfunktion erfüllt, faktisch eine bestimmte Konzeption der kommutativen Gerechtigkeit durch.[36] Nun räumt Hume zwar ein, daß der Staatsgewalt neben dieser Grundfunktion noch weitere Aufgaben zufallen.[37] Mit keiner dieser zusätzlichen Aufgaben aber wird dem Staat eine Pflicht auferlegt, für Gerechtigkeit zu sorgen. Ein Staat, der die Gewähr dafür bietet, daß seine Bürger sich wechselseitig gerecht behandeln, hat nach Humes Überzeugung alles getan, um das Problem der Gerechtigkeit zu lösen. Daß auch in der Frage, wie der Staat seine Bürger behandelt, ein Problem der Gerechtigkeit steckt, kann Hume nicht erkennen.

Während er das Problem der politischen Gerechtigkeit (im Sinne einer gerechten Verfassung von politischer Herrschaft) völlig ignoriert, kann man seiner Argumentation immerhin entnehmen, daß er jede Konzeption der distributiven Gerechtigkeit für verfehlt hält. Die aristotelische Idee, einer staatlichen Agentur die Verteilung von Gütern nach Maßgabe eines relevanten individuellen Merkmals anzuvertrauen, läßt sich nach Hume nicht in die Praxis umsetzen, weil die konkreten Ausprägungen eines relevanten Merkmals – also etwa das Ausmaß der Tugendhaftigkeit eines Bürgers oder der Grad seiner

---

[36] Diese Konzeption stimmt im wesentlichen mit der subjektivistischen Deutung des aristotelischen Begriffs der kommutativen Gerechtigkeit überein. Vgl. dazu oben Abschnitt 2.3.3.

[37] Zu diesen zusätzlichen Staatsaufgaben zählt Hume vor allem die Bereitstellung von öffentlichen Gütern.

Fähigkeit, aus dem zur Verteilung anstehenden Gut einen Nutzen zu ziehen – den staatlichen Akteuren in aller Regel nicht bekannt sind. Angesichts dieser Ungewißheit müssen sich die verteilenden Behörden – wenn sie keine blanke Willkür üben wollen – auf die Selbstauskünfte der Bürger verlassen, die jedoch dazu neigen, das Ausmaß, in dem sie ein relevantes Merkmal besitzen, bewußt zu übertreiben. Da diese Neigung allen Bürgern bekannt ist, wird eine Verteilungspolitik, die Gleiche gleich und Ungleiche ungleich zu behandeln versucht, keineswegs – wie Aristoteles vermutete – sozialen Frieden, sondern ganz im Gegenteil soziale Unruhe stiften. Sie gefährdet damit den Zweck, der nach Humes Überzeugung allen Regeln der Gerechtigkeit zugrunde liegt – die Sicherung der gesellschaftlichen Ordnung. Es kann daher auch nicht zu den Aufgaben des Staates zählen, über die Durchsetzung der fundamentalen Regeln des gerechten Verhaltens hinaus für eine gerechte Verteilung von Gütern zu sorgen.[38]

4. Rawls

Obwohl sich Rawls bei der Beschreibung des Problems der Gerechtigkeit eng an Humes Beschreibung anlehnt, unterscheidet sich seine *Theorie der Gerechtigkeit* in radikaler Weise von der im *Traktat über die menschliche Natur* entwickelten Gerechtigkeitstheorie. Im Gegensatz zu Hume präsentiert Rawls nämlich eine normative Theorie der gesellschaftlichen Ordnung, eine Theorie, die die fundamentalen Regeln der Gerechtigkeit moralisch zu rechtfertigen sucht. Während Rawls in dieser Hinsicht zur griechischen Tradition zurückkehrt, bricht er insofern mit Platon und Aristoteles, als er die Prädikate ‚gerecht‘ und ‚ungerecht‘ nicht mehr auf die seelische Disposition oder die äußeren Handlungen eines Individuums, sondern nur noch auf die moralische Qualität einer gesellschaftlichen Ordnung bzw. der ihr zugrunde liegenden sozialen Institutionen bezieht. Der Begriff der Gerechtigkeit wird somit auf den Begriff der sozialen Gerechtigkeit reduziert. Diese Reduktion entspricht nicht nur dem Sprachgebrauch des 20. Jahrhunderts, in dem sehr häufig von sozi-

---

[38] Eine naheliegende Möglichkeit, dem skizzierten Einwand gegen die distributive Gerechtigkeit zu entkommen, besteht darin, für alle Güter eine strikte Gleichverteilung zu fordern. Diese Forderung wird in der *Untersuchung über die Prinzipien der Moral* einer massiven Kritik unterzogen, wo Hume zeigt, daß sich eine radikal egalitäre Güterverteilung entweder überhaupt nicht oder nur unter immensen (ökonomischen wie politischen) Kosten realisieren läßt.

aler Gerechtigkeit und sehr selten von individueller Gerechtigkeit die Rede war, sondern ist auch in Aristoteles' Untersuchung des Gerechtigkeitsbegriffs vorgezeichnet, die – wie oben (2.3) gezeigt – keine geringe Mühe hatte, an der Kennzeichnung der Gerechtigkeit als individueller Tugend festzuhalten.

Da Rawls das Problem der individuellen Gerechtigkeit ausklammert, sieht er – im Gegensatz zu Platon und Aristoteles – kein eigenständiges Problem der politischen Gerechtigkeit. Gerechtigkeit herzustellen heißt für Rawls eine gerechte gesellschaftliche Ordnung zu etablieren. Da die Etablierung einer gerechten gesellschaftlichen Ordnung nach Rawls die politische Durchsetzung bestimmter Regeln bzw. Institutionen voraussetzt, ist das Problem der Gerechtigkeit für ihn – zumindest in einem weiteren Sinne – immer ein Problem der politischen Gerechtigkeit. Während dies – wie oben (3.3) gesehen – in gewisser Weise auch für David Hume gilt, greift Rawls im Gegensatz zu Hume das klassische Problem der politischen Gerechtigkeit wieder auf. Zu den eine gesellschaftliche Ordnung definierenden Regeln zählen nach Rawls' Überzeugung nämlich auch und vor allem die fundamentalen Regeln der politischen Verfassung einer Gesellschaft. Soweit es darum geht, die konstitutionellen Regeln eines Gemeinwesens (im Unterschied etwa zu seinen sozio-ökonomischen Institutionen) nach einem Prinzip der Gerechtigkeit zu gestalten, liegt Rawls zufolge ein Problem der politischen Gerechtigkeit im engeren Sinne vor.[39]

John Rawls unterscheidet wie Aristoteles streng zwischen dem Begriff und einer Konzeption der Gerechtigkeit.[40] Im Gegensatz zu Aristoteles ist Rawls allerdings in erster Linie nicht an dem Begriff der Gerechtigkeit, sondern an der Frage interessiert, wie eine allgemein rechtfertigungsfähige und unter plausiblen Bedingungen realisierbare Konzeption der Gerechtigkeit auszusehen hätte. Die langwierigen Untersuchungen, die er in der *Theorie der Gerechtigkeit* zu dieser Frage anstellt, gehen von einem vergleichsweise schlichten Begriff der Gerechtigkeit aus, der den ausgefeilten aristotelischen Begriffsapparat über die Ausblendung der individuellen Gerechtigkeit hinaus massiv verkürzt. Grundsätzlich ließe sich nämlich ohne weiteres eine Theorie denken, die zwar das Problem der Gerechtig-

---

[39] Rawls verwendet den Begriff der politischen Gerechtigkeit in *A Theory of Justice* nur selten und unterscheidet nicht ausdrücklich zwischen einem engeren und einem weiteren Begriff der politischen Gerechtigkeit. Man tut seiner Theorie aber sicher keinen Zwang an, wenn man sie vor dem Hintergrund dieser Unterscheidung interpretiert.

[40] Tatsächlich führt Rawls diese Unterscheidung explizit ein, während sie sich in Aristoteles' Untersuchung nur implizit findet.

keit als individueller Tugend ignorierte, im übrigen aber an den von Aristoteles entwickelten Dimensionen des Gerechtigkeitsbegriffs festhielte. Eine solche Theorie hätte eine Konzeption der sozialen Gerechtigkeit anzubieten, die aus Prinzipien der distributiven, kommutativen und korrektiven Gerechtigkeit bestünde. Die Entwicklung einer derart aristotelischen Theorie der sozialen Gerechtigkeit bleibt Rawls indes verwehrt, weil er – analog zu Hume, der den klassischen Begriff der individuellen Gerechtigkeit auf die kommutative Dimension zugespitzt hatte – das Problem der sozialen Gerechtigkeit auf ein Problem der Verteilungsgerechtigkeit reduziert. Wer sich für Fragen der ausgleichenden Gerechtigkeit oder für das Problem eines gerechten Tausches interessiert, wird in Rawls' *Theorie der Gerechtigkeit* keine Antworten finden. Im Mittelpunkt dieses umfangreichen Werkes steht eine bestimmte Konzeption der distributiven Gerechtigkeit, die in seinem ersten Teil präzise formuliert und theoretisch begründet, im zweiten Teil auf ihre institutionellen Konsequenzen und im dritten Teil auf ihre Realisierungschancen hin untersucht wird. Die folgende Darstellung wird sich auf den ersten Teil der *Theorie der Gerechtigkeit* konzentrieren, auf den zweiten Teil nur gelegentlich kurz verweisen und den dritten Teil völlig vernachlässigen.

4.1 Soziale Gerechtigkeit und wohlgeordnete Gesellschaft

Rawls führt das Problem der Gerechtigkeit wie Hume auf eine Verknüpfung von objektiven und subjektiven Bedingungen des menschlichen Lebens zurück. Zu den objektiven Bedingungen der Gerechtigkeit zählt Rawls vor allem die Knappheit der Güter, die sich durch Kooperation zwar mildern, nicht aber völlig beseitigen läßt. Unter den subjektiven Bedingungen der Gerechtigkeit hebt Rawls das menschliche Desinteresse, d. h. die Tatsache hervor, daß sich ein Individuum bei seiner Lebensführung typischerweise an seinen eigenen Interessen bzw. Zielen orientiert und die privaten Interessen bzw. Ziele der anderen Individuen ignoriert.[41] Während die objektiven Bedingungen der Gerechtigkeit dafür sorgen, daß jedes Individuum daran interessiert ist, mit anderen Individuen eine Kooperationsgemeinschaft einzugehen, führen die subjektiven Bedingungen der Gerechtigkeit dazu, daß die Exis-

---

[41] Mit dem gegenseitigen Desinteresse nimmt Rawls keineswegs an, daß alle Menschen von Natur aus rein egoistische Ziele verfolgen. Er nimmt vielmehr an, daß jeder Mensch seine Ziele – wie immer sie auch aussehen mögen – ohne Rücksicht darauf verfolgt, wie seine Aktionen die Chancen seiner Mitmenschen tangieren, ihre Ziele zu erreichen.

tenz dieser Gemeinschaft ständig bedroht ist, weil die individuellen Interessen bei der Verteilung des Kooperationsertrages kollidieren. Das Problem der Gerechtigkeit besteht also darin, daß wechselseitig desinteressierte Individuen konfligierende Ansprüche auf einen notwendig begrenzten Kooperationsgewinn erheben, an dessen Realisierung alle Individuen interessiert sind.

Da Rawls unter einer Gesellschaft eine kooperative Unternehmung zum wechselseitigen Vorteil aller Beteiligten versteht, läßt sich das Problem der Gerechtigkeit auch so ausdrücken: Einerseits hat jedes Individuum ein Interesse daran, mit anderen Individuen eine Gesellschaft zu bilden, d. h. nach bestimmten Regeln mit ihnen zusammen zu leben (weil nur auf diese Weise ein Kooperationsgewinn zu realisieren ist); andererseits ist es den potentiellen Mitgliedern einer Gesellschaft nicht möglich, sich auf der Basis ihrer jeweiligen Interessen und Ziele darüber zu einigen, nach welchen Regeln sie zusammen leben wollen (weil sich jeder einen möglichst großen Anteil am Kooperationsgewinn sichern möchte). Ein Konsens über die fundamentalen Regeln einer gesellschaftlichen Ordnung läßt sich nur dann herstellen, wenn diese Regeln die privaten Interessen und Ziele aller Individuen in unparteiischer Weise berücksichtigen, wenn sie sich – mit anderen Worten – auf Prinzipien der Gerechtigkeit stützen. Die Funktion dieser Prinzipien besteht nach Rawls darin, die grundlegenden Rechte und Pflichten der Gesellschaftsmitglieder sowie die Kriterien einer fairen Aufteilung der Früchte und Lasten der gesellschaftlichen Kooperation festzulegen.

Rawls betrachtet das Problem der Gerechtigkeit zwar wie Hume als ein Problem der gesellschaftlichen Ordnung, weicht aber hinsichtlich der Lösung dieses Problems erheblich von Hume ab. Während Hume diese Lösung in einer Tugend erblickt, die die Individuen in ihrem privaten Verkehr praktizieren, sieht Rawls diese Lösung in einer Tugend, die die Gesellschaft ihren Mitgliedern gegenüber an den Tag legt. Ob eine Gesellschaft diese Tugend der sozialen Gerechtigkeit praktiziert oder nicht, hängt nach Rawls von der Frage ab, wie ihre fundamentalen Institutionen eine Reihe von wichtigen Ressourcen auf die Gesellschaftsmitglieder verteilen. Die Menge der fundamentalen Institutionen, die für soziale Gerechtigkeit bzw. Ungerechtigkeit sorgen, nennt Rawls die ‚Grundstruktur der Gesellschaft'. Zu dieser Grundstruktur zählen neben der politischen Verfassung die wichtigsten sozialen und ökonomischen Institutionen eines Gemeinwesens (wie zum Beispiel die Regeln seines Bildungs- und Steuersystems).

Hinter der Gleichsetzung von sozialer Gerechtigkeit und distributiver Gerechtigkeit steckt die Vorstellung, daß es eine Reihe von

Gütern gibt, die einerseits die Lebenschancen eines Individuums massiv beeinflussen und andererseits durch die Grundstruktur einer Gesellschaft bereitgestellt werden. Rawls nennt diese Güter ‚soziale Primärgüter' (oder ‚gesellschaftliche Grundgüter'). Die wichtigsten sozialen Primärgüter sind Rechte und Freiheiten, Machtpositionen und Chancen sowie Einkommen und Vermögen.[42] Jedes dieser Güter ist insofern als ein soziales *Primär*gut zu betrachten, als man plausiblerweise davon ausgehen kann, daß jedes Individuum – unabhängig davon, wie seine speziellen Präferenzen auch immer aussehen mögen – eine größere Menge dieses Gutes einer geringeren Menge vorzieht. Als *soziale* Primärgüter sind diese Güter deshalb zu klassifizieren, weil es im Gegensatz zu den natürlichen Primärgütern (wie Gesundheit, Schönheit oder Intelligenz) die fundamentalen Regeln einer gesellschaftlichen Ordnung sind, die einem Individuum den Zugang zu diesen Gütern eröffnen oder versperren.

Vor diesem Hintergrund ist eine Konzeption der Gerechtigkeit als eine Menge von Prinzipien der Gerechtigkeit zu definieren, die das Design der fundamentalen sozialen Institutionen insofern erheblich beschränken, als sie die Maßstäbe vorgeben, nach denen die Grundstruktur der Gesellschaft die sozialen Primärgüter zu verteilen hat. Eine Konzeption der Gerechtigkeit kann im Extremfall aus nur einem einzigen Gerechtigkeitsprinzip bestehen. So würde ein strenger Egalitarist im Rahmen der Rawlsschen Vorgaben für eine Konzeption der Gerechtigkeit plädieren, die eine Gleichverteilung aller sozialen Primärgüter fordert. Unabhängig davon, ob eine Konzeption der Gerechtigkeit aus einem oder mehreren Prinzipien besteht, ist jedoch festzuhalten, daß die obige Definition ausschließlich Prinzipien der distributiven Gerechtigkeit zuläßt, wenn es darum geht, eine Konzeption der Gerechtigkeit zu formulieren.

Dabei ist allerdings zu beachten, daß Rawls unter einem Prinzip der distributiven Gerechtigkeit etwas anderes versteht als Aristoteles. Während Aristoteles an einen Grundsatz denkt, der die individuellen Verteilungsergebnisse direkt normiert, weil er das Verhalten einer staatlichen Verteilungsagentur festlegt, hat Rawls einen Grundsatz vor Augen, der die individuellen Verteilungsergebnisse indirekt normiert, weil er die Gestaltung der fundamentalen sozialen Institutionen – d. h. derjenigen Regeln des gesellschaftlichen Zusammenlebens, die verteilungsrelevante Konsequenzen haben – beschränkt. Dieser wichtige Unterschied läßt sich leicht verdeutlichen, wenn man die Frage betrachtet, wie eine gerechte Einkommens- und Vermö-

---

[42] Eine bedeutende Rolle spielt in Rawls' Theorie darüber hinaus das soziale Primärgut der Selbstachtung, das im folgenden allerdings vernachlässigt wird.

gensverteilung herzustellen wäre. Folgt man Aristoteles' Begriff der distributiven Gerechtigkeit, so kann eine Lösung dieses Problems nur darin bestehen, daß eine staatliche Agentur jedem Bürger nach einem bestimmten Prinzip sein individuelles Einkommen bzw. Vermögen zuteilt. Folgt man demgegenüber Rawls' konzeptuellen Überlegungen, so läßt sich dieses Problem nur dadurch lösen, daß man die Gestaltung aller fundamentalen sozialen Institutionen, die – wie die Regeln des Steuersystems – das Einkommen und Vermögen eines Individuums beeinflussen, einem bestimmten Gerechtigkeitsprinzip (bzw. einer bestimmten Menge von Gerechtigkeitsprinzipien) unterwirft.

Im Gegensatz zu Aristoteles und Hume, auf deren Überlegungen Rawls ausdrücklich zurückgreift, spielt Platon in der *Theorie der Gerechtigkeit* überhaupt keine Rolle. Ein platonisches Element dieser Theorie mag man allenfalls in ihrem erklärten Ziel erkennen, die Prinzipien einer vollkommen gerechten gesellschaftlichen Ordnung zu identifizieren. Es geht Rawls wie Platon um die theoretische Begründung eines idealen Gemeinwesens, hinter dem die Wirklichkeit – so sehr man sich auch darum bemühen mag, den idealen Entwurf in die Praxis umzusetzen – notwendig zurückbleiben muß. Im Gegensatz zu Platon schwebt Rawls allerdings ein demokratisches Ideal einer gerechten gesellschaftlichen Ordnung vor. Daß dies so ist, zeigt bereits ein Blick auf den Begriff einer ‚wohlgeordneten Gesellschaft‘, mit dem Rawls zwei Anforderungen an ein ideales Gemeinwesen formuliert. Eine Gesellschaft ist nach Rawls' Definition als wohlgeordnet zu bezeichnen, wenn ein gemeinsames Wissen ihrer Mitglieder darüber besteht (d. h. wenn jeder weiß, daß jeder weiß), daß (1) alle Individuen die gleichen Prinzipien der Gerechtigkeit akzeptieren und (2) die grundlegenden Institutionen der Gesellschaft den allgemein akzeptierten Gerechtigkeitsprinzipien genügen. In einer wohlgeordneten Gesellschaft herrscht also nicht nur ein allgemeiner Konsens darüber, daß eine bestimmte Konzeption der Gerechtigkeit als moralisch gerechtfertigt zu betrachten ist. Die von jedermann als moralisch gerechtfertigt betrachtete Konzeption wird darüber hinaus auch politisch durchgesetzt. Da sie den Inhalt der Prinzipien, die eine wohlgeordnete Gesellschaft kennzeichnen, völlig offen lassen, beschreiben die Bedingungen (1) und (2) zunächst nur ein rein formales Ideal. Dieses formale Ideal mit Inhalt zu füllen, d. h. die Prinzipien zu identifizieren, die ein vollkommen gerechtes Gemeinwesen auszeichnen, ist das zentrale Problem, das sich Rawls in der *Theorie der Gerechtigkeit* vorgenommen hat.

4.2 Urzustand und Vertrag

Zur Lösung dieses Problems greift Rawls sowohl auf die klassische Idee des Gesellschaftsvertrags[43] als auch auf die moderne Theorie der rationalen individuellen Entscheidung bei Ungewißheit zurück. Die Prinzipien einer gerechten Gesellschaft lassen sich nämlich – so Rawls' Grundidee – als Ergebnis der Einigung freier Individuen rekonstruieren, die sich in einem ursprünglichen Zustand der Gleichheit befinden. Dieser ‚Urzustand‘ *(original position)*, der dem Naturzustand der klassischen Vertragstheorien entspricht, wird von Rawls wiederum als hypothetische Entscheidungssituation bei Ungewißheit konstruiert. Sieht man von der konkreten Beschreibung dieser Entscheidungssituation zunächst einmal ab, so läßt sich die fundamentale These der *Theorie der Gerechtigkeit* in der folgenden Weise formulieren: Die Prinzipien einer vollkommen gerechten gesellschaftlichen Ordnung sind diejenigen Grundsätze, auf die sich rationale Individuen unter den hypothetischen Bedingungen des Urzustandes zur Regelung ihres gesellschaftlichen Zusammenlebens einigen würden.

Um die Bedingungen des Urzustandes im einzelnen zu kennzeichnen, verwendet Rawls im wesentlichen zwei Gruppen von Prämissen, die sich zum einen auf das Informationsniveau und zum anderen auf die Motivationsstruktur der Individuen beziehen. Dabei besteht die Funktion der Informationsprämissen in erster Linie darin, für die moralische Qualität der im Urzustand gewählten Prinzipien zu sorgen. Die wichtigste und bekannteste dieser Prämissen ist der ‚Schleier des Nichtwissens‘ *(veil of ignorance)*, der den Individuen alle Informationen nimmt, die sie bei der Wahl der Prinzipien zu ihrem eigenen Vorteil nutzen könnten. Das bedeutet im Ergebnis, daß die Vertragsparteien keinerlei spezifisches Wissen über ihre eigene Person und über die Gesellschaft besitzen, in der sie nach ihrer Entscheidung für eine bestimmte Gerechtigkeitskonzeption als reale Individuen leben werden.[44] Jedes Individuum befindet sich demnach in völliger Ungewißheit über seine natürlichen Eigenschaften (Hautfarbe, Geschlecht, Intelligenz etc.); seine persönlichen Bedürfnisse und Wünsche (subjektive Präferenzen); seine besonderen psychologischen Merkmale (wie etwa seine Risikoneigung); seine gesellschaftliche Stellung (Klassenzugehörigkeit, Sozialstatus, Beruf etc.); die spezifischen Bedingungen der Gesellschaft, in der es

---

[43] Vgl. dazu oben Kap. II.
[44] Die einzige spezifische Information, die den Individuen im Urzustand zur Verfügung steht, bezieht sich auf die Tatsache, daß sich in der für sie relevanten Gesellschaft tatsächlich das Problem der Gerechtigkeit stellt.

leben wird (politische Situation, ökonomische Entwicklung, kulturelles Niveau etc.); sowie die Generation, der es angehören wird.

Ein Individuum, dem alle diese speziellen Informationen verwehrt sind, wird nicht umhin können, seine Entscheidung für oder gegen ein bestimmtes Prinzip der gesellschaftlichen Ordnung auf eine unparteiische Berücksichtigung der Interessen aller Gesellschaftsmitglieder (einschließlich der Interessen aller künftigen Generationen) zu stützen. Es ist diese Unparteilichkeit der individuellen Entscheidung, die nach Rawls' Überzeugung die Gewähr dafür bietet, daß es sich bei den im Urzustand gewählten Prinzipien in jedem Fall um Prinzipien der Gerechtigkeit handelt.[45] Da der Schleier des Nichtwissens jegliches spezifische Wissen verbirgt, sind die Individuen im Urzustand gezwungen, ihre Entscheidung ausschließlich auf der Basis allgemeiner Informationen zu fällen. Dieses allgemeine Wissen indes steht – so Rawls' zweite Informationsprämisse – im Urzustand unbegrenzt zur Verfügung. Es umfaßt alle Erkenntnisse über die Gesellschaft und ihre Mitglieder, die sich mit allgemeinen Begriffen formulieren lassen, mithin das gesamte zum Zeitpunkt der Prinzipienwahl verfügbare und für die Entscheidung eines Individuums als grundsätzlich relevant zu betrachtende theoretische Wissen. Wenn es darum geht, sich für oder gegen ein bestimmtes Prinzip der Gerechtigkeit zu entscheiden, kann ein Individuum im Urzustand daher auf eine Fülle von politischen, soziologischen, psychologischen, ökonomischen und philosophischen Theorien zurückgreifen. Rawls' Vertragsparteien sind somit nicht nur (im Bereich des besonderen Wissens) vollkommene Ignoranten, sondern auch (im Bereich des allgemeinen Wissens) vollkommene Experten.

Die Funktion der Motivationsprämissen besteht im wesentlichen darin, die Eindeutigkeit der im Urzustand gewählten Prinzipien zu sichern. Zu diesem Zweck nimmt Rawls an, daß die Vertragsparteien als rational im Sinne der ökonomischen Theorie zu betrachten sind. Jedes Individuum wird demnach versuchen, mit der Wahl einer bestimmten Konzeption der Gerechtigkeit seine eigenen Vorlieben (Präferenzen) durchzusetzen. Da nun der Schleier des Nichtwissens die besonderen Vorlieben (oder subjektiven Präferenzen) eines Individuums verbirgt, läßt sich eine rationale Entscheidung im Urzustand – im Gegensatz zu dem in der ökonomischen Theorie üblichen Rationalitätskonzept – nur auf die allgemeinen Vorlieben (oder objektiven Präferenzen) eines Individuums stützen. Die Idee einer allen

---

[45] Auf diesen Zusammenhang verweist auch das Kürzel ‚Gerechtigkeit als Fairneß', das Rawls sehr häufig für seine Theorie verwendet. Danach ist es die (durch den Schleier des Nichtwissens erzeugte) Fairneß des Urzustandes, die die Gerechtigkeit der in ihm gewählten Prinzipien verbürgt.

Individuen gemeinsamen (und insofern objektiven) Präferenz hatte Rawls mit dem Konzept der gesellschaftlichen Primärgüter bereits ins Spiel gebracht. Da im Urzustand die Grundsätze zur Disposition stehen, nach denen diese Güter durch die fundamentalen gesellschaftlichen Institutionen verteilt werden, wird ein rationales Individuum, das seine subjektiven Präferenzen nicht kennt, für diejenigen Prinzipien votieren, die seine objektiven Präferenzen bestmöglich durchsetzen, die also – mit anderen Worten – seine Ausstattung mit sozialen Primärgütern maximieren.

Dabei wird sich – so Rawls' zweite Motivationsprämisse – kein Individuum darum kümmern, wie gut oder wie schlecht die anderen Vertragsparteien bei der Wahl einer bestimmten Konzeption der Gerechtigkeit abschneiden. Jedes Individuum wird sich also ausschließlich darum bemühen, seine eigene Versorgung mit gesellschaftlichen Primärgütern zu optimieren, und die Folgen, die die Wahl eines bestimmten Gerechtigkeitsprinzips für die Primärgüterausstattung anderer Individuen hat, völlig ignorieren. Mit dieser Annahme eines gegenseitigen Desinteresses der Vertragsparteien geht Rawls davon aus, daß ein Individuum im Urzustand anderen Individuen gegenüber weder Neid noch Wohlwollen empfindet. Diese Annahme sorgt – technisch gesprochen – dafür, daß ein Individuum zwar seine absolute, nicht jedoch seine relative Primärgüterausstattung ins Kalkül zieht, wenn es darum geht, sich für oder gegen eine bestimmte Konzeption der Gerechtigkeit zu entscheiden.

Es wäre ein grobes Mißverständnis, aus dem gegenseitigen Desinteresse der Vertragsparteien den Schluß zu ziehen, Rawls stütze die Wahl der Gerechtigkeitsprinzipien auf die Annahme egoistischer Präferenzen. Da der Schleier des Nichtwissens alle Eigenschaften verhüllt, die das menschliche Ego ausmachen, fehlt im Urzustand jegliche Grundlage für eine egoistische Entscheidung. Tatsächlich hat Rawls den Urzustand so konstruiert, daß er nicht nur ein egoistisches Kalkül definitiv ausschließt, sondern in gewisser Weise sogar ein altruistisches Kalkül erzwingt. Zwar schließt er mit der Annahme des gegenseitigen Desinteresses ausdrücklich aus, daß eine Vertragspartei einer anderen Vertragspartei gegenüber wohlwollende Empfindungen hegt. Zugleich aber legt er großen Wert auf die Feststellung, daß ein desinteressiertes Individuum unter dem Schleier des Nichtwissens nicht umhin kann, sich so zu entscheiden, als ob es allen anderen Individuen wohl gesonnen wäre. Da ein Individuum im Urzustand nur diejenigen Interessen kennt, die es mit allen Gesellschaftsmitgliedern teilt, wird es beim Versuch, seine eigenen Interessen ohne Rücksicht auf die Interessen der übrigen Vertragsparteien zur Geltung zu bringen, unweigerlich die Interessen aller anderen Individuen berücksichtigen.

Mit den skizzierten Informations- und Motivationsprämissen modelliert Rawls eine Ausgangssituation, die sich von den Naturzustandsbeschreibungen der klassischen Vertragstheorien erheblich unterscheidet. Dieser Unterschied beruht im wesentlichen auf der Tatsache, daß es Rawls nicht – wie den klassischen Theoretikern des Gesellschaftsvertrags – um die Rechtfertigung politischer Herrschaft an sich, sondern lediglich um die Rechtfertigung einer bestimmten, in jedem Fall politisch zu garantierenden, Konzeption der sozialen Gerechtigkeit geht. Mit der Konstruktion des Urzustandes beantwortet Rawls demnach keineswegs die Frage, wie die Menschen ohne staatliche Autorität zusammengelebt haben bzw. zusammenleben würden, sondern vielmehr die Frage, welchen kontrafaktischen Bedingungen sich ein Mensch zu unterziehen hat, wenn ihm daran gelegen ist, die Prinzipien eines gerechten Zusammenlebens ausfindig zu machen. Die mit der Konstruktion des Urzustandes gelegentlich verbundene Vorstellung, es handele sich um eine Versammlung von realen (oder auch nur als real gedachten) Personen führt daher in die Irre. Tatsächlich ist der Urzustand als eine Argumentationsperspektive zu interpretieren, von der aus sich nach Rawls' Überzeugung das Problem der sozialen Gerechtigkeit in einer für jedermann sowohl akzeptierbaren als auch nachvollziehbaren Weise lösen läßt. Jedes Gesellschaftsmitglied (oder besser: jeder normal begabte Erwachsene) kann – so Rawls' These – diese hypothetische Perspektive zu jedem beliebigen Zeitpunkt einnehmen und die Überlegungen eines rationalen Individuums im Urzustand simulieren. Jeder wird dann auch – so Rawls' weitergehende Behauptung – auf der Basis dieser rein simulativen Überlegungen zur Wahl der genau gleichen Gerechtigkeitsprinzipien kommen.

Mit der Beschreibung des Urzustandes verbindet Rawls also den Anspruch, eine hypothetische Entscheidungssituation konstruiert zu haben, die unabhängig davon, wer sich ihren Prämissen wann auch immer unterwirft, eine eindeutige Lösung des Problems der sozialen Gerechtigkeit erzeugt. Die zentrale Prämisse der ganzen Konstruktion ist dabei der Schleier des Nichtwissens. Er gewährleistet nämlich Rawls zufolge nicht nur die moralische Qualität, sondern auch die Einstimmigkeit der von den Vertragsparteien getroffenen Entscheidung. Da der Schleier des Nichtwissens ein Individuum dazu zwingt, von all seinen spezifischen Merkmalen zu abstrahieren, bleibt im Urzustand kein Spielraum für eine wirklich individuelle Entscheidung. Alle Individuen sind vielmehr gezwungen, auf der Grundlage identischer Prämissen zu entscheiden und werden deshalb auch –

zumindest wenn man Rawls' Argumentation folgt – exakt die gleichen Überlegungen anstellen. Wenn somit bereits der Schleier des Nichtwissens die Einstimmigkeit der Vertragsparteien sichert, läßt sich die Frage, welche Konzeption der Gerechtigkeit im Urzustand denn nun gewählt würde, erschöpfend dadurch untersuchen, daß man die rationale Entscheidung eines einzigen, beliebig ausgewählten Individuums betrachtet.

Der von Rawls geknüpfte Schleier des Nichtwissens ist so dicht, daß es im Urzustand keine auf unterschiedlichen individuellen Vorlieben oder Interessen beruhenden Konflikte geben kann. Da dieser dichte Schleier nicht nur die spezifischen Präferenzen eines Individuums, sondern auch seine aktuelle soziale und ökonomische Position verbirgt, gibt es im Urzustand darüber hinaus keine Grundlage für Verhandlungsprozesse, die auf eine Verbesserung des individuellen status quo abzielten. Damit ist klar, daß unter den Bedingungen des Urzustandes von einem Vertrag im herkömmlichen Sinne nicht gesprochen werden kann. Die übliche Rede von einem Vertrag setzt nämlich die Existenz von mindestens zwei Parteien voraus, die zwar ein gemeinsames Interesse an der Erfüllung bestimmter wechselseitiger Verpflichtungen besitzen, sich aber hinsichtlich ihrer individuellen Ausgangspositionen und ihrer subjektiven Ziele grundsätzlich unterscheiden. Ein Individuum, das weder seine aktuelle Verhandlungsposition noch seine persönlichen Ziele kennt, hat dagegen weder einen Grund noch die Möglichkeit, mit einem anderen Individuum einen Vertrag abzuschließen. Wenn Rawls dennoch von einem Vertrag im Urzustand spricht, hat er nicht die begrifflichen Elemente, sondern die Rechtfertigungsleistung der Vertragsfigur im Auge. Der Inhalt einer vertraglichen Übereinkunft ist als moralisch gerechtfertigt zu betrachten, weil jede Partei ihm freiwillig zugestimmt hat und weil diese Zustimmung als Indiz dafür gewertet wird, daß die Vereinbarung die Interessen aller Parteien befördert. Nun ist es im Urzustand zwar völlig sinnlos, von den besonderen Interessen eines Individuums oder von den vertraglichen Verpflichtungen zu sprechen, die es tatsächlich eingegangen ist. Dessen ungeachtet kann aber höchst sinnvoll von den allgemeinen Interessen eines Individuums und von den Prinzipien der sozialen Gerechtigkeit gesprochen werden, denen es zustimmen würde, wenn es sich freiwillig den Bedingungen des Urzustandes unterzöge. Gelänge es nun zu zeigen, daß sich ein rationales Individuum im Urzustand für eine bestimmte Konzeption der Gerechtigkeit entscheiden würde, so wäre diese Konzeption nach Rawls insofern vertragstheoretisch gerechtfertigt, als sie die vernünftige

Zustimmung jedes unparteiischen Zeitgenossen reklamieren könnte.[46]

4.3 Prinzipien der Gerechtigkeit

Rawls versucht mit einer Fülle von Argumenten zu zeigen, daß sich ein rationales Individuum im Urzustand für zwei wohldefinierte Prinzipien der Gerechtigkeit entscheiden würde, die zusammen mit zwei sog. Prioritätsregeln eine ‚spezielle Konzeption‘ der Gerechtigkeit bilden.[47] Dieser speziellen Konzeption liegt eine ‚allgemeine Konzeption‘ der Gerechtigkeit zugrunde, die aus einem einzigen Prinzip besteht und für alle gesellschaftlichen Primärgüter grundsätzlich eine Gleichverteilung fordert. Von dieser grundsätzlichen Maxime darf nach Rawls' allgemeinem Gerechtigkeitsprinzip nur dann abgewichen werden, wenn eine ungleiche Verteilung eines oder mehrerer sozialer Primärgüter – gemessen am Ausgangszustand der Gleichverteilung – allen Gesellschaftsmitgliedern Vorteile bringt. So vage die Verteilungsmaxime der allgemeinen Konzeption auch ist,[48] so deutlich läßt sie doch den normativen Zusammenhang erkennen, der nach Rawls' Überzeugung zwischen den Konzepten der Gerechtigkeit und der Gleichheit bzw. Ungleichheit besteht. Gerecht zu verteilen heißt demnach grundsätzlich immer gleich zu verteilen. Das bedeutet zwar nicht, daß eine ungleiche Verteilung niemals zu rechtfertigen wäre. Sie ist ganz im Gegenteil grundsätzlich rechtfertigungsfähig, bleibt aber immer auch rechtfertigungsbedürftig. Und die einzige Möglichkeit, eine ungleiche Verteilung zu rechtfertigen, besteht in dem Nachweis, daß alle (wenn auch in unterschiedlichem Maße) von ihr profitieren.

Im Mittelpunkt der Rawlsschen Theorie steht indes nicht die allgemeine, sondern die spezielle Konzeption der Gerechtigkeit. Diese unterscheidet sich insofern von der allgemeinen Konzeption, als sie deren Verteilungsmaxime nicht mehr auf alle gesellschaft-

---

[46] Vgl. dazu ausführlicher unten Abschnitt 4.4. Vor diesem Hintergrund läge es nahe, den Urzustand rousseauistisch als ein Hilfsmittel zu interpretieren, das es jedem Individuum erlaubt, den Inhalt des Gemeinwillens festzustellen (vgl. oben Kap. II., Abschnitt 3.). Rawls selbst bevorzugt indes eine kantianische Interpretation des Urzustandes.

[47] Diese Entscheidung würde ein Individuum streng genommen nur unter der Annahme treffen, daß in der zu ordnenden Gesellschaft jedes Mitglied seine elementaren materiellen Bedürfnisse zuverlässig befriedigen kann. Unter der gegenteiligen Annahme würde ein rationales Individuum im Urzustand nach Rawls für die allgemeine Konzeption der Gerechtigkeit votieren.

[48] Tatsächlich wird diese Maxime im Verlauf der *Theorie der Gerechtigkeit* im Sinne des Differenzprinzips (siehe unten) präzisiert.

lichen Primärgüter anwendet. Für bestimmte, von Rawls als zentral
erachtete soziale Primärgüter (Freiheitsrechte, Chancen) wird gemäß der speziellen Konzeption eine strikte Gleichverteilung gefordert. Die Verteilungsmaxime der allgemeinen Konzeption regelt nun
nur noch den Zugang zu den verbleibenden gesellschaftlichen Primärgütern (Machtpositionen, Einkommen, Vermögen). Darüber
hinaus wird diese vage Maxime durch die Angabe einer gesellschaftlichen Gruppe präzisiert, an deren Wohlergehen sich die politische
Gestaltung gerechter Ungleichheiten zu orientieren hat. Die beiden
Prinzipien der speziellen Konzeption lauten im einzelnen wie
folgt:

Prinzip 1

„Jedermann hat gleiches Recht auf das umfangreichste Gesamtsystem
gleicher Grundfreiheiten, das für alle möglich ist *(Prinzip der gleichen Freiheit).*"[49]

Prinzip 2

„Soziale und wirtschaftliche Ungleichheiten sind so zu regeln, daß
sie sowohl (a) den am wenigsten Begünstigten die bestmöglichen
Aussichten bringen *(Differenzprinzip oder Unterschiedsprinzip)* als
auch (b) mit Ämtern und Positionen verbunden sind, die allen gemäß
der fairen Chancengleichheit offen stehen *(Prinzip der fairen Chancengleichheit).*"[50]

Neben diesen beiden Gerechtigkeitsprinzipien enthält die spezielle
Konzeption zwei *Prioritätsregeln*, die den ersten und zweiten Grundsatz sowie die beiden Teile des zweiten Grundsatzes in eine eindeutige Rangordnung bringen. Demnach genießt das Prinzip der gleichen Freiheit gegenüber dem zweiten Grundsatz einen absoluten
Vorrang (‚lexikographische Priorität‘), und innerhalb des zweiten
Prinzips rangiert der Grundsatz der fairen Chancengleichheit mit
lexikographischer Priorität vor dem Differenzprinzip.

---

[49] Rawls (1975), § 46.
[50] Rawls (1975), § 13. Dies ist streng genommen nur eine vorläufige Formulierung des zweiten Gerechtigkeitsgrundsatzes. In seiner endgültigen Fassung enthält dieser Grundsatz neben dem Differenzprinzip und dem Prinzip
der fairen Chancengleichheit noch ein Sparprinzip, das das Problem der
Gerechtigkeit zwischen den Generationen lösen und die Anwendung des
Differenzprinzips beschränken soll. Auf das Problem der gerechten Erspar-
nisse sowie auf Rawls' Lösung dieses Problems können wir hier nicht
eingehen.

> **Rawls' Konzeptionen der Gerechtigkeit**
>
> Die *allgemeine Konzeption* geht von dem Grundsatz einer Gleichverteilung aller gesellschaftlichen Primärgüter aus, weicht von diesem Grundsatz jedoch immer dann ab, wenn eine ungleiche Verteilung eines oder mehrerer dieser Güter allen Gesellschaftsmitgliedern Vorteile bringt.
>
> Die *spezielle Konzeption* besteht aus zwei Prinzipien und zwei Prioritätsregeln:
> Das *erste Prinzip* regelt die Gestaltung der politischen Verfassung. Es räumt jedem Individuum die gleichen Grundrechte ein und fordert, den durch diese Rechte garantierten Spielraum der individuellen Entfaltung so groß wie möglich zu gestalten.
> Das *zweite Prinzip* regelt die Gestaltung der wichtigsten sozialen und ökonomischen Institutionen. Nach diesem Prinzip sind sozio-ökonomische Ungleichheiten nur dann als gerechtfertigt zu betrachten, wenn sie sowohl auf dem Grundsatz der fairen Chancengleichheit beruhen als auch die Position der am schlechtesten gestellten Gesellschaftsmitglieder verbessern (Differenzprinzip).
> Die *Prioritätsregeln* räumen dem ersten Prinzip einen absoluten Vorrang vor dem zweiten Prinzip und dem Grundsatz der fairen Chancengleichheit einen absoluten Vorrang vor dem Differenzprinzip ein.

Mit dem ersten Prinzip beantwortet Rawls die Frage nach der politischen Gerechtigkeit im engeren Sinne. Von einem vollkommen gerechten Gemeinwesen kann nach diesem Prinzip nur dann gesprochen werden, wenn die politische Verfassung allen Individuen die gleichen Grundfreiheiten einräumt und die Grenzen des durch diese Grundfreiheiten eröffneten individuellen Entfaltungsspielraums so weit wie irgend möglich zieht. Zu den Grundfreiheiten, die jedem Mitglied einer wohlgeordneten Gesellschaft verfassungsrechtlich (und selbstverständlich auch im politischen Alltag) zu garantieren sind, zählt Rawls unter anderem die politische Freiheit im engeren Sinne (aktives und passives Wahlrecht); die Rede-, Versammlungs- und Vereinigungsfreiheit; die Freiheit des Gewissens und der Überzeugungen; die Freiheit der Person und das Recht auf persönliches Eigentum; den Schutz vor willkürlicher Verhaftung und die Einhaltung formaler Rechtsstaatsprinzipien. Es sind also im wesentlichen die in den liberalen Demokratien des Westens üblichen Grundrechte, deren Gewährleistung mit dem Prinzip der gleichen Freiheit verlangt wird.

Während die spezielle Konzeption der Gerechtigkeit bei der Gestaltung der politischen Verfassung eine strikte Gleichheit aller Gesellschaftsmitglieder fordert, läßt sie beim Design der fundamentalen sozialen und ökonomischen Institutionen ungleiche Positionen der

Individuen zu, sofern diese Ungleichheiten weder gegen das Prinzip der fairen Chancengleichheit noch gegen das Differenzprinzip verstoßen. Dabei besagt das Prinzip der fairen Chancengleichheit, daß zwei Individuen, die sich sowohl durch die gleichen natürlichen Fähigkeiten als auch durch eine gleiche Bereitschaft auszeichnen, diese Fähigkeiten auszubilden und einzusetzen, die gleiche (statistische) Chance haben sollen, eine soziale (z. B. berufliche) Position zu erreichen, die eben diese Fähigkeiten voraussetzt. Die Chance eines Individuums, in den Genuß einer attraktiven gesellschaftlichen Position (etwa der eines Universitätsprofessors) zu kommen, soll – mit anderen Worten – ausschließlich von den für die Bekleidung dieser Position relevanten Merkmalen eines Individuums (etwa seiner Intelligenz, Kreativität und Disziplin), nicht jedoch von irgendwelchen irrelevanten Eigenschaften (wie seiner Hautfarbe, seinem Geschlecht oder seiner sozialen Herkunft) abhängen.

Mit dem Prinzip der fairen Chancengleichheit geht Rawls weit über die Forderung nach einer formalen Chancengleichheit hinaus, der bereits dann Genüge getan ist, wenn jedes Mitglied einer Gesellschaft die rechtliche Möglichkeit hat, sich um das Erreichen jeder ihm erstrebenswert erscheinenden sozialen Position zu bemühen. Der zwischen den zwei Versionen der Chancengleichheit bestehende Unterschied läßt sich leicht verdeutlichen, wenn wir ein Mädchen aus der Unterschicht betrachten, das genauso intelligent, kreativ, diszipliniert etc. ist wie ein Junge aus der Oberschicht. Formale Chancengleichheit herrscht zwischen den beiden bereits dann, wenn es weder dem Mädchen noch dem Jungen rechtlich verboten ist, die Universitätslaufbahn einzuschlagen. Faire Chancengleichheit besteht demgegenüber erst dann, wenn die Chance, tatsächlich Universitätsprofessor(in) zu werden, für das Unterschichtmädchen genauso groß ist wie für den Oberschichtjungen. Um faire Chancengleichheit herzustellen, müssen über das rechtliche Verbot einer willkürlichen Diskriminierung hinaus offensichtlich zusätzliche institutionelle Vorkehrungen getroffen werden, die dafür sorgen, daß bei der Besetzung attraktiver Ämter und Positionen nur die relevanten individuellen Merkmale den Ausschlag geben. Das Ziel dieser zusätzlichen Vorkehrungen besteht darin, allen Gesellschaftsmitgliedern die gleiche Chance sowohl zur Ausbildung als auch zur Durchsetzung der für das Erreichen einer attraktiven beruflichen Position relevanten Fähigkeiten zu bieten.

Wie weit die politischen Konsequenzen des Postulats der fairen Chancengleichheit reichen, läßt bereits unser kleines Beispiel erahnen. Wir können hier getrost davon ausgehen, daß unter den rechtlichen Bedingungen einer formalen Chancengleichheit die substantielle Chance des Mädchens, seine Fähigkeiten auszubilden und durchzusetzen, deutlich geringer sein wird als die des Jungen, weil den Eltern des Mädchens die für eine adäquate Ausbildung seiner Fähigkeiten erforderlichen finanziellen Mittel fehlen werden und es damit rechnen muß, im Vergleich zu seinem männlichen Konkurrenten durch Schwangerschaften und Kindererziehung viel Zeit zu verlieren. Eine Politik der fairen Chancengleichheit hätte das Mädchen für diese doppelte Benachteiligung zu kompensieren, indem sie ihm die für seine Ausbildung erforderlichen Mittel als staatliche Transferleistung[51] zur Verfügung stellte und durch ein geeignetes Regelwerk dafür sorgte, daß einer Frau im Vergleich zu einem gleich qualifizierten Mann aus Schwangerschaft und Kindererziehung keine beruflichen Nachteile entstehen.

Der originellste Bestandteil der speziellen Konzeption der Gerechtigkeit ist das Differenzprinzip, mit dem Rawls die Verteilungsmaxime der allgemeinen Konzeption präzisiert. Das Differenzprinzip läßt bei der Verteilung sozialer und ökonomischer Vorteile (Macht, Autorität, Einkommen, Vermögen) nur solche Ungleichheiten zu, die die Position der am schlechtesten gestellten Gesellschaftsmitglieder verbessern. Eine ungleiche Verteilung dieser Güter ist demnach immer dann als gerecht zu betrachten, wenn die (durch eine Beschneidung der Vorteile der besser gestellten Gesellschaftsmitglieder erzeugte) Reduzierung der Ungleichheit eine geringere Primärgüterausstattung der am schlechtesten gestellten Individuen nach sich zöge. Dieser Verteilungsmaxime liegt die Vorstellung zugrunde, daß sich – ausgehend von einem hypothetischen Zustand der Gleichverteilung – die Position jedes Individuums verbessern läßt, wenn man den begabteren Gesellschaftsmitgliedern die Erzielung zusätzlicher Vorteile erlaubt, diese aber an gleichzeitige (wenn auch geringere) Vorteile für alle übrigen (und insbesondere die am wenigsten begabten) Individuen bindet.[52] Die mit dem Differenzprinzip verbundene Rechtfertigung sozialer und ökonomischer Ungleichheit setzt ausschließlich an der Position der am meisten benachteiligten Gesellschaftsmitglieder an. Eine vollkommen gerechte Güterverteilung ist nach diesem Grundsatz nämlich genau dann erreicht, wenn sich die (in der individuellen Ausstattung mit sozialen Primärgütern zum Ausdruck kommende) ‚Wohlfahrt‘ der am schlechtesten Gestellten durch keine Veränderung des Wohlergehens besser postierter Indi-

---

[51] Rawls plädiert dafür, diese bildungspolitisch motivierten Transferleistungen mit einer progressiven Vermögensteuer zu finanzieren.

[52] Solange man das Differenzprinzip nur auf die Verteilung des Einkommens bezieht, läßt sich diese Vorstellung mit den von Ökonomen üblicherweise unterstellten Anreizeffekten der Besteuerung untermauern.

viduen mehr steigern läßt. Das Differenzprinzip gebietet also die strikte Maximierung der ‚Wohlfahrt' der am schlechtesten gestellten Gesellschaftsmitglieder.

Mit diesem Prinzip distanziert sich Rawls vom Pareto-Kriterium, das von den meisten Ökonomen als adäquater Grundsatz des allgemeinen Vorteils betrachtet wird. Nach dem Pareto-Kriterium ist ein gesellschaftlicher Zustand x genau dann als optimal zu betrachten, wenn es keinen alternativen Zustand y gibt, in dem mindestens ein Individuum besser und kein Individuum schlechter gestellt wäre als im Zustand x. Der zwischen dem Differenzprinzip und dem Pareto-Kriterium bestehende Unterschied läßt sich rasch demonstrieren, wenn wir uns auf das Problem der Einkommensverteilung in einer Zwei-Personen-Gesellschaft beschränken und annehmen, daß sich die Menge der realisierbaren Verteilungszustände auf die drei folgenden Alternativen beschränkt:[53] x = (100, 0), y = (50, 50) und z = (0, 100). Während das Pareto-Kriterium alle drei Alternativen als optimal ausweist, wählt das Differenzprinzip eindeutig die Alternative y als gerechte Verteilung aus.

Man sollte sich hüten, aus diesem simplen Beispiel allzu weitreichende Schlüsse zu ziehen. Es zeigt nämlich lediglich, daß das Differenzprinzip im Gegensatz zum Pareto-Kriterium tendenziell zu einer egalitären Lösung von Verteilungskonflikten führt, nicht jedoch, wie stark diese egalitäre Tendenz in jedem Einzelfall ausgeprägt ist. Eine kleine Modifikation unseres Beispiels genügt, um zu zeigen, daß die Stärke dieser Tendenz von der Menge der realisierbaren Einkommensverteilungen abhängt. Sobald wir annehmen, daß über x, y und z hinaus auch der Verteilungszustand v = (90, 60) zur Disposition steht, wählt das Differenzprinzip nicht mehr die strikt egalitäre Alternative y, sondern die moderat inegalitäre Alternative v als gerechte Verteilung aus.[54] Stünde neben x, y, z und v noch eine fünfte Alternative w = (1000, 100) zur Debatte, so würde das Differenzprinzip eben diese Alternative – und damit eine erheblich ungleiche Verteilung – favorisieren.[55]

---

[53] Dabei gibt die erste bzw. zweite Zahl in den Klammern jeweils das Einkommen des ersten bzw. zweiten Individuums an. Unser Beispiel ignoriert im übrigen die wichtige Tatsache, daß das Differenzprinzip – im Gegensatz zum Pareto-Kriterium – nicht an der Position einzelner Individuen, sondern an der Position eines für die Gruppe der am schlechtesten gestellten Gesellschaftsmitglieder repräsentativen Individuums ansetzt.

[54] Das Pareto-Kriterium weist unter diesen Umständen die Alternativen x, v und z als optimal aus.

[55] In diesem Fall führte das Pareto-Kriterium zum gleichen Ergebnis wie das Differenzprinzip.

Im Zuge der breiten Diskussion, die das Differenzprinzip entfacht hat, ist häufig in Vergessenheit geraten, daß Rawls die Anwendung dieses Prinzips ausdrücklich durch zwei Prioritätsregeln entschärft hat. Die Funktion dieser Regeln besteht darin, einen möglichen Konflikt zweier Prinzipien eindeutig entscheidbar zu machen, mithin eine rein intuitive Abwägung zwischen widerstreitenden Grundsätzen zu verhindern. Wenn Rawls in diesem Zusammenhang von einer lexikographischen Priorität spricht, so meint er damit, daß ein nachgeordnetes Prinzip erst dann zur Geltung kommt, wenn alle vorrangigen Grundsätze vollends erfüllt sind. Das Differenzprinzip darf demnach erst dann angewendet werden, wenn jedem Mitglied der Gesellschaft ein möglichst umfangreiches System gleicher Grundfreiheiten gewährleistet und den Erfordernissen der fairen Chancengleichheit Rechnung getragen wurde.

Da Rawls dem Prinzip der gleichen Freiheit bei der Gestaltung der fundamentalen gesellschaftlichen Institutionen einen absoluten Vorrang einräumt, darf seine spezielle Konzeption der Gerechtigkeit als liberal gelten, obwohl er selbst sie mit dem Etikett ,demokratische Gleichheit' versieht. Von anderen liberalen Konzeptionen einer gerechten Ordnung[56] unterscheidet sich die Rawlssche Konzeption dadurch, daß sie mit dem Prinzip der fairen Chancengleichheit und mit dem Differenzprinzip auf ein fundamentales moralisches Problem reagiert, das von den meisten liberalen Theoretikern entweder überhaupt nicht oder zumindest in einem weitaus geringeren Umfang als (politisch zu bearbeitendes) Problem gesehen wird. Dieses Problem besteht darin, daß der Lebenserfolg eines Menschen in erheblichem Maße von natürlichen und sozialen Faktoren abhängt, die als zufällig (oder ,kontingent') zu betrachten sind, weil jeder Mensch sie von seiner Geburt an schlicht vorfindet, ohne sie selbst beeinflussen zu können. Zu diesen kontingenten Faktoren zählt Rawls zum einen das Geschlecht, die Hautfarbe, die natürlichen Begabungen etc. eines Menschen (,natürliche Kontingenzen') und zum anderen die Einkommens- bzw. Vermögenssituation seiner Eltern, ihren sozialen Status, ihren Erziehungsstil etc. (,soziale Kontingenzen'). Nun wird wohl niemand ernsthaft behaupten wollen, er habe die konkreten Ausprägungen verdient, die diese natürlichen und sozialen Kontingenzen in seinem persönlichen Fall annehmen. Wenn das so ist, wenn also kein Individuum seine Begabungen oder sein Elternhaus verdient hat, dann ist es – so die fundamentale moralische Prämisse der *Theorie der Gerechtigkeit* – nur konsequent,

---

[56] Rawls diskutiert neben seiner Konzeption der demokratischen Gleichheit zwei liberale Konzeptionen einer gerechten gesellschaftlichen Ordnung, die er mit den Etiketten ,natürliche Freiheit' und ,liberale Gleichheit' versieht.

durch eine geeignete Gestaltung der wichtigsten gesellschaftlichen Institutionen dafür zu sorgen, daß die Ungleichheiten der natürlichen und sozialen Grundausstattungen in ihren Auswirkungen neutralisiert oder – wo dies nicht möglich ist – zumindest so weit wie möglich gemildert werden.

Diesem Ziel dient ganz offensichtlich das Prinzip der fairen Chancengleichheit, das den Einfluß eliminieren soll, den wichtige natürliche (Hautfarbe, Geschlecht) und soziale Kontingenzen (Vermögenssituation, Sozialstatus) auf den Lebenserfolg eines Individuums ausüben. Auf nicht ganz so offensichtliche Weise dient das Differenzprinzip dem gleichen Ziel. Da Rawls keine Möglichkeit sieht, die sozialen und ökonomischen Konsequenzen unterschiedlicher natürlicher Begabungen zu neutralisieren, ohne den von der Natur Begünstigten jeden Anreiz zu nehmen, ihre besonderen Begabungen tatsächlich einzusetzen, plädiert er mit dem Differenzprinzip für einen Verteilungsgrundsatz, der den Einfluß der unterschiedlichen Talente auf die Lebenschancen zwar nicht beseitigt, wohl aber abschwächt. Dieser Grundsatz beruht auf der moralischen Idee, daß die natürliche Verteilung der individuellen Fähigkeiten ein gemeinsames Vermögen aller Gesellschaftsmitglieder darstellt, von dessen Erträgen auch alle Individuen – und insbesondere die von der Natur am wenigsten Begünstigten – profitieren sollen.

4.4 Rechtfertigung der Prinzipien

Um die Prinzipien und Prioritätsregeln der speziellen Konzeption moralisch zu rechtfertigen, argumentiert Rawls auf zwei verschiedenen theoretischen Ebenen. Auf der ersten Ebene versucht er seine Behauptung zu begründen, daß sich ein rationales Individuum im Urzustand für eben diese Konzeption der Gerechtigkeit entscheiden würde. Auf der zweiten Ebene geht es ihm darum zu zeigen, daß seine Beschreibung des Urzustandes einen adäquaten Ausgangspunkt für die Rechtfertigung von Gerechtigkeitsprinzipien darstellt. Während das auf der ersten Ebene geführte Argument die Prämissen des Urzustandes also schlicht voraussetzt, werden diese Prämissen auf der zweiten Argumentationsebene selbst begründet. Die *Theorie der Gerechtigkeit* hat nicht zuletzt deshalb ein so großes Aufsehen erregt, weil Rawls auf beiden Rechtfertigungsebenen mit höchst originellen Argumenten aufwartet. Wie reichhaltig diese Argumente sind, kann im folgenden allerdings bestenfalls angedeutet werden.

Beginnen wir mit der zweiten, grundlegenderen theoretischen Ebene. Hier führt Rawls die allgemeine methodologische Konzeption des ‚Überlegungsgleichgewichts' *(reflective equilibrium)* ein, um seine spezielle Beschreibung des Urzustandes zu untermauern. Diese Konzeption geht von der fundamentalen Annahme aus, daß jeder Versuch, ein moralisches Prinzip (also etwa ein Gerechtigkeitsprinzip) zu rechtfertigen, an den moralischen Urteilen (also etwa den Gerechtigkeitsurteilen) anzusetzen hat, die ein Individuum tatsächlich vertritt. Nicht alle moralischen Urteile, die ein Individuum tatsächlich äußert bzw. akzeptiert, taugen indes für die Rechtfertigung moralischer Prinzipien. So wird man ein moralisches Prinzip weder auf unbeständige noch auf parteiische Urteile stützen wollen (weil jedes moralische Prinzip von Dauer sein und einer unparteiischen Perspektive entspringen sollte). Aus der Menge der moralischen Alltagsurteile eines Individuums gilt es daher in einem ersten Schritt alle Urteile auszuschließen, die es nur zögernd oder in Aufregung fällt, in die es nur geringes Vertrauen hat etc., sowie alle Urteile über Sachverhalte, die seine Interessen in besonderer Weise berühren. Das Ergebnis dieses Filterungsprozesses ist eine Menge von moralischen Urteilen, die Rawls als ‚wohlüberlegt‘ bezeichnet. Nur diese wohlüberlegten moralischen Urteile dürfen berücksichtigt werden, wenn es darum geht, moralische Prinzipien zu rechtfertigen.

Die wohlüberlegten Urteile eines Individuums werden sich in der Regel auf unterschiedlichen Abstraktionsebenen bewegen. So sind wohlüberlegte Urteile, in denen die moralische Bewertung konkreter Sachverhalte zum Ausdruck kommt (Beispiel: „die Institution der Sklaverei verstößt gegen die Menschenwürde“) von wohlüberlegten Urteilen zu unterscheiden, die sich in abstrakter Weise auf die wünschenswerten Eigenschaften von moralischen Prinzipien richten (Beispiel: „jedes Gerechtigkeitsprinzip sollte einem Rationalitätstest genügen“). Beiden Typen von wohlüberlegten Urteilen kommt nach Rawls eine erhebliche Bedeutung zu, wenn es darum geht, ein moralisches Prinzip zu rechtfertigen. Die konkreten Urteile eines Individuums spielen dabei die Rolle empirischer moralischer Daten, mit denen das zu rechtfertigende Prinzip im Einzelfall übereinstimmen sollte. Demgegenüber haben die abstrakten Urteile eines Individuums die Funktion, die philosophischen Argumente zu liefern, die für ein bestimmtes moralisches Prinzip sprechen. Ein moralisches Prinzip kann daher grundsätzlich nur dann als gerechtfertigt betrachtet werden, wenn es sowohl mit den konkreten als auch mit den abstrakten wohlüberlegten Urteilen eines Individuums übereinstimmt.

Nun muß man davon ausgehen, daß die wohlüberlegten moralischen Urteile eines Individuums kein kohärentes System bilden, weil ein konkretes (bzw. abstraktes) Urteil einem anderen konkreten (bzw. abstrakten) Urteil widerspricht oder weil sich die konkreten (bzw. abstrakten) Urteile zwar untereinander, nicht aber mit allen abstrakten (bzw. konkreten) Urteilen vereinbaren lassen. Um dieses Problem zu beseitigen, müssen die wohlüberlegten moralischen Urteile in einem zweiten Schritt selbst einer kritischen Prüfung unterzogen werden. Das von Rawls zu diesem Zweck vorgeschlagene Verfahren ist ein umfassender Reflexionsprozeß, in dessen Verlauf die jeweils für oder gegen ein bestimmtes moralisches Prinzip sprechenden abstrakten und konkreten wohlüberlegten Urteile gegeneinander abgewogen und als Ergebnis dieser Abwägung bestätigt, modifiziert oder verworfen werden. Am Ende dieses komplizierten Abwägungsprozesses steht im Idealfall ein Überlegungsgleichgewicht. Dieses Gleichgewicht ist als ein mentaler Zustand definiert, in dem ein moralisches Prinzip sowohl mit allen abstrakten als auch mit allen konkreten wohlüberlegten Urteilen eines Individuums übereinstimmt. Ist dieser Zustand erreicht, so gilt das in ihm vertretene moralische Prinzip als gerechtfertigt, weil es zum einen den von einem Individuum nach Abwägung aller Alternativen letztlich akzeptierten philosophischen Argumenten entspricht und zum anderen die im Verlauf des Reflexionsprozesses überdachten (und eventuell korrigierten) moralischen Einzelurteile auf einen gemeinsamen Nenner bringt.

Ein naheliegender Einwand gegen die Konzeption des Überlegungsgleichgewichts besteht darin, daß sie eine universelle Rechtfertigung von moralischen Prinzipien in der Praxis erschwert oder gar unmöglich macht. Zwei Individuen i und j werden sich nach dieser Konzeption nur dann darauf einigen können, ein moralisches Prinzip p als gerechtfertigt zu betrachten, wenn p sowohl im Überlegungsgleichgewicht von i als auch im Überlegungsgleichgewicht von j enthalten ist. Wie soll es angesichts der hohen Anforderungen, die Rawls an den diesem Gleichgewicht zugrunde liegenden Reflexionsprozeß stellt, gelingen, eine Konzeption der Gerechtigkeit für alle (oder doch zumindest möglichst viele) Mitglieder der Gesellschaft zu rechtfertigen? Rawls beantwortet diese Frage mit der Konstruktion des Urzustandes. Diese Konstruktion dient nämlich dem Ziel, allen Individuen ein identisches Überlegungsgleichgewicht anzubieten, ohne irgendein Individuum dazu zu zwingen, den erforderlichen Reflexionsprozeß selbst zu durchlaufen. Um dieses Ziel zu erreichen, muß Rawls allerdings zu zwei starken Behauptungen greifen: (1) Die Bedingungen des Urzustandes geben die abstrakten Gerechtigkeitsurteile wieder, die ein beliebiger Zeitgenosse entweder tatsächlich vertritt oder nach reiflicher Überlegung vertreten würde; (2) die Prämissen des Urzustandes erzeugen eine eindeutig bestimmte Konzeption der Gerechtigkeit, deren Prinzipien mit den

konkreten Gerechtigkeitsurteilen eines beliebigen Zeitgenossen entweder tatsächlich übereinstimmen oder nach reiflicher Überlegung
übereinstimmen würden. Wir müssen hier darauf verzichten, diese
beiden Behauptungen auf ihre Plausibilität zu untersuchen. Wie ein
Heer von Rawls-Kritikern gezeigt hat, ist jedoch allenfalls die These
(1), keinesfalls aber die These (2) zu halten.

Die These (2) setzt voraus, daß das mit den Prämissen des Urzustandes beschriebene Entscheidungsproblem eine eindeutige Lösung
hat. Mit dieser Voraussetzung sind wir bei der ersten theoretischen
Ebene angelangt. Auf dieser Ebene bietet Rawls eine Fülle von Argumenten an, um zu zeigen, daß sich ein rationales Individuum im
Urzustand für die spezielle Konzeption der Gerechtigkeit entscheiden würde. Das bei weitem bekannteste (und mit Abstand am häufigsten kritisierte) dieser Argumente greift auf das Maximin-Kriterium
zurück, das in der Theorie der rationalen individuellen Entscheidung
bei Ungewißheit eine prominente Rolle spielt. Die Anwendung
dieses Kriteriums setzt eine Situation voraus, in der ein Individuum
aus einer Menge von Handlungsalternativen, deren Konsequenzen
insofern ungewiß sind, als sich für ihr Eintreten keine Wahrschein-
lichkeiten angeben lassen, eine Auswahl zu treffen hat. Die Maximin-
Regel besagt, daß sich ein Individuum in einer solchen Situation für
diejenige Alternative entscheiden sollte, deren schlechtestes mög-
liches Ergebnis besser ist als das schlechteste mögliche Ergebnis
jeder anderen Alternative. Ein Individuum, das dieser Regel folgt,
stützt seine Entscheidung ausschließlich auf die Konsequenzen, die
die zur Wahl stehenden Optionen unter den denkbar ungünstigsten
Umständen haben können, ignoriert also alle unter günstigeren
Umständen möglichen Handlungsergebnisse. In der Entscheidungs-
theorie hat sich daher die Auffassung durchgesetzt, daß die Anwendung des Maximin-Kriteriums nicht in jedem Fall, sondern nur dann
als rational zu betrachten ist, wenn sich das betrachtete Individuum
durch eine extreme Risikoscheu auszeichnet.

Nun kann kein Zweifel daran bestehen, daß zwischen dem Maximin-Kriterium und dem Differenzprinzip eine enge analytische Beziehung besteht. Im Urzustand ist jedes Individuum mit dem Problem
konfrontiert, eine bestimmte Konzeption der sozialen Gerechtigkeit
auszuwählen, ohne zu wissen, welche spezifischen Konsequenzen
jede der zur Wahl stehenden Konzeptionen für sein künftiges Leben
in der Gesellschaft haben würde. Eine Möglichkeit, mit dieser Ungewißheit umzugehen, besteht ganz offensichtlich darin, die Maxi-
min-Regel anzuwenden und die zur Wahl stehenden Prinzipien der
Gerechtigkeit ausschließlich auf die Frage zu untersuchen, welche
Resultate sie unter den denkbar ungünstigsten Umständen jeweils

erzeugen würden. Da die denkbar ungünstigsten Umstände aus der Sicht eines unter dem Schleier des Nichtwissens räsonierenden Individuums darin bestehen, sich im realen Leben als eines der am schlechtesten gestellten Gesellschaftsmitglieder wiederzufinden, wird sich ein Individuum, das dem Maximin-Kriterium folgt, im Urzustand für das Differenzprinzip entscheiden, also dafür sorgen, daß die denkbar ungünstigsten Umstände so günstig wie möglich gestaltet werden. Ein solches Maximin-Kalkül wäre allerdings nur dann als rational zu betrachten, wenn die Bedingungen des Urzustandes einem Individuum keine andere Wahl ließen, als sich äußerst risikoscheu zu verhalten. Um das Differenzprinzip aus einem rationalen Maximin-Kalkül herleiten zu können, müßte Rawls also nachweisen, daß die Prämissen des Urzustandes eine extreme Risikoaversion erzeugen. Dieser Nachweis indes läßt sich – wie eine unübersehbare Zahl von Kritikern gezeigt hat – schlechterdings nicht führen, weil weder die Informations- noch die Motivationsprämissen des Urzustandes eine Vorkehrung enthalten, die die Risikoneigung eines Individuums zu beschränken geeignet wäre.

Angesichts dieses Einwands kann es nicht überraschen, daß sich Rawls im Zuge seiner Maximin-Argumentation keineswegs allein auf die Behauptung verläßt, die Bedingungen des Urzustandes implizierten eine extreme Risikoaversion, sondern darüber hinaus eine zweite, von der ersten Behauptung unabhängige These ins Spiel bringt. Diese zweite These besagt, daß es unter den Prämissen des Urzustandes für ein Individuum in jedem Fall – d. h. völlig unabhängig von seiner tatsächlichen Risikoneigung – rational sei, sich so zu entscheiden, als ob es äußerst risikoscheu wäre. Im Gegensatz zur ersten Version versucht Rawls mit dieser zweiten Version des Maximin-Arguments nicht nur das Differenzprinzip, sondern die gesamte spezielle Konzeption der Gerechtigkeit aus dem Urzustand herzuleiten. Leider ist das Argument, mit dem Rawls die Prinzipien und Prioritätsregeln der speziellen Konzeption als Produkt eines rationalen Maximin-Kalküls zu begründen versucht, so kompliziert, daß der uns zur Verfügung stehende Platz nicht ausreicht, um es angemessen präsentieren und bewerten zu können. Wir müssen uns daher mit der Feststellung begnügen, daß die zweite Version des Rawlsschen Maximin-Arguments in der Literatur ebenso vernichtend kritisiert worden ist wie seine erste Version.

4.5 Bedeutung der Rawlsschen Theorie

John Rawls' *Theorie der Gerechtigkeit* hat eine Vielzahl von Anhängern und – wie eben angedeutet – eine noch größere Zahl von

Kritikern gefunden. Trotz ihrer zum Teil massiven Einwände stimmen die allermeisten Rawls-Kritiker mit den Rawls-Anhängern darin überein, daß es sich bei der *Theorie der Gerechtigkeit* um ein sozialphilosophisches Werk von epochaler Bedeutung handelt. Wie läßt sich diese enorme Wertschätzung der Rawlsschen Theorie begründen?

In der Literatur wird diese Frage in erster Linie mit dem Hinweis auf die Revolution beantwortet, die Rawls' Hauptwerk in der modernen politischen Philosophie bewirkt hat. Vor dem Erscheinen der *Theorie der Gerechtigkeit* war – so ist oft zu lesen – die politische Philosophie eine tote Disziplin, weil es Mitte des 20. Jahrhunderts unter Philosophen als anrüchig galt, sich mit der klassischen Frage nach einer idealen politischen Ordnung zu beschäftigen. Diese klassische Frage mit dem groß angelegten Entwurf einer gerechten Gesellschaft wieder aufgegriffen und auf diese Weise die politische Philosophie als Disziplin wieder zum Leben erweckt zu haben, gilt als das größte Verdienst der Rawlsschen Theorie. Eine Wiederbelebung der politischen Philosophie konnte Rawls vor allem deshalb gelingen, weil er die Rechtfertigung einer gerechten gesellschaftlichen Ordnung auf eine moderne Version der klassischen Idee des Gesellschaftsvertrags zu stützen versuchte. Dieser Versuch erwies sich trotz aller Kritik an den Details des Rawlsschen Arguments als derart attraktiv, daß er eine ganze Reihe von Philosophen dazu bewog, ihrerseits eine vertragstheoretische Rechtfertigung politischer Institutionen zu präsentieren. Auf diese Weise hat die *Theorie der Gerechtigkeit* die politische Philosophie des Gesellschaftsvertrags zu einer neuen, unverhofften Blüte geführt.

Neben der Revitalisierung der politischen Philosophie im allgemeinen und der Theorien des Gesellschaftsvertrags im besonderen sind es die vielen originellen Elemente der *Theorie der Gerechtigkeit*, die ihre überragende Bedeutung begründen. Zu den bahnbrechenden Neuerungen der Rawlsschen Theorie, die aus der modernen politischen Philosophie nicht mehr wegzudenken sind, zählen in erster Linie die Konstruktion des Urzustandes, die das Problem der Rechtfertigung von Gerechtigkeitsprinzipien auf ein Problem der rationalen individuellen Entscheidung bei Ungewißheit reduziert, und das Differenzprinzip, das sich bei der Gestaltung einer gerechten Einkommens- und Vermögensverteilung ausschließlich an der Position der am schlechtesten gestellten Gesellschaftsmitglieder orientiert. Daneben haben sich auch andere Innovationen der Rawlsschen Theorie als äußerst fruchtbar erwiesen. Hier sind vor allem die Konzeption des Überlegungsgleichgewichts, die ein moralisches Prinzip mit einem kohärenten System von wohlüberlegten moralischen Urteilen zu untermauern versucht, und die Idee zu nennen, möglichen Konflikten zwischen moralischen Prinzipien mit lexikographischen Vorrangregeln zu begegnen. Für eine breite philosophische Diskussion hat darüber hinaus das Konzept der gesellschaftlichen Primärgüter gesorgt, das für die *Theorie der Gerechtigkeit* unter anderem deshalb von großer Bedeutung ist, weil es das Wohlergehen eines Individuums nicht – wie das Nutzenkonzept der von Rawls bekämpften Utilitaristen – am subjektiven Ausmaß, sondern an den objektiven Grundlagen seiner Bedürfnisbefriedigung bemißt.

Auch wenn man Rawls' Theorie nicht an der politischen Philosophie des 20. Jahrhunderts, sondern an ihren bedeutendsten historischen Vorgängern – den Theorien Platons, Aristoteles' und Humes – mißt, sind ihre Meriten zu erkennen: Wie Platon hat Rawls eine vollständige Theorie der Gerechtigkeit vorgelegt, die den Begriff der Gerechtigkeit zu klären, eine Konzeption der Gerechtigkeit zu formulieren und diese Konzeption moralisch zu rechtfertigen sowie als realisierbar zu erweisen unternimmt. Während Platon der Beifall der breiten Masse für seine Konzeption eines gerechten Staates (bzw. Menschen) jedoch vermutlich suspekt erschienen wäre, geht es Rawls gerade darum, seiner Konzeption einer gerechten gesellschaftlichen Ordnung die Zustimmung möglichst aller Bürger zu sichern. Wie Aristoteles ist Rawls der Überzeugung, daß ein Philosoph an den in der Bevölkerung tatsächlich vorhandenen Gerechtigkeitsurteilen ansetzen muß, wenn es ihm darum geht, eine Theorie der Gerechtigkeit zu entwickeln. Während Aristoteles jedoch über weite Strecken in einer begrifflichen Untersuchung stecken bleibt, nutzt Rawls den Begriff der distributiven Gerechtigkeit, um eine komplexe Theorie zu entwickeln. Wie Hume kommt Rawls schließlich zu dem Ergebnis, daß nur eine freiheitliche Ordnung der Gesellschaft als gerecht bewertet werden kann. Während Hume jedoch die Garantie von liberalen Grundrechten (wie Privateigentum und Vertragsfreiheit) als hinreichende Bedingung einer gerechten gesellschaftlichen Ordnung betrachtet, sieht Rawls in dieser Garantie nur eine notwendige Bedingung, die um weitreichende (vor allem faire Chancengleichheit und eine gerechte Einkommens- und Vermögensverteilung sichernde) soziale Vorkehrungen zu ergänzen ist, wenn ein gerechtes Zusammenleben aller Bürger gewährleistet werden soll.

Literatur

Primärtexte

Aristoteles: *Nikomachische Ethik*, übers. und kommentiert von F. Dirlmeier. 10. Aufl., Berlin 1999.
Aristoteles: *Die Nikomachische Ethik*, übers. von O. Gigon, hrsg. von M. Fuhrmann. München 1991.
Aristoteles: *Politik*, übers. von E. Schütrumpf, erläutert von E. Schütrumpf und H.-J. Gehrke. 4 Bde., Berlin 1991, 1996 und 2005.
Aristoteles: *Politik*, übers. und hrsg. von O. Gigon. 8. Aufl., München 1998.
Hume, David: *A Treatise of Human Nature* (1739/40), hrsg. von L. A. Selby-Bigge und P. H. Nidditch. 2. Aufl., Oxford 1978.
Hume, David: *Ein Traktat über die menschliche Natur*, übers. von T. Lipps, hrsg. von R. Brandt. 2 Bde. Hamburg 1978.
Hume, David: *An Enquiry concerning the Principles of Morals* (1751), hrsg. von T. L. Beauchamp. Kritische Ausgabe, Oxford 1998.
Hume, David: *Eine Untersuchung über die Prinzipien der Moral*, übers. und hrsg. von G. Streminger. 3. Aufl., Stuttgart 2002.
Platon: *Politeia – Der Staat*, griechischer Text von É. Chambry, deutsche Übers. von F. Schleiermacher, bearbeitet von D. Kurz. 2. Aufl., Darmstadt 1990.
Platon: *Der Staat*, übers. von R. Rufener, hrsg. von M. Fuhrmann. München 1998.
Rawls, John: *A Theory of Justice*. Cambridge/Mass. 1971.
Rawls, John: *Eine Theorie der Gerechtigkeit*, übers. von H. Vetter. Frankfurt/M. 1975.
Rawls, John: *A Theory of Justice. Revidierte Ausgabe*, Cambridge/Mass. 1999.

Sekundärliteratur

Annas, Julia: *An Introduction to Plato's Republic*. Oxford 1981.
Daniels, Norman (Hrsg.): *Reading Rawls*. Oxford 1975.
Harrison, Jonathan: *Hume's Theory of Justice*. Oxford 1981.
Höffe, Otfried (Hrsg.): *Über John Rawls' Theorie der Gerechtigkeit*. Frankfurt/M. 1977.
Höffe, Otfried (Hrsg.): *Aristoteles, Die Nikomachische Ethik*. 2. Aufl., Berlin 2006.
Höffe, Otfried (Hrsg.): *Platon, Politeia*. 2. Aufl. Berlin 2005.
Kersting, Wolfgang: *Platons ,Staat'*. Darmstadt 1999.
Keyt, David und Fred D. Miller, Jr. (Hrsg.): *A Companion to Aristotle's ,Politics'*. Oxford 1991.
Koller, Peter: *Neue Theorien des Sozialkontrakts*. Berlin 1987.
Mackie, J. L.: *Hume's Moral Theory*. London 1980.
Pappas, Nickolas: *Plato and the Republic*. 2. Aufl., London 2003.
Salomon, Max: *Der Begriff der Gerechtigkeit bei Aristoteles*. Leiden 1937.
Schmidt, Johannes: *Gerechtigkeit, Wohlfahrt und Rationalität*. Freiburg 1991.
Snare, Francis: *Morals, Motivation and Convention*. Cambridge 1991.
Whelan, Frederick G.: *Order and Artifice in Hume's Political Philosophy*. Princeton 1985.
Wolf, Ursula: *Aristoteles' ,Nikomachische Ethik'*. Darmstadt 2002.

VI. Demokratie und politische Legitimität

(Michael Becker)

Genauso wie die Gerechtigkeit gehört die Demokratie zu den von Anfang an in der politischen Philosophie behandelten Themen. Sie wird bei den klassischen Philosophen und Historikern im Rahmen ihrer Verfassungsklassifikationen in einem Atemzug mit der Monarchie, der Aristokratie, der Oligarchie und der Tyrannis genannt. Und die Demokratie ist (zusammen mit den Qualifikationen ‚rechtsstaatlich‘ und ‚liberal‘) in der Gegenwart das unangefochtene Modell legitimer politischer Herrschaft. Allerdings ist einschränkend hinzuzufügen, daß Demokratie, als Herrschaft des Volkes verstanden, nicht immer geschätzt, fast kann man sagen: die längste Zeit gering geschätzt wurde. Man kann die im Lauf der Zeit wechselnde Wertschätzung an der ambivalenten Bedeutung des Wortes *Volk*, der ersten Komponente des Doppelwortes Demo-kratie, ablesen. Im altertümlichen Griechenland wurde mit dem ‚Demos‘ anfänglich auch abwertend der zahlenmäßig stärkste Teil der Einwohnerschaft der antiken Stadtstaaten, der ‚Pöbel‘, bezeichnet; in der politischen Moderne ist mit dem Volk, als dem (neben Klerus und Adel) ehemals dritten Stand, nicht immer die gesamte politisch aktive Einwohnerschaft eines Flächenstaates gemeint, sondern ebenfalls die ungehobelte Menge oder einfach nur die ‚Masse‘. Erst im Zeitalter der bürgerlichen Revolutionen bzw. der Gründung der ersten Verfassungsstaaten hat sich die uns heute geläufige, positive Bedeutung von Demokratie nach und nach verbreitet. Die amerikanische Verfassung aus dem Jahr 1787, um ein markantes Beispiel vom Beginn des demokratischen Zeitalters anzuführen, beginnt mit den Worten „We the people" und drückt so das Selbstbewußtsein des politischen Bürgertums aus. Und auch das Grundgesetz der Bundesrepublik weiß sich dem Prinzip verpflichtet, daß „alle Staatsgewalt vom Volke aus(geht)".

Der Begriff der *Herrschaft*, die zweite Komponente der Demokratie, besitzt ebenfalls unterschiedliche Bedeutungen. Er wird in den Sozialwissenschaften meistens als „Chance" aufgefaßt, „für einen Befehl bestimmten Inhalts bei angebbaren Personen Gehorsam zu finden" – wie es bei Max Weber heißt. ‚Herrschaft‘ wird hier eingeengt auf ‚Regierung‘, auf Umsetzung von Anordnungen im Sinne der Exekutiv- oder Verwaltungsakte. Herrschen meinte ursprünglich jedoch auch mehr als Administration einerseits und Untertan-Sein andererseits. Volksherrschaft bezog sich auf die politische Aktivität aller Bürger. In einer Demokratie ist das Volk als Gesamtheit der Bürger auch der Urheber der Gesetze, denen Folge zu leisten ist. Und nicht nur das: Das Volk begründet auch noch, zumindest in der politischen Moderne, die gesamte staatliche Ordnung, es ist Verfassungsgesetzgeber.

Eine grundsätzliche Wandlung gegenüber früheren Auffassungen hat schließlich auch der Begriff der *Legitimität* – verstanden als Anerkennungswürdigkeit einer politischen Ordnung – erfahren. Früher betrachtete man die Legitimität einer Ordnung häufig, Platon ist ein gutes Beispiel für diese Position, dann als gegeben, wenn ein Staat oder die staatliche Herrschaft mit einer ‚natürlichen‘ oder gottgegebenen (und dann vom Philosophen zu erkennenden) Ordnung übereinstimmte oder ihr zumindest nahekam. Mit dem Beginn der Neuzeit trat ein fundamentaler Wandel ein: Vor dem Hintergrund eines allmählich zerfallenden traditionellen Weltbildes und der Herausbildung einer neuen, vom Individuum ausgehenden Weltsicht war es unumgänglich geworden, das Phänomen der Herrschaft zu legitimieren. Und zwar nicht durch irgend jemanden, sondern durch alle, also durch das Volk. ‚Herrschaft‘ ist, so lautete übereinstimmend die Auskunft der großen Vertragstheoretiker, nur noch unter der Bedingung legitim, daß alle ihr Unterworfenen prinzipiell zustimmen können.[1]

Mit ‚Demokratie‘ lassen sich mindestens die folgenden drei Auffassungen in Verbindung bringen:

- ‚Demokratie‘ verkörpert erstens, in der Antike, eine bestimmte ‚Verfassung‘ eines Gemeinwesens. Damit sind zum einen die spezifischen Institutionen und Verfahren gemeint, zum anderen aber auch der ‚Geist‘ oder die politische Kultur, die in einem derart verfaßten Staat anzutreffen sind. Demokratie steht hier für eine umfassende politische Lebensform.

- Zweitens wird unter ‚Demokratie‘, namentlich bei Rousseau, eine bestimmte „Regierungsform“ verstanden. Rousseau hatte das Volk als einzig legitimen Urheber der öffentlich geltenden Gesetze betrachtet und die Legislativkompetenz des Volkes im weiten, also die Verfassungs- und die einfache Gesetzgebung umfassenden Sinne, als „Souveränität“ bezeichnet. Natürlich ‚herrscht‘ das Volk auch, indem es Gesetze schafft, aber ‚Demokratie‘ wird bei Rousseau ausschließlich mit dem Regieren, also Ausführen dieser Gesetze in Verbindung gebracht.

---

[1] Vgl. Kap. II.

- Drittens fordern die zeitgenössischen ‚deliberativen‘ resp. ‚diskursiven‘ Demokratietheorien, daß die Gesetze, um legitim zu sein, (auch) einer Beratung durch die Parlamentarier, also die Repräsentanten des Volkes, bedürfen. ‚Demokratie‘ wird in diesem Zusammenhang eng an die Gesetzgebung, an den Prozeß des Austauschs von vernünftigen Gründen gebunden, in den sich auch die interessierte Öffentlichkeit einschalten kann.

Diese drei sehr unterschiedlichen Demokratie-Auffassungen werden im folgenden ausführlicher behandelt. Es wird zunächst darauf eingegangen, in welch unterschiedlichen Formen die Herrschaft des Volkes bei den Griechen des klassischen Zeitalters verfaßt wurde, und warum dies so war. Aufgezeigt wird dies anhand der Politik des Aristoteles (1). In der Neuzeit rückte, wie gesagt, das Problem der Begründbarkeit von Herrschaft überhaupt in das Zentrum der politischen Philosophie. Rousseaus Vertragstheorie ist eine solche Begründungstheorie, sie stellt sich aber zudem die hier vor allem interessierende Frage, wie die Souveränität des Volkes gewahrt werden kann, wenn die Institution ‚Regierung‘ existiert (2). In der zeitgenössischen Diskussion stehen sich u. a. die Diskurstheorie der Demokratie von Jürgen Habermas sowie die Deliberationstheorie der Demokratie in der Version von John Rawls gegenüber, wenn es um die angemessene Darstellung politischer Autonomie geht (3).

Gliederung des Kapitels

1. Aristoteles: Demokratie und Politie

Aristoteles hat wie kein zweiter klassischer Philosoph die Politikwissenschaft bis in die Gegenwart hinein geprägt. Und dies in zweierlei Hinsicht: Erstens und vor allem ist er der Begründer der politischen Philosophie als einer praktischen Philosophie (dazu gleich mehr). Als solche ist sie bis zum Beginn der Neuzeit dominant gewesen und auch noch nach dem Schlag, den ihr die moderne Naturwissenschaft und Erkenntnistheorie versetzt haben, nicht ohne Einfluß geblieben. Zweitens stammen zahlreiche Grundbegriffe der vergleichenden Politikwissenschaft oder der vergleichenden Regierungslehre ebenfalls aus dem aristotelischen Fundus.

Die erstaunliche Beharrlichkeit des aristotelischen Gedankengutes kann jedoch nicht darüber hinwegtäuschen, daß zwischen dem Verfasser der *Politik* und seiner heutigen Leserschaft eine Zeitspanne von beinahe zweieinhalbtausend Jahren liegt, in denen sich mehr oder weniger tiefgreifende und offensichtliche Veränderungen in Politik, Gesellschaft und Kultur ergeben haben. Zudem muß man sich, wie bereits angesprochen, darüber klar sein, daß ‚Demokratie‘

bei den klassischen Philosophen nicht dieselbe Wertschätzung erfahren hat, die ihr heute zuteil wird – bei Platon und Aristoteles
gehört sie zu den (relativ) schlechten oder „entarteten" Verfassungen.
Man muß dabei allerdings bedenken, daß die Griechen die ersten
waren, die die bewußte Gestaltbarkeit des gemeinschaftlichen Zusammenlebens überhaupt problematisiert haben, daß bei ihnen erstmals eine umfassende Politisierung stattgefunden hatte und ‚Demokratie' in diesem Zusammenhang weitgehend neu erfunden wurde.
Demokratie bedeutete die Umstellung von der scheinbar natürlichen
Herrschaft der Wenigen (Starken, Tugendhaften oder Weisen) auf
die Herrschaft der Vielen. Daß diesem allmählich sich einstellenden
Wandel auch mit Mißtrauen (seitens der Intellektuellen oder auch
nur der etablierten Machthaber) begegnet wurde, ist verständlich.
Die Abkehr von Traditionen ist immer mit Begründungslasten verbunden, zumal die Griechen ihrerseits auf keine Vorbilder hatten
blicken können, bei denen man das Funktionieren oder Scheitern
des Neuen hätte beobachten können.

Die ‚Politik' des
Aristoteles

Aristoteles' *Politik*, für die kein einzelner exakter Entstehungszeit-
punkt angegeben werden kann (die insgesamt acht ‚Bücher' sind
wohl im Zeitraum zwischen 350 und 325 v. Chr. verfaßt worden), ist
ein sehr uneinheitliches Werk, das durch viele Überschneidungen,
Wiederholungen, Auslassungen, nicht ausgeführte Ankündigungen
und auch Ungereimtheiten gekennzeichnet ist. Die Ursache hierzu
ist, daß es sich ursprünglich um unabhängig voneinander verfaßte
Vorlesungsmanuskripte zu thematisch einigermaßen eigenständigen
Themenbereichen handelte, die erst später zur *Politik* zusammenge-
stellt wurden.[2] Um wenigstens einen kurzen Überblick über die
thematische Breite des Werkes zu geben: Buch I beschäftigt sich mit
dem Begriff des Staates, seiner Entstehung und seinen Elementen
(das heißt, den verschiedenen Gemeinschaftsformen, aus denen er
hervorgeht). Die Bücher II-III enthalten vor allem Darlegung und
Kritik damals bekannter Verfassungsentwürfe sowie allgemeine Betrachtungen zur Verfassung des Staates und zu den Staatsbürgern. In
den Büchern IV-VI werden dagegen die Verfassungen der verschiedenen Herrschaftsformen, ihr Wandel und die Möglichkeit ihrer
Erhaltung analysiert. Gegenstand der Bücher VII und VIII ist schließlich, in Anknüpfung an die Bücher I-III, die Frage nach dem besten
Staat sowie die ihm zuträgliche Erziehung.

Die nachstehenden Ausführungen beziehen sich im ersten Abschnitt vor allem auf die Bücher I, 1-2 und III, 1-10, im zweiten

---

[2] Alle folgenden im Text gemachten Angaben beziehen sich auf dieses Werk;
die römische Ziffer gibt das jeweilige „Buch", die arabische Ziffer den darin
enthaltenen Abschnitt an.

Abschnitt vor allem auf die Bücher IV, 3-6 und VI, 2-5, im dritten Abschnitt auf das Buch IV 8-9; 11-12 sowie auf einzelne Passagen aus der *Nikomachischen Ethik*, einer weiteren wichtigen Schrift von Aristoteles. Diesen Erörterungen vorangestellt wird eine kurze Betrachtung dessen, was es heißt, politische Philosophie als „praktische" Philosophie zu betreiben (1.1). Vor diesem Hintergrund werden dann die beiden Ausprägungen der Herrschaft der Vielen oder des Volkes, nämlich die Demokratie einerseits (1.2) und die Politie andererseits (1.3) in ihren Grundzügen vorgestellt.

1.1 Politik und praktische Philosophie

Wenn man die Wissenschaft von der Politik als „praktische" oder zur „Praxis" gehörende Disziplin bezeichnet, wie das bei Aristoteles der Fall ist, dann sind damit feststehende Kategorien seines Wissens- bzw. Wissenschaftsverständnisses angesprochen. In ihm werden drei unterschiedliche Arten von Wissen und damit zusammenhängend drei Bereiche unterschieden, in denen oder von denen dieses Wissen erworben werden kann:

- Zunächst gibt es das *theoretische* Wissen. Mathematik und Physik sowie die Meta-Physik befassen sich mit Gegenständen, die als unveränderlich und als vom Menschen unabhängig betrachtet werden (z. B. mit den geometrischen Formen, den Gestirnen, der ‚Welt' als ganzer). Von diesen „ewigen" Objekten ist exaktes und definitives Wissen möglich.

Darüber hinaus gibt es zwei weitere Arten von Wissen, die sich nicht auf die unwandelbaren, sondern auf die veränderbaren Objekte beziehen. Die eine Art ist

- das *Herstellungswissen*, das in jeder Form von Kunst bzw. dem künstlichen Hervorbringen überhaupt enthalten ist, also sowohl bei einem Handwerker als auch bei einem Künstler (im heutigen Sinne des Wortes als jemand, der eher keine Gebrauchsgegenstände gestaltet) anzutreffen ist.

- Die andere Wissensform von demjenigen, „das sich so oder anders verhalten kann", ist das *praktische* Wissen. Praktisches Wissen ist ganz allgemein anzutreffen in der Sphäre der menschlichen Angelegenheiten und manifestiert sich vor allem im tugendgeleiteten Handeln der Menschen untereinander. Dieser ursprüngliche Sinn ist im heutigen Sprachgebrauch so gut wie gar nicht mehr wiederzuerkennen. Eine „Praxis" meint beinahe nur noch den Ort, an dem man sich in ärztliche Behandlung begibt; und daß etwas (ein Gebrauchsgegenstand) „praktisch" ist, bezieht sich nurmehr auf seine Brauchbarkeit.

Die Wissenschaft vom richtigen Handeln, also von der „Praxis", hatte ein überragendes Ziel (oder ein ‚Worumwillen'), nämlich die Herbeiführung und Gewährleistung des „glücklichen" oder „guten" Lebens. Die praktische Wissenschaft hatte folglich zwei Ausprägungen: zum einen die *Ethik* als die Disziplin, die die richtigen Maßstäbe für das *individuelle* Handeln aufstellt. Sie ist eine Tugendlehre, die sich mit den Bedingungen des gelungenen Lebens – Tapferkeit, Besonnenheit, Gerechtigkeit etc. – beschäftigt. Allerdings fragt sich Aristoteles, wie dieses für das Leben in der Gemeinschaft so wichtige Wissen wirksam werden kann – alleine das Aufzeigen und das Darüber-Reden genügen sicher nicht. Denn die große Masse, so seine Einschätzung, ist nicht durch Einsicht zu bewegen, sondern nur durch äußeren Zwang. Damit ist der Übergang zur zweiten Form praktischer Wissenschaft, der *Politik* als Lehre vom öffentlichen, *staatlichen* Handeln, notwendig geworden. Ethik und Politik haben ihr Gemeinsames in der Gesetzgebung – der öffentlichen durch den Politiker und der privaten durch einen Erzieher. Und wenn nun einem „wahren" Politiker an dem guten Leben seiner Gemeinschaft gelegen ist, dann muß er möglichst viele Verfassungen kennen, um zu sehen, wie dies am besten zu bewerkstelligen ist. Unter anderem diese Kenntnis vermittelt ihm die *Politik* von Aristoteles.

Der Mensch als politisches Lebewesen

Zwei weitere wichtige Begriffe zum angemessenen Verständnis der praktischen Politik bei Aristoteles seien wenigstens kurz erläutert: die Auffassung des Menschen als ein „politisches Lebewesen" und der damit zusammenhängende Begriff der „Natur". Gleich im ersten Buch der *Politik* werden diese Begriffe, die zum Kernbestand des politischen Aristotelismus zu rechnen sind, gebraucht. Dort wird der Staat[3] in seine Einzelteile zerlegt, d. h. in die natürlichen und an das Haus gebundenen Gemeinschaften von Mann und Frau, Vater (Eltern) und Kindern sowie Hausherr und Diener; und sodann in die Gemeinschaft der Häuser, d. h. des Dorfes. Der Staat wiederum sei die Gemeinschaft dieser Dörfer. Ein Staat, so Aristoteles weiter, *entsteht* zwar aus Gründen der Lebenserhaltung – sowohl um der Fortpflanzung

---

[3] Mit ‚Staat' wird zu Zeiten des Aristoteles ein politisches Gebilde von vergleichsweise überschaubaren Ausmaßen bezeichnet: Athen, der mit Abstand größte Staat im 5. und 4. Jahrhundert v. Chr., umfaßte ca. 2500 qkm und zählte zwischen 25000 und 30000 männliche Vollbürger. Der antike Staat wird oft auch als „Stadtstaat" oder einfach nur als „Stadt" bezeichnet. Im Griechischen heißt der (Stadt-)Staat „polis".

willen als auch wegen des Schutzes der Einzelnen; auch mag er vorteilhaft für Produktion und Tausch sein, aber er *besteht* um des vollkommenen Lebens willen. Das heißt, daß der Mensch das ethisch geforderte tugendhafte Leben nur innerhalb einer Polis führen kann. Vor diesem Hintergrund fällt dann die vielleicht bekannteste Äußerung von Aristoteles, wonach der Mensch „von Natur aus" ein „politisches Lebewesen" (gr. „zóon politikón") ist. Das bedeutet nicht lediglich, daß er ein in Gemeinschaft lebendes oder staatenbildendes ‚Tier' ist, sondern auch und vor allem, daß der Mensch in einer sprachlichen Gemeinschaft lebt und also über eine Sprache verfügt, die es ihm ermöglicht, sich mit seinesgleichen sowohl über das Nützliche als auch über das Gerechte zu verständigen.

Die Formulierung „von Natur aus" ist der zweite klärungsbedürftige Begriff. Er ist deswegen nicht ganz einfach zu verstehen, weil sich hier ein Stück der aristotelischen Weltauffassung (seiner „Metaphysik") zu erkennen gibt. Unter der „Natur" eines Menschen verstehen wir heutzutage sein biologisches Sosein ohne das Dazutun seiner (elterlichen) Umwelt, also seine körperliche Grundausstattung, die er mit anderen Säugetieren teilt und die teilweise auch für die Prägung seines Charakters verantwortlich ist. An der besagten Stelle heißt „Natur" jedoch etwas ganz anderes. Aristoteles unterscheidet einen möglichen und einen aktuellen Zustand eines Lebewesens. Das Mögliche wird erst durch einen Entwicklungsprozeß zum Aktuellen, zum tatsächlich Existierenden. Bestimmung oder ‚Anlagen' müssen sich in diesem Prozeß, der von außen beeinflußt werden kann, entwickeln. Ein politisches Lebewesen *ist* der Mensch also erst, wenn diese seine Möglichkeit auch realisiert, wenn das in ihm vorhandene Potential entwickelt worden ist. Das heißt, das biologische Wesen Mensch muß erst noch zu einem in Gemeinschaft lebenden, eben zu einem politischen Lebewesen gemacht werden. Die diesen Prozeß begleitende Einflußnahme von außen ist die Erziehung, und der Ort, an dem sie stattfindet, ist der Staat, die Polis. So gesehen ist es weder beliebig, überhaupt in einem Staat zu leben, noch, in einem „schlechten" Staat zu leben. Der Mensch kann dann nämlich seine natürliche Bestimmung nicht erreichen.[4]

Kommen wir nun aber, nach diesen einleitenden Bemerkungen zur praktischen Philosophie, zur ersten der beiden Konzeptionen der Volksherrschaft bei Aristoteles, zur Demokratie.

Der Begriff „Natur"

---

[4]   Eine äußerst unschöne Kehrseite des erläuterten Natur-Begriffes ist, daß es demnach auch Menschen gibt, die „von Natur aus" zu Sklaven bestimmt sind. Diese sind angeblich nicht in der Lage, ihr Leben eigenständig zu führen, indem sie ihre Vernunft gebrauchen. Sie dienen deshalb, sagt Aristoteles, anderen als „Werkzeug".

1.2 Demokratie als Herrschaft der Freien und Gleichen

Der erste Abschnitt in Buch IV der *Politik* gibt ganz allgemein an, was vom Studium der unterschiedlichen Verfassungstypen zu erwarten ist. Aristoteles erweist sich dabei als systematischer und realistischer Denker. Untersuchungsgegenstand der politischen Wissenschaft sei zwar auch die Verfassung des besten Staates[5], vor allem aber die Frage, welche Verfassung zu welchen Menschen paßt bzw. welche Verfassung für die meisten Staaten, wenn man so will: welche die ‚durchschnittlich‘ beste ist.

Daß es überhaupt so viele verschiedene Verfassungen gibt, wird aus der jeweiligen Eigenart der Bestandteile eines Staates, ihrer zahlenmäßigen Stärke sowie ihres spezifischen Verhältnisses untereinander abgeleitet. Aristoteles macht dazu allerdings voneinander abweichende Auflistungen. Der Staat besteht demnach einmal aus einer Vielzahl von Familien, die unterschiedlich vermögend, d. h. entweder arm oder reich oder dem Mittelstand zuzurechnen sind. Ein anderes Mal wird – beim niederen Volk – zwischen den Bauern, Kaufleuten und Handwerkern, also nach beruflichen Kriterien unterschieden; bei den Angesehenen (Höherstehenden) dagegen hinsichtlich ihres Reichtums sowie der „Herkunft“ und der „Tüchtigkeit“.

Von einer Demokratie könne ganz allgemein dann gesprochen werden, so heißt es in Buch IV, 11 weiter, wenn die Freien und Besitzlosen in der Mehrheit sind und herrschen. „Herrschen“ meint bei Aristoteles, wie gesagt, in alle drei politischen Gewalten: die Beratung der Gesetze, die Rechtsprechung und die Regierung eingebunden zu sein.[6] Dementsprechend führt Buch VI, 2 aus, daß in der demokratischen Regierungsform „alle Ämter aus allen“ besetzt werden, überwiegend durch Los und unabhängig von individuellem Vermögen.

Fünf Formen der Demokratie

Allerdings gibt es bei genauerem Hinsehen unterschiedliche, insgesamt fünf Ausprägungen der demokratischen Herrschaftsform – Aristoteles’ Urteil über die Herrschaft der Vielen ist also vergleichsweise differenziert. Die ersten vier zeichnen sich alle durch die Existenz einer Verfassung und das Befolgen der Gesetze aus; weitere ‚sekundäre‘ Kennzeichen sind dann bei der Variante 1 die politische Gleichheit von Arm und Reich, was zur faktischen Herrschaft der zahlreicheren Armen führt. Die Varianten 2-4 be-

---

[5] Zu diesem Thema erfährt man in der *Politik* jedoch nur wenig; es bleibt im weiteren unberücksichtigt.

[6] Zum modernen Verständnis der Gewaltenteilung siehe Kap. VII.

stimmen den Zugang zu politischen Ämtern entweder nach Besitz oder nach Abstammung oder beschränken ihn gar nicht, d. h. lassen alle zu diesen Ämtern zu (was aber auch schon bei der ersten Spielart der Fall ist). Die fünfte, auch „extremste" oder „äußerste" genannte Demokratievariante ist dagegen diejenige ohne Gesetze und eben darum die schlechteste. In ihr tritt an die Stelle des Gesetzes die jeweils aktuelle Entscheidung der Volksversammlung. Natürlich soll durch diese Bemerkung das Gesetzgebungsorgan in den anderen Demokratie-Typen nicht diskreditiert werden, aber der Punkt ist, daß allzu häufige Versammlungen bzw. Beschlüsse umgekehrt proportional zur Stabilität einer Gesetzesherrschaft sind. Je häufiger der Demos zusammentritt und beschließt, desto schwächer wird der Stellenwert der früher von ihm beschlossenen Gesetze.

Die Schlechtigkeit dieser plebiszitären Demokratie resultiert also daraus, daß, wie Aristoteles sagt, das Gesetz nicht zur Herrschaft gelangt, sondern lediglich der momentane Wille des Volkes. In der Demokratievariante 5 gibt es folglich nur wenige feststehende Regeln, nach denen die (rechtliche) Behandlung von Fällen ohne Ansehen der Person im vorhinein festgestellt ist. Die vier erstgenannten Demokratievarianten sind aufgrund der dort anzutreffenden Gesetzesbindung also noch erträglich, nur die fünfte ist wirklich schlecht, weil im erwähnten Sinn „gesetzlos".

> „Demnach ist der Einwand ganz begreiflich, den man erheben kann, eine solche Demokratie sei überhaupt keine Verfassung; wo nämlich keine Gesetze regieren, da ist auch keine Verfassung." (1292a30 ff.)

In dieser Demokratieform ist das Auftauchen von Demagogen zwangsläufig, von Volksverhetzern, die dem zahlenmäßig umfangreichen Demos formell alle politische Gewalt zubilligen, in Wahrheit jedoch selbst die Herren über das Volk werden wollen. Aus diesem Grunde sieht Aristoteles zwischen der „extremen" Demokratie und der Tyrannis keine großen Unterschiede.

Die verschiedenen Ausprägungen der Demokratie lassen sich auch daran erkennen, welche Bevölkerungsgruppe jeweils die stärkste in einem Staat ist (Buch VI, 6). Und daraus geht wiederum hervor, daß das „Volk eine bestimmte Art" hat. Gemeint ist damit der Umstand, daß ein Volk aufgrund der Art und Weise, wie seine materielle Reproduktion geregelt ist, der Lebensunterhalt gefristet wird, auch einen besonderen Politikstil hat. Die positivste und zugleich

Soziologie der Demokratie

älteste Ausprägung demokratischer Herrschaft ist unter diesem Gesichtspunkt die Variante 1, in der die Bauern dominant sind. Kleiner Landbesitz sichert einerseits die ökonomische Unabhängigkeit der Demokraten, aber die intensive landwirtschaftliche Arbeit hält sie andererseits von allzu häufigen Veranstaltungen von Volksversammlungen ab. Die politische Teilnahme beschränkt sich daher im wesentlichen auf die Wahl und die Kontrolle von Amtsinhabern. Bei der zweitbesten Demokratieform besteht das Volk aus Hirten, die den Bauern wegen ihrer Anspruchslosigkeit und ihrer Eingebundenheit in die Sorge um den Lebensunterhalt ähnlich und zudem tauglich für kriegerische Auseinandersetzungen sind. In den anderen Demokratietypen ist es um die Qualität des Volkes weitaus schlechter bestellt. Der Demos besteht überwiegend aus Kleinhandwerkern, Tagelöhnern und Händlern, und diese halten sich sozusagen schon von ‚Berufs' wegen häufig auf dem Markplatz auf, neigen alleine deshalb zu häufigen Zusammenkünften, was den politischen Prozeß aufbläht und für Korruption anfälliger macht.

Prinzipien der Demokratie

Neben den bisherigen Ausführungen zu den soziologischen und institutionellen Besonderheiten der einzelnen Demokratievarianten sind noch die Prinzipien der Demokratie zu erörtern (VI, 2-3). Zugunsten der demokratischen Herrschaft werden, so Aristoteles, meistens die Prinzipien der Gleichheit und der Freiheit angeführt. In den Demokratien (zumindest in den Varianten 1 und 4) sind die Bürger politisch gleich, haben also gleiche Mitwirkungsrechte. Die Zählwertgleichheit ihrer Stimmen führt dazu, daß die Mehrheit des Volkes, und das sind faktisch die Unbemittelten oder die Armen, den politischen Kurs bestimmt. Durch die Gleichheit wird auch das zweite Prinzip der Demokratie, das der Freiheit, befördert. Wenn die Ämterrotation unter gleichen Bürgern möglich ist, dann wird auch öffentliche Freiheit im Sinne des Freiseins von Fremdbestimmung möglich, weil alle abwechselnd regieren und regiert werden. An privater Freiheit verspricht die Demokratie, daß alle leben können, wie sie wollen. Dies nicht tun zu können, würde die Bürger auf den Stellenwert von Sklaven reduzieren – das machen zumindest die Demokratiebefürworter geltend.

Demokratische Gleichheit

Daß alle Bürger hinsichtlich ihrer Partizipationsmöglichkeiten oder ihres politischen Einflusses und in der Möglichkeit, an den politischen Geschäften teilzunehmen, gleich sein sollen, ist zwar eine Selbstverständlichkeit für den zeitgenössischen demokratischen Rechtsstaat, versteht sich für Aristoteles aber keineswegs von selbst. Denn diese bürgerliche Gleichheit, wonach alle Ämter grundsätzlich und zeitlich begrenzt von allen Bürgern ausgefüllt werden können, stellt nicht die einzige Form der politischen Gerechtigkeit dar. Gegen sie läßt sich (bzw. ließ sich früher) einwenden, es würden die aus der Masse Herausragenden und die übrigen Bürger gleich behandelt, und *das* sei ungerecht.[7] Eine andere Form der Gerechtigkeit fordert deshalb, Gleiche zwar gleich, aber Ungleiche, wie z. B. Arme und Reiche oder Tugendhafte und nicht Tugendhafte, auch ungleich zu behandeln. Vertritt man diese Auffassung, dann ist es naheliegend, entsprechend signifikanter Unterschiede unter den Bürgern auch gestufte Teilnahmerechte zu fordern.

Wer ragte damals überhaupt aus einer Gemeinschaft heraus? Zwei zahlenmäßig kleine Gruppen können angeführt werden. Die erste Gruppe ist die der – in bestimmter Hinsicht – „Besten". Diese Gruppe ragt aus der Masse der Bürger hervor aufgrund von Sportwettkämpfen (Olympiaden), durch künstlerische Werke, durch selbstlose und tugendhafte Handlungen oder durch strategisches Können. Und in diesem Zusammenhang ist es keinesfalls von vornherein unplausibel (gewesen), über ein proportionales, nach diesen immateriellen Verdiensten gestaffeltes Partizipations- oder Stimmrecht sich Gedanken zu machen. Die zweite Gruppe der Herausragenden ist die Gruppe der materiell Begüterten, der dann im Verhältnis zu ihrem Besitz eine größere Einflußnahme zugebilligt werden könnte. Politische Entscheidungen wären dann, wie Aristoteles als denkbare Kombination von Demokratie und Oligarchie anführt, nicht (allein) nach der Stimmenmehrheit zu treffen, sondern (auch) nach der Höhe der Steuerlast, die die jeweilige Gruppe von Bürgern zusammenbringt. Diese zweite Art des Herausragens ist zwar besser identifizierbar, aber sie kann weitaus weniger überzeugen als die auf Tugend gründende Besonderheit. Denn es ist nicht ohne weiteres einsehbar, warum Unterschiede im Reichtum, der womöglich noch nicht einmal auf persönlichem Verdienst beruht, auch noch in politischer Hinsicht berücksichtigt werden sollten.

Wie im Falle der demokratischen Gleichheit bringt Aristoteles auch für die demokratische Freiheit kein besonderes Verständnis auf. Die schrankenlose Freiheit und Ungebundenheit in der Demokratie, ihr Ziel, zu „leben, wie man will", sind nicht erstrebenswert, sagt er, weil dadurch das „Schlechte im Menschen" nicht zu zähmen sei. Worin dieses Schlechte besteht, wird zwar nicht näher ausgeführt, aber man kann unterstellen, daß damit die gemeinschaftsabträglichen, auf Kosten anderer erfolgenden Handlungen gemeint sind. In dem Irrtum, ein nicht sklavisches Leben mit einem vollkommen bindungslosen und darum auch gesetzlosen gleichzusetzen, wird von der

Demokratische
Freiheit

---

[7] Zu den verschiedenen Auffassungen von Gerechtigkeit siehe Kap. V.

extremen Demokratie ignoriert, daß ein nach dem öffentlichen Recht ausgerichtetes Leben überhaupt erst ein geordnetes und von Fremdbestimmung freies Zusammenleben der Vielen, und somit ein gutes Leben möglich macht.

Praktische Ratschläge An seine kritische Analyse der demokratischen Herrschaft schließt Aristoteles in Buch VI, 5 noch einige Empfehlungen zu ihrer Erhaltung an, die ein Gesetzgeber oder Staatsmann berücksichtigen muß. Nicht zuletzt aus diesem Grunde sind die vielen Unterarten der Demokratie aufgeführt worden, denn der um Stabilität oder Reformen bemühte Politiker muß möglichst genau wissen, welcher Herrschaftsform die vorgefundenen Verhältnisse nahekommen, um erfolgreich sein zu können. Die Faustregel hierbei ist, daß eine übermäßige Institutionalisierung der demokratischen Prinzipien nicht unbedingt stabilitätsfördernd ist. Es ist zum Beispiel darauf zu achten, daß der Minderheit in einem Staat, den Reichen in erster Linie, kein unnötiger Schaden zugefügt wird, der ihnen das Leben unter der Volksherrschaft verleidet. So soll die unbegründete oder vom Neid motivierte Anstrengung von Gerichtsprozessen, aus denen man sich die Einziehung bzw. Sozialisierung größerer Privatvermögen der Reichen erhofft, einerseits unter empfindliche Strafen gestellt werden. Andererseits muß sich der Staat jedoch auch um das Wohl des (niederen) Volkes kümmern. Es darf nicht zu arm werden, da dies eine wesentliche Ursache der Verschlechterung oder weiteren Entartung der Demokratie ist. Staatseinkünfte, so Aristoteles, sollten daher bedürftigen Bürgern für den Erwerb eines Stückes Land oder als Startkapital für ein Geschäft zur Verfügung gestellt werden.

1.3 Die Mischverfassung der Politie

Die Demokratie zählt bei Aristoteles also zu den entarteten oder schlechten Verfassungen, weil sie sich vom Ideal des besten Staates entfernt hat. Vier ihrer insgesamt fünf Varianten erweisen sich jedoch immerhin als erträglich, da sie eine Gesetzesherrschaft beinhalten. Sich der Politie zuzuwenden, also derjenigen Herrschaftsform, die mit der heutigen Demokratie am ehesten zu vergleichen ist, heißt, innerhalb des Sechserschemas der Verfassungen[8] sich einer „guten"

---

[8] Das Sechserschema der Verfassungen ergibt sich aus der Verbindung zweier Kriterien, die vor Aristoteles auch schon bei anderen Autoren (z. B. bei Herodot und bei Platon) aufzufinden waren: das ist einerseits das Kriterium der Zahl der Herrscher (einer, mehrere oder viele bzw. alle) sowie andererseits das wichtigere Kriterium der Qualität oder des Zieles der Herrscher bzw. ihrer Herrschaft (ob sie also gut bzw. gemeinwohlorientiert oder schlecht bzw. eigennützig ist).

Verfassung zuzuwenden. Nach den Ausführungen in Buch IV, 8-9 ist die Politie die für die meisten Staaten und Menschen, also die durchschnittlich beste Verfassung. Vom Namen her ist die Politie zwar mit dem ganz unspezifischen Begriff einer „Verfassung überhaupt" identisch, aber in dem im weiteren gebrauchten Sinn ist sie zu verstehen als die „gute" Herrschaft der Vielen.

Was zunächst wiederum den eher technisch-institutionellen Aspekt angeht, so sind in einer „guten" Politie Elemente der damals am weitesten verbreiteten („schlechten") Herrschaftsformen, der Demokratie und der Oligarchie, gemischt – von daher rührt auch die Kennzeichnung der Politie als „Mischverfassung". Oligarchische und demokratische Elemente lassen sich allerdings unterschiedlich zusammensetzen: z. B. so, daß die Bestimmungen aus beiden Herrschaftsformen übernommen werden und nebeneinander bestehen bleiben, oder so, daß die Mitte zwischen den beiden unterschiedlichen Anforderungen für die Politie als angemessen betrachtet wird (daß etwa für die Beteiligung an der Volksversammlung ein nicht zu hoch angesetztes Mindestvermögen Voraussetzung ist, so daß sie vielen, aber nicht allen zugänglich ist), oder aber so, daß in *einer* Regelung Elemente aus beiden kombiniert werden (daß z. B. Beamte, wie in der Oligarchie, *gewählt* und nicht gelost werden, daß aber dabei, wie in der Demokratie, *Besitz keine Rolle* spielt).

Eine „gute" Verfassung ist die Politie auch hinsichtlich des Charakters ihrer Bürger und hinsichtlich deren Verhältnis untereinander. Um das zu belegen, ist ein weiteres Mal ein Rückgriff auf aristotelische Grundbegriffe, dieses Mal aus seiner Ethik, notwendig: gemeint sind die „Mitte" und die „Freundschaft". In Buch II, 5-6 der weiter oben schon erwähnten *Nikomachischen Ethik* wird die Tugend allgemein als das Vermögen des guten und angemessenen Handelns und insofern als „Mitte" bestimmt. Eine solche Mitte besteht nach Aristoteles zwischen den beiden „Schlechtigkeiten" des Mangels und der Überflusses. Tapferkeit, um ein Beispiel von Aristoteles aufzugreifen, ist die (nicht arithmetisch zu verstehende) Mitte zwischen einer allen gefährlichen Situationen aus dem Weg gehenden Feigheit und einer sich blind in alle Gefahren stürzenden Tollkühnheit. Beim „Geben und Nehmen", um ein weiteres Beispiel anzuführen, ist die „Verschwendung" das Übermaß und die „Kleinlichkeit" der Mangel; die Mitte besteht in der „Großzügigkeit". Der Tugendhafte entscheidet sich in allen seinen Handlungen also für das Gute oder Richtige, indem er sich – situationsangemessen – vor einem Zuviel und einem Zuwenig in acht nimmt.

Die Politie beruht nun ihrerseits auf solchen „Mitten"; etwa auf jenen, die aus einer Kombination von oligarchischen und demokratischen Arten der Ämterbesetzung hervorgehen.

Merkmale der Politie

Die Tugend als „Mitte"

> „Eine gute Mischung von Demokratie und Oligarchie zeigt sich daran, daß man denselben Staat ebensogut so wie anders benennen kann; ... So geht es ja auch der Mitte, weil in ihr die beiden Extreme sichtbar werden" (1294b15 ff.)

Darüber hinaus hat sie aber auch noch einen nicht extremen Volkstypus zur Voraussetzung, in dem die „Mittleren" die größte Zahl stellen. Und dies wiederum bedeutet zweierlei: erstens bedarf es derjenigen Bürger, die weder übermäßig reich noch übermäßig arm sind; zweitens sind aber auch diejenigen Bürger vonnöten, die ihn ethischer Hinsicht in der Lage sind, die Mitte zu wählen. Die Politie ruht idealerweise in dieser Mittel-Schicht und ist deshalb sowohl vor demokratischen Revolutionen als auch vor oligarchischen Unruhen geschützt.

Varianten der Freundschaft

Der zweite Begriff, mit dem die Vorzugswürdigkeit der Politie dargelegt werden soll, ist der der „Freundschaft". Die Analyse der Freundschaft im achten Buch der *Nikomachischen Ethik* wird durch eine Reihe von Unterscheidungen vorgenommen. Unterschieden werden auf der einen Seite die Zwecke einer Freundschaft, auf der anderen Seite die Typen familiärer Gemeinschaften, die ihrerseits „Vorbilder" für die Staatsformen sind. Die Familienbeziehungen sollen die verschiedenen Möglichkeiten des Verhältnisses der Staatsbürger untereinander illustrieren. Beide Unterscheidungsreihen sollen zusammengeführt werden in der Frage, welche Art von Freundschaft in welchem Staat am ehesten anzutreffen ist. Was die Zwecke der Freundschaft angeht, so können diese begründet sein

- im gegenseitigen Nutzen
- in der Lust bzw. Leidenschaft oder aber
- in der Tugendhaftigkeit.

Die nützliche Freundschaft, so Aristoteles, ist überwiegend bei den Älteren zu finden; sie ist, wegen des ihr zugrundeliegenden Bedürfnisses, zufälligen Charakters und nicht besonders beständig – sie endet, wenn das Bedürfnis befriedigt worden ist. Die leidenschaftliche Freundschaft ist dagegen vor allem bei den Jüngeren anzutreffen; auch sie ist unstetig, weil stark auf den Augenblick bzw. die ebenfalls flüchtigen Emotionen ausgerichtet. Die tugendhafte Freundschaft dagegen ist die „vollkommene" Freundschaft. Die Freunde wünschen einander das Gute „um der Freunde willen". Die Beziehung ist gewissermaßen selbstlos und sie ist zugleich eine lang andauernde, weil sie im (guten) Charakter der Freunde und weder in Emotionen noch in Nützlichkeiten gründet.

Was die familiären Gemeinschaften als die „Gegenstücke" der Staatsverfassungen angeht, so werden diejenige von

- Vater und Sohn,
- Mann und Frau sowie von
- Brüdern

angeführt. Die erste Gemeinschaftsform besitzt nach Aristoteles monarchische Züge, weil sie durch die fürsorgende Art des gemeinschaftlichen Oberhauptes gekennzeichnet ist. Die zweite Gemeinschaft, die von Mann und Frau, in der der Mann traditionell eine Vorrangstellung einnimmt, gleicht der Aristokratie, weil hier wie dort die „Tüchtigkeit" der oder des „Herausragenden" (des Mannes) den Grund für Statusunterschiede ausmacht. Das Verhältnis von Brüdern entspricht schließlich der „timokratischen" Verfassung (in der *Nikomachischen Ethik* wird die Politie auch als „Timokratie" bezeichnet). Dieser Gemeinschaft liegt das Prinzip der Gleichheit zugrunde.

Wie lassen sich nun die Zwecke der Freundschaft mit den Formen der familiären Gemeinschaft bzw. der Verfassung kombinieren, und was läßt sich daraus zum Verhältnis der Bürger in einer Politie ableiten (VIII, 13)? Eines der Freundschafts-Motive, das „Vergnügen" bzw. die Lust, läßt sich als Grundlage eines Staates weitgehend ausschließen. Ein solches Motiv liegt, so Aristoteles, lediglich den Vereinen, die der Geselligkeit wegen gegründet wurden, den sog. „Kulturgenossenschaften" zugrunde. Bleiben also noch der Nutzen und die Tugendhaftigkeit als Basis der politischen Gemeinschaft. Eine nützliche Freundschaft ist offensichtlich in der *Monarchie* anzutreffen: wie im Verhältnis von Vater und Sohn geht darin das „Wohltun" vom Stärkeren und Älteren, vom König aus. Dieser benötigt selbst keine Unterstützung, und den Nutzen aus seinen Wohltaten ziehen allein die Untertanen. Die Freundschaft der Untertanen zum König beruht also letztlich auf der Überlegenheit des Königs bzw. auf der Unterschiedlichkeit der beteiligten Parteien, sie sind „von entgegengesetzter Stellung".

Der Nutzen steht jedoch nicht in allen Staaten im Vordergrund. Denn die *Aristokratie* sieht Aristoteles wesentlich durch die „Würdigkeit" der an Tugend Herausragenden bestimmt. Genauso wie der Mann in der ehelichen Gemeinschaft der Frau vorsteht und sich um die Angelegenheiten kümmert, die ihm, nach damals verbreiteter Ansicht, „zukommen" (also um den Haushaltsvorstand sowie um die Wahrnehmung der politischen Partizipation in der Polis-Öffentlichkeit), fällt den „Tüchtigen" innerhalb einer Gemeinschaft deren politische Leitung zu. Bei dieser Beziehung wird man nicht so deutlich vom Nutzen sprechen können, und wenn, dann wird man von einem

Freundschaft und Herrschaft

gegenseitigen Nutzen sprechen müssen. Beide Parteien, Mann und Frau, Herrscher und Beherrschte, sind zwar immer noch nach Status und Würdigkeit unterschieden, sie sind aber stärker aufeinander angewiesen, als dies in der Monarchie der Fall war.

Bürgerfreundschaft und Politie

Noch einmal anders verhält es sich schließlich in der *Politie*. Wie schon bei der Betrachtung der politischen Einrichtungen einer Politie erwähnt, regieren die Bürger abwechselnd, jeder herrscht eine zeitlang und wird dann wieder von anderen beherrscht. Aufgrund dieses Rotationsprinzips bildet sich bei den Bürgern, so Aristoteles' Annahme, beinahe zwangsläufig ein gegenseitiges Vertrauen aus, sie sind sich grundsätzlich wohlwollend gesonnen. Hinzukommt, daß sich dieses Vertrauen der Bürger aufgrund ihres ähnlichen, nämlich „mittleren" Charakters und ihrer vergleichbaren materiellen Situation leichter einstellen kann. In der Politie nimmt die Beziehung der Bürger untereinander folglich den Charakter einer Kameradschaft unter Brüdern oder Geschwistern an.

> „Die Freundschaft unter Brüdern gleicht derjenigen unter Kameraden ... Dem entspricht auch die Freundschaft in der Timokratie [d. h.: Politie; M. B.]. Denn hier streben die Bürger danach, gleich und tugendhaft zu sein. Sie regieren abwechslungsweise und auf der Basis der Gleichheit" (1161a25 ff.)

Dieses freundschaftliche Verhältnis, das auf dem gegenseitigen Wohlwollen beruht, ist ein wesentlicher Faktor in Bezug auf die Stabilität der Politie, weil eine verbreitete vertrauensvolle Einstellung wiederum zuträglich für das Funktionieren der politischen Institutionen ist.[9]

Die Macht der Vielen

Kehren wir noch einmal von der *Nikomachischen Ethik* zur *Politik* zurück, um am Schluß noch auf einen letzten Vorzug der Herrschaft der Vielen – sowohl in der Demokratie als auch in der Politie – hinzuweisen. Obwohl Aristoteles der Auffassung ist, daß die vielen Durchschnittsbürger nicht dazu taugen, herausragende Ämter (in der Regierung oder beim Militär) zu übernehmen, müssen sie doch zweifelsohne als Mitglieder der Vielpersoneninstitutionen der „Volksversammlung" und der Gerichte ernstgenommen werden. Und dies keineswegs nur aus Gründen der Stabilität des Staates bzw. der Vermeidung von politischen Unruhen, wie man vermuten könnte.

---

9   Dieser Freundschaftsaspekt in der politischen Gemeinschaft ist in der politischen Philosophie lange Zeit vernachlässigt worden. In der Diskussion um die Zivilgesellschaft hat er mittlerweile wieder eine stärkere Aufmerksamkeit erfahren.

Als „Menge", die die jeweiligen legislativen oder juristischen Entscheidungen zu treffen hat, können sie, die als Einzelne in der Regel zumindest ein Mindestmaß an Tugend und Einsicht besitzen, selbst dem „Besten" überlegen sein. Die tendenzielle Überlegenheit der Gremien-Entscheidung rührt daher, daß die Mitglieder untereinander beraten und so die zahlreichen Aspekte einer Sache zur Diskussion stellen können. Nebenbei erweist sich Aristoteles damit also als früher Vertreter der deliberativen Demokratietheorie.[10]

Mit den voranstehenden Ausführungen dürfte bestätigt worden sein, was eingangs dieses Kapitels unterstellt wurde, nämlich daß Demokratie bzw. Politie, als „schlechte" bzw. „gute" Ausprägung der Volksherrschaft, bei Aristoteles sehr weit zu verstehen ist und nicht lediglich die Ansammlung von bestimmten Institutionen und Normen meint. Eine Politie bzw. ein demokratisches Gemeinwesen umfaßt immer auch die Einstellungen und das Verhältnis der Bürger, die in ihm leben und es zugleich aufrechterhalten.

2. Rousseau: Institutionen und Ethos der (Volks-)Herrschaft

Das Rousseausche Demokratieverständnis ist im Unterschied zu dem von Aristoteles kein weites, sondern ein enges. Dennoch ist die politische Macht des Volkes bei Rousseau denkbar umfassend. Der Grund für diese etwas unübersichtliche Situation liegt im Zuschnitt der Rousseauschen Theorie. Denn das politische Gemeinwesen, der politische Körper, der durch den Gesellschaftsvertrag entsteht, heißt bei ihm nicht „Demokratie", sondern „Republik". Eine Republik ist erstens durch die Herrschaft der vom Souverän stammenden Gesetze und zweitens durch die Trennung der legislativen von der exekutiven Gewalt gekennzeichnet. Die Demokratie wird demgegenüber verstanden als reine Exekutiv-Institution, sie ist eine von mehreren möglichen Organisationsformen des Herrschens im Sinne des Regierens innerhalb der Republik – sie ist also eine „Regierungsform".

Obwohl Rousseaus Schrift *Der Gesellschaftsvertrag (Du contrat social)*[11], die im folgenden ausschnittsweise betrachtet wird, viel eher als Aristoteles' *Politik* aus einem Guß ist, kann auch ihm der Vorwurf der Widersprüchlichkeit nicht erspart bleiben. Allerdings ist damit

Rousseaus „Gesellschaftsvertrag"

---

[10] Siehe dazu Abschnitt 3. in diesem Kapitel.
[11] Bei den oben im Text angeführten Nachweisen bezieht sich die römische Ziffer immer auf ein „Buch", die arabische Ziffer immer auf ein darin enthaltenes „Kapitel" des *Gesellschaftsvertrages*.

weniger die eine oder andere Ungereimtheit im Detail gemeint, die in vermutlich jedem großen Werk der politischen Philosophie anzutreffen ist, als eine grundsätzliche Spannung zwischen zwei gleichzeitig verfolgten Zielen. Das ist zum einen der Versuch, ganz im Geiste der individualistischen Gesellschaftsvertragstheorie, ein politisches Gemeinwesen zu begründen, das die Freiheit aller seiner Mitglieder garantiert; und es ist zum anderen die Notwendigkeit, dieses Gemeinwesen, das eine Republik sein soll, mit der dafür erforderlichen Tugend, einem republikanischen Ethos auszustatten. Individualismus und Tugendgemeinschaft sind jedoch weitgehend unvereinbare Konzepte. Auf dieses grundsätzliche Problem wird am Ende dieses Abschnittes noch einmal einzugehen sein.

Relevant für den Demokratie-Begriff Rousseaus ist diese Spannung deshalb, weil das Thema der ersten beiden der insgesamt vier Bücher des *Gesellschaftsvertrags*, das politisch souveräne Volk und seine Befugnisse, auch die Ausführungen in den beiden letzten Büchern, die vor allem der Regierung gewidmet sind, überschattet. Rousseaus Vorstellung von Herrschaft im Sinne des *Regierens* im allgemeinen und des demokratischen Regierens im besonderen steht also in engem Zusammenhang mit seiner Gesellschaftsvertragstheorie und kann ohne diese nicht ausreichend verstanden werden.[12]

Im *Gesellschaftsvertrag* erörtert Rousseau in den ersten beiden Büchern das Problem, wie der von Natur aus freie Mensch auch unter den Bedingungen des gesellschaftlichen Zusammenlebens frei sein kann. Die von ihm angebotene Lösung besteht darin, daß sich alle (und ausnahmslos alle) samt ihren natürlichen Rechten an die zu gründende Gemeinschaft überantworten und von dieser dann eine gesetzlich garantierte Freiheit zurückerhalten. Freisein unter gesellschaftlichen Bedingungen bedeutet demnach, nur solchen positiven Gesetzen Folge leisten zu müssen, die durch den Willen aller Bürger legitimiert sind.

Damit nun die Bürger in dieser Freiheit unter dem Gesetz tatsächlich leben können, bedarf es jedoch weiterer Vorkehrungen, und zwar zunächst einmal solcher, die institutioneller Art sind: es muß eine „Regierung" eingerichtet werden (2.1), und es müssen verschiedene andere Institutionen ins Leben gerufen werden, die ein reibungsloses Funktionieren der politischen Selbstbestimmung unterstützen sollen (2.2). Darüber hinaus setzt eine Republik der Freien aber auch noch ein bestimmtes Ethos der Bürger voraus (2.3).

---

[12] Zur Vertragstheorie Rousseaus siehe Kap. II.3. Die nun folgenden Ausführungen zu Rousseaus Demokratieverständnis können als Ergänzung zu diesem Kapitel gelesen werden.

2.1 Die Regierung als Vollzugsorgan des Souveräns

Rousseau greift zur Illustration des Verhältnisses von Souverän und Regierung auf die Körpermetapher zurück. Die dem Souverän zufallende gesetzgebende Gewalt ist zu vergleichen mit dem Willen einer Person, die Regierung oder ausführende Gewalt mit der körperlichen Kraft, die diesem Willen Geltung verschafft, indem sie ihn umsetzt. Die Regierung ist eine notwendige Zwischeninstanz zwischen dem Souverän (dem Volk im aktiven Zustand) und den Untertanen (dem Volk im passiven Zustand); durch sie wird der souveräne Wille an jeden einzelnen Bürger „vermittelt". Rousseau bespricht in diesem Zusammenhang zunächst einige Probleme der Regierung im allgemeinen (2.1.1) und kommt dann auf das problematische Verhältnis von Regierung und Souverän zu sprechen (2.1.2).

2.1.1 Die Institution „Regierung"

Ganz allgemein wird zum Thema „Regierung" im *Gesellschaftsvertrag* ausgeführt, daß sie in einem großen Staat stärker als in einem kleinen Staat sein müsse. Der Grund dafür ist, daß die Bürger in einem großen Staat zwar genauso wie in einem kleinen Staat den Gesetzen unterworfen sind, jedoch ihr je individueller Anteil an der „Abfassung" der Gesetze in jenem viel geringer ist. Deshalb nimmt für Rousseau die Freiheit mit zunehmender Größe des Staates ab – eine nicht ganz selbstverständliche Argumentation, Freiheit unter dem bürgerlichen Gesetz nicht nach dessen Inhalt, sondern danach zu bemessen, wie groß der Stimmanteil des einzelnen Bürgers proportional zur gesamten Bürgerschaft ist. Dieses Argument geht jedoch davon aus, daß Selbstbestimmung als aktive Selbstgesetzgebung zu verstehen ist und diese wiederum über ein Abstimmungsverfahren, in dem die einzelnen Stimmen gezählt werden, abgewickelt wird. Die geringere prozentuale Einflußnahme eines jeden in großen Staaten kann dann unter Umständen höchst bedenkliche, freiheitsgefährdende Folgen haben.

Denn je mehr Bürger ein Staat hat, desto größer wird die Zahl derer sein, die in ihrem Urteil nicht mit dem Gemeinwillen übereinstimmen und die sich deshalb nicht frei fühlen können. Um so entschiedener muß dann, letztlich auch mit Sanktionen, gegen diese Abweichler vorgegangen werden. Und diese Aufgabe fällt in den Zuständigkeitsbereich der Regierung. Zugleich muß der Souverän aber darauf bedacht sein, eine starke Regierung seinerseits unter Kontrolle zu halten, damit ihm in ihr keine Konkurrenz entsteht. In alledem liegt der Hauptgrund für die häufig erwähnte Skepsis Rousseaus gegenüber großen Staaten.

Formen der Regierung

Als unterschiedliche Regierungsformen (also institutionelle Ausgestaltungen der Exekutivgewalt), zu denen sich der Souverän entschließen kann, werden die Monarchie, die Aristokratie und die Demokratie angeführt (III, 3). Die Demokratie zeichnet sich dadurch aus, daß in ihr der Souverän die Regierung dem Volk übertragen hat, wobei das Volk insgesamt oder in seiner Mehrheit, also mindestens mit 50 + x% seiner Mitglieder, an den Regierungsgeschäften beteiligt ist. Wird die Regierungsgewalt tatsächlich dem *ganzen* Volk übertragen, besteht eine Personalunion von Souverän und regierender Körperschaft *(magistrat)* oder, wie Rousseau auch sagt, „Fürst" *(prince)*. Von Rousseaus Konzept der Herrschaftslegitimation her gesehen scheint die Demokratie die naheliegende Herrschaftsform – wer, wenn nicht der Urheber der Gesetze, also das Volk, wüßte am besten, wie sie auszuführen sind?

Probleme der demokratischen Regierung

Rousseau macht dagegen allerdings mehrere Einwände geltend.

> „Strenggenommen hat es niemals eine wirkliche Demokratie gegeben. Es ist wider die Natur, daß eine große Zahl regiert und die kleinere regiert wird. Man kann sich nicht vorstellen, daß das Volk ständig zusammenbleibt, um über die Staatsangelegenheiten zu beraten" (III, 4).

Die ureigenste Aufgabe des Souveräns ist es ja, sich um die allgemeinen Belange, um das Wohl des politischen Körpers und eine entsprechende Gesetzgebung zu kümmern. Daneben auch noch die Ausführung dieser Gesetze übernehmen zu wollen, würde bedeuten, sich mit konkreten Einzelfällen zu befassen. Bei einer demokratischen Regierung besteht somit aufgrund der Personalunion von Legislative und Exekutive die Gefahr, daß der Souverän sich mit Exekutivfragen beschäftigt und dabei seine Kompetenz überschreitet, indem er etwa Einzelfälle gesetzlich regeln will.

Es gibt aber noch weitere Punkte, die laut Rousseau gegen eine demokratische Regierung sprechen. So müßte das Staatsgebiet relativ klein sein, damit das gesamte Volk oder der größere Teil desselben den Regierungsgeschäften tatsächlich nachkommen kann; überdies müßte es über festgefügte Sitten[13] verfügen; es müßten ungefähr gleich große (genauer: gleich kleine) Vermögen der Bürger sowie die Abwesenheit von Luxus(gütern) garantiert sein, die den Charakter verderben. Bei allen genannten Bedingungen handelt es sich also

---

[13] Siehe dazu Abschnitt 2.3 in diesem Kapitel.

nicht nur, wie man unschwer erkennen kann, um solche, die heutzutage nicht gegeben sind, es sind selbst für Rousseau Bedingungen, die generell schwer oder gar nicht zu erfüllen sind. Deshalb kommt er ganz am Ende von Buch III, 4 zu dem überraschenden Schluß: „Wenn es ein Volk von Göttern gäbe, würde es sich demokratisch regieren. Solch eine vollkommene Regierung eignet sich nicht für die Menschen."

Die Aristokratie ist für Rousseau die „natürlichste und beste" Regierungsform, wenn sie als Wahl- und nicht als Erb-Aristokratie auftritt, weil dann gewährleistet ist, daß die Weisesten an der Regierung beteiligt werden. Außerdem besteht bei ihr, wegen der klaren institutionellen Trennung von Gesetzgeber und Regierung, nicht die Gefahr der Verwechslung von Exekutiv- und Legislativfunktionen. Wegen der Konzentration der Regierungstätigkeit in einer Person wäre die Monarchie ebenfalls eine (zumindest für große Staaten) geeignete Regierungsform – jedoch nur unter der unwahrscheinlichen Voraussetzung, daß es sich auch um einen guten Herrscher handelt. Rousseaus Kritik der seinerzeit existierenden Monarchien (hinsichtlich der existierenden Nachfolgeregelungen und der Qualität der Herrscher) zeigt jedoch, wie anfällig dieser Typus der Exekutive für Mißbrauch und Entartung tatsächlich ist. Die kurze Besprechung der insgesamt drei Regierungsformen endet in Buch III, 7 mit der Feststellung, daß alle wirklichen Regierungen ohnehin Mischformen seien, z. B. weil die demokratische Regierung ein „Oberhaupt" und die monarchische weitere Ausführungsorgane brauche.

Die Frage nach der besten Regierung wird aufgrund dieser Sachlage pragmatisch beantwortet – es komme eben auf die jeweils gegebene Größe und Sozialstruktur einer Gesellschaft und auch, wie es mit Bezug auf Montesquieu heißt, auf das Klima an. Eine ganz andere Frage sei es dagegen, wie man entscheiden kann, ob ein Volk gut regiert wird oder nicht. Vor dem Hintergrund der Erinnerung an den Zweck der Vergesellschaftung der einzelnen sei dies an der Erhaltung und dem Gedeihen der Mitglieder des politischen Körpers ablesbar. Mit anderen Worten: Das sichtbare Bevölkerungswachstum wird als Gütesiegel für die Qualität einer Regierung betrachtet.

Aristokratie und Monarchie

2.1.2 Das Verhältnis von Souverän und Regierung

Eine Regierung, so war gesagt worden, ist die notwendige Vermittlungsinstanz zwischen dem Souverän als aktivem Volk und den Untertanen als passivem Volk. Ein erhebliches Problem ergibt sich nun daraus, daß eine solche vermittelnde Einrichtung („corps intermédiaire"), wie viele andere gesellschaftlichen oder politischen Institutionen auch, aus einer Vielzahl von Personen besteht. Problematisch ist dieser Sachverhalt deshalb, weil diese innerstaatliche Institution „Regierung" sich zu einem Tummelplatz unterschiedlicher und zum Teil auch gegeneinander gerichteter Willen entwickelt. Ein Regierungsmitglied, ein Minister also, wird unter Umständen nicht weniger als drei verschiedene Willen in eine – richtige – Rangfolge bringen müssen.

Partikularwille und Gemeinwille Da ist erstens sein Wille als Einzelperson, der immer, auch gegen das Interesse der Gesamtregierung, auf die Verfolgung eigener Ziele ausgerichtet sein kann. Zweitens gibt es den Willen der exekutiven Körperschaft, der er angehört – zumindest ist ein solcher zu unterstellen, wenn es sich um eine handlungsfähige Einrichtung handeln soll. Der Wille der Regierung würde idealerweise in einer weitreichenden Übereinstimmung unter ihren Angehörigen bestehen, also in dem, was man auch „Korpsgeist" nennt. Diese weitgehende Übereinstimmung innerhalb der Institution der Regierung wird wahrscheinlich nicht alle Einzelwillen der Regierungsmitglieder umfassen, und in einer funktionierenden Institution wird der ‚eigenwillig' Einzelne sich deshalb anpassen müssen. Den so beschaffenen Willen der Regierung kann man einerseits also als einen Gemeinwillen auffassen (nur ist dieser von geringerem Umfang als der Gemeinwille des ganzen Volkes[14]); andererseits kann man diesen sozusagen exekutiven Gemeinwillen aber auch als einen Sonder- oder Partikularwillen auffassen, nämlich dann, wenn er nicht mit dem Willen des Souveräns, dem dritten und politisch maßgeblichen Willen, übereinstimmt, dem die Institution „Regierung" eigentlich zu Diensten sein soll.

Mißbrauch der Regierung Dieser Gedanke steht im Hintergrund, wenn Rousseau vom „Mißbrauch der Regierung" (III, 10) spricht, wenn er also an den Fall denkt, in dem sich die eigentlich dienende Institution zum Herren aufschwingt und sich die Rolle des Souveräns anmaßt. Interessanterweise deutet Rousseau diesen Fall nicht – wie Locke – bloß als einen Vertrauensbruch der Regierung, der durch Abwahl geahndet werden könnte. Eine solche Verselbständigung der Regierung ist für ihn vielmehr ein Mangel, eine Krankheit, die der politischen Vereinigung von Anfang an anhaftet. Die von ihr ausgehende zerstörerische Entwicklung wird sogar, zumindest auf lange Sicht, als unvermeidbar betrachtet. Und es ist dieser Zusammenhang, in dem Rousseaus Souverän sich wieder bemerkbar machen muß, um die „Krankheit", wenn schon nicht zu kurieren, so doch wenigstens

---

14 Der, seinerseits am nationalstaatlichen Fall orientiert, theoretisch noch einmal dem Gemeinwillen einer Weltgesellschaft weichen könnte.

einzudämmen. Es muß deshalb unbedingt deutlich gemacht werden, daß das Leben des politischen Körpers einzig und allein vom Willen des Souveräns und seiner Gesetzgebung abhängt, und daß die diese Gesetzgebung vollziehende Gewalt eine abhängige ist.

Um diesen Punkt noch einmal zu betonen, wird hervorgehoben, daß die Republik nicht in erster Linie aus Gesetzen besteht, sondern aus der gesetzgebenden Gewalt. Diese Gewalt, so Rousseau, ist das „Herz des Staates" (III, 11), der sterbe, wenn es stillstehe. Die Betonung der absoluten Priorität nicht des Produktes, sondern der Gewalt bzw. des Prozesses, aus dem es hervorgeht, bringt eine radikale Note in Rousseaus Theorie der Republik und rückt sie in die Nähe des „äußersten" Demokratietyps, den Aristoteles[15] erwähnte. Wie bei der Erörterung seiner Souveränitätskonzeption ausgeführt, steht der Souverän Rousseaus nicht unter den von ihm gegebenen Gesetzen; er kann sie jederzeit ändern, und daß die jetzigen noch bestehen, hat seinen Grund alleine darin, daß er sie noch nicht hat ändern wollen. Die Gesetze besitzen also keine ‚innere' Rationalität, keinen überzeugenden Inhalt, aufgrund dessen sie ein gewisses Beharrungsvermögen zumindest gegenüber unbegründeten Veränderungsbestrebungen hätten. Noch nicht einmal der Gesellschaftsvertrag gilt als unantastbar.

Dieser (allerdings nicht an allen Stellen des *Gesellschaftsvertrages* so drastisch formulierte) kompromißlose Standpunkt zu der allenfalls vorübergehenden Geltung von Gesetzen wird jedoch verständlicher und, wenn man so will: unbedenklicher, wenn der Tugendaspekt der Republik in den Vordergrund rückt. Darauf wird gleich noch einzugehen sein. Hier, bei der Betrachtung des konfliktreichen Verhältnisses von Souverän und Regierung, kam es nur darauf an, die durchgängige Abhängigkeit der Regierung vom Souverän zu demonstrieren.

Mit welchen Mitteln kann nun der Souverän dafür Sorge tragen, daß die Exekutive ihm nicht den Rang streitig macht? Vor allem dadurch, daß seine eigenen Zusammenkünfte weiterhin möglich sind. Die Häufigkeit dieser „festen" Termine steht zwar wiederum in direktem Verhältnis zur Stärke der Regierung (je stärker diese ist, desto mehr Zusammenkünfte müssen abgehalten werden), aber jeder Regierung müssen jederzeit ihre Grenzen aufgezeigt werden. Dies soll konkret dadurch geschehen, daß zu Beginn der Volksversammlungen zwei grundsätzliche, die Regierung betreffende Fragen gestellt werden: Erstens, ob die gegenwärtige Regierungsform beibehalten werden soll, und zweitens, ob das jetzige Regierungsper-

Marginalien:

Das „Herz des Staates"

Sicherung der souveränen Herrschaft

---

[15]   Vgl. dazu Abschnitt 1.2 in diesem Kapitel.

sonal im Amt bleiben soll. Eine Regierung, der derart drastisch die jederzeitige Abberufbarkeit vor Augen geführt wird, so Rousseaus Hoffnung, wird sich existenzgefährdende Verselbständigungstendenzen vermutlich zweimal überlegen.

Einsetzung der
Regierung

Wie kommt aber nun die bisher reichlich beargwöhnte Institution „Regierung" überhaupt zur Existenz? Bevor Rousseau seine eigene, höchst originelle Antwort gibt, setzt er sich mit der Auffassung auseinander, daß die Regierung aus einem Vertrag zwischen einem Volk und seinen Führern hervorgehe. Dieser Auffassung steht bereits die absolutistische Konzeption des Souveräns entgegen: Wenn dieser sich schon nicht den eigenen Gesetzen gegenüber verpflichtet fühlen kann, ohne seiner Allmacht Abbruch zu tun, warum soll er dann Abmachungen mit anderen Personen oder Institutionen einhalten? Eine solche Einschränkung des Souveräns ist für Rousseau „sinnwidrig und widersprüchlich". Darüber hinaus ist zu bedenken, daß ein Vertragsabschluß einen Einzelakt darstellte und als solcher überhaupt nicht in den Zuständigkeitsbereich des Souveräns fällt (der so gesehen auch nicht allmächtig ist), weil der sich nur mit dem Allgemeinen zu beschäftigen hat. Schließlich ist zu fragen, wer bei Meinungsverschiedenheiten zwischen den beiden Vertragspartnern als Schiedsrichter fungieren sollte.

Die „Einsetzung" der Regierung begreift Rousseau nicht als einen Vertrag, sondern als einen zweistufigen Vorgang. Zunächst beschließt der Souverän per Gesetz und also grundsätzlich die Einrichtung einer (demokratischen, aristokratischen oder monarchischen) Regierung. Sodann wird gemäß diesem Gesetz ein Führer oder eine Führungsmannschaft ernannt. Da diese Ernennung, genauso wie der oben erwogene Vertrag, jedoch eine auf den Einzelfall bezogene und darum der Exekutive vorbehaltene Handlung darstellt, wäre sie illegitim, würde sie vom Souverän vorgenommen. Wenn demnach bereits die Einsetzung einer Regierung ein exekutiver Akt ist, die dafür vorgesehene Institution, die Exekutive, aber noch nicht existiert, dann bleibt kein anderer Ausweg, als daß der Souverän, von dem die Einsetzung unter allen Umständen abhängen muß, seinerseits eine Wandlung erfährt und zur einmalig tätig werdenden Exekutivinstanz wird.

Rousseau verweist in diesem Zusammenhang auf eine „erstaunliche Eigenschaft" des politischen Körpers, aufgrund derer eine „Verwandlung der Souveränität in Demokratie" (III, 17) möglich sei. Die ursprünglich aus souveränen Bürgern bestehende Körperschaft ist danach zu einer (provisorischen) Ansammlung von Beamten geworden, die den erforderlichen Einzelakt vollziehen können. Dies sei keine „Spitzfindigkeit der Spekulation", für die sich kein Beispiel anführen lasse, versichert Rousseau, sondern ein Vorgang, der sich auch am englischen Parlament beobachten lasse. Auch dieses Parlament könne sich in einen Ausschuß – das „Committee of the Whole House" – verwandeln und als solcher beraten. Gleichwohl handelt es sich hier um eine der problematischsten Stellen im dritten Buch des *Gesellschaftsvertrages*, die von den einschlägigen Kommentaren meist ignoriert wird. Denn es stellt sich die Frage, wie diese „Verwandlung" vonstatten gehen soll.[16] Wäre sie einem parlamentarischen Beschluß (zur Umwandlung des Plenums in einen Ausschuß) gleichzusetzen, so handelte es sich doch wiederum nur um einen für den Souverän unzulässigen Einzelakt, nur daß diesmal keine illegitime direkte Einsetzung der Regierung durch den Souverän stattfände, sondern ‚lediglich‘ die Einrichtung des dafür erforderlichen Gremiums.

Bemerkenswert ist auch, daß mit diesem „einfachen Akt" der Verwandlung *zugleich* eine bestimmte Regierung, nämlich die demokratische installiert worden ist. Die Einsetzung der letztlich vom Souverän gewünschten Regierung hat also eine *provisorische* 100%-Demokratie zur Voraussetzung, die ihrerseits die Einsetzung des gesetzlich vorgesehenen Regierungstyps bewerkstelligt. Hatte der Souverän eine demokratische Regierung vorgesehen, so wird aus der provisorischen Demokratie eine dauerhafte; hatte er sich für eine andere Regierungsart entschieden, so setzt die provisorische demokratische Regierung diese andere ein.

2.2 Weitere republikanische Institutionen

Neben der Regierung kennt Rousseau noch zwei weitere auf die Exekutivmacht bezogene Institutionen (IV, 5-6), die aber nicht zu den von Anfang an notwendigen politischen Einrichtungen zählen. Es handelt sich hierbei um das „Tribunat" und die „Diktatur", beides ursprünglich römische Institutionen, deren korrektes historisches Verständnis im *Gesellschaftsvertrag* dahingestellt sein kann. Beide Institutionen hat man sich als eine Art Reserveeinrichtung vorzustellen.

Das Tribunat übernimmt wiederum eine Vermittlungsaufgabe, und zwar in den Fällen, in denen zwischen den verfassungsmäßig vorgesehenen Teilen des Staates – gemeint sind Legislative und Exekutive – „kein genaues Verhältnis hergestellt werden kann" oder wenn

Das Tribunat

---

16   Es handelt sich im übrigen, nach der in Buch I, 8 angesprochenen Wandlung im Übergang vom Natur- zum Zivilstatus, um die zweite Art geheimnisvoller Wandlung im *Gesellschaftsvertrag*.

dieses gestört wurde. Allgemeine Aufgabe des Tribunats (das kein fester Bestandteil der Verfassung sein soll) ist es, die Gesetze bzw. die Gesetzgebung der Republik zu schützen. Das Tribunat vermittelt dazu entweder zwischen Regierung und Volk (als Gesamtheit der Untertanen) oder zwischen Regierung und Souverän. Wie bei der Regierung ist auch bei dieser Sonderinstitution nicht auszuschließen, daß sie ihren ursprünglichen Auftrag überschreitet und zusätzliche Macht gewinnen möchte. Deshalb empfiehlt es sich, ihre Existenz zeitlich zu begrenzen.

Die Diktatur   Die Diktatur ist die zweite zusätzliche Einrichtung; sie wird durch einen „Sonderbeschluß" eingeführt und ist ebenfalls zeitlich bzw. sachlich begrenzt. Die Diktatur soll bei einem unscheinbaren und nur gelegentlich sichtbar werdenden Mangel der Republik, nämlich im Falle der Unbeweglichkeit der Gesetze, Abhilfe schaffen. Es kann durchaus sein, zumal in den Jugendjahren einer Republik, daß eine strikte Gesetzestreue dem Wohl der Republik abträglich ist. Dann fällt es für kurze Zeit einem Diktator zu, die Geschicke des Gemeinwesens zu bestimmen. Während einer Diktatur ruhen die Gesetze bzw. werden aufgehoben. In diesem Zusammenhang fällt auf, daß die existierenden Gesetze plötzlich doch wieder ein gewisses Beharrungsvermögen besitzen und nicht kontinuierlich zur Disposition des Souveräns stehen. Tribunat und Diktatur belegen zudem, daß Rousseaus Republik institutionell gesehen sicherlich nicht unterversorgt war.

Ablehnung repräsentativer Institutionen   Schließlich ist noch auf eine Repräsentativeinrichtung einzugehen, die bei Rousseau keine positive Rolle spielen kann: auf das Parlament. In diesem Zusammenhang fällt das berühmt-berüchtigte abschätzige Urteil über den englischen Parlamentarismus, in dem das Volk nur im Moment der Wahl seiner Abgeordneten frei, ansonsten aber Sklave sei (III, 15). Was Rousseau an dieser Form der Arbeitsteilung oder, wenn man so will, Ausdifferenzierung des politischen Systems stört, ist die enorme Auswirkung auf das politische Leben innerhalb der Republik. Um den Zusammenhalt und die Zukunft einer Republik ist es schlecht bestellt, wenn die ureigenste Aufgabe des Souveräns, die Gesetzgebung, delegiert wird. Die Einrichtung repräsentativer Organe, aber auch die eines stehenden Heeres, steuert gleichermaßen auf den „Ruin" des Staates zu, weil dadurch das Zusammengehörigkeitsgefühl beeinträchtigt, das „soziale Band", wie Rousseau sagt, in der Bürgerschaft zuerst gelockert und dann zerstört wird.

Mit Blick auf die antiken Stadtstaaten stellt Rousseau deshalb fest, daß moderne Staaten mit Parlament zwar keine Sklaven mehr hätten, daß die politische Freiheit dort jedoch durch die Selbstversklavung des Volkes erkauft werde. Die Souveränität des Volkes ist unteilbar, heißt es bei Rousseau kompromißlos. Aber natürlich hat auch diese Lösung einen Preis. Wenn es aufgrund moderner Gleichheitsvorstellungen nicht mehr wie früher im antiken Stadtstaat möglich ist, den männlichen Vollbürgern die Teilnahme am politischen Leben dadurch zu ermöglichen, daß sie von der Sorge um den Lebensunterhalt befreit werden – eben durch die Sklavenarbeit, aber auch durch die Bindung der Frauen an das Haus und den Haushalt –, dann müssen die Bürger in Rousseaus Republik nun beide Lasten schultern und sowohl für die ökonomische Reproduktion sorgen als auch an den Volksversammlungen teilnehmen.[17]

Zu Beginn von Buch IV werden dann zwei Ausdrucksformen der Aktivbürgerschaft vorgestellt: Wahl und Stimmabgabe. Zunächst zur Wahl im Sinne der Auswahl von Amtsträgern: Der ideale Modus für die Ämterbesetzung in der (Regierungsform der) Demokratie ist für Rousseau das Los. Da in einer Demokratie alle Bürger ungefähr gleich an Besitz und Tugend seien, fände die Auswahl unter gleich Guten statt, und bei einer Auslosung hätte jeder die gleiche Chance, an der Regierung beteiligt zu sein. Selbst in der, wie Rousseau sagt, „wahren" Demokratie stellt das Regieren jedoch eine erhebliche Belastung für die einzelnen dar. Die Zuteilung eines politischen Amtes durch das Losverfahren wäre dann immerhin frei von persönlicher Willkür. Da Rousseau eine wahre Demokratie, wie bereits erwähnt, für unrealisierbar hält, ist es unumgänglich, daß es bei realen Regierungen zu einer Kombination der Prozeduren für die Ämterbesetzung kommt. Eine Wahl eignet sich für diejenigen Posten, die ein bestimmtes Talent oder Können voraussetzen (wie z. B. bei einem militärischen Führer), das Los für solche, bei denen der in gut funktionierenden Republiken mehr oder weniger gleichmäßig verteilte gesunde Menschenverstand bzw. Gerechtigkeitssinn gefragt ist (z. B. beim Richteramt).

Neben dem Instrument der Wahl gibt es bei Rousseau schließlich die zentrale Einrichtung des „Stimmrechts". Das Stimmrecht gehört allerdings nicht mehr zum Komplex ‚Regieren', sondern zum Thema ‚Ausübung der Volkssouveränität'. Damit ist die Gelegenheit gegeben, am Ende der Betrachtung über die Regierung eine Überleitung zu den sittlichen Voraussetzungen der Rousseauschen Republik zu machen. Zunächst aber zum Stimmrecht selbst. Bei ihm handelt es sich nicht um eine Berechtigung im Rahmen der Personenwahl, wie sie z. B. im Rahmen von Parlaments- oder Präsidentschaftswahlen

Die Wahl von Amtsträgern

Das Stimmrecht

---

[17] Rousseau hält sogar einen „Frondienst", im Sinne einer ‚Besteuerung' der Arbeitskraft, durch die dann z. B. öffentliche Wege errichtet werden könnten, mit der republikanischen Freiheit für vereinbar (vgl. III, 15).

anzutreffen ist, sondern um eine Berechtigung in *Sach*fragen. Auf den ersten Blick könnte man meinen, dies gleiche dem Votum innerhalb der direkten Demokratie, wie sie heutzutage in der Schweiz praktiziert wird. Dort nehmen die Bürger z. B. mehrere Male im Jahr an Referenden teil, in denen für oder gegen die Beibehaltung eines Gesetzes gestimmt werden kann.

Allerdings geht es bei Rousseaus Stimmrecht nicht um eine interessenfundierte Entscheidung für oder gegen irgendeinen *status quo*:

> „Wenn in einer Volksversammlung ein Gesetz vorgeschlagen wird, so heißt die Frage an das Volk nicht, ob es dem Vorschlag zustimmen oder ihn ablehnen soll, sondern ob er dem Gemeinwillen ... entspricht oder nicht. Jeder gibt mit seiner Stimme seine Meinung kund ...“ (IV,2).

Die Bürger müssen in solchen Fragen also von ihrem immer vorhandenen individuellen (partikularen) Interesse absehen und den Gesetzesvorschlag daraufhin überprüfen, ob er dem Gemeinwohl dienlich ist. Hier wird nicht der Individualist, der Wirtschaftsbürger oder der Bourgeois um seine Interessenbekundung, sondern der politische Bürger, der Citoyen um seine „Meinung“ gefragt. Und in der Mehrheit dieser idealerweise selbstlosen Stellungnahmen (also nicht aus der Addition der vielen Partikularwillen) soll der Gemeinwille sich zu erkennen geben.

An diesem Gesetzgebungsalltag in der Republik wird dann einerseits noch einmal deutlich, wie voraussetzungsreich und anspruchsvoll die Wahrnehmung der politischen Autonomie tatsächlich ist. Andererseits aber fragt sich, wie die „Menschen, wie sie sind“, wovon der *Gesellschaftsvertrag* ja ausdrücklich ausgegangen war, solchen republikanischen Anforderungen gerecht werden können. Der Gesellschaftsvertrag bei Rousseau, der wie bei Locke der Sicherung von Leben, Freiheit und Eigentum dienen sollte und der zur Durchführung dieser Aufgabe einen dem Hobbesschen Souverän in vielen Hinsichten ähnelnden politischen Körper erschuf, scheint auf einem ganz anderen Fundament zu ruhen, mit einem ganz anderen Menschenbild zu operieren, als dies die englischen Vorbilder tun. Das (vor-)letzte Kapitel in Buch IV, das „Über die zivile Religion“ handelt, macht einige Ausführungen zu dieser Grundlage und läßt das Gesamtwerk (und somit auch die ersten beiden, den vertragstheoretischen Fragen gewidmeten Bücher) in einem ganz neuen Licht erscheinen.

2.3 Die sittlichen Voraussetzungen der Republik: Zivilreligion und Erziehung

Der größere Teil der Ausführungen in den Büchern III und IV des *Gesellschaftsvertrages* ist derjenigen politischen Institution gewidmet, die unmittelbar der Umsetzung der Gesetzesherrschaft dient: der Regierung. Buch IV, 8, das jetzt noch betrachtet werden wird, stellt eine gewisse Ausnahme insofern dar, als es darin, wenn man so will, um die „politische Kultur", um jene Einstellungen seitens der Bürger geht, die in einer Republik notwendig vorhanden sein müssen.

Das Kapitel über die Zivilreligion war, für sich genommen, zur damaligen Zeit sicher ziemlich gewagt, weil dort nichts weniger als die vollkommene Unvereinbarkeit des Christentums mit dem Republikanismus behauptet bzw. der Begriff einer „christlichen Republik" als Paradox bezeichnet wird. Darüber hinaus enthält es wohl auch einige religionsgeschichtlich zweifelhafte Aussagen. Das soll hier allerdings nicht weiter interessieren. Statt dessen soll auf das „bürgerliche Glaubensbekenntnis" kurz eingegangen werden. Seine insgesamt fünf Artikel sind schnell aufgezählt. Es postuliert:

Das bürgerliche Glaubensbekenntnis

(1) die Existenz einer mächtigen, wohltätigen etc. Gottheit;
(2) das künftige Leben;
(3) die Belohnung der Gerechten und die Bestrafung der Bösen;
(4) die Heiligkeit des Gesellschaftsvertrages und der Gesetze sowie schließlich, im einzigen „negativen" Artikel,
(5) das Verbot der (religiösen) Intoleranz.

Die Artikel eins bis drei sind häufig als Kern einer universalen Minimalreligion betrachtet worden; Artikel zwei sollte überdies wohl auch zu ganz irdischen Zwecken, nämlich zur Disziplinierung der Bürger-Soldaten im Falle eines Krieges, herangezogen werden können. An Artikel vier fällt auf, daß er der nochmals in Buch III, 18 beschworenen Allmacht des Souveräns, die auch vor dem Gesellschaftspakt nicht halt macht, diametral widerspricht. Die Frage ist nun, welche Funktion diese Zivilreligion als ganze in einem ansonsten radikal weltlichen Bürgerbündnis haben kann.

Ganz offensichtlich muß man das Zivilreligions-Kapitel in Zusammenhang mit Buch II, 7 („Der Gesetzgeber")[18] und Buch II, 12

Bürger und Tugend

---

[18] Vielleicht hätte es ursprünglich auch nach Kapitel II, 7 eingefügt werden sollen. Jedenfalls wird über das Zustandekommen von Kapitel IV, 7 berichtet, Rousseau habe es für das „Genfer Manuskript", die erste Version des *Gesellschaftsvertrages*, erst in allerletzter Minute und auf den Rückseiten des Kapitels über den Gesetzgeber verfaßt.

(„Einteilung der Gesetze") des *Gesellschaftsvertrages* lesen. In Buch II, 12 wird eine Reihe von Gesetzen unterschieden, unter anderen die „politischen", wovon der gesamte Gesellschaftsvertrag handelt, und eine ganz besondere Art von Gesetzen, nämlich jene, die „in die Herzen der Bürger eingegraben wird". Diese Art von Gesetz, die im weiteren Verlauf der Bücher III und IV überhaupt nicht mehr erwähnt wird (zumindest nicht direkt), ist für Rousseau von fundamentaler Bedeutung. Denn von ihr hängt nicht weniger als die „eigentliche Verfassung des Staates" ab. Die „Sitten und Gebräuche" als ungeschriebene Gesetze sowie vor allem die „öffentliche Meinung" sind die unabdingbare Ergänzung, der „Schlußstein" der verfassungsmäßigen Ordnung. Rousseau greift hier an zentraler Stelle, aber nur sehr vage ein Thema auf, das er in anderen Gesellschaftsvertragstheorien nicht findet: die moralische Qualität der die Republik erhaltenden Einzelnen.

Rousseau hatte dieses Problem, das sich speziell seiner Republikauffassung stellt, bereits früh erkannt. In seiner *Abhandlung über die Politische Ökonomie* ist es noch eine der Hauptaufgaben der Regierung, also der Exekutivgewalt, dafür zu sorgen, daß den Bürgern von Kindesbeinen an, durch Erziehung, aber auch über persönliche Vorbilder (z. B. der Minister) vermittelt werde, sich selbst nur im Hinblick auf den Staat zu sehen, sich also als rein politische Wesen zu betrachten. Ist dies geglückt, ist die politische, gemeinwohlbezogene Sicht in den Einzelnen also erst einmal ausreichend verwurzelt, dann kann man, sagt Rousseau, von ihnen später „alles" haben. Im *Gesellschaftsvertrag* dagegen gestaltet sich die erzieherische Aufgabe schwieriger, sie wird geradezu radikalisiert, weil jetzt die Auffassung besteht, daß die bürgerliche Tugend nicht ohne einen Eingriff von ganz außerhalb der Gesellschaft zu haben sein wird. Etwaige vorbildliche Amtsinhaber jedenfalls können die dazu notwendige Ertüchtigung nicht mehr bewirken.

Der Gesetzgeber (Législateur) Wie sieht nun Rousseaus neue Lösung aus? In Buch I, 8 wird die ‚Geburt' des *citoyen*, des politischen Bürgers, als Ergebnis des Übergangs vom Natur- zum Zivilzustand gesehen und einer „sehr bemerkenswerten Verwandlung" zugeschrieben. In Buch II, 7 dagegen wird dieser ominöse Prozeß der Person des „Gesetzgebers"[19] („législateur") zugeschrieben. Der Gesetzgeber gibt dem erst noch zu bildenden Volk nicht nur – zur Überhöhung seiner eigenen Autorität: unter Berufung auf Gott – eine Verfassung (über die es dann abzu-

---

[19] Darunter ist kein Gesetzgeber im heutigen Sinne (etwa ein Parlament) zu verstehen; Rousseaus Gesetzgeber ist ein herausragendes Individuum. Klassische Vorbilder sind Moses und Lykurg, der legendäre Gesetzgeber Spartas.

stimmen hat), sondern er muß die Menschen auch noch so ändern, daß sie überhaupt republiktauglich sind. In Buch II, 7 heißt es unmißverständlich und wohl auch etwas martialisch:

> „Wer es wagt, einem Volk eine Verfassung zu geben, muß auch wagen, sozusagen die menschliche Natur umzuwandeln. Jeden einzelnen, der ein in sich vollkommenes und selbständiges Ganzes ist, in einen Teil eines größeren Ganzen umzuformen, von dem diese Einzelwesen gewissermaßen ihr Sein und ihr Leben erhalten; die Verfassung des Menschen entstellen [altérer], um sie zu verstärken."

Und bei dieser Umgestaltung der Menschen in politischer Absicht dient dem Gesetzgeber die Zivilreligion als ein „Werkzeug". Überdies verfügt er aber auch über andere Mittel zur Gestaltung der Menschen bzw. Bürger. Die enorme Bedeutung der Sitten für die Gemeinschaft besteht darin, daß sie nicht nur, wie die positiven Gesetze, äußeres Verhalten bestimmen, sondern im Innern des Individuums Einstellungen formen. Sitten prägen also viel tiefgehender und sind darum aus der Sicht der öffentlichen Ordnung (des Gesetzgebers) viel verläßlicher. Die Sitten bewirken, daß die Bürger bereits in ihrem nicht politischen Leben daran gewöhnt sind, sich nicht egoistisch zu verhalten, so daß ihnen dadurch der notwendige Gesetzesgehorsam später erleichtert wird. Zudem besitzen Gebräuche und Gewohnheiten den Vorteil, daß sie keinen konkret benennbaren Urheber haben.

In der Rousseau-Literatur der Gegenwart wird die Zivilreligion meist zu einseitig betrachtet. Danach soll sie entweder das leisten, was auch die Überredung des Gesetzgebers nicht zu leisten vermag, nämlich die Gewährleistung eines bedingungslosen Eintretens für die Republik, oder aber sie wird als ein trickreiches und nur einmalig zu gebrauchendes Instrument bei Gründung der Republik gesehen, das dann im weiteren politischen Leben keine Bedeutung mehr hat. Die zivilreligiösen Postulate muß man jedoch vielmehr als dauerhafte, das republikanische Leben begleitende Anforderungen begreifen. Darüber hinaus wird auch die Radikalität der Aufgabe, der sich der Gesetzgeber zu stellen hat, nicht immer richtig gesehen. Es ist keineswegs damit getan, daß der weise, gottähnliche Geburtshelfer der Republik die interessenverhaftete Natur der Menschen sozusagen umlenkt, sie von den egoistischen Zielsetzungen abzieht und auf das Vaterland ausrichtet. Die Aufgabe des Gesetzgebers ist es ausdrücklich, die Verfassung des Menschen, sein Gebaren und seine Ansichten, radikal umzustellen; er muß eine „moralische Existenz *an die Stelle* der physischen" setzen, heißt es an einer einschlägigen Stelle in Buch II, 7. Mit leichten Korrekturen ist es also nicht getan, nichts weniger als die „(Neu-) Erschaffung des Menschen" steht auf dem Spiel.

Republik und
Tugend

Geht man davon aus, daß die so beschaffene Herkules-Aufgabe des Gesetzgebers wenigstens annähernd zu bewältigen ist, dann wird auch klarer, warum Rousseau den Gemeinwillen als vollkommen unumschränkte Gestaltungskraft der Republik betrachten kann: Die total ‚umgekrempelten' Bürger können eigentlich nur noch das Richtige wollen. Liest man die ersten beiden Bücher des *Gesellschaftsvertrages* nur bis zum Gesetzgeber-Kapitel, stellt sich leicht der Eindruck ein, hier handele es sich um eine radikale, ausschließlich auf Prozeduren abstellende Theorie der Volkssouveränität, der keine natur- oder vernunftrechtlichen Schranken gesetzt sind. Der Umstand, daß gemäß dem demokratischen Kontraktualismus „alle über alle" beschließen, scheint dann Garantie genug dafür zu sein, daß der politische Souverän kein Unrecht beschließen kann. Liest man diesen vermeintlich reinen Begriff der Verfahrens-Republik durch die Brille des Législateurs, der Zivilreligion und der pädagogischen Vorstellungen von Rousseau, dann zeigt sich, daß die Republik bei ihm keine toll gewordene Gesetzgebungsmaschine ist (zumindest nicht sein soll), sondern die Tugendhaftigkeit ihrer Bürger voraussetzt.

3. Habermas und Rawls: Diskursive und deliberative Demokratie

Rousseaus zweiteilige und darum auch zweischneidige Demokratie- bzw. Republik-Theorie – modern, was Souveränität des Volkes angeht, traditionell, was die Bürgertugend betrifft – ist bis in die jüngere Gegenwart hinein wegen ihrer vermeintlichen Radikalität immer wieder angefeindet worden. Vor allem in der Zeit um den II. Weltkrieg wurde sie zur Projektionsfläche einer „realistischen" Theorie der Demokratie, in deren Zentrum allein die Wahl oder Abwahl einer Regierungsmannschaft als mehr oder weniger taugliches Instrument der Interessen der Wählermehrheit steht. Als eine Art Gegenbewegung zu diesem stark ausgedünnten Konzept der Volksherrschaft hat sich in den vergangenen knapp zwanzig Jahren das Beratungs-Konzept[20] der Demokratie herausgeschält. Als womöglich ersten Vertre-

---

20 Der Begriff der „Beratungsdemokratie" wird hier eingeführt als Oberbegriff für die diskursive Demokratie von Jürgen Habermas einerseits und die deli-

ter einer solchen Auffassung kann man ohne weiteres, worauf schon am Ende des ersten Abschnittes hingewiesen wurde, Aristoteles bezeichnen. Auch bei ihm (in seiner *Rhetorik*) wird die „beratende Rede", die Fragen des Nutzens und der Gerechtigkeit erwägt, als typisch für die Volksversammlung der antiken Stadtstaaten bezeichnet.

Für die variantenreiche Theorie der Beratungsdemokratie lassen sich zunächst drei allgemeine Merkmale feststellen:

- Erstens wird der Demokratiebegriff, anders als bei Rousseau, wieder mit der Gesetzgebung in Verbindung gebracht und also nicht auf die Regierungsform beschränkt.

- Zweitens soll demokratische Gesetzgebung nicht ausschließlich die Aufgabe eines Vertretungsorgans (des Parlamentes) sein, sondern – mittelbar – auch unter Mitwirkung aller politisch interessierten Bürger stattfinden.

- Drittens soll sich die Gesetzgebungsarbeit zum guten Teil in einer auf Verständigung ausgerichteten intersubjektiven Beratung niederschlagen.

Die zeitgenössischen Theorien der demokratischen Beratung stimmen in diesen Punkten wohl überein, unterscheiden sich jedoch auch untereinander in wesentlichen Punkten. Das ist zum einen die Frage, *wie*, mit welcher Sorte von Argumenten das politisch aktive Volk bzw. seine Repräsentanten beraten, und zum anderen die Frage der ‚Reichweite‘, die den Beschlüssen des Souveräns zugestanden wird. Zugespitzt formuliert besteht der zweite Unterschied darin, ob dem demokratischen Prozeß zugemutet wird, auch noch die Regeln oder Rechte, durch die der politische Beratungsprozeß verfaßt ist, hervorzubringen. Die „Diskurstheorie" der Demokratie neigt dieser Auffassung zu, die „deliberativen" Theorien der Demokratie tun dies nicht. Mit der Diskurstheorie von Jürgen Habermas einerseits (3.1) und dem Konzept der öffentlichen Vernunft von John Rawls andererseits (3.2) werden im folgenden zwei der wohl bekanntesten Varianten der Beratungsdemokratie vorgestellt. Mit ihnen lassen sich auch die unterschiedlichen Auffassungen zum eben genannten Problem der Legitimation der Grundrechte verdeutlichen. Am Schluß dieses Abschnitts erfolgt ein Blick auf die Grenzen der Leistungsfähigkeit der beiden Demokratiekonzepte (3.3).

---

berative Demokratie von John Rawls andererseits, mit denen, wie zu zeigen ist, jeweils unterschiedliche Auffassungen verbunden sind.

3.1 Diskurstheorie des demokratischen Rechtsstaats – Politik als Verständigungsprozeß

Die Beratungstheorien der Demokratie bearbeiten mit der politischen Kommunikation im Kontext der Gesetzgebung ein Thema, bei dem der Rückgriff auf sozialwissenschaftliche oder sprachphilosophische Theoriestücke nicht überraschen würde. Bei der Diskurstheorie der Demokratie ist er unumgänglich, weil sie erst im Anschluß an eine zuvor entwickelte allgemeine Handlungs- bzw. Kommunikationstheorie entstanden ist. Um den Zuschnitt der Diskurstheorie der Demokratie verstehen zu können, muß zunächst ein Blick auf die ursprünglichen handlungstheoretischen Zusammenhänge, in denen sie entstanden ist, geworfen werden (3.1.1). Im Anschluß daran wird das darin eingebaute Konzept der Argumentation im weiteren und das der politischen Argumentation im engeren Sinn skizziert (3.1.2) sowie schließlich das Verhältnis von politischem Diskurs und Grundrechten betrachtet (3.1.3).

3.1.1 Diskurs und politische Emanzipation

Habermas' Diskurstheorie der Demokratie ist aus der Erbmasse der kritischen Gesellschaftstheorie von Max Horkheimer und Theodor W. Adorno hervorgegangen. In ihren frühesten Stadien war sie einerseits um eine kritische Analyse der „Öffentlichkeit" in den politischen Systemen des liberalen und kapitalistischen Westens bemüht; andererseits ging es dieser Sozialphilosophie auch darum, ihr Selbstverständnis, auch in Abgrenzung von Klassikern der politischen Philosophie, darzulegen. Bei der kritischen politischen Theorie konnte es sich zum einen nicht um ein, im Sinne von Aristoteles, *theoretisches* Unternehmen handeln, denn ihr Gegenstandesbereich: die gesellschaftliche Ordnung kann nicht, zumindest nicht ausschließlich in der objektivierenden Einstellung erschlossen werden, die der Forscher gegenüber der unbelebten Natur einnimmt. Der politische Philosoph hat es vielmehr mit den bewußten oder unbewußten Hervorbringungen menschlichen Handelns und Verhaltens zu tun, die mehr oder weniger gut verstehbar sind. Zum anderen war aber auch ein rein *praktisches* Wissenschaftsverständnis (wieder im aristotelischen Verständnis[21]) nicht akzeptabel. Denn der Praxisbegriff würdigt zwar die Rolle menschlichen Handelns und damit den Umstand, daß die spezifischen Forschungsgegenstände von Menschen hervorgebracht werden, betont dabei für eine „kritische" Theorie jedoch zu sehr das Herkommen, die Anpassung und das Bewahren. Traditionen

---

[21] Siehe Abschnitt 1. in diesem Kapitel.

beinhalten immer auch nicht zu rechtfertigende, nicht legitimierbare Sitten, Umgangsformen und Institutionen, wofür die bisherige Geschichte genügend Beispiele gibt: die Sklavenhaltung, die Diskriminierung von Frauen und Kindern, die Verfolgung Andersdenkender oder Andersgläubiger und, meist unauffälliger, aber noch folgenreicher, die Zementierung sozioökonomischer Unterschiede.

Um solche Mißstände kritisieren zu können, hatte Habermas' Gesellschaftstheorie ein von Karl Marx inspiriertes *emanzipatorisches* Wissenschaftsverständnis aufgeboten, das an existierende Praktiken bzw. Gesellschaften einen kritischen Maßstab anlegt. Nicht die Veränderung einer Praxis ist aus dieser Sicht das zu Rechtfergende, sondern die Beibehaltung einer Zwang und Gewalt ausübenden Gesellschaftsform. Maßstab einer nicht von illegitimer Herrschaft gekennzeichneten Gesellschaft sollte die „unverzerrte" Kommunikation sein. In einer „herrschaftsfreien" Gesellschaft dürften keine, vor allem nicht die politischen und die sozioökonomischen Institutionen tabuisiert, der kritischen Betrachtung entzogen werden. Alle gesellschaftlichen Verhältnisse, die sich nicht vor dem Urteil der Beratenden rechtfertigen können, müßten aufgehoben werden. So sah in etwa die Position des frühen Habermas Ende der sechziger Jahre des vergangenen Jahrhunderts aus.

Emanzipatorisches Wissenschaftsverständnis

Eine Änderung zwar nicht des Zieles, wohl aber der Mittel bedeutet Habermas' spätere Entscheidung, die kritische Theorie der Gesellschaft als Kommunikationstheorie zu entwickeln. Dies war nicht unbedingt ein sozialwissenschaftliches Novum, aber die dabei eingesetzten Mittel gaben dem nunmehr „Diskurstheorie der Gesellschaft" genannten Projekt sein unverwechselbares Profil. Zentrale Stütze dieses Ansatzes ist ein Drei-Welten-Konzept, in dem diejenigen, die kommunizieren wollen, nämlich die Sprecher, dies in dreierlei Hinsicht tun können. Sie können (ganz abstrakt formuliert) über ihre Innen-, ihre Außen- und ihre Mitwelt sprechen. Versteht man die diesbezügliche Kommunikation als einen ernstgemeinten Austausch von einigermaßen gefestigten Standpunkten, dann sind damit bereits wesentliche Elemente von Diskursen benannt. Als „Diskurse" werden nämlich solche voraussetzungsreichen Veranstaltungen betrachtet, in denen das, was Sprecher behaupten, auf seine Überzeugungskraft und Stichhaltigkeit untersucht wird. Kaffeekränze und Stammtische werden eher nicht als solche diskursiven Veranstaltungen bezeichnet werden können, (gute) Seminare und Expertenrunden in der Regel aber wohl.

Theorie der Gesellschaft als Kommunikationstheorie

In der Habermasschen Kommunikationstheorie sind also mehrere idealtypische Diskurse angelegt, die alle einer spezifischen Problematik – nämlich jeweils einem der drei Weltaspekte – gewidmet sind.

In der Hauptsache sind theoretische und praktische Diskurse zu unterscheiden: erstere sollen die Aussagen über die äußere Welt (die Welt der ‚Gegenstände‘ im weitesten Sinne) prüfen, letztere die Aussagen über die soziale Welt oder Mitwelt (als die durch Normen regulierte zwischenmenschliche Sphäre). Die Frage ist, ob sich ‚Politik‘, als öffentliches und unter Beteiligung der Öffentlichkeit stattfindendes Problemlösen, durch dieses Welt-Konzept und die darauf bezogene Kommunikation hinreichend erfassen läßt.

3.1.2 Elemente der diskursiven Politik: Moral, Ethik, Pragmatik

Damit eine „diskursive" Prüfung im angeführten Sinn überhaupt stattfinden kann, muß eine ganze Reihe von Bedingungen erfüllt sein. Der zentrale Gegenstand aller Diskurse ist der sogenannte Geltungsanspruch, der von Sprechern erhoben wird. Die zahlreichen Voraussetzungen zur Überprüfung dieser Geltungsansprüche werden der umgangssprachlichen Kommunikation entnommen. Der Diskurstheoretiker verfährt hier rekonstruierend. Jeder Sprecher weiß zwar ungefähr, was man zu tun hat, wenn man ernsthaft argumentieren will, aber nicht jeder wird dieses Verhalten gleich in einen detaillierten Regelkatalog fassen können.

Zu den von der Diskurstheorie angeführten Voraussetzungen gehören verschiedene Gruppen von Regeln. Einige davon seien, ohne Anspruch auf Vollständigkeit, angeführt:[22]

- So darf keiner der Sprecher sich während eines Diskurses (eigentlich auch über mehrere Diskurse hinweg) widersprechen, indem er etwas und zugleich sein Gegenteil behauptet,
- jeder Sprecher muß einen Ausdruck, ein Wort immer in derselben Bedeutung gebrauchen und
- schließlich müssen alle Beteiligten wichtige Begriffe in demselben Sinn gebrauchen, sich selbst also z. B. im klaren darüber sein, was Lügen heißt, und sich vergewissern, daß alle anderen dasselbe darunter verstehen.

Neben diesen ‚logischen‘ Regeln und den Wortgebrauchsregeln ist noch die Regel anzuführen, wonach Sprecher nur das äußern dürfen, wovon sie überzeugt sind. Außerdem müssen alle ‚beim Thema‘, also der Prüfung eines zuvor problematisierten Geltungsanspruches bleiben; eine Abweichung davon wäre wiederum begründungsbe-

---

22 Vgl. dazu Jürgen Habermas: *Diskursethik – Notizen zu einem Begründungsprogramm*, in: ders.: *Moralbewußtsein und kommunikatives Handel*, Frankfurt/M. 1983, 53-125.

dürftig. Und schließlich gibt es eine Regelgruppe, die vor dem Hintergrund der bereits genannten ‚Vorschriften' bestimmt, unter welchen Bedingungen eine disziplinierte Diskussion als Grundlage für eine vernünftige Einigung unter den Diskussionsteilnehmern akzeptabel ist. Diese „Diskursregeln" im engeren Sinn fordern, daß

- jedes artikulationsfähige Individuum an solchen Diskursen teilnehmen darf,
- jeder alle (zuvor) aufgestellten Behauptungen problematisieren und gegebenenfalls eigene Behauptungen aufstellen darf und
- niemand durch innerhalb oder außerhalb des Diskurses herrschenden Zwang an der Äußerung seiner Sicht der Dinge gehindert werden darf.

Bei diesen Bedingungen handelt es sich nicht um mehr oder weniger beliebige Vorschriften, sondern um unabdingbare Voraussetzungen, ohne die ein Diskurs nicht als geltungsanspruchprüfende Einrichtung arbeiten kann. Es handelt sich, wie es früher bei Habermas einmal hieß, um die Regeln für eine „ideale Sprechsituation", die, je nach sozialer Umgebung, mal mehr, mal weniger gegeben sein wird. So bedarf es z. B. keiner weiteren Ausführungen, daß die genannten Bedingungen zur Prüfung von Geltungsansprüchen ganz generell moderne, demokratische Gesellschaften verlangen. Denn die Gleichheitsforderung, wonach alle an Beratungen zur Problemlösung teilnehmen dürfen, muß genauso selbstverständlich sein wie der Umstand, daß alles in diesen Beratungen Thema werden kann. Das wird aber in traditionellen Gesellschaften, ganz zu schweigen von autoritären oder totalitären Staaten, nicht der Fall sein. Und selbst jemand, der in einer demgegenüber privilegierten Gesellschaft lebt, kennt sicher genügend Beispiele dafür, daß auch in Institutionen, die relativ diskursiv zugeschnitten sind – also Schulen, Universitäten, Parteien – nicht jeder Redebeitrag, jede Behauptung gleich behandelt und auch nicht jedes Thema zugelassen wird.

Mit einer letzten Betrachtung zum Zuschnitt von Diskursen im allgemeinen muß noch darauf eingegangen werden, wie in einem Diskurs, nachdem verschiedene Positionen zu einem bestimmten Problem vorgebracht worden sind, überhaupt ein Konsens zustandekommen kann. Was ist das Kriterium eines solchen Konsenses? Weiter oben hieß es, die kritische Gesellschaftstheorie verstehe sich als „emanzipatorische", die die auf Zwang und Gewalt basierenden gesellschaftlichen Beziehungen aufspüren, kritisieren und somit überwinden will. Und es war ebenfalls gesagt worden, daß zu diesem Vorhaben eine weitgehend traditionsfreundliche praktische Philosophie nicht als Vorbild dienen kann. Der praktische Diskurs bzw.

Diskurs und
Konsens

die Diskursethik bei Habermas ist also keine, die unbesehen an die bestehende Praxis anschließen kann. Das benötigte Kriterium findet sich deshalb auch nicht in der aristotelischen praktischen Philosophie, sondern in einem anderen Modell der praktischen Vernunft, demjenigen Kants.

Im Zentrum von Kants praktischer Philosophie steht der kategorische Imperativ, der individuelle Handlungsvorhaben dann als unerlaubt aussortiert, wenn deren „Maximen" nicht verallgemeinerbar, d. h. nicht auch für alle anderen vernünftigen Akteure in derselben Situation akzeptabel sind. Während dieses Ethik-Konzept jedoch ein monologisches ist, d. h. von einem einigermaßen vernünftigen Individuum alleine und also ohne Diskussion angewendet wird, ist die *Diskurs*ethik, die der praktische Diskurs enthält, selbstredend eine dialogische Veranstaltung. Bei ihr ist das von Kant favorisierte Moralprinzip, nur nach verallgemeinerbaren, gesetzesförmigen Maximen zu handeln, nicht in die Operationsweise der individuellen Vernunft eingebaut, sondern in die „Bedingungen der Möglichkeit" der intersubjektiven Verständigung. Den eben angeführten Verallgemeinerungsgrundsatz sieht die Diskursethik also in jenen Regeln verkörpert, die einen Diskurs erst ermöglichen; der Grundsatz wird aus den oben angeführten Diskursregeln herausgefiltert. Die damit in aller Kürze umrissene Diskursethik postuliert dann, daß nur solche Geltungsansprüche berechtigt sind bzw. nur solche Normen Geltung beanspruchen können, „die die Zustimmung aller Betroffenen als Teilnehmer eines praktischen Diskurses finden oder [finden könnten]." Eine solche Norm, auf die sich „alle" Beteiligten geeinigt haben, bzw. der in ihr enthaltene Geltungsanspruch kann dann als „richtig" bezeichnet werden.

Der politische Diskurs
Die in *Faktizität und Geltung*, dem politiktheoretischen Hauptwerk von Habermas, entwickelte Theorie des *politischen* Diskurses baut nun maßgeblich auf dem *praktischen* Diskurs auf. Dieser spielt innerhalb der diskursiven Demokratietheorie deshalb eine zentrale Rolle, weil er Ergebnisse aus anderen Diskursen, die nach anderen Entscheidungskriterien als dem Verallgemeinerungsgrundsatz verfahren, übertrumpfen kann. Bei diesen aus Habermas' Sicht ebenfalls in der Politik anzutreffenden anderen Kriterien handelt es sich zum einen um das Zweckmäßigkeitskriterium, zum anderen um das Kriterium des „Guten". Zweckmäßigkeitsbehauptungen werden in einem „pragmatischen" Diskurs verhandelt, das Gute ist Gegenstand „ethisch-politischer Diskurse". Pragmatische Diskurse zeichnen sich dadurch aus, daß vor dem Hintergrund gegebener politischer Zielsetzungen die geeignetsten Mittel zu ihrer Umsetzung gesucht werden. Es geht also um die Zweckmäßigkeit bestimmter Strategien, die

gesuchten Lösungen müssen rational in Bezug auf einen bestimmten Zweck sein.

Ein Beispiel: Vor dem Hintergrund des eindimensionalen Zieles, die Mobilität der Gesellschaft zu erhöhen, lassen sich neue Verkehrsprojekte nach der kürzesten Entfernung, nach der billigsten Streckenführung oder nach dem größten Einzugsgebiet des Verkehrsträgers bzw. nach dem Passagieraufkommen planen. Komplexer wird die Angelegenheit, wenn der Umweltschutz als ein mehr oder weniger gleichrangiges Ziel betrachtet wird und Kompromisse zwischen den beiden unterschiedlichen Zweckmäßigkeitsdiskursen gefunden werden müssen.

Mit dem Kriterium des „Guten" sollen „ethisch-politische" Fragen entschieden werden. Ähnlich wie bei den moralischen Problemen geht es hier um die Frage, was getan werden soll, aber die Referenzgruppe ist in diesem Zusammenhang nicht die Gesamtheit vernünftiger Individuen (die Menschheit), sondern ein kleineres, abgrenzbares Kollektiv, etwa eine Nation. Ein solches Kollektiv verfolgt in einem ethisch-politischen Diskurs das Ziel, sich über einen bestimmten Aspekt des öffentlichen Lebens bewußt zu werden, es geht darum, was „gut für eine bestimmte Gemeinschaft" ist. So streiten die Deutschen z. B. über ihr Verhältnis zu den Juden, zum Staat Israel oder über die angemessene Sichtweise des Nationalsozialismus. Moderne Gesellschaften müssen generell entscheiden, ob sie „Risikogesellschaften" sein wollen, z. B. durch die friedliche Nutzung der Kernenergie oder durch möglichst ungehinderte Entwicklung der Gentechnik. Für den politischen Diskurs bedeutet dies:

> „In den Beratungen über Politiken und Gesetze differenziert sich die Grundfrage ‚Was sollen wir tun?' je nach der Art der regelungsbedürftigen Materie. Die Beteiligten machen unter den Aspekten des Zweckmäßigen, des Guten und des Gerechten von der praktischen Vernunft jeweils einen anderen Gebrauch."[23]

Der politische Diskurs bei Habermas umfaßt also, so läßt sich zusammenfassen, die drei Stränge der moralischen, der ethischen und der pragmatischen Argumente, die in dieser Reihenfolge in eine Hierarchie eingebaut sind. Das heißt, bestimmte Zweckmäßigkeitsüberlegungen können von ethischen Gründen ausgestochen werden, wenn ein politisches Kollektiv eine zweckmäßige Lösung als ‚nicht gut' ausschließt; und eine ethisch gute Lösung muß wiederum dann verworfen werden, wenn sie dem moralischen Verallgemeine-

---

[23] Jürgen Habermas: *Faktizität und Geltung. Beiträge zur Diskurstheorie des Rechts und des demokratischen Rechtsstaats.* Frankfurt/M. 1994, 197.

rungsgrundsatz widerspricht. Auffällig an dieser Einteilung ist, daß alle drei Typen der Argumentation, die die Diskurstheorie der Demokratie als „politische" einstuft, auch außerhalb der Politik anzutreffen sind.

Deshalb stellt sich die Frage, ob es in einer diskursiven Demokratietheorie nicht doch so etwas wie eine speziell *politische* Argumentation geben muß, einen Argumentationstypus, der widerspiegelt, daß die Sprecher in ein politisches Gemeinwesen eingebunden sind. Daß die Diskurstheorie hier wenig zu bieten hat, liegt ganz offensichtlich daran, daß sie ursprünglich als Diskursethik bzw. als eine Theorie des gesellschaftlichen Diskurses entwickelt worden war. Als *zóon politikón* oder als *homo politicus* im klassischen Sinn werden die Individuen von ihr nicht begriffen, zumindest stehen ihr dafür nur ungenügende Mittel zur Verfügung.

3.1.3 Souveräne Demokratie

Die diskursive Variante der Beratungsdemokratie enthält nun insofern noch eine im wörtlichen Sinn radikale Komponente, als ihr nicht nur an der argumentativen Unterfütterung der politischen Entscheidungen, also der Gesetze im Rahmen der normalen Politik gelegen ist, sondern darüber hinaus auch noch an der demokratischen Begründung der Grundrechte. Die beiden Aspekte, die Auffassung des demokratisch-politischen Alltags als Beratung und die diesem Prozedere (zeitlich wie logisch) vorausliegende demokratische Begründung dieses Beratungsverfahrens, gehören nicht zwangsläufig zusammen, aber man kann sie natürlich in Verbindung setzen. Dies geschieht in *Faktizität und Geltung* aufgrund folgender Überlegungen:

Moralprinzip und Demokratieprinzip

Die Diskurstheorie im allgemeinen soll alle handlungsrelevanten Normen unparteilich in Diskursen begründen. Das diesen Anspruch zum Ausdruck bringende allgemeine Diskursprinzip läßt sich in zweierlei Form konkretisieren. Als *Moral*prinzip ermöglicht es die moralische Selbstbestimmung von Individuen (nicht Bürgern); in diesem Zusammenhang werden *Handlungs*normen durch das Verallgemeinerungsprinzip begründet (bzw. Handlungsmaximen verworfen). Als *Demokratie*prinzip soll das Diskursprinzip dagegen *Rechts*normen für ein abgrenzbares Kollektiv, ein Volk oder eine staatlich organisierte Gemeinschaft, begründen. Dazu muß das Diskursprinzip tatsächlich institutionalisiert werden, es müssen reale politische Institutionen (Verfassung, Parlament) geschaffen werden, so daß ein grundrechtlich ausgestaltetes Verfahren der politischen Selbstbestimmung existiert. Dazu muß wiederum geklärt werden, welche Sorten von Rechten für die institutionelle Ausgestaltung der öffentlichen, politischen Autonomie notwendig sind.

In Kapitel III von *Faktizität und Geltung* werden in diesem Zusammenhang zunächst drei „Kategorien von Rechten" angeführt, die notwendig sind, um sinnvoll von einer (Rechts-)Person sprechen zu können: dies sind das „Recht auf gleiche subjektive Handlungsfreiheiten", das Recht auf Zugehörigkeit zu einer „Assoziation von Rechtsgenossen" sowie das „Recht auf Schutz der individuellen Rechte". Zu diesen drei Rechtekategorien hinzukommen muß als vierte Kategorie noch diejenige, die den individuellen Anspruch auf politische Partizipation beinhaltet. Denn die Rechte, die den Status der Rechtsperson umschreiben, müssen ja, so das Argument, auch *in Geltung gesetzt* werden können. Dieser Setzungsakt kommt allein dem Souverän bzw. dem souveränen Volk zu, und um diesen Akt vollziehen zu können, bedarf es des angeführten Rechts auf Partizipation.

Habermas hat diesem Aspekt der diskursiven Demokratietheorie zugute gehalten, daß mit ihm der „Glutkern der Demokratie" auch noch auf die Ebene der genannten Rechtekategorien ausgeweitet wird. Zwar wird zugestanden, daß die drei Rechtekategorien, die eine Rechtsperson ausmachen, „vorgegeben" sind, daß sie, vor allem das Freiheitsrecht, der politischen Autonomie noch vorgeordnet sind.

Demokratie und Rechte

> „Aber diese Rechte sind notwendige Bedingungen, die die Ausübung politischer Autonomie erst ermöglichen; als ermöglichende Bedingungen können sie die Souveränität des Gesetzgebers, obwohl sie diesem nicht zur Disposition stehen, nicht einschränken".[24]

Und an zahlreichen anderen Stellen wird deutlich, daß die Diskurstheorie des demokratischen Rechtsstaates immer dann auf den Spuren von Rousseaus *Gesellschaftsvertrag* wandelt, wenn auch noch besagte Rechtekategorien vom Setzungsakt des demokratischen Souveräns abhängig gemacht werden, so daß nichts mehr, auch kein noch so fundamentales Rechtsprinzip, außerhalb des Prozesses der politischen Selbstbestimmung steht. Der Souverän ist nach dieser Vorstellung also auch noch der Urheber der Bedingungen, unter denen er seine politische Autonomie ausübt.

Demgegenüber wird man bestreiten können, daß es sich hier, bei der Frage nach dem rechtlichen Fundament von Staat und Demokratie, überhaupt um eine Begründungsangelegenheit im wörtlichen Sinn von „Gründe anführen" handelt. Nicht zufälligerweise beriefen sich z. B. die Gründerväter der USA, was die normativen Grundlagen der konstitutionellen Ordnung anging, auf selbstevidente Wahr-

---

[24] Habermas (1994), 162.

heiten; ihr Zeitgenosse Kant setzte in seiner *Rechtslehre* auf ein „angeborenes" (will heißen: vernünftigerweise nicht zu bestreitendes) Recht auf Freiheit. Die ‚radikale‘ diskursive Demokratietheorie schrumpft in ihrem Bemühen darum, auch noch ein solches Grund-Recht autonom zu setzen, auf ein rein volitives Moment zusammen. Dem politischen Souverän soll damit, wenn schon nicht das letzte Wort, so doch der letzte Akt vorbehalten sein.

3.2 Eine Theorie deliberativer Demokratie: Übergreifender Konsens und öffentliche Vernunft

Obwohl das „genus deliberativum" oder die beratende Rede ein wichtiger Bestandteil der klassischen politischen Theorie gewesen ist, mußte diese Einsicht im 20. Jahrhundert erst einmal wiedergewonnen werden, weil die realistischen und skeptischen Politikmodelle die Sprache nachhaltig als reines Manipulationsinstrument diskreditiert hatten. Was die US-amerikanische Diskussion angeht, so ist der Begriff der „deliberativen Demokratie" ungefähr Ende der achtziger Jahre aufgetaucht und hat sich innerhalb kurzer Zeit in einer ganzen Reihe von beeindruckenden Einzelarbeiten niedergeschlagen. Gemeinsames Merkmal fast aller dieser Veröffentlichungen ist es, daß sie (anders als die Diskurstheorie) weder sprachphilosophische Anleihen machen noch den Konsens aller an den Beratungen Beteiligten als notwendig erachten. Für die meisten gilt überdies, daß sie sich als Theorien „mittlerer Reichweite" verstehen und in diesem Zusammenhang zwar auch Grundsätze aufstellen, unter denen die politische Beratung legitim sein kann, diese aber nicht noch einmal durch ein dann „unhintergehbares" Prinzip begründen wollen. Das vorrangige Ziel ist die prinzipiengestützte Analyse realer politischer Prozesse. Demgegenüber nimmt sich Rawls’ Konzept deliberativer Demokratie wiederum theorielastiger aus, indem es die Voraussetzungen (3.2.1) sowie den Modus und den Inhalt der politischen Deliberation zu bestimmen versucht (3.2.2).[25]

3.2.1 Der übergreifende Konsens

Der „politische Liberalismus" von Rawls verkörpert eine Weiterentwicklung, aber auch eine Modifizierung einiger in seiner *Theorie der Gerechtigkeit* entwickelten Auffassungen. Im folgenden soll zunächst grob umrissen werden, welcher Art die Übereinstimmung im über-

---

[25] Siehe zum folgenden John Rawls: *Political Liberalism*. New York 1993, Vorlesung IV und VI sowie ders.: *Nochmals: Die Idee der öffentlichen Vernunft*, in: ders.: *Das Recht der Völker*. Berlin und New York 2002, 165-218.

greifenden Konsens ist, von dem die politische Beratung ausgehen muß.

Zur Erinnerung: Die Hauptaufgabe der Rawlsschen Gerechtigkeitstheorie bestand darin, Gerechtigkeitsprinzipien zu benennen, die für die Grundstruktur einer Gesellschaft maßgeblich sein sollten.[26] Die Begründung dieser Grundsätze wurde als Wahl in einem „Urzustand" modelliert. Der- oder diejenigen, die in dieser fiktiven Situation Grundsätze zur Gestaltung der Gesellschaft bestimmen sollen, wissen weder etwas über ihre eigenen, persönlichen Fähigkeiten noch kennen sie die soziale Position, die sie später einnehmen werden – über jeglichem personenbezogenen Wissen liegt ein „Schleier des Nichtwissens". Die Wahl der Gerechtigkeitsgrundsätze wird damit von einer Position aus vorgenommen, die in der Moralphilosophie als „Unparteilichkeitsstandpunkt" bekannt ist, und Rawls hatte diese frühere Konstruktion als eine „verfahrensmäßige Deutung des kategorischen Imperatives" verstanden wissen wollen. Die beiden Gerechtigkeitsprinzipien, die aus dieser Situation hervorgehen, sind zum einen ein Recht auf gleichgroße Grundfreiheiten und zum anderen der Grundsatz der fairen Chancengleichheit, wonach soziale Ungleichheiten nur unter bestimmten, starken Bedingungen zulässig sind, nämlich dann, wenn die in einer Gesellschaft am schlechtesten Gestellten davon auch profitieren.

Rawls' Begründung der Gerechtigkeitsprinzipien

Von diesem ausdrücklich moralischen Fundament der Gerechtigkeitstheorie kann der politische Liberalismus des späten Rawls allerdings keinen Gebrauch mehr machen. Da Rawls' Theorie in einer durch und durch pluralistischen Gesellschaft zur Anwendung gelangen soll, geht es nicht an, daß diese Theorie im Konflikt der vielen Weltanschauungen durch einen Rückgriff auf Kant sozusagen Partei ergreift. Es muß also eine politische Basis unabhängig von konkreten Lehren gefunden werden, so überzeugend sie auch im Einzelfall sein mögen. Rawls versteht deshalb seinen politischen Liberalismus in seinem ersten wesentlichen Schritt nunmehr als *re*konstruktiv. Denn die Art und Weise, wie politische Fragen gelöst werden sollen, sei in der Wirklichkeit der politischen Praxis der USA deutlich erkennbar und darum auch nachvollziehbar. Es sei unumstritten, daß Vereinbarungen im politischen Alltag unter „fairen" Bedingungen, von einem unparteilichen Standpunkt aus getroffen werden, und dieser Standpunkt müsse auch für die Gewinnung der Gerechtigkeitsprinzipien eingenommen werden. Der konstruktive Schritt zur Gewinnung der besagten Prinzipien ist also in diesen rekonstruktiven Schritt eingebettet, der keinerlei Prämissen aus philosophischen Leh-

Rawls' Begründung des politischen Liberalismus

---

[26] Vgl. dazu Kap. V.4.

ren übernimmt. Die oben genannten Prinzipien werden damit als Inhalt eines „übergreifenden Konsenses" *(overlapping consensus)* unter allen Mitgliedern einer pluralistischen Gesellschaft betrachtet.

Der übergreifende Konsens

Was hat man sich unter einem solchen Konsens konkret vorzustellen? Zunächst ist dieser Konsens, anders als derjenige der Diskurstheorie, kein zwischen Sprechern erzielter Konsens. Man muß vielmehr davon ausgehen, daß er erst allmählich, im Laufe der Zeit sich einstellt. Naheliegend ist, daß sich diese Übereinstimmung in der Anerkennung legitimer Prinzipien aus einem *modus vivendi* heraus entwickelt hat. In Bezug auf die (Vor-)Geschichte der USA heißt das bei Rawls: Ausgangspunkt dieser Entwicklung ist die informelle, sozusagen gewohnheitsmäßige Art des Zusammenlebens der europäischen Siedler, die dann nach geraumer Zeit eine verfassungsmäßige Ausgestaltung erhält und damit formalisiert und positiviert wird. „Umfassend" wird dieser konstitutionelle Konsens dann, wenn die in der öffentlichen Ordnung enthaltenen Prinzipien nicht lediglich im Sinne der herrschenden Klassen verstanden, wenn also z. B. die Grundrechte nicht bloß den Angehörigen einer bestimmten sozialen Schicht, sondern tatsächlich allen Bürgern zugestanden werden.

„Übergreifend" ist der Konsens dann deshalb, weil die Anhänger unterschiedlicher Lehren – Liberale und Konservative, Christen, Muslime, Atheisten u. a. – aus jeweils *ihren* Gründen[27] einwilligen und die Verfassung anerkennen:

> „Wenn der politische Liberalismus von einem vernünftigen übergreifenden Konsens umfassender Lehren spricht, ist damit gemeint, daß alle diese Lehren, seien sie nun religiös oder nicht, eine politische Gerechtigkeitskonzeption stützen, die eine konstitutionelle demokratische Gesellschaft sichert".[28]

Politische Deliberation meint dann das Unternehmen, alle gesellschaftlichen Probleme innerhalb der „vier Ecken der Verfassung" zu lösen, die von den gesellschaftlichen Gruppen prinzipiell anerkannt ist. Die verfassungstreuen Gruppen bzw. die Individuen streiten um die beste fallbezogene Auslegung der auf dem übergreifenden Konsens beruhenden Verfassung.

---

[27] Aus der Sicht der Diskurstheorie handelt es sich hierbei nicht um einen echten Konsens, weil die Zustimmung aus jeweils unterschiedlichen und nicht aus denselben Gründen erfolgt.

[28] Rawls (2002), 209.

3.2.2 Politische Deliberation als Verfassungsinterpretation

Politischer Beratungsbedarf in einer durch die Verfassung geordneten Gesellschaft ergibt sich an vielen Stellen. In *Eine Theorie der Gerechtigkeit* sollte sich die politische Umsetzung der Gerechtigkeitsprinzipien über einen sogenannten „Vier-Stufen-Gang" vollziehen, in dem sich der Verfassungsgesetzgeber mit dem ersten Gerechtigkeitsgrundsatz (die Grundfreiheiten betreffend), der einfache Gesetzgeber mit dem zweiten Gerechtigkeitsgrundsatz (der Korrekturen der sozialen Ungleichheit vorschreibt) befassen mußte. Während die Institutionen der Exekutive und der Judikative dann die Umsetzung und die Einhaltung des so geschaffenen Rechts gewährleisteten, war den Bürgern durch das eher außeralltägliche Institut des zivilen Ungehorsams ursprünglich nur eine Vetoposition im Zuge dieses vierstufigen Prozesses zugestanden worden. Diese Grundkonstellation ist zwar auch beim späten Rawls im großen und ganzen beibehalten worden, aber mit dem erheblichen Unterschied, daß die Bürger den Gesetzgebungsprozeß jetzt – deliberierend, Pro und Contra von Gesetzesentwürfen abwägend – mitverfolgen und ihren Protest gegen womöglich illegitime Entscheidungen von Legislative oder Exekutive nicht erst im nachhinein geltend machen müssen. Das Konzept der „öffentlichen Vernunft" geht in diesem Zusammenhang davon aus, daß sowohl Amtsinhaber als auch Bürger bei der Lösung politischer Probleme die öffentlichen Standards in der Öffentlichkeit anwenden. Und bei den öffentlichen Standards handelt es sich um die besagten Prinzipien, die Gegenstand des übergreifenden Konsenses sind.

Der Begriff der „öffentlichen" Vernunft ist nun insofern mißverständlich, als man annehmen könnte, nur diejenigen Ansichten, die direkt oder indirekt durch den übergreifenden Konsens gedeckt sind, könnten überhaupt geäußert werden, während alle anderen in der Privatsphäre verbleiben müßten. Die Äußerung von Ansichten, die nicht unter den Konsens fallen, ist aber natürlich ebenfalls öffentlich vertretbar, da sie ja bereits durch das Recht auf freie Meinungsäußerung gedeckt ist, das eine wohlgeordnete Gesellschaft zweifelsohne gewähren würde. Was durch diese Konstruktion jedoch vermieden werden soll, ist, daß diese ‚privaten' Ansichten bereits bei der Lösung alltäglicher politischer Probleme berücksichtigt werden. Dies könnte den öffentlichen übergreifenden Konsens untergraben und womöglich den zahlreichen Anhängern anderer umfassender Lehren oder denjenigen, die einfach ‚nur' die geltende Verfassung unterstützen, eine partielle Sicht aufzwängen. Das heißt jedoch nicht, daß solche privaten Ansichten gar

Die öffentliche Vernunft

keine Rolle in der Politik spielen sollten. Immer dann, wenn eine Verfassung keine eindeutige Antwort auf grundlegende Fragen (etwa der Gentechnik, der Abtreibung oder der Sterbehilfe) gibt, ist es erforderlich, daß sich politisch interessierte Bürger klarmachen, aus welchen Gründen sie die konstitutionelle Ordnung unterstützen und welche Lösung die von ihnen vertretene umfassende Lehre für das konkrete Problem nahelegt.

Fälle der genannten Art, die sich daraus ergeben, daß in die politische Beratung solche Auffassungen hineindrängen, die privater und nicht öffentlicher Natur sind, ziehen sicher größte Aufmerksamkeit auf sich, aber sie machen, quantitativ gesehen, nur einen sehr kleinen Teil der auf die Gesetzgebung bezogenen politischen Diskussion aus. Aber selbst wenn tatsächlich alle politischen Probleme mit dem Prinzipien-Fundus des übergreifenden Konsenses angegangen würden, bedeutete dies noch nicht, daß politische Fragen dann auch zwangsläufig im Konsens gelöst würden. Der Grund liegt darin, daß verschiedene Individuen ihr Urteil in einer konkreten Frage deshalb unterschiedlich begründen können, weil sie die in einer Verfassung verankerten und mit Konsens ausgestatteten Prinzipien in konkreten Fällen unterschiedlich anwenden und gewichten.

Die Last des Urteil(en)s
Rawls spricht im Zusammenhang der dadurch immer möglichen Unterschiedlichkeit der Urteile von einer „Last", von den *burdens of judgment*, und rückt die Eigenart solcher politischen Urteile ungewollt in ein negatives Licht, weil man auf die Idee kommen könnte, diese Urteile seien mit einem schwerwiegenden Manko behaftet. Bezieht man besagte „Last" des Urteilens dagegen auf das Praxisverständnis des Aristoteles oder auf Arendts Konzeption des politischen Urteilens,[29] dann fällt auch von Rawls' Modell des Urteilens der Verdacht des Mangelhaften ab. Denn die praktische Politik ist nun einmal kein Gebiet, auf dem man (immer) eindeutige Ergebnisse erzielen kann. Sie ist vielmehr ein solches, auf dem man begründeterweise unterschiedlicher Auffassung sein kann.

Auch Rawls neigt dieser Sicht der Dinge zu, weil er als das institutionalisierte Beispiel des vernünftigen Urteilens bzw. Beratens den *U. S. Supreme Court* erwähnt, das dem deutschen Bundesverfassungsgericht in einigen Zuständigkeiten vergleichbare oberste Gericht der Vereinigten Staaten. Dieses Gericht berät auf der Grundlage der Verfassung und entscheidet nicht zwangsläufig einstimmig. Diejenigen Richter, die sich in der Minderheit befinden, vertreten gegenüber dem Mehrheitsurteil eine „abweichende Meinung" und

---

[29] Vgl. Kap. III.4.

begründen diese auch ausführlich. Gelegentlich haben solche Minderheitsvoten, die alternative Lösungen für verfassungsrechtliche Probleme enthalten, sogar einen gesellschaftlichen Meinungswandel angestoßen. Eine politische Theorie, die mit solchen Divergenzen rechnet und sie zuläßt, ist also keineswegs unrealistisch – im Gegenteil: sie kann die Ursache für vernünftigen Dissens in Einzelfragen verständlich machen. Daß in politischen Fragen kein Konsens erzielt werden kann, muß also nicht heißen, daß nur noch nicht lange genug debattiert wurde, es kann auch daran liegen, daß man vernünftigerweise unterschiedliche Auffassungen vertreten kann.

3.3 Die Grenzen der Beratungsdemokratie

Die deliberative Demokratietheorie von Rawls ist also vor allem hinsichtlich ihrer Kapazität, vernünftige Meinungsverschiedenheiten zuzulassen und auf den Begriff zu bringen, überzeugender als die Diskurstheorie. Allerdings rückt diese ein Problem in den Vordergrund, das wiederum die meisten deliberativen Theorien, auch die Rawlssche, so nicht erfassen.

Gemeint ist die Tatsache, daß verständigungsorientierte Kommunikation auf dem Felde der Politik zwangsläufig an Grenzen oder auf Hindernisse stößt. Das heißt: Weder die politische Beratung im engeren Sinne, also die parlamentarische, noch die Verbindung zwischen Parlament und politisch interessierter Öffentlichkeit kann umstandslos als gegeben und als vollkommen reibungslos funktionierend betrachtet werden. Natürlich würden, um nur eines der Beratungshindernisse anzusprechen, die Vertreter der deliberativen Theorien nicht leugnen, daß es egoistische Wölfe im verständigungsorientierten Schafspelz gibt, d. h. Sprecher, die nur vorgeben, an einer einvernehmlichen Lösung interessiert zu sein, in Wirklichkeit aber eigene Interessen verfolgen. Viele der deliberativen Theorien bilden diese in der Wirklichkeit immer mögliche Variante des strategischen Sprechens aber erst gar nicht mit ihren Kategorien ab.

Aber auch die in dieser Frage viel realistischere Diskurstheorie der Demokratie sieht sich ihrerseits mit einem gravierenden Problem konfrontiert, das von ihrer gesellschaftstheoretischen Grundlage herrührt. Denn diese impliziert nicht nur die gesellschaftliche „Lebenswelt", in der sich Sprecher mit Hilfe der Umgangssprache verständigen und unter Umständen Konsens erzielen, sondern auch die gesellschaftlichen „Subsysteme" Wirtschaft und Politik. Politik und Wirtschaft sind aus dieser Theorie-Perspektive aus Gründen der gesellschaftlichen Arbeitsteilung und der Effizienz „ausdifferenziert", d. h. ausgegliedert worden, um den Preis, daß sie nun auch über

Kommunikative und administrative Macht

eine je eigene ‚Sprache' verfügen bzw. über besondere Medien „gesteuert" werden, die die vergleichsweise aufwendige verständigungsorientierte Sprache ersetzen sollen. Im Falle des Wirtschaftssystems ist dies das Medium „Geld", im Falle des politischen Systems ist es das Medium „Macht". Die weitreichende Konsequenz dieser Doppelperspektive auf die Gesellschaft ist, daß auch die Politik aus zwei verschiedenen Perspektiven betrachtet werden muß: Die Kraft der Verständigungsorientierung geht einerseits von ‚unten', von den vielen Öffentlichkeiten der „Lebenswelt" aus, ist also im wörtlichen Sinn basisdemokratisch und schafft *kommunikative* Macht als den Rohstoff, aus dem bindende politische Entscheidungen (zumindest auch) gemacht werden sollten. Die Entscheidungen im politischen System werden aber andererseits (aus einer Vielzahl von Gründen, wozu in erster Linie derjenige der Komplexitätsreduktion, also der Vereinfachung zählt) von einer anderen Ressource als der kommunikativen Macht, nämlich von der *administrativen* Macht bestimmt, worunter die Entscheidungsbefugnis derer zu verstehen ist, die durch Stimmen und Ämter legitimiert sind. Und ein schwieriges Problem der diskursiven Demokratietheorie besteht darin, diese von den guten Gründen der verständigungsorientierten Kommunikation „abgekoppelte" offizielle Politik wieder an die diskursiven Öffentlichkeiten zurückzubinden. Ob dies bisher ausreichend gelungen ist, darüber läßt sich streiten.

Daß Politik, trotz dieser und anderer theoretischer Probleme, zumindest *auch* eine Angelegenheit der Verständigung zwischen Politikern und Bürgern ist, dürften jedoch beide erörterten Varianten der Beratungsdemokratie mit unterschiedlichen Argumenten unter Beweis gestellt haben.

„Tag der Beratung"

Was die grundsätzliche Praktikabilität einer argumentativen Auseinandersetzung über politische Sachfragen angeht, so gibt es seit einigen Jahren ein ganz interessantes Experiment. Gegen das deliberative Politikmodell wird immer wieder der zum Teil erschreckend niedrige Informations- und Kenntnisstand der meisten Bürger in wichtigen politischen Fragen ins Feld geführt. Und Skeptiker verweisen dabei regelmäßig auf einschlägige Ergebnisse empirischer Umfragen. Genau an diesem Punkt setzt ein Projekt von James F. Fishkin ein. Daß viele der Normalbürger in solchen Umfragen normalerweise ein schlechtes Bild abgeben und sich als inkompetent erweisen, wird nicht bestritten, aber dieser Sachverhalt wird auch nicht als unabänderbar angesehen. Abhilfe könnte z. B. ein sogenannter *deliberative opinion poll* schaffen. Eine solche „Befragung" sieht so aus, daß eine aus der gesamten Wählerschaft eines Landes zufällig ausgesuchte, repräsentative Gruppe von Bürgern für einige Tage an einem Ort (freiwillig) zusammenkommt und im Beisein von Experten über ein spezifisches Thema, wie etwa Bekämpfung der Arbeitslosigkeit oder Verbesserung der schulischen und universitären Bildung, berät. Das Ergebnis der mehrtägigen Beratung kann dann – per Umfrage – erhoben und dem Gesetzgeber bzw. der Regierung als „Volkes Stimme" mitgeteilt werden. Im Unterschied zu konventionellen Umfragen würde es sich dabei um „aufgeklärte", weil aus vorangegangenen Diskussionen hervorgehende Meinungen der Bürger handeln. Fishkin hat diese Überlegungen bereits in die Praxis umgesetzt und solche Beratungsrunden 1994 in Großbritannien und 1996 in den USA durchgeführt. Neuerdings plädieren er und andere sogar für die Einführung eines „Tages der Beratung" (*Deliberation Day*) in Form eines nationalen Feiertags im unmittelbaren zeitlichen Vorfeld landesweiter Wahlen. Der Vorschlag klingt zunächst sicher etwas befremdlich, aber was spricht eigentlich dagegen?

Zusammenfassung

In diesem Kapitel wurden einige der in der politischen Philosophie maßgeblichen Demokratie-Begriffe erörtert. Mit Aristoteles' Demokratie- bzw. Politieverständnis wurde die wohl umfassendste Perspektive im Hinblick auf die Herrschaft der Vielen vorgestellt: Alle Bürger eines Staates bzw. alle sozialen Schichten sollten nach Möglichkeit in alle politische Funktionen eingebunden und nicht nur an Gesetzgebung und Gesetzesausführung, sondern auch an der Rechtsprechung beteiligt werden. Eine demgegenüber sehr enge Auffassung der Demokratie als reine Exekutivangelegenheit fand sich bei Rousseau. Rousseaus Demokratie-Begriff ist eingebettet in seine Erörterungen über Regierungen im allgemeinen; Regierungen tendieren seiner Meinung nach immer dazu, einen vom Gemeinwillen der Gemeinschaft abweichenden Partikularwillen zu entwickeln. Darüber hinaus hält er die Demokratie für eine für Menschen ungeeignete Regierungsform. Schließlich wurden als wichtige zeitgenössische Demokratie-varianten die diskursive Theorie der Demokratie (Habermas) und die deliberative Theorie der Demokratie (Rawls) erörtert. Beide postulieren, daß Bürgern – vermittelt durch eine Reihe von Institutionen – die Einflußnahme auf die parlamentarische Gesetzgebung garantiert sein muß, aber beide weichen im Detail erheblich voneinander ab. Umstritten bleiben z. B. die Fragen, inwieweit das institutionalisierte demokratische Verfahren seinerseits demokratischen Ursprungs sein muß und ob in der politischen Debatte letztlich der Konsens oder die Übereinstimmung der Mehrheit angestrebt werden soll.

Literatur

Primärtexte

Aristoteles: *Politik*, übers. u. hrsg. von O. Gigon. München 1973.

Habermas, Jürgen: *Vom pragmatischen, ethischen und praktischen Gebrauch der moralischen Vernunft*, in: ders., *Erläuterungen zur Diskursethik*. Frankfurt/M. 1991, 100-118.

Habermas, Jürgen: *Faktizität und Geltung*. 4. Aufl., Frankfurt/M. 1994.

Rawls, John: *Political Liberalism*. New York 1993.

Rawls, John: *Politischer Liberalismus*. Frankfurt/M. 2002.

Rawls, John: *The Idea of Public Reason Revisited*, in: ders., *The Law of Peoples*. Cambridge/Mass. und London 1999, 129-180.

Rawls, John: *Nochmals: Die Idee der öffentlichen Vernunft*, in: ders., *Das Recht der Völker*. Berlin und New York 2002, 165-218.

Rousseau, Jean-Jacques: *Vom Gesellschaftsvertrag oder Prinzipien des Staatsrechts* (1762), in: ders., *Politische Schriften*, Bd. 1, übers. u. eingel. von L. Schmidts. Paderborn 1977, 59-208.

Sekundärliteratur

Becker, Michael: *Verständigungsorientierte Kommunikation und rechtliche Ordnung*. Baden-Baden 2003.

Bleicken, Jochen: *Die athenische Demokratie*. Vollst. überarb. + wesentl. erw. Aufl. Paderborn 1995.

Brandt, Reinhard und Karlfriedrich Herb (Hrsg.): *Jean-Jacques Rousseau, Vom Gesellschaftsvertrag oder Prinzipien des Staatsrechts*. Berlin 2000.

Fetscher, Iring: *Rousseaus politische Philosophie*. 8. Aufl., Frankfurt/M. 1998.

Fishkin, James F. und Peter Laslett (Hrsg.): *Debating Deliberative Democracy*. Oxford 2003.

George, Robert P. und Christopher Wolfe (Hrsg.): *Natural Law and Public Reason*. Washington, DC 2000.

Kersting, Wolfgang: *Jean-Jacques Rousseaus >Gesellschaftsvertrag<*. Darmstadt 2002.

Meier, Christian: *Die Entstehung des Politischen bei den Griechen*. Frankfurt/M. 1983.

Ottmann, Henning: *Geschichte des politischen Denkens*. Bd. 1/2, Stuttgart und Weimar 2001.

Philosophische Gesellschaft Bad Homburg und Wilfried Hinsch (Hrsg.): *Zur Idee des politischen Liberalismus*. Frankfurt/M. 1997.

Ritter, Joachim: *Metaphysik und Politik*. Erw. Neuausgabe, Frankfurt/M. 2003.

Rosenfeld, Michel und Andrew Arato (Hrsg.): *Habermas on Law and Democracy*. Berkeley u. a. 1998.

VII. Gewaltenteilung

(Reinhard Zintl)

> „Denn es ist ein fundamentaler Grundsatz der Freiheit, daß die öffent-
> liche Gewalt zur Erfüllung ihrer Aufgabe allmächtig, beim Abweichen
> davon aber vollkommen ohnmächtig sein muß, geschehe das Abwei-
> chen nun zum Schlimmen oder sogar zu etwas Gutem, wozu kein
> Auftrag besteht" (Sieyes).

Manche Theoretiker halten eine solche Bändigung der öffentlichen
Gewalt für grundsätzlich unmöglich, selbst in weniger dramatischer
Zuspitzung. Sie argumentieren dann entweder für ihre vollständige
Allmacht oder für ihre vollständige Ohnmacht – für das eine steht
Hobbes, für das zweite der Anarchismus.

Bändigung der Staatsgewalt ist das Ziel aller Verfassungen – eine
unbeschränkte oder ungebändigte Staatsgewalt wird keine Verfassung hinnehmen, eine Verfassung, die die Staatsgewalt nicht beschränkt, ist überflüssig. Die Bändigung der Staatsgewalt aber besteht am Ende immer in ihrer Bindung an das Recht. Das klingt gut,
ist aber insofern selbst eher das Problem als die Lösung, als ja das
Recht nicht vom Himmel fällt, sondern seinerseits selbst letzten
Endes politisch zustandegebracht werden muß. Ein politisches Gemeinwesen muß sich daher gewissermaßen am eigenen Zopf aus
dem Sumpf ziehen – es muß das Recht politisch zustandebringen
und es muß die Politik dem Recht unterordnen. Das aber ist nur
denkbar, wenn die Setzung von Recht und die konkrete Ausübung
der Staatsgewalt nicht voll und ganz in die gleichen Hände gelegt
sind, sei es, daß sie in die Hände unterschiedlicher Funktionsträger
gelegt sind, sei es, daß in jeweils unterschiedlicher Weise zu verfahren ist, je nachdem, worum es geht. Auf keinen Fall darf die Staatsgewalt ein kompakt homogenes Ding sein. Zusammengenommen
kann man also die Idee der Gewaltenteilung als notwendigen Bestandteil jeglichen Verfassungsdenkens ansehen, in institutioneller
Hinsicht sogar eigentlich als seinen Kern.

Sehr oft enthalten zwar gewaltenteilende Institutionen zugleich
eine Aufteilung von Funktionen – man unterscheidet üblicherweise
etwa Gesetzgebung, Ausführung von Gesetzen und Rechtsprechung.
Es wäre aber ein Mißverständnis, würde man solche Aufteilungen
einfach als eine spezielle Form von Arbeitsteilung innerhalb einer
großen Organisation, eben des Staates, auffassen. Arbeitsteilung in

Gewaltenteilung ist
nicht Arbeitsteilung:

einer Organisation – also etwa die Unterscheidung zwischen Linie und Stab, zwischen Planungseinheiten und Durchführungseinheiten, auch die Zuschneidung von Ressorts – ist nicht Gewaltenteilung: Es gibt hierbei ja nach wie vor eine übergeordnete gemeinsame Führung, die das Recht hat, steuernd und korrigierend einzugreifen und auch das Arrangement insgesamt unter dem Gesichtspunkt seiner Leistungsfähigkeit zu beurteilen und gegebenenfalls zu verändern. Gewaltenteilung bedeutet dagegen, daß wir es mit unterschiedlichen wenigstens partiell autonomen Handlungseinheiten zu tun haben, die keiner gemeinsamen äußeren Lenkung und Verfügung unterliegen.

Es ist nützlich, sich vor der Betrachtung einzelner Konzeptionen der Gewaltenteilung klarzumachen, daß es – philosophisch gesprochen – zwei sehr unterschiedliche grundlegende Vorstellungen davon gibt, was Gewalten*teilung* im Kern und dem Ideal nach sein sollte.

Auf den ersten Blick erscheint uns heutzutage zwar klar, was mit Gewaltenteilung ungefähr gemeint sein dürfte – zum einen die Unterscheidung von drei Funktionen der Staatsgewalt, nämlich erstens Gesetzgebung, zweitens Vollzug von Gesetzen und drittens Rechtsprechung, zum anderen die Zuweisung dieser Funktionen zu je eigenen und voneinander unabhängigen Organen. Auf den zweiten Blick sehen wir aber, daß diese Vorstellung nicht eindeutig ist. Haben wir die Vorstellung einer *strikten Separation* voneinander ganz unabhängiger Institutionen oder Kompetenzen, oder haben wir die viel offenere und zunächst bescheidener wirkende Vorstellung, daß jedenfalls *nicht alles in einer Hand* sein sollte? Der Unterschied ist nicht graduell, sondern kategorial.

Separation und Verschränkung:
Nach der ersten Vorstellung, der Vorstellung strikter Separation, darf es keinerlei Zuordnung von Entscheidungsmaterien zu mehreren Organen geben, keinerlei wechselseitige Einwirkung der Organe, keinerlei Personalüberlappung zwischen den Organen. Wenn das realisiert ist, besteht eine buchstäbliche Trennung von Zuständigkeiten, bei der jede der Gewalten ihren Zuständigkeitsbereich ganz allein bearbeitet, innerhalb dieses Bereichs vollständige und jenseits dieses Bereichs keine Entscheidungsmacht hat. Die Beschränkung der Bereiche sichert, daß erst in der Zusammensetzung der Partialentscheidungen das gesellschaftlich interessierende Resultat erscheint. Die schönste Stilisierung dessen, was damit gemeint ist, ist das klassische Beispiel von Harrington, in dem zwei Kinder einen Kuchen unter sich „gerecht" aufzuteilen haben – das eine teilt den Kuchen, selbständig, das andere wählt anschließend, ebenfalls selbständig; die beiden Entscheidungen zusammen ergeben eine

gesellschaftliche Verteilungsentscheidung.[1] Es gibt kein Veto, keinen Kompromißbedarf, keine Notwendigkeit, einem der beiden Kinder irgendwelche Vorgaben zu machen, und dennoch kann man erwarten, daß das Arrangement vernünftige und ethisch annehmbare Resultate produziert.

Ganz so einfach ist es dann aber doch nicht: Was soll geschehen, wenn eines der Organe überhaupt nichts tut oder die Grenzen seiner Zuständigkeit rechtswidrig überschreitet?

Um sicherzustellen, daß die zugewiesenen Kompetenzen nicht mißbraucht oder mißachtet werden, muß es Vorkehrungen geben, die im Notfall kontrollierend wirken. Das kann entweder eine Notfallinstanz jenseits der politischen Organe sein oder es kann eine interne und gegenseitige Kontrolle der Organe sein. Das erste wirft das eingangs angesprochene Allmachts-Ohnmachts-Problem neu auf. Das zweite ist mit der Idee strikter Separation der Kompetenzen nicht vereinbar, sondern gehört in den Umkreis von Ideen der Verschränkung und Balance von Gewalten: Die Stabilität der Institutionen beruht unter solchen Bedingungen auf einem Zusammenwirken verschiedener Organe, die aufeinander partiell Macht ausüben können, von denen keines aber ein anderes unter vollständiger Kontrolle hat.

Wir wollen im folgenden die Kürzel *Gewaltentrennung* für den Weg der Separation plus wie auch immer gedachter Oberaufsicht einerseits und *Machtbalance* (auch: ‚Checks and Balances‘) für den Weg der wechselseitigen Kontrolle aufgeteilter Kompetenzen andererseits verwenden.

Insgesamt werden institutionelle Einzelheiten gerade so weit zu besprechen sein, wie es notwendig ist, um die jeweilige Konzeption deutlich zu machen, eben den philosophischen Teil der Angelegenheit.

In der Hauptsache wird es sich um die drei großen Beiträge zum Thema handeln:

- Montesquieus Vorstellung der Balance zwischen Gewalten, die selbst in soziale Lager eingebettet sind und von dorther ihr jeweiliges Eigengewicht beziehen,
- Sieyes' Konzeption der strikten Separation spezialisierter Organe, die einem homogen gedachten souveränen Volk rechenschaftspflichtig sind und von ihm auch faktisch unter Kontrolle gehalten werden,
- schließlich die Erläuterung des vorgeschlagenen Institutionensystems der künftigen USA, die Hamilton, Madison und Jay in den

---

[1] James Harrington, *Das Gemeinwesen von Oceana* [1656], 33 f.

Federalist Papers geben – die Beschreibung eines sich selbst tragenden Gebildes von einander im Zaum haltenden Organen.

Vorher sind einige Bemerkungen zu dem bereits zuvor Gedachten angebracht, auf das sich unsere Autoren stützen konnten; am Ende des Kapitels werden einige Bemerkungen dazu angeschlossen werden, was Spätere damit angefangen haben.

1. Wegbereiter

Die Idee der Machtbalance ist sehr viel älter als die Idee strikter Separation; sie ist von Anfang an Bestandteil zumindest des europäischen politischen Denkens. Diese Idee ist engstens verbunden mit der Vorstellung von in sich homogenen sozialen Lagern, die aufeinander angewiesen sind und die einander dennoch nicht recht trauen können – Plebejer und Patrizier, Volk und Adel, Arme und Reiche. Die frühesten ausdrücklichen Formulierungen finden sich in der Konzeption der gemischten Verfassung, bei Aristoteles und dann bei Cicero.

Zwar unterscheidet *Aristoteles* Funktionen der öffentlichen Gewalt (*Politik,* Buch IV, Kapitel 14: „von diesen dreien ist eines die über die gemeinsamen Angelegenheiten beratende Gewalt, ein zweites betrifft die Magistratur …; drittens muß erwogen werden, wer mit der Rechtspflege zu betrauen ist" – also Richtungsentscheidung/Gesetzgebung; Ausführung/Verwaltung; Rechtsprechung), jedoch hat diese Unterscheidung bei ihm keine Bedeutung für das Problem der Herrschaftszähmung. Dieses Problem behandelt er vielmehr anderswo, und zwar dort, wo es um die Verteilung von Macht auf gesellschaftliche Gruppierungen geht (im dritten Buch der *Politik*):

Am Anfang der Überlegungen steht die Unterscheidung von drei grundlegenden Formen der Herrschaft – Herrschaft eines Einzigen, einiger Weniger, der Menge. Gut kann jede dieser Formen sein, nämlich dann, wenn die Herrschaft allen dient („Monarchie", „Aristokratie" als Herrschaft der Besten, „Politie" als Herrschaft der Vielen); entartet ist die Herrschaft, wenn sie nur denen nützt, die sie innehaben („Tyrannis"; „Oligarchie" als Herrschaft der Reichen, die ihren Reichtum vor den Begehrlichkeiten der Armen schützen wollen; „Demokratie" als Herrschaft der Armen, die an den Reichtum der Reichen wollen). Die guten Versionen sind instabil, da sie auf Selbstkontrolle der jeweiligen Machthaber angewiesen sind und diese den Versuchungen der Macht nicht zuverlässig gewachsen sind. Die Verfallsversionen sind instabil, da ihre Unerträglichkeit

Rebellion erzeugt. Bleibt es dabei, ist ein wenig erfreulicher Kreislauf
von Verfassungen zu erwarten.

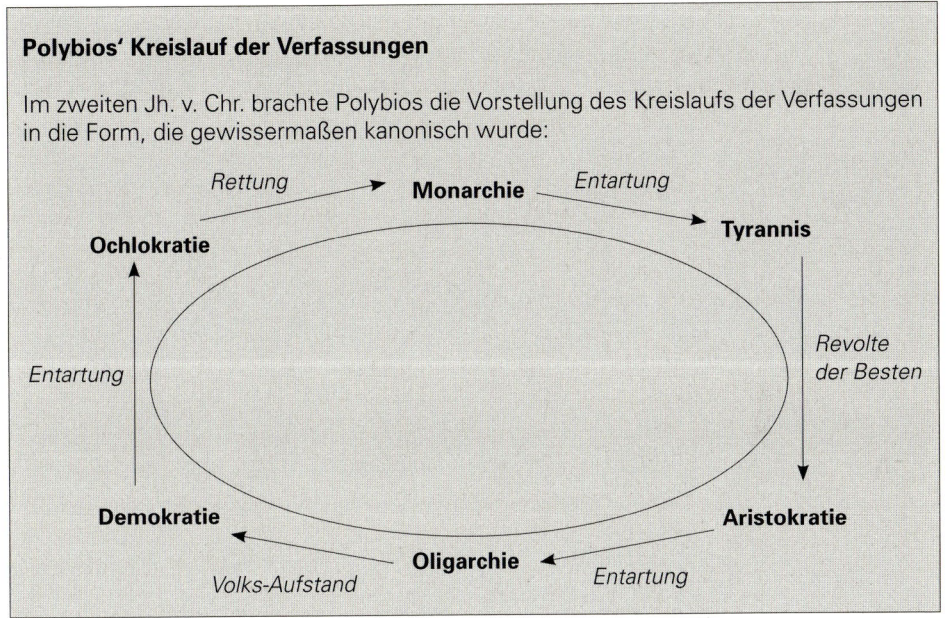

Polybios' Kreislauf der Verfassungen

Im zweiten Jh. v. Chr. brachte Polybios die Vorstellung des Kreislaufs der Verfassungen
in die Form, die gewissermaßen kanonisch wurde:

Der Übergang zu einer anderen Lösung deutet sich in der Ambivalenz der Anfangsbeschreibung an, die Aristoteles gibt: Es fällt ja auf,
daß die Wenigen bzw. die Vielen im Idealfall durch ihre ethischen
und sonstigen Qualitäten oder wenigstens in neutraler Weise charakterisiert werden („die Besten" und der Rest), im Problemfall dagegen durch die Interessen, die mit ihrer Klassenlage verbunden
sind („die Reichen", „die Armen"). Man kann das wohl so verstehen:
In einer nicht nur durch Gewalt bestimmten und nicht restlos ver-
kommenen Gesellschaft sind die Reichen zugleich die „Besseren"
– stärker, intelligenter, mutiger, daher erfolgreicher. Wenn in ihrem
Handeln die Eigenschaften durchschlagen, die hinter ihrem Reichtum standen, dann mag das Ganze gut funktionieren; wenn sie sich
hingegen an dem orientieren, was nun de facto ihre Klasseninteres-
sen sind, dann geht es schlecht. Die guten Verfassungen sind gekennzeichnet durch die Orientierung der Herrschenden an übergreifenden Standards („Tugend"), die schlechten durch die Orientierung
der Herrschenden an ihren Interessen. Die Orientierung an Interessen ist auf Dauer faktisch plausibler als die Orientierung an Tugenden (zumal alle Mitglieder einer Klasse unzweifelhaft über das

selbe Interesse verfügen, nicht notwendig aber auch in gleichem Maße über Tugend). Die Konsequenz, die Aristoteles zieht, ist folgenreich für die politische Theorie: Man sollte die Institutionen lieber nicht allein auf die moralischen Qualitäten der Besatzung und zugleich auf deren Selbstbeherrschung hinsichtlich ihrer Interessen bauen, sondern durchaus auch auf ihre Interessen und deren Kontrolle durch entgegenstehende Interessen.

Also bietet die Kombination zweier Übel, zweier für sich allein genommen problematischer Herrschaftsformen, die Chance der Problemlösung: „Denn die Politie ist, schlechthin gesagt, eine Mischung aus Oligarchie und Demokratie".[2] Der Adel führt, das Volk ist Gegengewicht. Das Interesse der Armen an ihrer Freiheit und das Interesse der Reichen an der Bewahrung ihres Reichtums kann dann zur Stabilisierung der Ordnung anstatt ihrer Zerstörung führen (*Politik*, Buch IV, Kapitel 8 und 9).

Damit sind die beiden Gesichtspunkte auf dem Tisch, die alle späteren Überlegungen zum Thema der Zähmung des Leviathan bestimmen:

- Stabile Institutionen dürfen nicht alle Kompetenzen in eine Hand geben;
- Partialinteressen sollten nicht unterdrückt, sondern gegeneinander in Stellung gebracht werden.

Cicero argumentiert in *Der Staat* ähnlich,[3] betont aber einen zusätzlichen Aspekt, nämlich die Verknüpfung der Überlegungen zur Machtbalance mit funktionalen Gesichtspunkten: Bei Aristoteles waren die nicht entarteten Formen vielleicht instabil, aber in sich, der Idee nach, durchaus in Ordnung. Bei Cicero sind sie bereits als solche problematisch, weil sie einseitig sind. Einseitig sind sie, weil in einem politischen Gemeinwesen unterschiedliche *Funktionen* zu erfüllen sind und nicht alle Funktionen von allen Akteursgruppen gleich gut erfüllt werden können:

- Die *Befehlsgewalt* vor allem im Notstand ist am besten in einer Hand aufgehoben;
- die *Beratung* von Gesetzen und über den Kurs des Gemeinwesens ist am besten bei den Weisen aufgehoben;
- der *Schutz* der individuellen Freiheit und der Rechte aller ist am besten bei denen aufgehoben, die am ehesten Gefahr laufen, unterjocht zu werden, also dem gemeinen Volk.

---

[2]   Das heißt zugleich, daß die Politie zweimal auftritt – einmal als ein Ideal, das instabil ist, zum andern als eine Näherung an dieses Ideal, die stabil ist.

[3]   Buch 1 und 2, vor allem Buch 1, § 45.

Im Umkehrschluß bedeutet das, daß die Monarchie, die Aristokratie und die Demokratie für sich jeweils noch nicht einmal wünschbar sind, eben wegen ihrer spezifischen Funktionsschwächen. Alle drei Elemente (einer, wenige, die Menge) der klassischen Aufteilung werden nun verwendet: Die *Konsuln* als das monarchische Element, betraut mit der Wahrnehmung der Befehlsgewalt, der *Senat* als der aristokratische Teil der Verfassung, betraut mit Gesetzgebung und politischer Richtungsentscheidung; das Volk/die *Volkstribunen* als das demokratische Element, betraut mit dem Schutz der Freiheit (unter anderem durch Vetomacht).

In der Moderne nimmt *Machiavelli* in den *Discorsi* den Faden wieder auf. Zunächst referiert er zustimmend Aristoteles und Cicero.[4] In seiner Diskussion der gemischten Verfassung kommt er dann zu einer weiterführenden Analyse des Stabilitätsmechanismus' dieser Verfassung:[5] Gesellschaftliche und politische Harmonie ist weder notwendig noch erstrebenswert. Vielmehr kommt es darauf an, die politische Handlungsmacht (die immer bei den gesellschaftlich mächtigen Männern liegt) und die Abwehrmacht (mit der das einfache Volk ausgestattet werden muß) in einen geordneten Konflikt zu bringen. Die einen wollen immer zu viel, die anderen sollen mißtrauisch sein und sie sollen die Instrumente haben, ihrem Mißtrauen folgenreich Ausdruck zu verleihen. Der eingebaute (begrenzte) Dauerkonflikt ist Ressource und nicht Störung einer akzeptablen Ordnung.

In *Lockes Zweiter Abhandlung über die Regierung* finden wir dann die Unterscheidung von Funktionen, die die moderne Sicht bestimmt, weitgehend angelegt.[6] Was Locke allerdings nicht präsentiert, ist eine paßgenaue Zuordnung von Funktionen zu Organen, und erst recht nicht eine strikte Separation der Personen, die mit der Wahrnehmung der jeweiligen Funktionen betraut sind: Es gibt bei ihm erstens eine *Legislative*, die ganz eindeutig nicht nur das wichtigste Organ ist, sondern zugleich auch die letzte Instanz, die eigentlich das politisch verfaßte Volk selbst ist. Zweitens findet sich eine *Durchsetzungsgewalt*, die in der Person eines Monarchen konzentriert ist und den Gesetzen Geltung verschafft (*„exekutive"* Gewalt) und hierbei an das Gesetz gebunden ist. Die gleiche Instanz ist mit Notfallkompetenzen im Inneren (*„prärogative"* Gewalt) und Vertretungsmacht nach außen (*„föderative"* Gewalt) ausgestattet. Locke geht nicht nur davon aus, daß diese drei Gewalten in einer Hand

---

4   Buch I, Kap. 2-4.
5   Buch I, Kap. 5-7.
6   Vgl. oben, Kap. II. Abschnitt 2.

vereinigt sind, sondern er sieht auch kein Problem darin, wenn ihr Inhaber obendrein an der Gesetzgebung beteiligt ist; jedoch darf er die letztere nicht komplett unter seiner Kontrolle haben. Locke sieht schließlich noch „autorisierte" und „uninteressierte" Richter vor, aber keinen eigenen unabhängigen Zweig ‚Rechtsprechung‘; die Richter werden mindestens indirekt von der Legislative eingesetzt, die zugleich selbst gerichtliche Aufgaben wahrnimmt und die obendrein richterliche Befugnisse gegenüber den Exekutivorganen hat. Es sind sicherlich keine in die Organe verlegten ausgebauten *checks and balances*, von denen Locke spricht, aber es ist auch keine strikte Separation der Gewalten. Vorausgesetzt ist bei alledem eine soziale Einbettung – die Beziehung zwischen den besitzenden Schichten (vor allem: Landadel und städtisches Bürgertum im Unterhaus) und der Krone, die durchaus als Machtbalance angesehen werden kann. Nicht von ungefähr befaßt sich Locke ausführlich mit dem Widerstandsrecht der Untertanen gegen eine Staatsgewalt, die gegen den Gesellschaftsvertrag „rebelliert".

Damit sind die Ingredienzien und Unterscheidungen bereitgestellt, die dann die moderne Gewaltenteilungsvorstellung bestimmen. Kommen wir nun zu den drei Entwürfen, die die Moderne prägen – zu Montesquieu, Sieyes und den *Federalists*.

2. Montesquieu

Das Hauptwerk von Charles Louis de Secondat, Baron de la Brède et de Montesquieu, *Vom Geist der Gesetze*, ist ein monumentales Werk, in dem die Gewaltenteilung nur einen kleinen Teil ausmacht, allerdings einen folgenreichen. Insgesamt geht es um die Untersuchung der *„Natur"* von Herrschaftsordnungen und der *„Prinzipien"*, die sie jeweils tragen; wobei Montesquieu mit der Natur der Ordnungen die sie kennzeichnenden Institutionen meint, während er unter ihren Prinzipien die Kultur, die sozialen Verhältnisse und den Habitus versteht, die das Ganze stabil und lebendig halten – das eben ist der *esprit* des *loix*. Um Montesquieus Gewaltenteilungslehre einordnen zu können, benötigen wir als Hintergrund wenigstens eine Skizze seiner Typologie der Natur von Ordnungen und der jeweils tragenden Prinzipien (2.1.). Anschließend wird seine Aufteilung von Funktionen zu betrachten sein (2.2.), schließlich das entsprechende Gefüge der Institutionen und seine soziale Verankerung (2.3.).

2.1 Staatsformen, Beschränkung der Staatsgewalt, Freiheit

2.1.1 Unterscheidungen

Montesquieu beginnt mit einer zunächst ungewohnt wirkenden Dreiteilung von Staatsformen (Buch II[7]), nämlich nicht mit der uns schon vertrauten Aufteilung nach der Herrschaft eines einzigen, einiger und aller, sondern mit der Unterscheidung von Verfassungen als republikanisch, monarchisch oder despotisch:

- *Republikanisch* ist eine Verfassung, in der entweder das ganze Volk oder ein Teil des Volkes die oberste Gewalt innehat (die republikanische Verfassung ist *demokratisch*, wenn die Herrschaft vom ganzen Volk ausgeübt wird; wird sie nur von einem Teil des Volkes ausgeübt, so ist sie *aristokratisch*).
- *Monarchisch* ist die Herrschaft einer Person auf der Grundlage feststehender Gesetze.
- *Despotisch* ist die Herrschaft einer Person nach ihrem ungebundenen Willen.

Montesquieus Dreiteilung enthält drei Unterscheidungen. Die erste und wichtigste ist die Unterscheidung zwischen gemäßigter (durch Gesetze gebundener) und nicht gemäßigter Herrschaft; die zweite Unterscheidung betrifft nur die gemäßigte Herrschaft und ist die zwischen der gemäßigten Herrschaft einer Person (Monarchie) und der gemäßigten Herrschaft mehrerer Personen (Republik); die dritte und für Montesquieu unwichtigste Unterscheidung betrifft nur die Republik und ist die zwischen der Herrschaft aller (Demokratie) und der Herrschaft einiger (Aristokratie).

Schematisch kann man sich das so vergegenwärtigen:

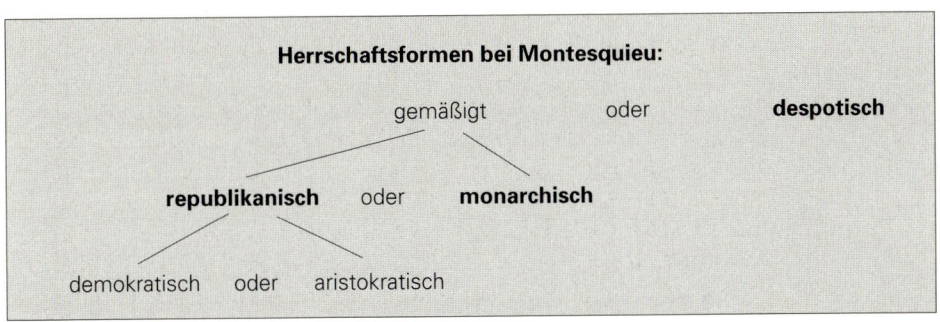

Herrschaftsformen bei Montesquieu:

gemäßigt oder **despotisch**

republikanisch oder **monarchisch**

demokratisch oder aristokratisch

---

[7] Belege zu Montesquieu werden nach Buch (römische Ziffern) und Kapitel (arabische Ziffern) gegeben; zu Buch XI, Kap. 6 werden zusätzlich Seitenzahlen angegeben.

Warum greift Montesquieu die genannten drei Typen heraus, scheinbar willkürlich über seine Gesamttypologie verstreut? Die Antwort ist einfach, überzeugend und auch modern: Für das Verständnis einer Ordnung ist entscheidend ihr *Prinzip*, der „Geist" in den Institutionen, also das, was sie gesellschaftlich unterfüttert, sie lebendig macht – mit Montesquieu gesprochen: die Überzeugungen und auch die Leidenschaften, die eine Verfassung mit Leben erfüllen und auf Dauer stellen. Und hier gibt es nach Montesquieu gute Gründe, mit einer Dreiteilung zu arbeiten:

- Das Prinzip der Despotie ist die *Furcht*,
- das Prinzip der Monarchie ist die *Ehre*,
- das Prinzip der Republiken ist die *Tugend*.

Da sich alles theoretisch Interessante, was sich zu Ordnungen sagen läßt, auf das jeweilige Prinzip bezieht, sollte man sich Montesquieus Ansicht nach auch hierauf konzentrieren. Betrachten wir das Argument, das in dieser Behauptung steckt, genauer.

Wenn keine Rechtsbindung der Herrschaft vorhanden ist, ist das, was die Ordnung zusammenhält, die Furcht. Zugleich erübrigt sich die Frage nach der Zahl der an der Herrschaft Beteiligten, da die Herrschaft in einer Hand wird liegen müssen, da sonst ja selbst wieder Regeln notwendig wären (wie der Wille formiert werden soll, wer ihn ausüben soll usw.). All das leuchtet ohne weiteres ein. Schwieriger wird es, wenn wir die gemäßigten Herrschaftsformen betrachten. Warum eigentlich sollen Republiken grundlegend anders als Monarchien funktionieren?

2.1.2 Stabilitätsbedingungen

Der zentrale Punkt ist, daß nach Montesquieus Sichtweise in der Republik – sei sie nun demokratisch oder aristokratisch verfaßt – die Staatsgewalt sich in der Hand jeweils eines einzigen sozialen Lagers befindet, während das in der Monarchie von Haus aus nicht so sei – mit jeweils ganz unterschiedlichen gesellschaftlich-kulturellen Voraussetzungen der Zähmung der Staatsgewalt.

Die Begründung für diese Behauptung kann man sich am einfachsten klarmachen, wenn man zunächst Montesquieus Charakterisierung der Monarchie genauer betrachtet: Wie ist, so seine Frage, Monarchie – also Alleinherrschaft *unter dem Recht* – überhaupt denkmöglich? Was macht sie nicht-despotisch? Was bewahrt ihre Mäßigung? Montesquieus Antwort ist lapidar und aufschlußreich: „Ohne Monarch kein Adel, ohne Adel kein Monarch" (II, 4). Ohne Zwischengewalten, die ihre eigene und vom Monarchen unabhängige Machtbasis haben, ist Monarchie nicht möglich. Gegeben die Alleinherrschaft, gibt es nur die Alternative zwischen Alleinherrschaft ohne Gegengewichte – also Despotie – und einer mit Gegengewichten ausgestatteten Alleinherrschaft – eben Monarchie. Mit anderen Worten: Die Monarchie ist nach Montesquieu von Anfang an eine gemischte Verfassung und nur als solche denkbar.

Demgegenüber sind die Republiken in einer schwierigeren Lage, denn sie sind ihrer *Natur* nach keine gemischten Verfassungen. Es gibt also auch keinen eingebauten Mechanismus der Machtbeschränkung, der sie auf dem Gleis hält (im Grunde könnten sie also auch, klassisch gesprochen, entarten und despotisch werden). Sie müssen sich selbst bändigen.

Damit kommen wir zu den Prinzipien, die die Institutionen unterstützen – der *Tugend* in der Republik einerseits, der *Ehre* in der Monarchie andererseits. Politische Tugend ist die Orientierung an der jeweiligen Ordnung, die Liebe zur Republik und die Bereitschaft, sie durch das eigene Verhalten zu stützen und zu bewahren. Die spezielle Tugend in der Demokratie ist die Liebe zur Gleichheit (ohne es mit ihr zu weit zu treiben), die spezielle Tugend in der Aristokratie ist die Mäßigung (um die eingebaute Ungleichheit nicht zu weit zu treiben). Die Suche nach Ehre andererseits, das Prinzip der Monarchie, ist demgegenüber Streben nach persönlichem Erfolg im Rahmen einer Ordnung, die den Handelnden vorgibt, was sie tun müssen, um Erfolg zu haben.

Das klingt erfreulich für die Republiken und nicht allzu schmeichelhaft für die Monarchie. Aber das ist gerade nicht der wichtige Punkt. Der wichtige Punkt ist, daß genau hier die Schwäche der Republiken liegt:

Republiken sind auf intrinsische Moral angewiesen,[8] die Monarchie dagegen kommt gut mit der Orientierung an äußeren Anreizen zurecht, ist also insofern weniger voraussetzungsvoll:

> „In der republikanischen Regierungsform ist man auf die ganze Stärke der Erziehung angewiesen. In den Despotien wächst die Furcht aus den Drohungen und Strafen von selbst heran, und in den Monarchien fördern sich Ehre und Leidenschaften gegenseitig; die politische Tugend aber verlangt Selbstverleugnung, die immer schwer fällt" (IV, 5).

Entsprechend unterscheiden sich die Aussichten, die Montesquieu den jeweiligen Ordnungen bescheinigt:

---

[8] Eine Vorstellung, die sich bei Rousseau wieder findet: Ohne Tugend wird ein Volk nicht fähig sein, sich die richtigen Gesetze zu geben. Vgl. oben, Kap. II., Abschnitt 3., und unten Kap. VI., Abschnitt 12.

Am schlechtesten schneidet die Aristokratie ab. Sie wird von Montesquieu recht knapp und mit erkennbarer Skepsis behandelt: Sie scheint ihm im Grunde nur für Notlagen geeignet, während sie im Normalbetrieb unweigerlich verfault. Festzuhalten ist, daß Montesquieus Skepsis gegenüber dem Adel sich nicht auf ihn als Gruppe, sondern nur auf eine spezielle Rolle für ihn bezieht, für die er nach Montesquieus Urteil nicht sonderlich gut geeignet ist: Er kann nicht gut herrschen (III, 4; V, 8); aber er kann gut Herrschaft mäßigen.

Wie stehen die Chancen der Demokratie? Zum für sie spezifischen Tugendkatalog zählt zum einen die Liebe zur Gleichheit – also einerseits die Bereitschaft, Gleichheit zu akzeptieren und nicht selbst über anderen stehen zu wollen, andererseits der Wille, Ungleichheit nicht zu dulden. Notwendig ist aber zugleich auch die Bereitschaft, Autoritäten (gewählte Repräsentanten, Magistrate) anzuerkennen. Die Bürger sind zwar nicht imstande, alles selbst zu machen (nicht unbedingt deshalb, weil sie insgesamt beschränkt sind, sondern vor allem, weil sie nicht überall über den jeweils benötigten spezifischen Sachverstand verfügen), aber sie sind imstande, ihre Geschäftsführer klug zu wählen (weil es hierzu keinen spezifischen Sachverstand braucht, sondern allgemeine Urteilskraft). Die politische Tugend in der Demokratie setzt bestimmte soziale Verhältnisse voraus, insbesondere nicht zu große Unterschiede im Wohlstand, und sie muß durch Gesetze unterstützt werden, die die Gleichheit erhalten; eine entsprechende Erziehung ist notwendig (IV); Vorbilder müssen institutionalisiert werden (das ist die Hauptrolle des Senats); Zensur muß die Erosion der Tugend verhindern (V, 19). Dennoch ist und bleibt die demokratische Tugend fragil, da die Liebe zur Gleichheit eine Gratwanderung ist: Der Verlust der Tugend, der jederzeit droht, besteht nicht nur im Verlust des Geistes der Gleichheit, sondern auch im übertriebenen Wunsch nach Gleichheit. Sei es, daß die Leute in Statuskämpfe verfallen, sei es, daß sie keinerlei Respekt mehr vor irgendetwas haben – in beiden Fällen versinkt die Gesellschaft im Konflikt.

In der Monarchie liegt alles viel einfacher: Monarchien „gehen zugrunde, wenn man den Ständen und Städten allmählich ihre Vorrechte nimmt" (VIII, 6). Das ist ein institutionelles Problem, das sich ungleich leichter bewältigen läßt als das Problem der Sicherung der Tugend in der Republik.

2.1.3 Die Folgerung

Die Bilanz zieht Montesquieu dann im elften Buch:

> „Demokratie und Aristokratie [also die Republiken] sind ihrer Natur nach keineswegs freiheitliche Staaten. Politische Freiheit findet sich nur in gemäßigten Regierungsformen. Aber sie ist nicht immer in den gemäßigten Staaten vorhanden. Sie findet sich dort nur dann, wenn man die Macht nicht mißbraucht; aber es ist eine ewige Erfahrung, daß jeder, der die Macht hat, ihrem Mißbrauch geneigt ist: er geht so weit, bis er auf Schranken stößt. Um den Mißbrauch der Macht zu verhindern, muß vermöge einer Ordnung der Dinge die Macht der Macht Schranken setzen" (XI, 4).

Es gibt also ganz offensichtlich auch die gewissermaßen despotische Variante der Republik – nämlich dann, wenn die dort Herrschenden alles für erlaubt halten, was zu tun sie die Macht haben; wenn sie die selbstgesetzten Gesetze nicht als bindende Begrenzungen ihrer Machtausübung ansehen. Wenn nun aber zugleich gezeigt wurde, daß Selbstbändigung unzuverlässig ist, dann muß man seine Hoffnungen auf die Balance setzen – die aber eben in der Republik nicht zu finden ist.[9] Es bleibt nur die Monarchie übrig.

Danach erfolgt ein vergleichsweise abrupter Übergang: Anstelle eines systematischen Arguments, in dem die notwendigen oder die hinreichenden institutionellen Bedingungen der Verhinderung von Machtmißbrauch ausformuliert werden, präsentiert Montesquieu ganz einfach seine Beschreibung des gelungenen Systems:

> „Es gibt auch eine Nation in der Welt, die als unmittelbaren Zweck ihrer Verfassung die politische Freiheit hat. Wenn man sie dort sehen kann, wo sie ist, wenn man sie dort gefunden hat, wozu sie noch weiter suchen?" (XI, 5).

Damit kommen wir zu dem Kapitel 6 des elften Buches, überschrieben „Von der Verfassung Englands". Beginnen wir mit der Aufteilung der Funktionen:

2.2 Funktionen

> „In jedem Staat gibt es drei Arten von Gewalt [trois sortes de pouvoirs]: die gesetzgebende Gewalt [la puissance législative], die vollziehende

---

9   Nicht unerwähnt bleiben sollte in diesem Zusammenhang allerdings Montesquieus ebenfalls folgenreiche Idee des Bundesstaates/Staatenbundes (Buch IX). Seine Überlegung hierzu ist nicht nur, daß das Arrangement geeignet sei, Republiken, also naturgemäß kleine Staaten, vor Eroberung zu schützen, sondern, in unserem Zusammenhang ausgesprochen interessant, daß es geeignet sei, ihre Binnenverhältnisse durch wechselseitige Unterstützung zu stabilisieren.

> Gewalt in Ansehung der Angelegenheiten, die vom Völkerrecht abhängen, und die vollziehende Gewalt hinsichtlich der Angelegenheiten, die vom bürgerlichen Recht abhängen. Vermöge der ersten gibt der Fürst oder Magistrat Gesetze auf Zeit oder für immer, verbessert er die bestehenden oder hebt sie auf. Vermöge der zweiten schließt er Frieden oder führt er Krieg, schickt oder empfängt er Gesandtschaften, befestigt die Sicherheit, kommt Invasionen zuvor. Vermöge der dritten straft er Verbrechen oder spricht das Urteil in Streitigkeiten der Privatpersonen. Ich werde diese letzte die richterliche Gewalt *[puissance de juger]* und die andere schlechthin die vollziehende *[la puissance exécutrice]* des Staates nennen." (XI, 6, 214 f.)

Die *gesetzgebende Gewalt* erstreckt sich also einerseits auf die Formulierung der allgemeinen Regeln des Zusammenlebens (Gesetze „für immer"), andererseits aber auch auf speziellere Entscheidungen (Gesetze „auf Zeit"), darunter vor allem die immer nur befristete Ermächtigung der ausführenden Gewalt zur Erhebung von öffentlichen Abgaben, und auch auf Richtlinienentscheidungen für die vollziehende Gewalt. Der Gesetzgeber soll jedoch keine unmittelbar vollziehbaren Maßnahmen beschließen, sondern nur darauf achten, daß seine Beschlüsse von den Exekutivorganen in angemessener Weise umgesetzt werden.

Für die *vollziehende Gewalt* gilt: Dem eingangs zitierten Wortlaut nach ist sie zunächst einmal das, was Locke föderative Gewalt nennt,[10] also zuständig für die Außenpolitik, wobei offen bleibt, ob sie durch den Gesetzgeber in der Richtung bestimmt werden kann oder nicht. Zugleich aber ist die vollziehende Gewalt selbständige Führung der Geschäfte im Inneren, durch Gesetze ermächtigt oder beauftragt. Das ist Vollzug von Gesetzen *gegenüber dem Ganzen*: Die Ausübung der vollziehenden Gewalt „[richtet] sich nicht gegen irgendeinen einzelnen ...; denn [sie] ist ... nur die Vollstreckung dieses allgemeinen Willens" (XI, 6, 217). Da die vollziehende Gewalt immer wieder auch auf konkrete Situationen reagieren können muß, ist sie ermächtigt, das jeweils Notwendige zu tun, und hierbei verpflichtet, die Gesetze allgemein zu respektieren, wobei ihre Ermächtigung sicherlich auch die Lockesche prärogative Kompetenz umfaßt.

Auch die *rechtsprechende Gewalt* ist nach Montesquieu Vollzug des Gesetzes, aber eben von ganz anderer Art – weil dieser Vollzug sich jeweils *„gegen einen einzelnen"* richtet (das ist übrigens ein wesentlicher Teil dessen, was wir bei Locke als *executive power*

---

[10] Vgl. oben Kap. II., Abschnitt 2.

fanden). Die wegen dieses Zugriffs auf den einzelnen „unter den Menschen so schreckliche richterliche Gewalt" darf keinerlei eigenen Willen haben, sie muß „sozusagen unsichtbar und zu einem Nichts" werden in der folgenden Weise: Urteilssprüche sollen niemals etwas anderes sein als eine auf den konkreten Fall bezogene Anwendung des Gesetzes. Alles andere zerstört die Rechtssicherheit: „Wären [Richtersprüche] nur eine besondere Meinung des Richters, so würde man in der Gesellschaft leben, ohne genau die Verbindlichkeiten zu kennen, die man in ihr eingeht" (XI, 6, 217).

2.3 Institutionalisierung und soziale Verankerung

„Wenn in derselben Person oder der gleichen obrigkeitlichen Körperschaft die gesetzgebende Gewalt mit der vollziehenden Gewalt vereinigt ist, gibt es keine Freiheit, denn es steht zu befürchten, daß derselbe Monarch oder derselbe Senat tyrannische Gesetze macht, um sie tyrannisch zu vollziehen. Es gibt ferner keine Freiheit, wenn die richterliche Gewalt nicht von der gesetzgebenden und vollziehenden getrennt ist. Ist sie mit der gesetzgebenden Gewalt verbunden, so wäre die Macht über Leben und Freiheit der Bürger willkürlich, weil der Richter Gesetzgeber wäre. Wäre sie mit der vollziehenden Gewalt verknüpft, so würde der Richter die Macht des Unterdrückers haben" (XI, 6, 215).

Das wörtliche Zitat belegt am besten, worum es Montesquieu geht: Die richterliche Gewalt muß institutionell buchstäblich und streng von den Institutionen abgetrennt sein, die gesetzgebende und vollziehende Kompetenzen haben.[11] Montesquieus Wort hierfür ist *séparation*. Es findet sich nur an dieser Stelle, bezogen auf den Ort der Justiz, sonst nirgends. Die Charakterisierung der institutionellen Ausgestaltung der Beziehungen zwischen den beiden anderen Gewalten dagegen ist weniger strikt formuliert – sie dürfen nicht in einer Hand vereinigt sein, sondern sie müssen verteilt sein. Montesquieus Wort hierfür ist *distribution*. Wechselseitige Einwirkung zwischen Organen ist hier nicht ausgeschlossen, erst Einverleibung des einen durch das andere würde zu weit gehen.

2.3.1 Beziehungen zwischen den Organen

Die wechselseitige Einwirkung der Organe behandelt Montesquieu recht detailliert; zu nennen ist insbesondere:

---

[11] Das gilt übrigens ganz allgemein, für Monarchie und Republik (VI, 5 und 6).

- Der Inhaber der Exekutivgewalt beruft die Legislative ein;
- er hat ein Veto der Legislative gegenüber;
- die Legislative prüft die Amtsführung der Exekutive, hat aber kein Veto ihr gegenüber. Der Grund der Asymmetrie liegt darin, daß in Montesquieus Sicht die beiden vollziehenden Gewalten ihre natürlichen Grenzen in den Gesetzen haben, so daß man sie nicht zusätzlich beschränken muß, während das Legislativorgan keine solchen Grenzen kennt;
- Vergehen der Staatsgewalt unterliegen der Gerichtsbarkeit der Legislative, allerdings unter massiven Vorkehrungen gegen den Mißbrauch dieser richterlichen Rolle, deren Zuordnung zur Legislative ja nach Montesquieus Maßstäben überaus problematisch sein muß (die aber anders nur unter noch größeren Risiken institutionalisiert werden könnte);
- zusätzlich wird das Legislativorgan durch eine Art interner Gewaltenteilung im Zaum gehalten: Es ist in zwei Kammern gegliedert; beide Kammern haben das Recht zur Initiative, beide haben gegeneinander ein Veto.

Entscheidend ist nun, daß diese institutionellen Vorkehrungen sozial nicht ortlos sind:

2.3.2 Die Rolle der Stände

Die Staatsorgane sollen König, Adel und Volk in folgender Weise zugeordnet werden:

Von den beiden Kammern der Legislative wird die eine vom Volk durch Wahl beschickt, die andere ist eine Adelskammer, deren Mitgliedschaft vererbt wird. Da Volk und Adel politisch unterschiedliche Rollen spielen (der Adel besetzt ja zugleich die staatlichen Führungspositionen), können übrigens die Zuständigkeiten der Kammern nicht ganz symmetrisch ausgestaltet sein: Die Adelskammer soll bei den Angelegenheiten, in denen der Adel Vollzugsgewalt ausübt, etwa bei der Steuererhebung, nur ein Vetorecht, aber kein Beschlußrecht haben. Anderenfalls bestünden Anreize zur Bestechung.

Die vollziehende Gewalt liegt beim König, der unabhängig von beiden anderen Ständen ist. Da die vollziehende Gewalt „natürliche" Schranken hat, eben in den Vorgaben der Legislative, ist ansonsten nichts zu sagen, außer daß der König selbst nicht vor Gericht gestellt werden kann, nur seine Vollzugsbeamten. Wird die Legislative richterlich tätig gegen Vergehen der Staatsgewalt, die ja üblicherweise vom Adel ausgeübt wird, so muß die Adelskammer richten, während die Kammer der Volksvertreter nur Anklägerin sein kann.

Die Rechtsprechung schließlich soll institutionell nicht so verfestigt sein wie die anderen beiden Gewalten (es soll keine permanenten Gerichte geben) und sie ist keiner bestimmten sozialen Gruppierung zugeordnet. Grundsätzlich soll jede Gruppierung über ihre eigenen Leute richten. Die Rechtsprechung über Personen aus dem Volk muß durch aus dem Volk bestellte Richter erfolgen, die Rechtsprechung über Angehörige des Adels muß durch ihresgleichen erfolgen, und zwar durch die zweite Kammer der Legislative. Mit anderen Worten: die gesellschaftlichen Machtbeziehungen müssen in der Rechtsprechung bedeutungslos sein (auch insofern gilt, daß die Justiz „gewissermaßen gar nicht vorhanden" ist). Die Richter sollen keinem sozialen Interesse verhaftet sein, sondern möglichst eng durch den Buchstaben des Gesetzes geführte Vollzieher ohne eigenen besonderen Willen.

Wir sehen: Entgegen den Charakterisierungen, die Montesquieu gelegentlich zuteil werden, ist er kein Vertreter einer strikten Separation der Zuständigkeiten, sondern durchaus eher eines Systems der *checks and balances*, und zugleich – gegen Ende ihrer Ära – ein Vertreter der gemischten Verfassung.

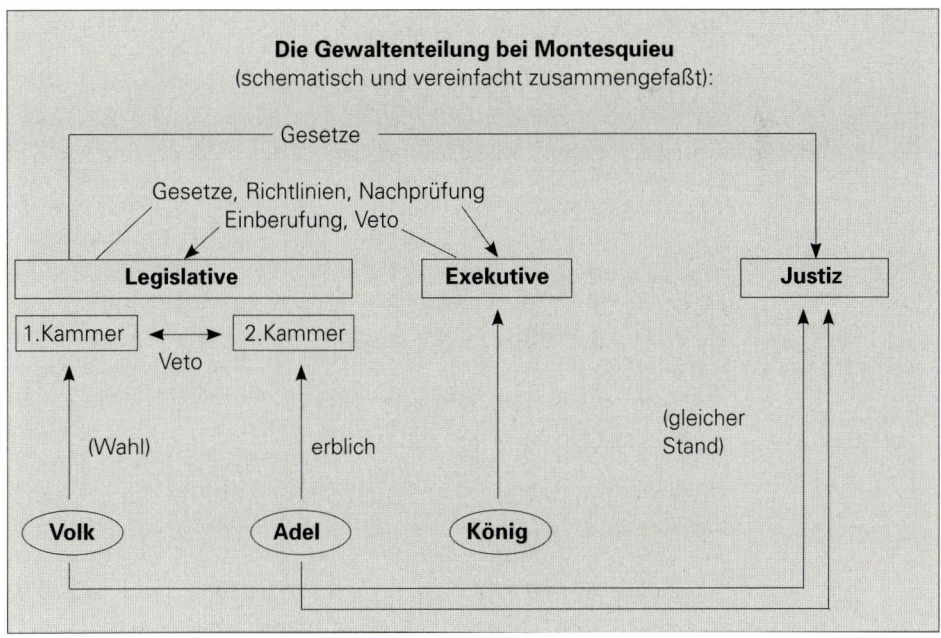

Die Gewaltenteilung bei Montesquieu
(schematisch und vereinfacht zusammengefaßt):

3. Sieyes

Emmanuel Joseph Sieyes, einer der führenden Köpfe der Französischen Revolution, hat sein Verfassungsdenken in keiner größeren Abhandlung systematisch zusammengefasst. Vielmehr findet es sich in einer Reihe von Broschüren und Kampfschriften, in denen er sowohl zu grundlegenden institutionellen Fragen als auch zu aktuellen taktischen und strategischen Entscheidungsproblemen der Revolution Stellung nimmt. Die bekannteste dieser Schriften ist sicherlich *Was ist der Dritte Stand?* aus dem Jahre 1788. Für uns ebenso wichtig wie diese Schrift sind Publikationen wie der *Essay über die Privilegien*, seine Schriften *Über das königliche Veto*, die *Menschenrechte*, über die *Ausführungsmittel*, über *Polizei und Justiz* und schließlich die *Präambel zur Verfassung*.[12]

Es soll zunächst das Konzept der Nation betrachtet werden, das Sieyes seinen Überlegungen zugrundelegt und das sich in der Französischen Revolution durchsetzt (3.1), dann seine Vorstellung von der Unterscheidung der Regierungsfunktionen (3.2), schließlich die zugehörige Institutionalisierung (3.3).

3.1 Die Nation als Verbindung politisch und rechtlich Gleicher

Es gibt in Sieyes' Sicht nicht mehr die Stände und deren etwaige Balance, sondern nur noch die Nation, verstanden als politisches Gebilde: „Was ist eine Nation? Eine Körperschaft von Gesellschaftern *(associés)*, die unter einem gemeinschaftlichen Gesetz leben und durch dieselbe gesetzgebende Versammlung repräsentiert werden" (124). Wenn Sieyes den Dritten Stand mit der Nation gleichsetzt, bedeutet das nicht, daß die Mitglieder der anderen Stände nun keine politischen Rechte mehr haben sollen – vielmehr sollen sie keine *Sonder*rechte mehr haben. Der Adel als Adel verliert alle seine Rechte und seine politische Rolle, aber seine bisherigen Mitglieder haben als Bürger die gleichen Rechte wie alle anderen Bürger. Die Nation ist ein rechtlich und politisch homogenes Gebilde – alle Bürger haben die gleichen politischen Rechte, und die Gesetze, die sie sich geben, gelten für alle gleich. Wer von der gesetzgebenden Versammlung nicht repräsentiert wird oder von der Geltung der Gesetze ausgenommen ist, gehört nicht zur Nation. Zu erwähnen ist hier noch eine Konsequenz, die Sieyes aus diesem

---

12 Sie finden sich sämtlich in der Sammlung *Politische Schriften 1788-1790*. Alle folgenden Seitenangaben beziehen sich auf diese Sammlung.

Konzept der Nation zieht und die ihn in einen Gegensatz zu Montesquieu und auch zu den Verfassern der *Federalist Papers* bringt: die strikte Absage an den Föderalismus. Die Nation darf nicht in Klein-Nationen mit je eigenen Gesetzen aufgespalten werden. Montesquieu hatte mit dem Föderalismus keine Probleme, weil er noch nicht den Rousseauschen Begriff eines alle umfassenden Gemeinwillens zugrundelegte,[13] der bei Sieyes tragend ist, sondern viel eher von der Vorstellung in sich heterogener Gebilde ausging, so daß auch die Unterteilung eines Gemeinwesens in Teilgebilde oder die Verbindung solch heterogener Gebilde zu einem Gemeinwesen ihn nicht irritierte.

Die überkomme Idee der Machtbalance zwischen gesellschaftlichen Gruppierungen hat ganz offensichtlich in der Konzeption der Nation, die sich in der Französischen Revolution durchsetzt, keinen Platz mehr. Da Sieyes nun aber keineswegs der Ansicht ist, mit der rechtlichen und politischen Gleichheit aller Bürger sei zugleich ein herrschaftsloser Zustand eingetreten, bleibt es bei der Notwendigkeit, Machtmißbrauch zu verhindern. Das souveräne Volk, die Nation, tut daher gut daran, die Organe politischer Tätigkeit sorgfältig zu konzipieren, und sicherzustellen, daß sie das und nur das tun, wozu sie geschaffen wurden.

3.2 Funktionen

Die wichtigste Unterscheidung ist für Sieyes die Unterscheidung zwischen einer verfassungsgebenden Gewalt (*pouvoir constituant*) und der durch sie gegründeten ‚Regierung' (*pouvoir constitué*). Die Regierung ihrerseits besteht aus den drei Zweigen der gesetzgebenden Gewalt, der ausführenden Gewalt und der „zwingenden Gewalt", also Justiz und Polizei (217, 249).

Die jeweiligen Kompetenzen sind scharf unterschieden, institutionell und personell voneinander getrennt und stehen in einem weitgehend hierarchischen Verhältnis zueinander (270): Am Anfang und über allen anderen Gewalten steht selbstverständlich die verfassungsgebende Gewalt. In dem von ihr gesetzten Institutionensystem ist danach zunächst einmal die Gesetzgebung oberste Gewalt; deren Entscheidungen binden die ausführende und die zwingende Gewalt, die nebeneinander stehen (70 f.).

Verfassung und Verfassungsgebung charakterisiert Sieyes so:

---

[13] Vgl. oben Kap. II., Abschnitt 3.

> „Die Verfassung umfaßt die innere Organisation und das innere Gefüge der verschiedenen öffentlichen Gewalten, ihre notwendige Verbindung und ihre gegenseitige Unabhängigkeit [...] Die in der öffentlichen Gewalt zusammengefaßten Gewalten sind allesamt Gesetzen, Regeln und Formen unterworfen, über deren Änderung sie nicht gebieten können [...] Die verfassungsgebende Gewalt kann in dieser Beziehung alles. Sie ist nicht einer bereits gegebenen Verfassung unterworfen. Die Nation, die damit ihre höchste und wichtigste Gewalt ausübt, muß in dieser Funktion von jeglichem Zwang und jeglicher Form, ausgenommen derjenigen, die sie annehmen will, frei sein." (250)

Verfassungsvorstellung bei Sieyes und bei Rousseau

Auf den ersten Blick scheinen die Vorstellungen übereinzustimmen – der Souverän bindet alle nachgeordneten Instanzen und kann sich nicht selbst binden. Man sollte aber den wesentlichen Unterschied zu Rousseau und zugleich den Berührungspunkt mit Locke[14] nicht übersehen: Es geht für Sieyes bei der Verfassungsgebung allein um die Organisation des Staates, nicht aber um die Grenzen seiner Reichweite. Menschenrechte sind für ihn eindeutig vorstaatliches Recht – Naturrecht, „ewige Rechte" (253, auch 167), also auch dem Souverän als verfassungsgebender Gewalt nicht verfügbar. Sie gehören daher auch nicht in eine Verfassung, sondern sollen ihr in Form einer „erklärenden Darlegung" (242, 253) vorangestellt werden.

Für die Gesetzgebung, deren Rolle in der *constitution legislative* festgelegt wird (71 f., 4f., 217 ff.), gilt: Sie ist der führende Zweig der ,Regierung' und gibt „schützende und leitende" Gesetze (207). Was bedeutet das? Schützende Gesetze sind wohl alle klassischen Regeln des Freiheitsschutzes, also Regeln des Umgangs miteinander, die alle vor Übergriffen aller schützen. Die Richtschnur dieser Gesetzgebung kann sicherlich als eine Version des Rousseauschen Gemeinwillens verstanden werden (173 ff., 183 ff.), also als die Formulierung verallgemeinerungsfähiger Urteile, in Form allgemeiner und nicht auf bestimmte Zwecke bezogener Regeln.

Was demgegenüber „leitende" Gesetze sind, wird aus der folgenden Passage erkennbar:

> „Der Gesetzgeber ist dazu da, allem, was das Gemeinwesen betrifft, Leben, Bewegung und Richtung zu verleihen. Seine Aufgabe ist es, unablässig für die gemeinschaftlichen Bedürfnisse der Gesellschaft so-

---

14   Vgl. oben Kap. II., Abschnitt 2. und 3.

> wie ihre getreuliche, dauernde und vollkommene Befriedigung zu sorgen. Er allein hat zu beurteilen, was die Staatsgeschäfte erfordern [...]" (77).

Das gesetzgebende Organ ist also – anders als bei Rousseau und in einiger Nähe zu Montesquieu – offensichtlich zugleich das grundlegende politische Führungsorgan. Die Idee ist, daß zumindest dann, wenn rechtliche Gleichheit herrscht, auch bei konkreten Einzelentscheidungen das allgemeine und gemeinsame Interesse die ausschlaggebende Rolle spielt, anders als im Falle einer ständisch verfaßten Gesellschaft (99). Zentral ist in dieser Hinsicht die Entscheidung über die Steuern, nicht nur in Form allgemeiner Regeln der Besteuerung, sondern auch in Form der konkreten Steuerbewilligung, jährlich, und selbst für konkrete Vorhaben („daß die Staatskasse von dem zu verwalten ist, der einzahlt, und nicht von dem, der ausgibt"; 221).

Die ausführende Gewalt ist Gegenstand der *constitution active* (69 ff.). Sie ist Führung der Geschäfte, also vor allem wohl der Vollzug der „leitenden" Gesetze, rechenschaftspflichtig den ‚Gesellschaftern' bzw. der Versammlung ihrer Vertreter. Die Beziehung zwischen ihr und der gesetzgebenden Gewalt wird von Sieyes als eine Beziehung zwischen Auftraggeber und Auftragnehmer beschrieben (69 f.), in der der Auftragnehmer gebunden ist an den Rahmen der allgemeinen Gesetze und an die Richtlinienentscheidungen der gesetzgebenden Körperschaft. Mit Montesquieu gesprochen: Es geht um den Vollzug der Gesetze gegenüber dem Gemeinwesen insgesamt, allerdings auch hier mit den in der Natur der Sache liegenden Spielräumen im konkreten Fall (71).

Die zwingende Gewalt schließlich (280 ff.) besteht in der Durchsetzung und Anwendung wohl vor allem der „schützenden" Gesetze, und das, wiederum in Erinnerung an Montesquieu gesprochen, vor allem gegenüber den Einzelnen.

3.3 Organe und die Beziehungen zwischen ihnen

Die Funktionen sind strikt unterscheidbar und sollen strikt unterschiedlichen Organen zugeordnet sein. Im Unterschied zu Rousseau, für den Repräsentation ja nicht in Frage kam, und nochmals in Nähe zu Locke ist bei Sieyes die Gesetzgebung Sache eines vom Volk gewählten Organs, nicht des souveränen Volkes selbst. Die Exekutivgewalt liegt bei einem hiervon separaten Organ, in den Schriften von Sieyes (zunächst noch) dem König. Der König darf nicht die

Gesetze, die ihm den Rahmen vorgeben, und die Grundsatzentscheidungen, die ihm die Richtung weisen, nach seinem Wunsch gestalten können. Ebenfalls eigene Organe sind Justiz und Polizei; auch sie haben keinen Einfluß auf die Gesetze, die sie anwenden und vollstrecken.

Für die Beziehung zwischen Legislative und Exekutive gilt: Die gesetzgebende Körperschaft hat keinen Einfluß auf die Details des Vollzuges ihrer allgemeinen Gesetze durch Justiz und Polizei und auch keinen Einfluß auf die Details der Umsetzung der Richtlinien durch die ausführende Gewalt. Der König als Spitze der Exekutive darf bei den Beratungen der Legislative nicht einmal anwesend sein (50), erst recht darf es kein königliches Veto gegen ihre Entscheidungen geben und auch kein Recht des Königs, gegen sie an das Volk zu appellieren (270 ff.). Ein Veto wäre, so Sieyes, nicht nur verhindernder Natur, sondern käme positiver Kontrolle gleich: Der König könnte von seinen Parteigängern in der Legislative die erwünschten Gesetze vorschlagen lassen und alle anderen Gesetzesvorhaben blockieren (das Argument erscheint etwas rasch: diese Entwürfe würden ja keine Mehrheit erwarten können. Plausibler als die Gefahr vollständiger Übermacht der Exekutive könnte die Gefahr von Systemblockaden erscheinen). Anders als Montesquieu und im Einklang mit Rousseau sieht Sieyes *séparation* dieser Gewalten vor, nicht lediglich *distribution*.

Hinsichtlich der Justiz, für die ja auch Montesquieu auf strikter Trennnung von den anderen Gewalten beharrt, stimmt Sieyes mit Montesquieu überein, mit kleinen Veränderungen im institutionellen Detail: Richter dürfen nach ihm keine anderen öffentlichen Ämter bekleiden (das wäre ein Staatsverbrechen); außerdem hat sich die spezielle Berücksichtigung des Adels erübrigt; bei Rechtsbrüchen der einzelnen Amtsträger ist die Justiz zuständig (299 ff.); weiterhin ist „nur der König [...] stets heilig und unverletzlich" (256) – in dieser Phase der Entwicklung jedenfalls.

Damit stellt sich nun aber die Frage nach den stabilisierenden Mechanismen. Balance der Gewalten durch die Koppelung unterschiedlicher Organe an unterschiedliche soziale Lager ist nun ganz offensichtlich nicht mehr möglich. Aber auch die Balance durch wechselseitige Kontrolle der Organe selbst kommt nicht in Frage. Diese Idee weist Sieyes als Relikt ständischen Denkens zurück. In der Diskussion um das britische System (162) macht er den Punkt sehr deutlich: Da die Organe nur zugewiesene Kompetenzen haben und nicht legitime Eigenmacht, kann es auch keine legitimen Machtbeziehungen und auch keine Machtbalance zwischen den Organen geben. Dementsprechend kann es auch nicht angehen, sie ein

Gleichgewicht in einem begrenzten Konflikt institutioneller Interessen um Einfluß und Unabhängigkeit finden zu lassen: Ämter sind nicht Eigentum, sondern Auftrag; die Ausübung eines öffentlichen Amtes ist kein Recht, sondern eine Pflicht (252).

Jedes Organ soll in seiner Arena allein und vollständig zuständig sein, keine Befugnisse außerhalb haben, so daß sicher ist, daß es seine Aufgaben gut erfüllen und sonst nichts anstellen kann – daß also genau die Mischung von Allmacht und Ohnmacht verwirklicht wird, von der zu Beginn des Kapitels die Rede war (40).

Wie sollen diese Forderungen institutionell realisiert werden?

Sieyes kombiniert zwei Lösungswege für das Problem, zum einen die Stabilisierung der Organe durch eine geeignete Wahl ihrer inneren Struktur, zum anderen eine Außenkontrolle der Staatsgewalt insgesamt durch das souveräne Volk.

Zuerst zur Stabilisierung durch die innere Struktur: Dieser an Montesquieu angelehnte Vorschlag zielt auf die Selbstkontrolle der Legislative, der auch für Sieyes stärksten und insofern zähmungsbedürftigsten Macht, durch eine interne Aufteilung in zwei oder auch drei ‚Sektionen‘, in denen jeweils eine eigene Mehrheit für einen

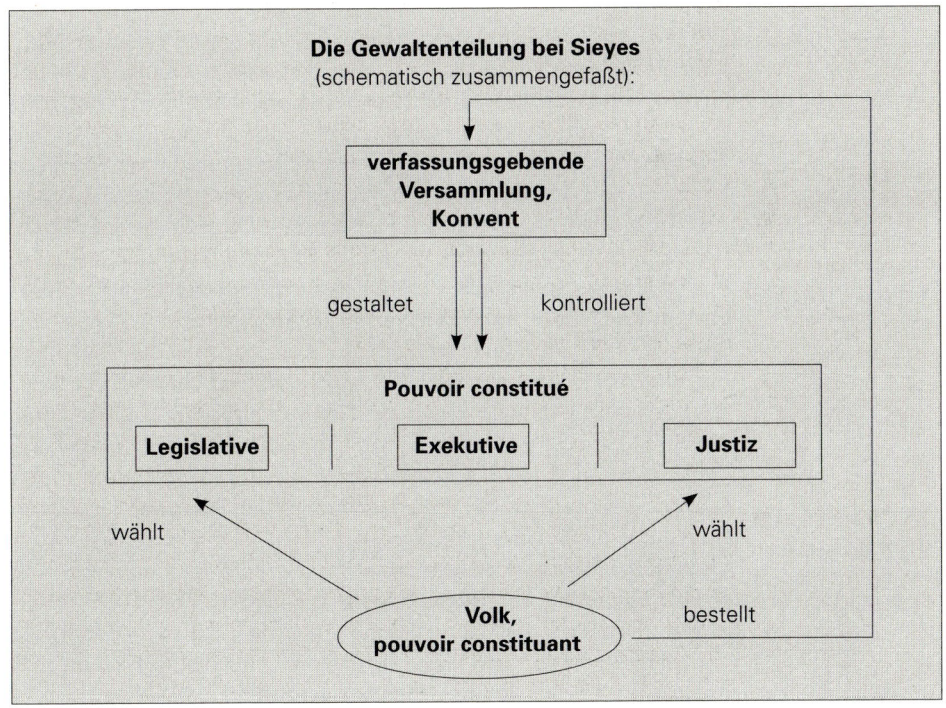

Die Gewaltenteilung bei Sieyes
(schematisch zusammengefaßt):

verfassungsgebende Versammlung, Konvent

gestaltet   kontrolliert

Pouvoir constitué

Legislative   **Exekutive**   **Justiz**

wählt   wählt

Volk, pouvoir constituant   bestellt

Gesetzentwurf gefunden werden muß. Das bietet die Gewähr oder zumindest gute Aussichten für eine angemessene Breite der berücksichtigten Gesichtspunkte, für Besonnenheit und für Fairneß. Daß das seiner Überzeugung nach viel plausibler ist als ein externes Veto durch die Exekutive, drückt er in einer recht hübschen Metapher aus: „hat sich doch derjenige, der in der Mechanik erstmals einen Regulator verwandte, sehr wohl gehütet, ihn außerhalb der Maschine anzubringen, deren zu rasche Bewegung er mäßigen wollte" (274).

Die Außenkontrolle der Gewalten findet im Normalbetrieb durch die enge Rückkoppelung des Legislativorgans an das Volk durch kurze Wahlperioden und rotierenden Austausch der Mandatsträger statt (275). Im Ausnahmefall, bei Kompetenzüberschreitungen von Organen oder bei Organstreitigkeiten muß das souveräne Volk unmittelbar in Aktion treten, und zwar in Form eines Verfassungskonvents (271).

4. Hamilton/Madison/Jay: Die Federalist Papers

Die 1788 als Buch veröffentlichten *Federalist Papers* sind eine Sammlung von Zeitungsartikeln, in denen Alexander Hamilton, James Madison und John Jay für die Annahme des umstrittenen Entwurfs einer Verfassung für die Vereinigten Staaten von Amerika plädierten. Die Artikel sind nach Annahme dieser Verfassung die maßgebliche Interpretation der Verfassung geworden und bis heute geblieben.

Hauptstreitpunkt war die im Verfassungsentwurf ins Auge gefaßte Stärkung der Zentralgewalt. Es ging vor allem um die Glaubwürdigkeit der Prognose, daß die Zentralgewalt hierdurch nicht übermächtig werden würde. Das ist zwar zunächst einmal ein Thema der Beziehungen zwischen Bund und Einzelstaaten, eben des Charakters der Föderation. Ein überaus wichtiges Teilthema hierbei war aber die Vorstellung, daß die innere Verfassung der Organe auf Bundesebene selbst so beschaffen sein müsse und auch könne, daß die Zentrale von sich aus bescheiden bleibe. Das bedeutete unumstritten Gewaltenteilung. Ein wesentlicher Punkt der Auseinandersetzung war nun, ob eine strikte Separation oder eher eine Verzahnung der Gewalten praktikabel sein würde. Die *Federalists* orientierten sich hierbei eher an Montesquieu oder auch Locke, während die Gegenposition, für die etwa Thomas Jefferson stand, eher für eine strikte Trennung und vor allem für eine Schiedsrichterrolle des Volkes plädierte, ähnlich wie der fast zeitgleich schreibende Sieyes.

Chronologisch liegen die *Federalist Papers* vor den Schriften des Abbé Sieyes, wenn auch nur denkbar kurz. Wir betrachten sie dennoch als letzte, weil sie in gewisser Weise die komplexeste der drei Konzeptionen enthalten – die Idee der Balance und Verzahnung, wie sie in der klassischen Theorie einschließlich Montesquieus zu finden ist, wird verknüpft mit der Idee des rechtlich homogenen souveränen Volkes, wie sie nach Rousseau das politische Denken bestimmte. Wir betrachten zunächst die Vorstellungen der *Federalists* über die grundlegenden Eigenschaften des politischen Gemeinwesens einschließlich der Unterscheidung von Regierungsfunktionen (4.1), dann die Gewaltenteilungskonzeption und ihre wesentlichen Unterschiede zu der von Sieyes (4.2), schließlich die institutionelle Umsetzung (4.3).

4.1 Die republikanische Verfassung

Sowohl die Unterscheidung der wesentlichen Funktionen der Staatsgewalt als auch die Vorstellung von Nation und Verfassung in den *Federalist Papers* sind sehr ähnlich dem, was wir bei Sieyes gesehen haben. Die Verfassung als oberstes Gesetz, die Unterscheidung der Funktionen in Gesetzgebung, Exekutive und Rechtsprechung, schließlich die Idee der rechtlich homogenen Nation – all das ist nahe an den Grundvorstellungen, die dann auch in der Französischen Revolution von Sieyes auf den Punkt gebracht wurden.

Das politisch verfaßte Volk, die Nation, wird allerdings nicht als in dem Sinne notwendig homogen gedacht, wie Rousseau oder Sieyes das tun. Das Gemeinwohl ist nicht so sehr eine Sache konvergierender Urteile über das, was für alle richtig ist, sondern eher eine Angelegenheit des angemessenen Umgangs mit durchaus divergierenden Interessen.[15] Das erleichtert es insgesamt, die Nation einerseits als eine einzige und als dennoch in soziale Lager oder auch einzelne Teilstaaten aufgegliedert zu sehen. Insofern liegen die *Federalists* wieder näher an Montesquieu als seine französischen Nachfolger, allerdings auf der Basis einer pluralistischen und nicht ständestaatlichen Deutung der Heterogenität.

Zugleich verändert diese Wahrnehmung der Nation auch in gewissem Maße die Beschreibung der einzelnen Gewalten. Unmittelbar gilt dies für die Legislativtätigkeit: Gesetzgebung wird als ein Prozess der fairen Interessenverarbeitung angesehen und insofern gegen-

---

[15] Vgl. vor allem die Ausführungen hierzu in Artikel Nr. 10 der *Federalist Papers* (Madison). Die folgenden Verweise auf den Text geben jeweils die Nummer des betreffenden Artikels an.

über der französischen Vorstellung der *volonté générale* deutlich entdramatisiert; die Exekutive wird ganz konventionell wahrgenommen – als Führung der Geschäfte; in diesem Falle entsprechend der föderativen Arbeitsteilung beschränkt. Für die Justiz ist das Bild komplizierter: Unmittelbar wird auch sie weiterhin konventionell beschrieben, soweit es die klassische Aufgabe der Anwendung des Rechts „auf den einzelnen" angeht. Wir werden allerdings sehen, daß es bei dieser klassischen Rolle nicht bleiben kann.

4.2 Konzeption der Gewaltenteilung

Die Unterschiede zwischen der amerikanischen Konzeption der Gewaltenteilung und der Konzeption von Sieyes liegen darin, daß erstens in der amerikanischen Verfassung dem Volk nicht die Rolle des Hüters der Verfassung zugeteilt wird, und daß zweitens – hieraus folgend – die Stabilisierung des Ganzen in die Organbeziehungen verlagert wird.

4.2.1 Das Volk

Selbstverständlich kann man auch in der Sicht der *Federalists* zum Zwecke der Bändigung der Staatsgewalt nicht auf die Balance sozialer Lager zurückgreifen – es gibt keinen Adel und keinen König. In diesem Sinne führt kein Weg zurück zu Montesquieu. Die Frage ist aber, ob man so ohne weiteres das Volk als Ganzes zum Hüter der Verfassung machen kann.

Übereinstimmung zwischen den *Federalists* und Sieyes besteht zunächst einmal darüber, daß das Volk unter normalen Bedingungen eine stabilisierende Rolle spielen kann, indem es in enger Rückkoppelung auf die bestehenden Organe einwirken kann – auf der Grundlage kurzer Legislaturperioden bzw. Amtszeiten, durch direkte oder indirekte Wahl aller Amtsträger. Die Übereinstimmung hört jedoch dort auf, wo es um den Krisenfall geht, um Pflichtverletzungen der Organe und schwerwiegende Konflikte zwischen ihnen. Daß das Volk hier als Schiedsrichter auf den Plan treten könnte, wie es Jefferson in seinen *Notes on the State of Virginia* vorschlug, verwirft Madison[16] aus einer Reihe von Gründen:

- Das Volk müßte hierzu institutionell in Form gebracht werden, da es eben nicht immer schon als Souverän präsent ist; vor allem müßte es eine Prozedur der Anrufung geben, in der die strei-

---

[16] Artikel Nr. 49 und 50 (bisweilen wird auch Hamilton als Autor angenommen).

tenden Organe selbst eine zentrale Rolle zu spielen hätten, was zu problematischen strategischen Anreizen führen müßte. Es besteht insbesondere die Gefahr, daß die Anrufung des Volkes nicht die Ausnahme, sondern normales politisches Kampfmittel wird, was die Verfassung unterhöhlen müßte.

- Wir haben es nicht mit dem Volk selbst als Schiedsrichter zu tun, sondern wieder mit einem weiteren Organ, eben dem Konvent, der seinerseits nicht ungefährlich ist.
- Die Zusammensetzung dieses Organs wird problematisch sein, denn es werden ja die selben Leute in ihm zu finden sein, die in den zu kontrollierenden Organen auch schon tonangebend waren und dort die Probleme mitverursacht haben.

Damit kommen wir zum zweiten Punkt, den Beziehungen unter den Verfassungsorganen:

4.2.2 Checks and Balances

Wenn weder die Balance sozialer Lager noch die Oberaufsicht durch das souveräne Volk die Ordnung sichern können, ist zugleich klar, daß die Idee strikter Separation der Organe nicht so einfach aus der Idee der Volkssouveränität folgt, wie es Anhängern der Separation erscheint. Eher ist das Gegenteil der Fall. Madison geht ausführlich auf das Argument der Verfassungsgegner ein, wonach der Entwurf des Konvents die politische Maxime, „nach der Legislative, Exekutive und Judikative getrennt und unabhängig sein sollen [...] mißachte" und dabei die

> „unterschiedlichen Gewalten [...] derart aufgeteilt und vermengt [seien], daß gleichzeitig jede Symmetrie und Schönheit der Form zerstört worden und damit einige entscheidende Teile des Gebäudes der Gefahr ausgesetzt seien, durch das unverhältnismäßige Gewicht der anderen Teile erdrückt zu werden" (Nr. 47).

In seiner Entgegnung hierauf beruft er sich auf Montesquieu, der für alle Beteiligten die unbestrittene Autorität in solchen Fragen war, und weist zunächst ganz richtig nach, daß Montesquieu keineswegs über Separation gesprochen habe, sondern über die Verhinderung von Einverleibung. Ausgehend von dieser Rückversicherung argumentiert Madison dann, daß es angesichts der Unmöglichkeit der Separation nur eine Möglichkeit gebe, das Montesquiesche Programm zu realisieren: Nämlich dadurch, daß man jedes der Organe mit den Mitteln ausstatte, die Unterwerfung durch ein anderes Organ abzuwehren.

Also gibt es gewissermaßen ein Drittes neben der Balance sozialer Lager und der Separation von Organen, die allein dem Volk gehorchen, nämlich die Balance zwischen den Organen.

Egoismus und Machtstreben stellen sicher, daß die Mitglieder der einzelnen Regierungszweige deren verfassungsmäßige Unabhängigkeit garantieren:

> „Der beste Schutz vor einer allmählichen Konzentration der verschiedenen Kompetenzen bei derselben Gewalt besteht aber darin, den Amtsinhabern jeder der Gewalten die notwendigen verfassungsmäßigen Mittel und persönlichen Motive zu geben, Übergriffe abzuwehren. Dabei müssen, wie in anderen Fällen auch, die Vorkehrungen zur Verteidigung der voraussichtlichen Stärke eines möglichen Angriffs entsprechen. Machtstreben muß Machtstreben entgegenwirken." (Nr. 51).

Das erinnert – unter anderen Bedingungen – an die entsprechenden Überlegungen von Aristoteles und Machiavelli; und es hat auch viel mit der Ansicht Montesquieus zu tun, daß die weniger hochstehenden Motive einen zuverlässigeren Zement der Ordnung darstellen als die höherstehenden Motive, wenn sie nur entsprechend instrumentalisiert werden können. Es stellt zugleich einen klaren Gegensatz zur Position von Sieyes dar, für den eigene Machtgelüste von Amtsträgern eine Obszönität waren.

4.3 Institutionelle Umsetzungen in der Verfassung

Die Folgerung für die Gestaltung politischer Institutionen ist: So viel Separation wie möglich, so viel Verflechtung und gegenseitige Kontrolle wie notwendig.

4.3.1 Legislative und Exekutive

Zunächst sind zu nennen die vornehmlich trennenden Bestandteile der Institutionenordnung:

- Die einzelnen Organe müssen, soweit das überhaupt möglich ist, separate Machtbasen haben und auch finanziell voneinander unabhängig sein. Der Präsident und beide Kammern der Legislative werden auf je eigene Art gewählt. Für die Richter der Bundesgerichte ist das nicht praktikabel, daher sollen sie in einem komplexen Zusammenwirken von Exekutive und Legislative bestellt werden, das von keiner der beiden beteiligten Gewalten beherrscht wird.

- Das gefährlichste, weil expansivste Organ, die Legislative, muß mit besonderen inneren Kontrollen ausgestattet werden; ganz wie in der Konzeption des Abbé Sieyes sollen zwei Kammern einander in Schach halten, die auf ganz unterschiedliche Weise besetzt werden und dementsprechend auch unterschiedliche Blickwinkel auf die jeweils zu regulierenden Angelegenheiten haben.

Jenseits dieser Bestandteile eines Systems der Gewaltentrennung finden sich die Verflechtungen der Gewalten. Zwischen Exekutive und Legislative sind sie vielfältig und meist kleinteilig:

- Die Legislative wirkt auf die Exekutive nicht nur durch das Budgetrecht ein, das ja überall zu ihrem Zuständigkeitsbereich zählt, sondern (durch den Senat) durch ein Vetorecht bei der Besetzung von exekutiven Ämtern durch den Präsidenten; durch das Recht zur Bestellung des Präsidenten im Falle einer fehlenden ausreichenden Mehrheit eines Kandidaten bei Präsidentschaftswahlen; durch die Möglichkeit der Amtsenthebung des Präsidenten (*impeachment*), durch die Notwendigkeit einer Zustimmung des Senats beim Abschluß von völkerrechtlichen Verträgen durch den Präsidenten.
- Die Exekutive wirkt auf die Legislative ein vor allem durch die Möglichkeit eines suspensiven Vetos des Präsidenten bei Gesetzen (eine Rolle, die Sieyes dem König ganz ausdrücklich verwehrt); erwähnenswert ist auch die Tatsache, daß der Vizepräsident das Amt des Senatspräsidenten bekleidet.

Dabei bleibt es aber nicht. Den eigentlichen Schlußstein des Gebäudes bildet ein Argument, das die Beziehungen zwischen der Rechtsprechung und den anderen beiden Gewalten grundlegend gegenüber allem bisher Dagewesenen verändert:

4.3.2 Das oberste Gericht als *Hüter der Verfassung*

Hamiltons Lesart dessen, was ‚Unabhängigkeit der Gerichte' bedeutet, und speziell seine Folgerung hieraus für die Rolle des obersten Gerichts, stellt das glatte Gegenteil strenger Separation dar:

„Die vollständige Unabhängigkeit der Gerichte ist für eine Verfassung mit eingeschränkter Regierungsgewalt *(a limited constitution)* in besonderer Weise ausschlaggebend. Unter einer Verfassung mit eingeschränkter Regierungsgewalt verstehe ich eine mit bestimmten, genau benannten Einschränkungen der Kompetenz der Legislative, so zum

> Beispiel dem Verbot von Ausnahmegesetzen, die eine Verurteilung ohne Gerichtsverfahren beinhalten *(bills of attainder)*, von rückwirkenden Gesetzen und ähnlichem. Einschränkungen dieser Art können in der Praxis auf keinem anderen Weg als durch Gerichte durchgesetzt werden, deren Pflicht es ist, alle Gesetze, die gegen den manifesten Sinn der Verfassung verstoßen, für nichtig zu erklären" (Nr. 78).

Das ist eine kühne Auslegung des Verfassungsentwurfs, der hierzu keine ausdrückliche Ermächtigung enthält; die Auslegung war entsprechend umstritten. Hamiltons Hintergrundargument ist aber sehr einfach: Es sei die natürliche Aufgabe eines Gerichtes, Gesetzen durch angemessene Auslegung und Anwendung auf Streitfälle Geltung zu verschaffen. Es sei abwegig, daß sich diese Zuständigkeit nur auf die vergleichsweise weniger wichtigen Gesetze beschränken und ausgerechnet das wichtigste Gesetz, eben die Verfassung, hiervon ausgespart bleiben sollte, also das Gesetz, in dem sich der

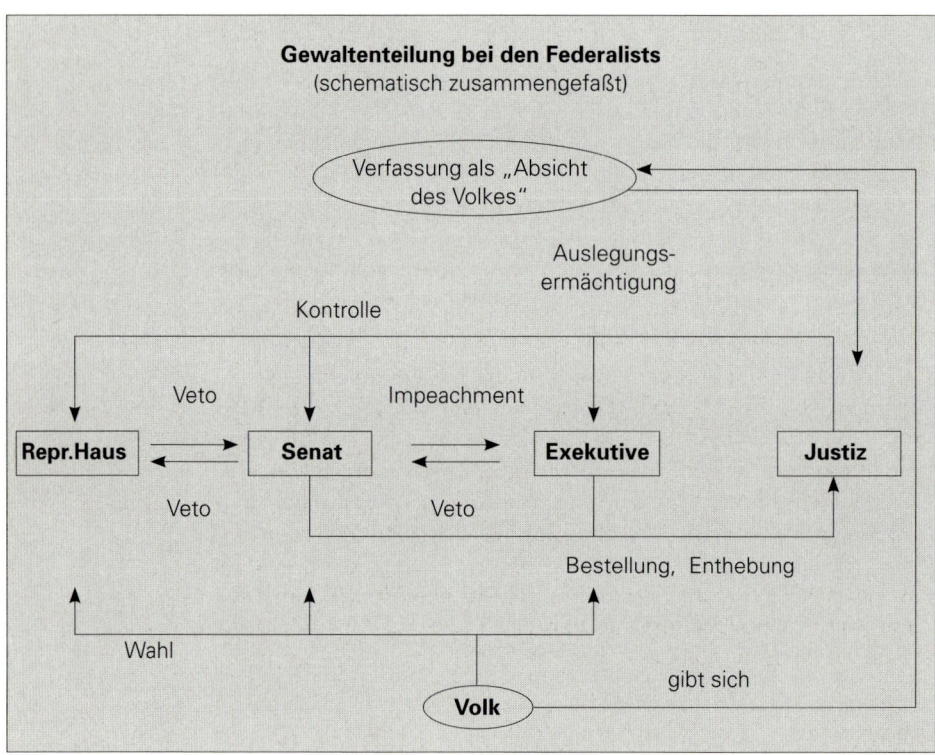

Gewaltenteilung bei den Federalists
(schematisch zusammengefaßt)

Wille des Souveräns geäußert habe und nicht nur der Wille eines seiner Organe. Mit anderen Worten: Das oberste Gericht nimmt in dieser Konzeption die Rolle ein, die bei Sieyes das Volk selbst bzw. der Verfassungskonvent spielt. Das ist keine Kleinigkeit. Es ist schon etwas mehr als Balance, es ist Oberherrschaft – allerdings ohne Machtmittel.

Damit schließt sich der Kreis zurück zu Montesquieu und Locke: Nur mit einer Zivilgesellschaft, die die Institutionen trägt und sich gegebenenfalls aktiv für sie einsetzen wird, die also den ‚Geist‘ der Institutionen praktisch werden läßt, kann das Gebäude stabil sein – erst in einer solchen Umgebung wächst dem obersten Gericht die Rolle einer wirksamen Instanz zu, ohne daß es hierzu eigener Zwangsmittel des Gerichts bedarf.

5. Nachbemerkung: Welche Bändigung?

Gewaltenteilung ist nicht nur umstritten, weil man darunter institutionell Verschiedenes verstehen kann. Die Meinungen gehen auch darüber auseinander, ob wir zu viel oder zu wenig davon haben, ja sogar, ob man sie überhaupt braucht.

Hayek, dessen Denken zur Sache wir oben kennengelernt haben,[17] sieht das Problem darin, daß die Gewaltenteilung in der falschen Weise und nicht streng genug gehandhabt wird. Nach ihm brauchen wir ‚mehr‘ Gewaltenteilung, schärfere Einbindung der Politik.

Die scheinbar diametral entgegengesetzte Position wird von Walter Bagehot in seinem klassisch gewordenen Buch *Die englische Verfassung* vertreten. Er verwirft die Idee der Gewaltenteilung in Bausch und Bogen und geht insbesondere mit der amerikanischen Verfassung hart ins Gericht: Die gesamte Idee der Checks and Balances sei abwegig; die Amerikaner sollten nicht stolz auf ihre Verfassung sein, sondern vielmehr auf ihre politische Intelligenz, die es ihnen ermöglicht, mit einem so unsinnigen Institutionensystem zurechtzukommen, das auf einem einzigen Mißverständnis des britischen Regierungssystems beruhe (Essay 7). In England gebe es nämlich keinerlei gewaltenteilende Vorkehrungen, sondern vielmehr kompakte und komplette Führung durch das Parlament und seinen mächtigsten Ausschuß, das Kabinett. Und das sei auch völlig

---

[17] Vgl. Kap. IV., Abschnitt 3.

in Ordnung so – nur so sei Handlungsfähigkeit der Politik gesichert.

Es könnte nun aber sein, daß es sich bei den beiden hier gegeneinander gestellten Positionen gar nicht um frontale Gegensätze handelt, sondern daß sie über ganz verschiedene Probleme der Machtkontrolle sprechen, die man dementsprechend denn auch besser getrennt verhandelt sollte. Gehen wir noch einmal zurück zu Sieyes:

Wie wir sahen, schreibt er der Legislative zwei Sorten von Aufgaben zu – zum einen ist die Legislative für ihn der Ort, wo die abstrakten und nicht auf spezielle Zwecke zielenden Regeln beschlossen werden (das ist das, was man den rousseauisch-*republikanischen* Teil der Tätigkeit des gesetzgebenden Organs nennen kann); zum anderen ist die Legislative der Ort, wo einzelne Steuerungsentscheidungen mit Hilfe von zweckbezogenen Gesetzen gefällt werden (das ist das, was man den *demokratischen* Teil der Tätigkeit des gesetzgebenden Organs nennen kann). ‚Vollzug' bedeutet nun sehr Unterschiedliches, je nachdem, welche Sorte von Gesetzgebung wir meinen: Im ersten Fall besteht er nur darin, die allgemeinen Spielregeln gegenüber den Bürgern durchzusetzen bzw. sie nicht selbst durch Staatshandeln zu verletzen. Im zweiten Fall handelt es sich dagegen um buchstäbliche Ausführung – die Gesetze sind hier ja konkrete Aufträge. Entsprechend unterschiedlich stellt sich die Beziehung zwischen ‚Legislative' und ‚Exekutive' dar.

Sieht man die Dinge so, dann sind die Positionen von Hayek und Bagehot keineswegs einfach konträr zueinander, sondern beziehen sich auf unterschiedliche Aspekte des Themas: Hayek spricht vor allem über das erste Thema, Bagehot vor allem über das zweite.

Zum ersten Thema, der *Rechtsbindung* der Staatsgewalt, sind beide Autoren der Ansicht, daß die Herrschaft an Willkür gehindert werden soll. Bei Hayek ist das Gegenstand der Erörterung, bei Bagehot nicht. Jedoch ist es abwegig zu glauben, dieser sei ernsthaft der Ansicht gewesen, das Parlament solle buchstäblich *alles* dürfen. Aufschlußreich ist hier seine Behandlung der Rolle der sogenannten *dignified parts* der Verfassung (Krone, Oberhaus), die keine Rolle für die Führung der politischen Geschäfte spielen, aber die Einbettung bereitstellen, die die „Herzen der Bevölkerung gewinnt" – mit anderen Worten: Es gibt eine durch sie symbolisierte und in Form gebrachte Öffentlichkeit, die den eigentlichen politischen Prozeß an der Entgleisung hindert. In puncto „Trennung" von Rechtlichkeit und Politik und Unterordnung der Politik unter das Recht liegen beide, Hayek und Bagehot, nicht weit auseinander.[18]

---

[18] Was nicht bedeutet, daß es keinen Dissens zwischen ihnen gibt: Sollen die Beschränkungen der Staatsgewalt letztlich ganz in den kulturellen Bereich fallen (wie es bei Bagehot anklingt, der keine förmlich gesetzliche Beschrän-

Zum zweiten Thema, der *Verhinderung von Anmaßung, Willkür und Korruption* der politischen Führung, sind beide Autoren ebenfalls, und zwar ausdrücklich, der gleichen Meinung: Die Bändigung der Exekutive sollte besser nicht durch Separierungen und Entscheidungsblockaden erfolgen, sondern eher durch klare Ermächtigungen und klare Verantwortlichkeiten. Also soll die Beziehung zwischen dem Parlament (bei Hayek: der „Regierungsversammlung"), soweit dieses politische Richtungsentscheidungen trifft, und der Exekutive eng sein – ganz so, wie Bagehot das ebenfalls sieht.

Es gibt also Gründe, bei der Diskussion um das Ob und das Wie der Gewaltenteilung zu unterscheiden, ob man unter der Bändigung der Staatsgewalt die Sicherung ihrer Bindung an das Recht meint oder die Sicherung ihrer politischen Verantwortlichkeit gegenüber dem Volk und dem, was es will.

Literatur

Primärtexte

Aristoteles: *Politik*, Buch I-VI, übers. von E. Schütrumpf, erläutert von E. Schütrumpf und H.-J. Gehrke, 3 Bde. Berlin 1991 und 1996.

Bagehot, Walter: *The English Constitution* (1867), hrsg. von R. Crossman. Glasgow 1983.

Bagehot, Walter: *Die englische Verfassung*, hrsg. von K. Streifthau. Neuwied und Berlin 1971.

Cicero, Marcus Tullius: *De Re Publica*, lat-dt. hrsg. von K. Büchner. Zürich 1987.

Hamilton, Alexander; Madison, James; Jay, John: *The Federalist* (1788), hrsg. von R. Scigliano. New York 2000.

Hamilton, Alexander; James Madison. John Jay: *Die Federalist Papers*, hrsg. von B. Zehnpfennig. Darmstadt 1993.

Harrington, James: *The Commonwealth of Oceana* (1656), *The Political Works of James Harrington*, hrsg. von J. G. A. Pocock. Cambridge 1977.

Harrington, James: *Das Gemeinwesen von Oceana*, hrsg. von H. Klenner/U. Szudra. Leipzig 1991.

Hayek, Friedrich August von: *Recht, Gesetzgebung und Freiheit*, 3 Bde. München 1980 ff.

Locke, John: *Two Treatises of Government* (1689/90), hrsg. von P. Laslett. Cambridge 1960.

Locke, John: *Zwei Abhandlungen über die Regierung*, übers. von H. J. Hoffmann, hrsg. von W. Euchner. Frankfurt/M. 1977.

Machiavelli, Niccolò: *Discorsi sopra la prima deca di Tito Livio* (1531), hrsg. von R. Zorn. Stuttgart 1977.

---

kung der Handlungsfähigkeit einer Regierung akzeptieren würde), oder sollen sie in Form ausdrücklicher Gesetze installiert werden (wie es Hayek will, der in die obere Kammer ja nicht nur Grundrechtsfragen, sondern Bindungen des eigentlichen Staatshandelns verlagern will)?

Montesquieu, Charles Louis de: *De l'Esprit des Loix* (1748), *Œuvres Complètes* Bd. 1, hrsg. von A. Masson. Paris 1950.

Montesquieu, Charles de: *Vom Geist der Gesetze*, dt. hrsg. von Ernst Forsthoff. Tübingen 1951.

Sieyes, Emmanuel Joseph: *Collection des Écrits*. Paris 1796.

Sieyes, Emmanuel Joseph: *Politische Schriften 1788-1790*, hrsg. von E. Schmitt/R. Reichardt. München und Wien 1981.

Sekundärliteratur

Hafen, Thomas: *Staat, Gesellschaft und Bürger im Denken von E. J. Sieyes*. Bern 1994.

Hereth, Michael: *Montesquieu zur Einführung*. Hamburg 1995.

Vile, M. J. C.: *Constitutionalism and the Separation of Powers*. Oxford 1967 (Indianapolis: 1998).

Zehnpfennig, Barbara: *Einleitung zu Hamilton/Madison/Jay, Die Federalist Papers*. Darmstadt 1993.

VIII. Politische Philosophie und internationale Beziehungen

(Michael Becker)

Viele der vorangegangenen Kapitel erörterten Fragen grundlegender Art, die die politische Philosophie von Anfang an beschäftigt hatten. Vom zwischenstaatlichen Frieden als einem zentralen Aspekt der Philosophie der internationalen Beziehungen läßt sich nicht unbedingt behaupten, daß er ein solches epochenübergreifendes Thema gewesen wäre. Natürlich haben sich auch Philosophen früherer Zeiten, z. B. Augustinus und Thomas von Aquin, dazu geäußert, was man unter einem irdischen (im Unterschied zu einem himmlischen) Frieden verstehen könnte, und auch begriffliche Präzisierungen geliefert, aber die Friedensfrage stand bei ihnen nicht im Zentrum ihrer Werke. Zudem gehörte in einem theologisch bestimmten Weltbild der Krieg durchaus zum Weltganzen dazu. Mittelalterliche Vorstellungen vom „gerechten Krieg" besagten zum Beispiel, daß den „Heiden" die wahre göttliche Ordnung auch gewaltsam vermittelt werden dürfe, und ein Frieden galt, wenn überhaupt, nur innerhalb des Christentums als denkbar. Bis zum Ende des 18. Jahrhunderts hatte zwar eine Reihe von Autoren, zunächst Theologen wie Bartolomé de Las Casas und Francisco Suárez, dann vor allem die Völkerrechtler Hugo Grotius und Samuel Pufendorf und schließlich auch der ‚Popularphilosoph' Abbé Saint-Pierre über die Bedingungen des Krieges und des Friedens geschrieben, aber eine grundlegende philosophische Auseinandersetzung mit der Frage nach dem Frieden zwischen Staaten hatte nicht stattgefunden.

Dies geschah erst in Kants Traktat *Zum ewigen Frieden.* Kant untersucht darin die Bedingungen für einen „Frieden durch Recht" und analysiert die Voraussetzungen dafür auf der Ebene des Staatsrechts, des Völkerrechts und des Weltbürgerrechts. Während die drei großen „Kritiken" Kants bis in die Gegenwart hinein eine mehr oder weniger kontinuierliche Aufmerksamkeit erfuhren, wurde seine Friedensschrift nicht zum Ausgangspunkt einer anhaltenden Beschäftigung mit der Frage eines Vernunftfriedens. Zwar wurde sie von seinen namhaften und weniger namhaften Zeitgenossen eingehend besprochen und kritisiert, aber Alternativentwürfe von ähnlich grundsätzlicher Bedeutung sind bis in die jüngste Gegenwart hinein nicht zu verzeichnen gewesen. So dauerte es über zwei Jahrhunderte, bis das Thema von Kants Friedens-Traktat von John Rawls wieder aufgegriffen wurde. In den nachfolgenden Ausführungen werden zunächst die Grundgedanken der Kantischen Friedensschrift dargelegt sowie die Überlegungen erörtert, warum sich der Vernunftrechtler Kant an einer zentralen Stelle, nämlich beim Verhältnis der einzelnen Staaten untereinander, mit einer Ersatzlösung zufrieden gibt (1). Daran anschließend wird Rawls' Abhandlung über das „Recht der Völker" in zentralen Punkten vorgestellt (2). Am Schluß erfolgt eine kurze Erörterung der Frage, inwiefern der Kantianer Rawls mit seinem Modell der internationalen Beziehungen über Kant hinausgelangt (3).

1. Kant: Die Bedingungen eines Friedens zwischen souveränen Staaten

Der Schrift *Zum ewigen Frieden* (1795), in der Überlegungen zu den Bedingungen eines dauerhaften Friedensvertrages angestellt werden, hat Kant originellerweise die Form eines Vertrages gegeben. Sie ist in insgesamt drei Teile gegliedert, in zwei „Abschnitte" und einen „Anhang". Abschnitt eins behandelt in den „Präliminarartikeln" die unabdingbaren, aber noch relativ einfach zu erfüllenden Voraussetzungen des angestrebten Friedenszustandes. Abschnitt zwei umfaßt drei „Definitivartikel", die den rechtlichen Kern des ewigen Friedens ausmachen, sowie zwei erläuternde „Zusätze". In einem „Anhang" finden sich grundsätzliche Ausführungen über das Verhältnis von Politik und Moral, die im weiteren jedoch außer acht bleiben, weil sie für die Friedensthematik nicht unmittelbar relevant sind. Da es sich bei dem Friedens-Traktat nach Auskunft des Untertitels um einen „philosophischen Entwurf" handelt, muß die Leserschaft damit rechnen, daß Kant seine diesbezüglichen Überlegungen auch ganz unverhofft in den Rahmen seiner andernorts entwickelten Philosophie stellt. Das Nachfolgende bezieht sich überwiegend auf den zweiten Abschnitt sowie auf den ersten „Zusatz"; hier werden die rechtlichen Bedingungen (1.2) sowie eine „Garantie" des ewigen Friedens (1.3) behandelt. Zuvor sei aber wenigstens kurz der Inhalt des ersten Abschnitts referiert (1.1).

1.1 Die „negativen" Voraussetzungen des ewigen Friedens: die Präliminarartikel

In den sechs Präliminarartikeln (im Sinne von vorbereitenden Bemerkungen) werden diejenigen Handlungen, Praktiken und Institutionen genannt, die der Beendigung eines Kriegszustandes als Vorbedingung eines andauernden Friedens entgegenstehen. Diese

Artikel entspringen nicht dem Gebot der reinen Vernunft, sondern sind pragmatische Vorschriften, die sich aus der bisherigen kriegerischen Praxis der Staaten untereinander gewinnen lassen. Sie können in zwei Gruppen eingeteilt werden, je nachdem, ob die in ihnen enthaltenen Forderungen strikt und unmittelbar erfüllt werden müssen oder ob sie Bestimmungen enthalten, denen erst nach einer Übergangszeit und dann mit einem gewissen Spielraum entsprochen werden muß.

Zur ersten Gruppe gehören folgende Artikel:

- Zunächst einmal dürfen „Friedensschlüsse" nicht unter einem „geheimen Vorbehalt" gemacht werden (Art. 1). Ein Friedensschluß muß unbedingt als Neuanfang begriffen werden. Verboten ist demnach, daß eine Partei des Friedensvertrages sich insgeheim vornimmt, bereits dann wieder zu den Waffen zu greifen, wenn ihr das Verhalten eines Vertragspartners als unangemessen erscheint. Auch sollen keine historischen Gründe (‚Erzfeind') für neue Feindseligkeiten angeführt werden.
- Darüber hinaus soll sich kein Staat „in die Verfassung und Regierung eines andern Staats gewalttätig einmischen" (Art. 5). Kant betrachtet die Staaten hier als moralische Personen und hat konkret den Fall bürgerkriegsähnlicher Verhältnisse vor Augen. Das in Bürgerkriegen zutage tretende „gesetzlose" Verhalten im Innern eines Staates kann nicht als „Läsion", als Schädigung eines anderen aufgefaßt werden, sondern nur als „böses Beispiel", quasi als Abschreckung der noch intakten Staaten taugen. Folglich ist auch kein Grund für einen Eingriff in die inneren Angelegenheiten der in Unordnung geratenen ‚Staatsperson' vorhanden.
- Schließlich sollen Kriegsparteien alle Handlungen unterlassen, die einen zukünftigen Frieden erschweren oder verhindern könnten (Art. 6). Zu den friedensverhindernden Handlungen zählt Kant solche „Niederträchtigkeiten" wie die „Anstellung der Meuchelmörder",[1] die „Brechung der Kapitulation" sowie die „Anstiftung des Verrats [...] in dem bekriegten Staat". Dieser Artikel schreibt indirekt auch vor, sich in die Situation des Feindes zu versetzen und sich vorzustellen, welche Handlungen aus dessen Sicht sich zukünftig als friedensverhindernd auswirken könnten.

---

[1] Dieser Punkt ist aktueller, als es auf den ersten Blick erscheint. Erinnert sei nur an die Diskussion um die Möglichkeiten zum Sturz der Regime in sogenannten Schurkenstaaten.

Die zweite Gruppe von Artikeln zielt auf Reformen ab, die nicht direkt umzusetzen, die aber doch für einen Frieden unerläßlich sind. Diese Artikel besagen,

- daß kein Staat vererbt, getauscht oder gekauft werden soll, als ob es sich um einen gewöhnlichen Gegenstand handelte (Art. 2). Dieser Artikel spricht in erster Linie ein Verbot für zukünftige Handlungen aus – zurückliegende unstatthafte ‚Erwerbungen' von Staaten bleiben bis auf weiteres unangetastet. Allerdings soll deren „Rückerstattung" nicht auf den „Nimmertag" verschoben, sondern baldmöglichst in Angriff genommen werden.
- Stehende Heere sollen mittelfristig abgeschafft werden (Art. 3). Stehende Heere als militärische Institutionen können eine schwer kontrollierbare Eigendynamik entwickeln und unter Umständen selbst Ursache für einen Angriffskrieg sein. Darüber hinaus hält Kant den in solchen Institutionen unvermeidlichen Gebrauch „von Menschen als Maschinen" für unvereinbar mit deren Status als freie Personen (damit vereinbar seien dagegen „periodisch vorgenommene Übungen der Staatsbürger in Waffen").
- Schließlich sollen „Staatsschulden in Beziehung auf äußere Staatshändel", das heißt Kriegsanleihen unterbleiben (Art. 4). Kant begründet dieses Verbot mit der Ambivalenz des internationalen Kreditsystems, mit dem zwar durchaus Verbesserungen der „Landesökonomie" finanziert werden könnten, aber eben auch Kriege. Die Aufnahme von Auslandsschulden trage zur „Leichtigkeit des Krieges" selbst bei leeren Staatskassen bei.

Die angeführten sechs Präliminarartikel sind untereinander nicht systematisch verbunden, sondern stellen, wie gesagt, notwendige „negative" Voraussetzungen einer jeden Bemühung um einen dauerhaften Frieden dar. Dessen eigentliche Grundlegung ist Gegenstand des zweiten, nun ausführlicher zu besprechenden Abschnitts.

1.2 Frieden durch Recht: die Definitivartikel

Die mit den Präliminarartikeln eingeforderten Unterlassungen führen also noch keinen Frieden herbei. Ein solcher Zustand muß eigens gestiftet werden. Die nachfolgend erörterten Definitivartikel übernehmen die Funktion, die Stiftungsprinzipien zu benennen.

Erster
Definitivartikel

Der Erste Definitivartikel bestimmt: „Die bürgerliche Verfassung in jedem Staate soll republikanisch sein". Das volle Verständnis dieser Verfügung setzt zunächst einmal die Sortierung einiger von Kant in diesem Zusammenhang auf engstem Raum eingeführten Begriffe voraus. Er unterscheidet zwischen der „Form der Beherrschung" und der „Form der Regierung" (auch „Regierungsart" oder „Staatsprinzip"). Mit jener bezieht er sich auf die *Anzahl* der an der Herrschaft beteiligten Personen (einer, einige, alle). Kant nennt diese Formen der Beherrschung im Anschluß an die traditionelle Dreiteilung „Autokratie", „Aristokratie" und „Demokratie" (zu deutsch „Fürstengewalt", „Adelsgewalt", „Volksgewalt"). Mit der „Form der Regierung" entfernt sich Kant von der Tradition und spricht die *Art und Weise* an, wie ein Staat von seiner Macht Gebrauch machen kann – dies sei entweder in der republikanischen oder in der despotischen Manier möglich. In einer Republik sind gesetzgebende und ausführende Gewalt getrennt, in der Despotie ist der Gesetzgeber „zugleich Vollstrecker seines Willens".

Folgenreich ist dies deshalb, weil erstens Demokratie, wörtlich verstanden als die Herrschaft des Volkes, „notwendig" zur Despotie gerechnet wird, da sie weder die Gewaltenteilung noch das Repräsentationsprinzip kennt: das Volk gibt sich die Gesetze und regiert zugleich. Folgenreich ist es aber auch, weil zweitens Demokratie und Republik zwei verschiedenen Kategorien zugeordnet werden, diese der Regierungsform, jene aber der Herrschaftsform. Damit hängt der ewige Friede – zumindest am Ende des 18. Jahrhunderts – *nicht alleine* von den (wenigen) Staaten ab, die damals tatsächlich als Republiken gelten konnten. Weil Kant der Form der Regierung einen Vorrang vor der Form der Beherrschung einräumt, ist der den Frieden begünstigende Republikanismus auch dadurch möglich, daß in Autokratie bzw. Aristokratie republikanische Verhältnisse vom Monarchen bzw. vom Adel ‚simuliert' werden bzw. dadurch,

> „daß sie eine dem Geiste eines repräsentativen Systems gemäße Regierungsart annähmen, wie etwa Friedrich II. wenigstens sagte: er sei bloß der oberste Diener des Staates".[2]

Mit anderen Worten: Der Republikanismus hätte damals aus Kants Sicht nicht nur im revolutionären Frankreich, sondern auch im monarchischen Preußen Fuß fassen können. Entscheidend für die republikanische Regierungsform ist nämlich nicht allein die institutionelle Ausstattung, sondern auch die „Denkungsart" der Herrschenden.

---

[2] Immanuel Kant: *Zum ewigen Frieden*, in: *Werkausgabe* Bd. XI, hrsg. von Wilhelm Weischedel, Frankfurt/M. 1977, 195-251, B 26 f. (die Angabe „B 26" bezieht sich auf die Seitenzahl in der Ausgabe der Preußischen Akademie der Wissenschaften; „B" meint dabei die zweite Auflage dieser Ausgabe der Schriften Kants).

Die Republik bei Kant hat nun eine ganz bestimmte innere Verfassung, die die Prinzipien

- der „Freiheit der Glieder einer Gesellschaft (als Menschen)",
- der „Abhängigkeit aller von einer einzigen gemeinsamen Gesetzgebung (als Untertanen)" sowie
- der „Gleichheit derselben (als Staatsbürger)"

beinhaltet. Einige wenige Bemerkungen zur Erläuterung dieser Grundsätze sind angebracht. „Freiheit" spielt in Kants „Moralphilosophie" (die die Ethik und das Recht umfaßt) eine zentrale Rolle. In seiner Ethik geht er davon aus, daß der Mensch insofern frei ist, als er als Vernunftwesen nicht durchgängig den Naturgesetzen unterworfen ist, daß er also nicht nur als ein Trieb- und Sinneswesen in die endlose Kette von Ursache und Wirkung eingefügt ist. Diese Annahme bedeutet nun allerdings nicht, daß es dem Menschen freisteht, das zu tun, was er will. Vielmehr ist Freiheit hier zu verstehen als die Freiheit, dem Sittengesetz, dem kategorischen Imperativ, Folge leisten zu können. Im Rahmen der bürgerlichen Verfassung, also unter rechtlichen Verhältnissen, bedeutet Freiheit ebenfalls eine Freiheit unter dem Gesetz, aber hier ist es kein moralisches Gesetz, dem das über sich selbst und seine Handlungspläne nachdenkende Subjekt folgt, sondern ein positives („äußeres") Gesetz, das aus einem der Republik gemäßen Verfahren hervorgeht. Hier wie dort ist Freiheit also immer als *gesetzliche Freiheit* oder Freiheit unter einem Gesetz zu verstehen. Der Einfluß Rousseaus auf die Konzeptionen der Freiheit unter selbstgegebenen Gesetzen ist offensichtlich.[3]

Die geforderte „Gleichheit" der Staatsbürger verbietet es, daß Einzelne benachteiligt oder bevorteilt werden. Garantiert werden kann dies durch die allgemeine Gesetzgebung, denn wenn alle an ihr mitwirken können, wird es keine diskriminierenden Gesetze geben können.[4] Das Prinzip der „Abhängigkeit" der Bürger von einer Gesetzgebung ist dagegen keine Eigenart der Republik; eine solche Abhängigkeit ist in einer jeden rechtlichen Verfassung gegeben. In seiner *Rechtslehre* aus dem Jahr 1797, in der Kant ebenfalls auf die Prinzipien der Republik zu sprechen kommt, wird es denn auch durch den Grundsatz der ökonomischen „Selbständigkeit" ersetzt. Aktive Bürger müssen demnach über ein Einkommen aus selbständiger Arbeit verfügen, damit ihre Entscheidungen nicht so leicht

---

[3] Vgl. dazu Kap. II.3.
[4] Das Gleichheitsprinzip wird auch deswegen besonders hervorgehoben, um zu unterstreichen, daß in einer Republik für die Sonderstellung des Erbadels kein Platz ist.

durch die Einflußnahme derer, von denen sie materiell abhängig sind, beeinträchtigt werden können.

Die auf dieser prinzipiellen Basis (der Freiheit, Gleichheit und Selbständigkeit) stehenden republikanischen Staaten und diejenigen Staaten, in denen Republikanismus durch die Inhaber der Staatsgewalt nachgeahmt wird, werden den zwischenstaatlichen Frieden nun deswegen fördern, weil bei ihnen Kriegsbeschlüsse entweder durch das Volk selbst oder zumindest in Rücksicht auf es getroffen werden müssen. Da die Bürger die Folgen ihrer Entscheidung unmittelbar zu spüren bekämen, würden sie, so Kant, weitaus vorsichtiger sein als jene Oberhäupter, die den Staat samt Untertanen als Privateigentum betrachteten und darum leichtfertig auf deren Kosten Kriege anzettelten. Der Republikanismus, so lautet also die Botschaft des Ersten Definitivartikels, ist einem ewigen Frieden zuträglich, weil er die Staaten im Innern und nach außen friedfertiger macht. Diese Vermutung kann mittlerweile als empirisch erhärtet angesehen werden – zumindest was das Verhältnis der Demokratien (im heutigen Verständnis) untereinander angeht.

Der Zweite Definitivartikel wendet sich dem Verhältnis der Staaten untereinander zu. Mit ihm muß die wohl schwierigste Frage des Friedensprojektes beantwortet werden. Der Artikel besagt: „Das Völkerrecht soll auf einem Föderalism freier Staaten gegründet werden."[5] Was heißt es, daß das Staatenverhältnis föderalistisch organisiert sein soll; entspricht dies etwa einer zwischenstaatlichen *Verfassung*? Das würde bedeuten, daß es der Einrichtung eines Weltstaates, einer Weltrepublik bedürfte, der zumindest die allgemeinverbindliche, gesetzliche Regelung (und polizeiliche Sicherung) des Weltfriedens übertragen werden müßte. Und dies wäre nicht nur eine diskussionswürdige Möglichkeit der internationalen Friedensorganisation, die Kant früher schon einmal (nämlich 1784 in seiner Schrift *Idee zu einer allgemeinen Geschichte in weltbürgerlicher Absicht*) vertreten hatte, sondern darüber hinaus eine Forderung der Vernunft: Diese nötigt die Menschen, in allen ihren Beziehungen, also auch in den zwischenstaatlichen, in einen gesetzlichen Zustand einzutreten. Darauf will Kant 1795 in seiner Friedensschrift allerdings nicht mehr hinaus, und er erläutert den Grund anhand eines Vergleichs mit der Begründung der bürgerlichen Verfassung.

Zweiter
Definitivartikel

---

[5] Daß der Ausdruck *Völker*recht an dieser Stelle auftaucht, kann irritieren, da es ja um das Verhältnis *staatlich* organisierter Gemeinschaften geht. Deshalb hatte Kant an anderer Stelle zu Recht eingewendet, der passendere Ausdruck dafür sei „Staatenrecht". Gleichwohl hat sich der Ausdruck Völkerrecht überall durchgesetzt, und auch Kant gebrauchte ihn im weiteren.

In Kants Version des Kontraktualismus müssen vernünftige Individuen deshalb den Naturzustand verlassen, weil es in ihm keine verbindlichen Regelungen, keine allgemeinen Gesetze gibt, durch welche ihre naturrechtlich garantierten gleichgroßen Freiheiten auch tatsächlich durchsetzbar sind. Es entstehen Unsicherheiten und Konflikte im Gebrauch der individuellen Freiheit. Deren Sicherung kann in einer Republik durch positive Gesetze erreicht werden, die einem allgemeinen Willen entspringen. Was nun den zwischenstaatlichen Bereich angeht, so kann zwar die anfängliche friedlose Situation ebenfalls als ein Naturzustand betrachtet werden (Kant sagt: „Völker, als Staaten, können wie einzelne Menschen beurteilt werden, die sich in ihrem Naturzustande [...] schon durch ihr Nebeneinander lädieren"), aus dem herauszutreten geboten ist. Jedoch fragt sich, wohin, in welche politische oder rechtliche Organisationsform dieser „Ausgang" führen soll.

Völkerbund statt Weltrepublik   In seiner Friedensschrift ist Kant (anders als Jahre zuvor) der Auffassung, die staatlichen Akteure würden einer der bürgerlichen Verfassung analogen internationalen Organisation nicht ihre Zustimmung geben, weil sie keiner Gesetzgebung unterworfen sein wollten, die ihrer Souveränität nach außen Abbruch tut. Folglich könne der Friede nicht in Form einer weltumspannenden Republik oder eines – modern gesprochen – Bundesstaates (mit einer für alle Gliedstaaten verbindlichen Verfassung und mit Mitteln des ‚Bundeszwangs' ausgestattet), sondern nur als „Völkerbund" (bzw. „Staatenbund") organisiert werden. In ihm würden sich dann alle Staaten die „Erhaltung und Sicherheit der Freiheit" gegenseitig zusichern. Kant stellt sich den Anfang der Befriedung der Staatenwelt so vor, daß als „Mittelpunkt" dieser Föderation bzw. des Friedensbundes *(foedus pacificum)* eine aus mehr oder weniger glücklichen, das heißt hier: revolutionären Umständen hervorgegangene und innerlich friedliche Republik dient, an die sich dann nach und nach andere, auch noch nicht republikanisch verfaßte, aber im Geiste des Republikanismus regierte Staaten anlagern können.

Die Gewagtheit auch noch dieses vorsichtigen Friedensplanes wird deutlich, wenn man sich vor Augen führt, daß als solche unabdingbaren Kristallisationspunkte Ende des 18. Jahrhunderts nur Frankreich (das nach dem Jakobiner-Terror sich aber bereits auf dem Weg zum Kaiserreich befand) und die USA in Frage kamen. Und im Grunde genommen findet auch mit der Realisierung dieses Friedensbundes überhaupt keine Verrechtlichung im Sinne der Verfassung der Beziehungen zwischen Staaten statt: Die Mitglieder des Friedensbundes geben, anders als dies bei der Einrichtung eines Bundesstaates der Fall wäre, keine Souveränität an übergeordnete Institutionen ab. Das schwächere Rechtsinstitut des zwischenstaatlichen Vertrages im Sinne der Föderation soll zwar die „feindselige Neigung" der Staaten in Schach halten – allerdings „mit beständiger Gefahr ihres Ausbruchs".

Kants Friedensvertrag enthält noch einen Dritten Definitivartikel, und der verfügt auf den ersten Blick ganz unscheinbar:

Dritter Definitivartikel

> „Das Weltbürgerrecht soll auf Bedingungen der allgemeinen Hospitalität eingeschränkt sein."

Dieser Artikel gewährt, wie Kant erläutert, ein *Besuchs*recht – ein Recht, „nicht feindselig behandelt zu werden" bzw. darauf, als Fremder in Kontakt mit den Einheimischen treten zu dürfen. Es handelt sich also nicht um ein *Gast*recht im Sinne eines Anspruchs auf dauernden Aufenthalt. Trotzdem sollte man dieses hier nur als Hospitalitätsrecht ausbuchstabierte Weltbürgerrecht nicht unterschätzen. Natürlich räumt es zur damaligen Zeit den ‚Abgesandten' vor allem der europäischen Staaten auch die Möglichkeit ein, sich zum Handel anzubieten, und unterstützt dadurch ökonomische Interessen (was Kant nicht daran gehindert hat, das durch und durch „inhospitale Betragen" der angeblich gesitteten Europäer überall auf der Welt auf das Schärfste zu verurteilen). Aber das ist nicht die einzige Konstellation, auf die es zugeschnitten ist. Darüber hinaus gibt es auch Situationen der ungewollten Ankunft, wie im Falle von Schiffbrüchigen, und hier zeigt sich das Hospitalitätsrecht von einer anderen Seite, indem es dem in Not Geratenen garantiert, den Fuß auf fremden Boden setzen zu dürfen. Und bei genauerem Hinsehen zeigt sich, daß das „eingeschränkt" präsentierte Weltbürgerrecht grundsätzlich von viel größerer Tragweite ist, als der dritte Definitivartikel auf den ersten Blick zu erkennen gibt.

Das belegt eine wichtige Systematisierung, die Kant etwas abgelegen in einer Fußnote zu Beginn des zweiten Abschnittes der Friedensschrift untergebracht hat. Dort werden drei Formen der „rechtlichen Verfassung", in denen „Personen" sich befinden können, unterschieden: erstens die „staatsbürgerliche" und zweitens die „völkerrechtliche" (die aber bei Kant aus den erwähnten Gründen keine ‚richtige' Verfassung ist). Drittens gebe es aber auch eine „weltbürgerliche" Verfassung,

Formen rechtlicher Verfassung

> „so fern Menschen und Staaten, in äußerem auf einander einfließendem Verhältnis stehend, als Bürger eines allgemeinen Menschenstaats anzusehen sind".

Bei diesem dritten, weltbürgerlichen Verfassungstyp gibt es also zweierlei ‚Bürger‘: die Menschen einerseits und die Staaten andererseits, und dieser dritte Verfassungstypus ist notwendig, damit der von den beiden anderen Typen übrig gelassene Restnaturzustand durch Verrechtlichung aufgehoben werden kann. Denn die bürgerliche Verfassung stiftet Rechtsfrieden unter den Bewohnern eines begrenzten Territoriums (in einem Volk also); der Völkerbund ist die rechtliche, wenn auch nicht konstitutionelle Form für das Verhältnis zwischen den einzelnen Staaten (mit oder ohne bürgerliche Verfassung). Das Verhältnis eines Bürgers oder Menschen zu einem Staat, dem er nicht angehört, bleibt durch die ersten beiden Arten der Verfassung noch ungeregelt.

Wenn nun das Weltbürgerrecht diese rechtliche Lücke schließen soll, dann wird klar, daß es sich nicht in einem Besuchsrecht erschöpfen und daß es nicht auf diesen Aspekt „eingeschränkt" bleiben kann. Ein wichtiger Beleg dafür ist, daß Kant in seiner *Rechtslehre* das von einer bürgerlichen Verfassung garantierte Eigentumsrecht erst mit dem Weltbürgerrecht definitiv als gesichert betrachtet. Denn, so lautet die Begründung, solange Eigentum ‚lediglich‘ von einer nationalen Verfassung garantiert wird, ist es, zumindest von der philosophischen Warte aus, noch nicht in allen Hinsichten, nämlich noch nicht gegenüber anderen Staaten und deren Angehörigen gesichert. Das Weltbürgerrecht ist somit der Schlußstein in Kants Konzeption eines Friedens durch Recht und die notwendige Ergänzung der einzelnen bürgerlichen Verfassungen sowie des Friedensbundes.

1.3 Die „Garantie" des ewigen Friedens

Allerdings muß(te) sich der mit den Präliminar- und Definitivartikeln fein austarierte Friedensvertrag die Frage gefallen lassen, wie er denn überhaupt in die Praxis umgesetzt werden soll – zumal vor dem Hintergrund einiger in ihm enthaltener wenig schmeichelhafter Bemerkungen über Staaten und Menschen. Die Staaten, unterstellt Kant, und das wurde bereits erwähnt, sind unwillig, Souveränitätseinbußen hinzunehmen. Und darüber hinaus heißt es, daß sich im Verhältnis der Völker untereinander „die Bösartigkeit der menschlichen Natur [...] unverhohlen blicken läßt" – das sind denkbar schlechte Voraussetzungen für die Herbeiführung eines dauerhaften Friedens. Der Friedensprozeß muß darum, und das ist nun Thema des ersten „Zusatzes", von anderer als von politischer, ja menschlicher Seite begünstigt werden: nämlich von der Natur. Die überraschende und zunächst nicht ohne weiteres verständliche Auffassung von Kant ist:

> „Das, was die Gewähr (Garantie) leistet, ist nichts Geringeres als die große Künstlerin Natur [...], aus deren mechanischem Lauf sichtbarlich Zweckmäßigkeit hervorleuchtet, durch die Zwietracht der Menschen Eintracht selbst wider ihren Willen emporkommen zu lassen."[6]

Wie ist das gemeint? Kant macht hier Gebrauch von einer andernorts (in seiner dritten „Kritik", der *Kritik der Urteilskraft* von 1791) vorgenommenen Analyse einer „teleologischen" Beurteilung der Natur. In dem Begriff des „teleologischen" Urteils bzw. in dem Begriff der „Teleologie" steckt das griechische Wort „telos", das sich mit „Ziel" oder „Zweck" übersetzen läßt. Die „Teleologie" läßt sich demnach zunächst als die Lehre von den Zwecken bezeichnen, genauer: als die Lehre, die sich mit der Zielerreichung durch menschliches Handeln beschäftigt. Darüber hinaus bezieht bzw. bezog sich die Teleologie auch auf die nicht-menschliche, die unbelebte Natur. Dabei läßt sich ganz grob unterscheiden zwischen den Philosophen, die die Zwecke *in die Dinge selbst* hineinverlegt haben, sie also zum Wesen der Dinge gemacht haben, und solchen, die die Zwecke als *Setzungen des Betrachters* der Dinge verstanden. Dieser zweiten Gruppe von Philosophen ist Kant zuzurechnen.

In einem teleologischen Urteil wird demnach nichts über das Wesen der Naturdinge ausgesagt, und es erklärt auch keine kausalen Zusammenhänge zwischen ihnen. Vielmehr unterstellt es eine beobachtbare Zweckmäßigkeit in der natürlichen Welt. Z. B. wird die Schneedecke in den Frostregionen der Erde, die die dortige Pflanzenwelt schützt, als eine zweckmäßige Einrichtung betrachtet. In einer solchen teleologischen Perspektive wird die Natur generell als ein Mechanismus aufgefaßt, der absichtsvoll etwas hervorzubringen im Stande ist – darum „Künstlerin" Natur.[7] Ein teleologisches Urteil wird von einem Betrachter gefällt, der sich den Lauf der Welt anschaut und dabei so urteilt, *als ob* die Natur eine Absicht verfolgte. Allerdings handelt es sich hier um eine besondere ‚Sicht' der Dinge. Ein solches Urteil kann nämlich gar nicht auf sinnlicher Wahrnehmung beruhen (die oben im Zitat vorkommende Formulierung, daß eine Zweckmäßigkeit „sichtbarlich [...] hervorleuchte" ist also nicht wörtlich zu verstehen). Vielmehr ist es eine Denkoperation, bei der ein Betrachter zu der vor seinem geistigen Auge (durch seine „Vorstellungskraft", wie Kant sagt) präsenten Natur

Teleologisches Urteil und Zweckmäßigkeit

---

[6] Kant (1977), B 47.

[7] Eine mit der „Zweckmäßigkeit" verwandte Bedeutung besitzt das Wort „Vorsehung", das jedoch über einen religiösen Einschlag verfügt, weil hier Gott als Urheber der Welt angenommen (geglaubt) wird. Daher wird der Ausdruck von Kant nicht weiter gebraucht.

etwas „hinzudenkt". Und dieses Hinzugedachte ist, in der oben zitierten Stelle, eine Zweckmäßigkeit der Natur im Hinblick auf den ewigen Frieden.

Die so verstandene Zweckmäßigkeit läßt sich laut Kant an folgenden „Veranstaltungen" der Natur beobachten. Zunächst sorgt sie dafür, daß auch in den entlegendsten und unwirtlichsten Gegenden der Welt („Eismeer", „Sandwüsten") menschliches Leben möglich wird (durch eine Vielfalt von nutzbaren Tieren und Pflanzen und anderen Dingen wie Treibholz). Sodann sorgt sie, über die Zwietracht bzw. Bösartigkeit der Menschen und die dadurch bedingten Konflikte, Kriege und Wanderungsprozesse dafür, daß sich die Menschheit zunächst über die ganze Erde verteilt. Und schließlich zwingt die Natur die Menschen zum Frieden. In diesem ‚Schlußakt' lassen sich nochmals zwei Stufen unterscheiden: zuerst diejenige, auf der einzelne Staaten existieren, deren Einrichtung, wie Kant in einer berühmten Formulierung sagt, auch für ein „Volk von Teufeln" möglich sein muß. Sodann und letztlich aufgrund der Kugelgestalt der Erde, weswegen ein Sich-aus-dem-Weg-gehen nicht unbegrenzt möglich ist, muß das Verhältnis der vielen Staaten untereinander allmählich friedlich und in einen organisatorischen Rahmen gefaßt werden, das heißt in einen „Staatenbund".

Natur und ewiger Friede

Diese Ausführungen zur „Garantie" des ewigen Friedens irritieren zunächst. Sollte es sich nicht um einen Friedensschluß handeln, also um einen von den mehr oder weniger aufgeklärten Staaten untereinander absichtsvoll herbeizuführenden Zustand? Und wird jetzt nicht statt dessen die Hilfe der Natur über Gebühr in Anspruch genommen, wodurch die Menschen von jeglicher Eigeninitiative entbunden werden? Zu berücksichtigen ist jedoch, wie schon einmal erwähnt, daß 1795 erst ein, bestenfalls zwei maßgebliche Staaten überhaupt als republikanisch und darum vergleichsweise friedliebend zu bezeichnen waren. In dieser Situation bedurfte es, wenn die Vorstellung des den Menschen ja als Pflicht aufgegebenen ewigen Friedens nicht bloß ein Hirngespinst oder, wie Kant sagt, „süßer Traum" bleiben sollte, zunächst der Vergewisserung der *Möglichkeit* dieser Menschheitsaufgabe. Und die hätte sich kaum aus dem konkreten politischen Handeln der Staatenwelt am Ende des 18. Jahrhunderts ablesen lassen. Denn damals hätten sich vermutlich genauso viele friedensverhindernde wie friedensermöglichende Verhaltensweisen entdecken lassen. Was Kant also zunächst nachweisen will, ist, daß der ewige Friede auf lange Sicht *nicht unmöglich* ist.

Dieser Nachweis wird in Form des eben vorgestellten teleologischen Urteils erbracht, und in diesem Zusammenhang wird dann gezeigt, daß die Natur den „ewigen Frieden" sogar befördert. Und dieser Nachweis wiederum sei „kein unwichtiger Bewegungsgrund" für die angemessene Betrachtung der Welt(geschichte). Das heißt, wenn es dem Philosophen gelingt, überzeugende Zweckmäßigkeitsurteile zu formulieren, dann ist die dadurch gestützte ‚positive' Lesart der bisherigen Menschheitsgeschichte selbst schon ein nicht unerheblicher Beitrag zur Verwirklichung der utopischen Friedensidee. Mit anderen Worten: Die Garantie des ewigen Friedens gewährt letztlich doch nicht die Natur, sondern der oder die vernünftige(n) Betrachter der Geschichte. Der zweite „Zusatz", den Kant als „geheimen Artikel" präsentiert, bringt dies denn auch zum Ausdruck: Die Philosophen sollen „frei und öffentlich" über die „Bedingungen der Möglichkeit" des Friedens nachdenken dürfen. Die Philosophen sollen selbstverständlich nicht herrschen, aber auf den Rat dieser – wie Kant annimmt – machtfernen Denker kann in grundsätzlichen Fragen nicht verzichtet werden.

Kants „philosophischer Entwurf" hat, so läßt sich zusammenfassen, zweierlei geleistet: Er benennt erstens die aus seiner Sicht notwendigen rechtlichen Bedingungen eines Friedens in staatsbürgerlicher, völkerrechtlicher und weltbürgerlicher Hinsicht und er weist zweitens nach, daß ein darauf aufbauender Frieden nicht unrealisierbar ist. *Zum ewigen Frieden* ist deshalb vollkommen zu Recht als ein Meilenstein in der politischen Philosophie der internationalen Beziehungen gewürdigt worden. In mindestens einem Punkt wird man dem Traktat jedoch nicht mehr ohne weiteres zustimmen wollen, und das ist seine Zurückhaltung hinsichtlich der Verrechtlichung der Beziehungen zwischen souveränen Staaten. John Rawls' Abhandlung über das „Recht der Völker" weicht in dieser Frage von Kants Position ab; vor allem dieser Aspekt wird Gegenstand des folgenden Abschnitts sein.

2. Rawls: Prinzipien des Völker-Rechts

Die Bedingungen, unter denen gegenwärtig philosophische Friedenstheorien verfaßt werden können, sind doppeldeutig. In den vergangenen zweihundert Jahren gab es zum einen genügend Gelegenheit, die „Bösartigkeit der menschlichen Natur" in den internationalen Beziehungen zu beobachten. Und man kann sich heute durchaus fragen, ob ein ewiger Friede nicht bereits aufgrund der dabei allenthalben von den Kriegsparteien begangenen Verbrechen unmöglich geworden ist.[8] Zum anderen muß aber auch zur Kenntnis genommen werden, daß sich erstens die reale politische bzw. völkerrechtliche Situation erheblich verändert hat, daß mittlerweile beinahe alle Staaten sich als „Demokratien" bezeichnen (die meisten davon sicher mit zweifelhaftem Recht – aber sie orientieren sich immerhin am Modell der Demokratie), und daß zweitens das staatliche Nebeneinander sowohl regional als auch global gesehen schon seit langem nicht mehr ungeordnet ist. Es hat auf globaler Ebene, zunächst mit dem Völkerbund und dann vor allem mit den Vereinten Nationen, ein organisatorisches Niveau erreicht, das Kants Friedensbund sehr nahe kommt. Darüber hinaus läßt sich seit dem II. Weltkrieg beobachten, daß das Verhältnis der Staaten untereinander in immer stärkerem Maße in rechtliche Bahnen gelenkt wird. Auf regionaler Ebene schließlich streben die Staaten der Europäischen Union sogar eine Verfassung an, die derjenigen eines Bundesstaats ähnelt. Im Rahmen dieser neuen (welt-)politischen Konstellation ist es daher notwendig geworden, die Kantische Friedensidee zu überdenken und gegebenenfalls zu modifizieren. Dieser Aufgabe hat sich John Rawls in seinen Ausführungen zum „Völker-Recht" gewidmet.

Während Kants Friedensschrift sich vergleichsweise sparsam über die Binnenverhältnisse der staatlichen Akteure äußerte (der Erste Definitivartikel forderte ‚lediglich', daß ihre Verfassung republikanisch sein müsse), stellt Rawls' Völkerrechts-Schrift vergleichsweise komplexe Anforderungen an diejenigen Völker, die zu den friedliebenden gerechnet werden wollen. Der Rawlssche Traktat umfaßt Ausführungen zur „idealen" und zur „nicht-idealen Theorie". Die „ideale Theorie" untersucht, auf den Punkt gebracht, die rechtlichen Prinzipien der friedlichen Koexistenz und der Kooperation unter annähernd wohlgeordneten Völkern. Die „nicht-ideale" Theorie widmet sich der Frage, wie internationaler Friede unter den real gegebenen Bedingungen erzielt werden kann; es werden dort vor allem Probleme des gerechten Krieges und der internationalen Verteilungsgerechtigkeit abgehandelt. In den beiden hier folgenden Unterabschnitten wird es zunächst um die ideale Theorie gehen, also darum, welche Akteure nach welchen Grundsätzen eine friedliche internationale Ordnung begründen. Rawls' diesbezügliche Ausführungen sind zweistufig. Zuerst werden die Bedingungen eines Friedens zwischen liberalen Völkern untersucht (2.1), dann wird gezeigt, wie nichtliberale, aber dennoch anerkennungswürdige Regime in diesen

---

[8]   Diese Bedenken verweisen auf den Sechsten Präliminarartikel in *Zum ewigen Frieden* (s. o.). Rawls z. B. nimmt die Frage, ob ein ewiger Friede „nach Auschwitz" nicht eine „reine Fantasie" sei, durchaus ernst.

Kernfrieden integriert werden können (2.2). Im dritten Unterabschnitt geht es um das Verhältnis der friedlichen Völker zu solchen politischen Systemen, die für sie eine reale Bedrohung darstellen. Diese Überlegungen gehören teilweise schon zur nicht-idealen Theorie (2.3).

2.1 Frieden innerhalb der „Gesellschaft liberaler Völker"

Auf der ersten Stufe seiner Ausführungen versucht Rawls seine andernorts[9] für die innere Struktur einer liberalen Gesellschaft entwickelte *Theorie der Gerechtigkeit* auf das Feld der internationalen Beziehungen zu übertragen. Zwei grundlegende Unterschiede zu Kants Friedenskonzept müssen zum besseren Verständnis vorausgeschickt werden (§ 2). Der erste Unterschied besteht darin, daß Rawls nicht von einem Verhältnis von Staaten, sondern von *Völkern* untereinander spricht. Der Grund dafür ist, daß *Staaten* von ihrem Auftauchen zu Beginn der Neuzeit bis in die Gegenwart hinein meist als die (einzigen) souveränen Akteure der internationalen Politik betrachtet wurden, die keinerlei – vor allem keinen moralischen – Restriktionen unterworfen sind. Staaten als rechtlich verfaßte Gemeinschaften, auch Republiken, verhalten sich aus dieser Perspektive nach außen als reine Machtstaaten. Die nach innen die Herrschaft des Rechts sichernden Staaten verfolgen im Umgang mit anderen Staaten das Recht des Stärkeren. Dies war letztlich auch der Grund, warum sich der Vernunftrechtler Kant im zwischenstaatlichen Bereich mit einer Ersatzlösung des Friedensbundes zufrieden gab.

Rawls' Völkern ist dieses auch in der politischen Theorie und in der Rechtstheorie bis in die jüngste Gegenwart hinein dominante Theorem der absoluten Souveränität fremd. „Völker" verfügen über folgende drei Merkmale:

- Völker besitzen eine Verfassung und damit eine politische Organisation in Form einer repräsentativen und demokratischen Regierung. Eine solche Regierung hängt immer vom Vertrauen zumindest der Mehrheit der Bürger ab und verfügt, anders als der Staat, über kein Eigenleben unabhängig von der Bürgerschaft.
- Außerdem sind Völker moralischen bzw. vernünftigen (*reasonable*) Erwägungen gegenüber aufgeschlossen. Das bedeutet bei Rawls folgendes: Analog zu den Personen in seiner *Theorie der*

---

[9] Vgl. dazu Kap. V.4. Alle im Text in Klammern angeführten Paragraphen beziehen sich auf John Rawls: *Das Recht der Völker*. Berlin und New York 2002.

Gerechtigkeit verfügen Völker über einen moralischen Charakter, der ihnen die Verfolgung ihrer (Lebens-) Pläne, also dessen, was gut für sie ist, zwar grundsätzlich gestattet, dies aber in all den Fällen untersagt, in denen die Freiheit anderer dadurch eingeschränkt würde. In der internationalen Gesellschaft soll dadurch wie in einer nationalen Gesellschaft eine faire Zusammenarbeit möglich werden.

- Rawls' Völker zeichnen sich schließlich durch ein kulturelles Merkmal aus: Die Volksgenossen verfügen über ein Zusammengehörigkeitsgefühl *(common sympathies)*. Sie begreifen sich mit anderen Worten als eine ,Nation', bei der die Zugehörigkeit über Sprache, Religion oder die gemeinsame politische Vergangenheit vermittelt ist.

Der zweite Hauptunterschied zu Kants Friedens-Entwurf besteht darin, daß es sich bei dem von Rawls verfolgten Projekt nicht bloß um einen Frieden handelt, der auf einem multilateralen Vertrag unter gänzlich souverän bleibenden Staaten beruht, sondern um einen auf allgemeine Rechtsprinzipien gründenden Frieden, der unter bestimmten Bedingungen (s. weiter unten) auch vor den „inneren Angelegenheiten" der Völker (bzw. Staaten) nicht halt macht. Vor allem diese Prinzipien werden im folgenden etwas ausführlicher abgehandelt.

Rawls' „ideale Theorie" geht von der nationalstaatlichen Ebene aus; liberale Völker sollen den Kern der angestrebten Friedensordnung bilden. Als „liberal" können diejenigen *Völker* gelten, die über eine liberale *Gesellschaft* verfügen.[10] Die liberale *Gesellschaft* ist ein Merkmal eines liberalen *Volkes,* und zwar dasjenige, das seine konstitutionellen, verfassungsmäßig garantierten Einrichtungen verkörpert. Dazu gehören die individuellen Grundrechte und Freiheiten, deren Vorrang vor dem Wohl der Gemeinschaft sowie Grundgüter, die unerläßlich zum Gebrauch der Rechte und Freiheiten sind (§ 1).

Urzustand und Prinzipien des Völkerrechts

Nach welchen Grundsätzen soll nun die Kooperation zwischen den liberalen Völkern gestaltet werden; und wie können diese Prinzipien überhaupt gefunden werden? Ganz offensichtlich muß es sich hierbei um Grundsätze handeln, die im wohlverstandenen, nicht kurzsichtig egoistischen Interesse aller Mitglieder der Völkergesellschaft gewollt werden können. Das heißt (§ 3), sie müssen aus einer Situation hervorgehen, die bestimmten normativen Anforderungen

---

[10] Die beiden Begriffe müssen sorgfältig unterschieden werden: Der erste bezieht sich auf die internationale Ebene, auf der die einzelnen Völker die maßgeblichen Akteure darstellen; der zweite zielt dagegen auf das ,Innenleben' dieser Akteure.

genügt, in der Wirklichkeit aber so nicht gegeben ist. Rawls greift hier wiederum auf ein Konstrukt seiner Gerechtigkeitstheorie – den „Urzustand" – zurück. In einer solchen fiktiven Situation befinden sich die ‚Abgeordneten' der liberal-demokratischen Völker, und sie überlegen[11], auf welche Kooperationsgrundsätze sie sich einlassen können. Der Witz auch dieses Urzustandes ist, daß keiner der Repräsentanten weiß, wie das Volk, das er vertritt, konkret beschaffen ist: ob es ein zahlenmäßig großes Volk ist, welche Kultur es hat und über welche Kapazitäten (ökonomischer und militärischer Art) es verfügt. Diese spezifische Form der Unwissenheit soll garantieren, daß die Abgeordneten die Grundsätze der zukünftigen Zusammenarbeit nicht nach ihren je eigenen Vorteilen auswählen.

Wenn der Kreis der liberalen Völker die so gewählten Kooperationsgrundsätze auch wirklich befolgt, dann bringt er dadurch zum Ausdruck, daß dies nicht aus Bequemlichkeit geschieht, sondern deshalb, weil es die richtigen, unter fairen Bedingungen ausgewählten Prinzipien sind. Der partielle Frieden wäre kein zufälliges Übereinstimmen, sondern ein Friede „aus den richtigen Gründen". Die Repräsentanten innerhalb des „zweiten Urzustandes" werden sich, so Rawls, konkret auf diejenigen Prinzipien einigen, die im wesentlichen den wichtigsten Bestimmungen des geltenden Völkerrechts entsprechen (§ 4): Die Völker werden demnach vor allem als „frei und unabhängig" betrachtet und erkennen sich gegenseitig als solche an; es gilt, eingegangene Verträge zu halten; Völker respektieren das Recht auf Nichtintervention und erkennen die Menschenrechte an; schließlich akzeptieren sie gegenüber extrem benachteiligten Völkern eine „Pflicht zu helfen".[12]

Ein nicht unerhebliches, auch terminologisches Problem für den bisher skizzierten Ansatz von Rawls besteht allerdings in der Fixierung auf „Völker". Zwar ist es richtig, daß die genannten Grundsätze insofern anerkannt sind, als sie Bestandteil des die Staaten bindenden Völkergewohnheitsrechts sind und sogar in völkerrechtliche Verträge wie die Charta der Vereinten Nationen oder die verschie-

Völker und Staaten

---

[11]   Rawls gebraucht hinsichtlich der Tätigkeit der Abgeordneten das Wort „deliberate", das im Deutschen sowohl mit „überlegen" als auch mit „beraten" wiedergegeben werden kann. Da in *Eine Theorie der Gerechtigkeit* die Beratung im dortigen (ersten) Urzustand keine Rolle spielt, ist es naheliegend, auch jetzt, beim „zweiten Urzustand", in dem die Wahl der Grundsätze des Völkerrechts vorgenommen wird, von der „Überlegung" auszugehen.

[12]   Vgl. dazu Abschnitt 2.3 in diesem Kapitel. Rawls führt nicht weiter aus, um welche Art von Pflicht es sich hierbei handelt. Da er annimmt, daß Völker über eine „moralische Natur" verfügen, ist nicht auszuschließen, daß es sich hier um eine moralische Pflicht handelt. Rawls räumt ein, daß dieser Grundsatz umstritten ist.

denen Menschenrechtsdeklarationen aufgenommen wurden. Nur: Vertragspartner bzw. Subjekte des modernen wie des klassischen Völkerrechts, und das war ja bereits Kant aufgefallen, sind niemals „Völker", sondern immer „Staaten". Das zeitgenössische Völkerrecht kennt zwar ebenfalls „Völker" als Rechtssubjekte, versteht darunter jedoch etwas ganz anderes als Rawls, nämlich ethnisch homogene Gemeinschaften (also z. B. die Basken oder Katalanen in Spanien oder die Kurden in der Türkei oder dem Irak), denen innerhalb eines existierenden Staates gewisse Autonomierechte zugestanden werden (können). Das Rawlssche Friedenskonzept, das ja ausdrücklich von „Völkern" und nicht von „Staaten" ausgeht, weicht also in einem zentralen Punkt nicht nur von dem üblichen Sprachgebrauch, sondern auch von dem vorherrschenden Akteursverständnis ab. Diese Besonderheit muß auch im folgenden in Erinnerung behalten werden.

Man nehme nun an, auf die erwähnten Grundsätze der Zusammenarbeit würden sich die Vertreter der liberalen Völker im Urzustand einigen. Würden sie auch praxistauglich sein und die internationale Politik mitbestimmen können? Daß das grundsätzlich möglich wäre, wird durch eines der oben angesprochenen Merkmale der Völker sichergestellt. Sie verfügen im Unterschied zu Staaten, so hieß es, über eine moralische Natur, d. h. sie legen an ihr Handeln normative Maßstäbe an bzw. sind nicht gleichgültig gegenüber normativer Kritik anderer Staaten. Und man kann sogar – untermauert durch empirische Untersuchungen – sagen, daß liberale Völker im Umgang mit ihresgleichen die aus der hypothetischen Wahl hervorgehenden Grundsätze im großen und ganzen tatsächlich befolgen. Allerdings hat eine Theorie des internationalen Friedens damit erst eine Hürde genommen. Sie muß darüber hinaus erstens auch dazu Auskunft geben können, ob der bisher noch exklusive Kreis der friedliebenden Völker erweitert werden kann. Zweitens wäre zu klären, wie diese erweiterte Gemeinschaft auf Bedrohungen ihrer friedlichen und prinzipiengeleiteten Kooperation durch Dritte reagieren kann. Zunächst zur ersten Frage:

2.2 Die Einbeziehung nichtliberaler Völker

In Kants Traktat war die Möglichkeit des Friedens wegen der von ihm unterstellten Uneinsichtigkeit der staatlichen Akteure durch ein „teleologisches" Argument im oben erläuterten Sinne abgestützt worden. Diese Strategie ist mittlerweile vermutlich weniger überzeugend (was nichts über die generelle Triftigkeit eines solchen Arguments sagen soll), aber in der Staatenwelt des 21. Jahrhunderts auch nicht mehr nötig – inzwischen gibt es eine ganze Reihe liberaler Staaten, die global gesehen als friedliche Kerngruppe betrachtet werden können. Der internationale Friede verfügt damit zumindest aus liberaler Sicht über ein reales Fundament. Allerdings wird man dennoch nicht behaupten können, die Verwirklichung im Sinne der Institutionalisierung eines dauerhaften Friedens stünde unmittelbar bevor. Obwohl der erste Schritt mit der Existenz der Gesellschaft der liberalen Völker getan ist, bedarf es weiterer umfangreicher und vor Rückschlägen nie sicherer Schritte zur Ausweitung des Friedens durch Recht, d. h. zur Integration weiterer Völker in die besagte Kerngruppe. Wie und mit Hilfe welcher Akteure dies zu unternehmen ist, zeigt Rawls auf der zweiten Stufe seiner „idealen Theorie" (§§ 8-12). Er unterscheidet insgesamt fünf Kategorien internationaler Akteure:

- „liberale Völker",
- „achtbare Völker",
- „Gesellschaften" mit einem „wohlwollenden Absolutismus", also Gesellschaften, in denen eine Wohlstandsdiktatur herrscht,
- „durch ungünstige Umstände belastete Gesellschaften" und
- „Schurkenstaaten".

Der zweite Teil von Rawls' „idealer Theorie" ist vorrangig der zweiten Akteurskategorie, den achtbaren Völkern gewidmet (§ 8).

„Achtbare" *(decent)* Völker werden zusammen mit den liberalen zum Typus der wohlgeordneten Völker gerechnet. Diese Gemeinsamkeit ist der Grund dafür, warum achtbare Völker zuerst in die Kerngruppe der liberalen Völker integriert werden müssen. Zwei Grundvoraussetzungen müssen gegeben sein, damit ein Volk als achtbares Volk (dessen modellhafte Ausprägung Rawls „Kazanistan" nennt) bezeichnet werden kann: es darf, wie bei den liberalen Völkern unterstellt, keine aggressiven Ziele verfolgen und es muß die Kern-Menschenrechte akzeptieren, d. h. in erster Linie das Grundrecht auf Freiheit (also das Recht, nicht versklavt zu werden; Gewissens- und Religionsfreiheit) und das Recht auf (persönliches) Eigentum gewähren. Nicht erforderlich ist dagegen das Recht auf *gleiche* Rechte als Staatsbürger. Dies wirkt sich insbesondere auf die politische Mitbestimmung aus.

Achtbare Völker enthalten außerdem institutionalisierte demokratische Elemente, was sich in der sogenannten „Beratungshierarchie" niederschlägt. Die Repräsentation gesellschaftlicher Interessen findet dadurch statt, daß die *Vertreter* aller gesellschaftlichen Gruppen bei der politischen Entscheidungsfindung grundsätzlich berücksichtigt werden. Zwar gehört jedes Gesellschaftsmitglied einer repräsen-

Achtbare Völker

tierten Gruppe an, aber anders als in liberalen Gesellschaften kann nicht jedes Gruppenmitglied und auch nicht jeder Teil der Gruppe (z. B. Frauen) seine Interessen direkt zum Ausdruck bringen – achtbare Völker sind deshalb per *definitionem* keine egalitären in dem Sinne, daß jedem Bürger *dieselben* Teilnahmerechte zugestanden werden.

Achtbare Völker sind für den internationalen Frieden von Bedeutung, wenn es um die Einbeziehung der sich selbst nicht der westlich-liberalen Welt zurechnenden muslimischen Völker in die „Gesellschaft der Völker“ geht. Und die Frage, an der sich alles entscheidet, ist die Frage der Respektierung der Menschenrechte. Zu berücksichtigen ist, daß die Menschenrechte in diesem Zusammenhang nicht deckungsgleich sind mit den Bürgerrechten in liberalen Staaten – das zeigte sich bereits daran, daß auch Völker mit weniger umfangreichen politischen Teilnahmerechten, als sie westliche Demokratien gewähren, als achtbar gelten. Allerdings enthalten auch die Kern-Menschenrechte eine grundrechtliche Implikation, weil sie das Minimum an moralischen Schutzansprüchen angeben, die Einzelne an die staatliche Organisation, deren Herrschaft sie unterworfen sind, richten können. Das heißt zugleich, daß staatliche oder administrative Handlungen dann an ihre Grenzen stoßen, wenn sie mit diesen grundlegenden Ansprüchen kollidieren.

Damit sind wir bei der zweiten klärungsbedürftigen Frage in diesem Unterabschnitt angelangt, nämlich bei den Bedingungen, unter denen die „Gesellschaft der Völker“ versuchen kann, den internationalen Frieden in Fällen der einwandfreien Bedrohung zu verteidigen.[13]

2.3 „Belastete Gesellschaften" und „Schurkenstaaten"

Bei der weiter oben angeführten Auflistung der fünf Typen internationaler Akteure konnte womöglich der Eindruck einer etwas willkürlichen Etikettierung entstehen – immerhin war dort von „Völkern", „Gesellschaften" und auch von „Staaten" (den Ausdruck hatte Rawls eigentlich nicht mehr gebrauchen wollen) die Rede. Gleichwohl macht die Unterscheidung Sinn, denn die angeführten *Gesellschaften* sind für Rawls begründeterweise *keine Völker* – ent-

---

[13] Die Beantwortung dieser Frage erstreckt sich sowohl auf den „idealen" wie auf den „nicht-idealen" Teil von Rawls' Traktat; sie enthält damit nicht nur prinzipielle Erwägungen, sondern auch solche der Situationsangemessenheit.

weder, weil sie überhaupt keine politische Partizipation zulassen (das ist der Fall bei den Gesellschaften mit wohlwollendem Absolutismus, die definitionsgemäß aber immerhin die Menschenrechte achten; von ihnen wird im folgenden jedoch nicht mehr die Rede sein), oder aber, weil sie über gar keine Ressourcen, weder ökonomische noch moralische, politische oder kulturelle, verfügen, um eine auch nur rudimentäre innere Ordnung herzustellen. Das ist der Fall bei den „durch ungünstige Umstände belasteten Gesellschaften" oder kurz „belasteten Gesellschaften". Im Unterschied zu diesen beiden Gesellschaftstypen sind die „Schurkenstaaten" (*outlaw states*) für Rawls diejenigen Gebilde, die der „Gesellschaft der Völker" feindselig gegenüberstehen, weil sie aggressive Ziele verfolgen oder die Menschenrechte im Inneren massiv mißachten. Das Verhältnis der Gesellschaft der Völker zu diesen beiden letztgenannten Akteuren auf der internationalen Ebene kann im folgenden nur in den allergröbsten Zügen geschildert werden. Die Beziehungen zu den belasteten Gesellschaften seien dabei zuerst betrachtet.

Wie erwähnt, sind die „belasteten" Gesellschaften diejenigen, die es aufgrund des Mangels an Ressourcen aller Art aus eigener Kraft nicht schaffen, den Aufbau einer gesellschaftlichen Ordnung zu bewerkstelligen. Sie bedürfen deshalb der Hilfe von außen, das heißt konkret: der Unterstützung durch die Gesellschaft der Völker. Rawls geht von einer auf seiten der wohlgeordneten Völker existierenden beziehungsweise anerkannten „Pflicht zu helfen" aus. Diese Hilfe muß sich aber nicht unbedingt und nicht in erster Linie in Finanzmitteln niederschlagen – Rawls erinnert daran, daß eine „wohlgeordnete" nicht mit einer „reichen" Gesellschaft gleichzusetzen sei. Gleichwohl müßten primär die Rahmenbedingungen in den belasteten Gesellschaften verändert werden. Die „Richtlinien" zu ihrer Unterstützung zielen deshalb vor allem darauf ab, jene Hemmnisse in der „politischen Kultur" der armen Länder zu überwinden, die verantwortlich dafür sind, daß sie sich nicht in Richtung auf eine wohlgeordnete Gesellschaft entwickeln können.

So muß vorrangig erreicht werden, daß in diesen Ländern die Menschenrechte von den politischen Eliten ernstgenommen werden. Würden die einheimischen Regierungen z. B. die ausreichende Versorgung mit Lebensmitteln als ein Grundrecht ihrer Bürger betrachten, dann würden Hungersnöte, die sehr oft aus der Unfähigkeit der Behörden und nicht aus Nahrungsmittelknappheit resultieren, eher vermieden werden können. Darüber hinaus, so Rawls, wären auch durch eine allgemeine Anerkennung der Frau als Trägerin von Rechten in vielen Gesellschaften günstigere Entwicklungen zu erwarten,

Belastete Gesellschaften

etwa eine Entspannung beim Bevölkerungsproblem. Insgesamt müßten die belasteten Gesellschaften also dahin gebracht oder darin unterstützt werden, ihre schlechte Situation weitgehend selbst verbessern zu können.

Das sind nur sehr grobe Richtlinien für das Verhalten der wohlgeordneten gegenüber den bedürftigen Gesellschaften. Die Skizze genügt jedoch, um erkennen zu können, daß die sozioökonomischen Faktoren eine ganz herausragende Bedeutung für die Ausdehnung bzw. Sicherung des internationalen Friedens spielen. Zugleich wird aber auch eine gewisse Unvollständigkeit oder Einseitigkeit der Rawlsschen Betrachtung deutlich. Man wird nicht behaupten können, alle Probleme der armen Länder seien „hausgemacht" und deshalb vorwiegend vor Ort zu bekämpfen. Die meisten dieser Länder sind ehemalige Kolonien und haben unter der wirtschaftlichen Ausbeutung der Kolonialmächte zu leiden gehabt. Und diese haben nicht selten innergesellschaftliche Konflikte erst ausgelöst, zumindest aber intensiviert, um die eigenen wirtschaftlichen oder strategischen Interessen besser verfolgen zu können. Von der Benachteiligung der armen Länder in einem maßgeblich von den liberalen Völkern beherrschten Welthandel oder durch die von ihnen bestimmte Politik der Weltbank und des Internationalen Währungsfonds muß hier erst gar nicht die Rede sein. So sehr also Rawls darin zuzustimmen ist, daß bei den belasteten Gesellschaften eine Kurierung von innen heraus beginnen muß – ohne eine grundlegende Änderung auch im Verhalten der liberal-demokratischen Staaten gegenüber den Habenichtsen der Welt wird diese Strategie allenfalls mäßig erfolgreich sein.

Schurkenstaaten · Das zweite gravierende und für die Gesellschaft der Völker selbst bedrohliche Problem stellt die Existenz sogenannter „Schurkenstaaten" dar.[14] Daß Rawls in diesem Zusammenhang wieder von „Staaten" und nicht von „Völkern" spricht, hängt vermutlich damit zusammen, daß er vor allem solche totalitären Regime im Auge hat, die sich sowohl nach außen als auch nach innen, gegenüber der eigenen Bevölkerung bzw. ihren Bürgern, als „souverän" verstehen. „Staat" bezieht sich dann hier auf eine Situation, in der der politische Apparat bzw. die politische Klasse sich verselbständigt hat und keiner Kritik zugänglich ist.

Genaugenommen können zwei Probleme mit dieser Art von Staat auftreten. Da ist erstens die vergleichsweise konventionelle Situation, daß ein solcher Staat entweder ein Mitglied der Gesellschaft der

---

[14] Der umstrittene Ausdruck ‚Schurkenstaat' taucht inzwischen bereits in der völkerrechtlichen Literatur auf.

„Schurkenstaaten"

Ausdrücke wie „Schurkenstaat" (*outlaw state* bei Rawls) sowie eine Reihe verwandter Bezeichnungen – *failed state* („gescheiterter Staat"), *rogue state* oder *pariah state* – sind nicht unumstritten. Kritiker verweisen darauf, daß die Bezeichnung ‚Schurkenstaat' am Ende des Kalten Krieges von der US-amerikanischen Regierung gezielt verwendet worden sei, um unerwünschtes Verhalten bzw. unerwünschte Akteure in der internationalen Politik zu brandmarken. Jacques Derrida z. B. erkennt in der Unterstellung der Schurkenhaftigkeit eine starke Voreingenommenheit gegenüber dem Anderen und Abweichenden, dem Ungeordneten und Unnormalen (im Vergleich mit dem westlich-liberalen Verfassungsstaat etwa). Darüber hinaus und vor allem aber: Lasse man sich auf eine solche Qualifizierung von Staaten ein, dann liege auf der Hand, daß die USA selbst der bei weitem bedrohlichste aller Schurkenstaaten seien, weil sie nie Skrupel gehabt hätten, sich mit den später als „böse" bezeichneten oder sonstwie inkriminierten Mächten (Irak, Iran, Libyen, Panama usw.) einzulassen, und weil sie ihre gesamte Außenpolitik, oft ungeachtet des Völkerrechts, in den Dienst der „vitalen Interessen" des Landes stellten. Obwohl einiges für diese Sicht der US-amerikanischen Politik spricht, darf darüber nicht vergessen werden, daß es eine zentrale Aufgabe der politischen Philosophie ist, legitime von illegitimen Formen staatlichen Handelns zu unterscheiden. Genauso wie die Moralphilosophie ein verbindliches Kriterium für individuelles Handeln zu begründen versucht, so unternimmt es die politische Philosophie bzw. die Philosophie der internationalen Beziehungen, allgemeingültige Maßstäbe für die Interaktionen von Staaten zu finden. Rawls hat dazu einen grundlegenden und konstruktiven Beitrag geleistet, der selbstverständlich kritisiert werden kann. Dieser Beitrag unternimmt jedoch keine Rechtfertigung US-amerikanischer Politik, und er wird auch nicht bereits dadurch unbrauchbar, daß es in der weltpolitischen Wirklichkeit nicht immer ganz einfach ist, wahre Schurken zu identifizieren.

Völker oder einen anderen Staat angreift. Die Angegriffenen können sich dann allerdings in jedem Fall auf ihr im Völkerrecht verbrieftes Selbstverteidigungsrecht berufen. Zweitens gibt es den Fall der schwerwiegenden Mißachtung der Menschenrechte innerhalb eines Staates. Wie soll man mit einem solchen Staat umgehen, fragt Rawls. Seine Antwort auf diese Frage hat er im idealen Teil seiner Theorie (§ 10) vorbreitet, wo es heißt, die „Gesellschaft der Völker" habe ein „Recht", Schurkenstaaten „nicht zu tolerieren", weil sie die Sicherheit der anderen Völker negativ beeinflußten und die internationalen Beziehungen ‚vergifteten'. Der wichtigste Punkt ist jedoch, daß Schurkenstaaten intern die Menschenrechte grob mißachten. Deren

„politische (moralische) Kraft erstreckt sich [...] auf alle Gesellschaften, und sie sind für alle Völker und Gesellschaften, einschließlich der Schurkenstaaten verbindlich. Ein Schurkenstaat, der diese Rechte verletzt, muß verurteilt werden und kann in schwerwiegenden Fällen zwangsmäßigen Sanktionen und sogar Interventionen unterworfen werden".[15]

---

[15] Rawls (2002), 98.

Zu den im nicht-idealen Teil seiner Abhandlung aufgezählten konkreten politischen Strategien gegenüber den Schurkenstaaten gehören dann vor allem deren Isolierung, d. h. der Ausschluß von der internationalen Kooperation sowie vom internationalen Warenverkehr. Als *letztes Mittel*, also im Falle der Wirkungslosigkeit der genannten Sanktionen, sei schließlich auch eine gewaltsame Intervention zum Schutz der von ihrem eigenen Staat Bedrohten zulässig (§ 13.3). Die Gesellschaft der Völker ist also angesichts der Verletzung eines ihrer konstitutiven Rechtsprinzipien – die Wahrung der Kern-Menschenrechte – durch eine andere Gesellschaft bzw. durch einen anderen Staat (die beide nicht Mitglied in der Gesellschaft der Völker sein müssen) dazu legitimiert, als letztes Mittel auch militärische Eingriffe zur Unterbindung einer menschenverachtenden Innenpolitik durchzuführen.[16]

Weil Rawls in diesem Zusammenhang auch die Möglichkeit einer Intervention der Gesellschaft der Völker in innere Angelegenheiten von Schurkenstaaten als letztes Mittel nicht ausschließt, scheint er sich weit von Kant zu entfernen. Denn dieser hatte in seinem Fünften Präliminarartikel postuliert, daß sich Staaten in die inneren Angelegenheiten anderer Staaten nicht „gewalttätig einmischen" sollen. Kant ist deshalb auch in der aktuellen Diskussion um die Zulässigkeit sog. „humanitärer Interventionen" der Gewährsmann derer, die ein solches Vorgehen in jedem Fall für illegitim halten. Kant selbst bringt für seine Position im wesentlichen zwei Argumente vor: Erstens solle man sich nicht in laufende innerstaatliche Auseinandersetzungen einmischen, weil Bürgerkriege Krankheiten glichen, die das betreffende Volk selbst überwinden müsse. Zweitens werde keiner, der in angrenzenden Staaten wohnt, durch die „großen Übel", die die „Gesetzlosigkeit" eines Volkes hervorrufe, geschädigt – dessen beklagenswerter Zustand könne vielmehr als Warnung für die Nachbarn gelten, es soweit gar nicht erst kommen zu lassen.

Bei diesen Argumenten gegen die humanitäre Intervention ist jedoch zu bedenken, daß sie sich zu eng auf den Bürgerkrieg als Sonderfall der Unruhe innerhalb eines Staates beziehen. Sie berücksichtigen deshalb z. B. nicht, daß (Bürger-) Kriegsflüchtlinge in großer Zahl die politische Situation in einem Aufnahmeland destabilisieren können. Sie rechnen des weiteren nicht mit der Möglichkeit des Völkermordes, den ein Staat an ‚seinen' Bürgern oder auch eine ethnisch oder religiös integrierte Mehrheit des Staatsvolkes an einer Minderheit begehen kann. Schließlich berücksichtigen Kants Argu-

---

[16] Ob dies in einem konkreten Fall dann tatsächlich geschieht oder nicht, ist von einer ganzen Reihe weiterer empirischer Faktoren abhängig.

mente nicht, daß bei völkerrechtlich – also nach außen – souveränen Staaten die Staatsmacht im Inneren entweder vollkommen zusammenbrechen oder so korrupt werden kann, daß von ihrem Territorium keine „Belehrung", sondern mit oder ohne ihr Wissen eine unmittelbare und akute Bedrohung anderer Staaten durch Dritte ausgeht. Das war etwa im Afghanistan des Taliban-Regimes der Fall, das von dem international operierenden Terror-Netzwerk Al-Qaʻida als Stützpunkt benutzt wurde.

Zusammenfassung

Vergleicht man die zentralen Aussagen der Friedensschrift von Kant und des Völkerrechts-Traktats von Rawls, so lassen sich wesentliche Übereinstimmungen, aber auch Unterschiede feststellen. Beide Autoren machen den internationalen Frieden sowohl von der inneren Ordnung der Staaten (Völker) als auch von der Qualität der internationalen Beziehungen abhängig. Was den ersten Punkt angeht, so verlangt Kant, daß die Verfassung der Staaten republikanisch sein soll, also Gesetzesherrschaft und Gewaltenteilung eingerichtet werden. Rawls' Anforderung an die innere Ordnung der Völker ist, daß die Kern-Menschenrechte respektiert werden und ein demokratisches Beratungsverfahren installiert wird. Beim zweiten Punkt, die zwischenstaatlichen Beziehungen betreffend, geht Kant nicht über das Postulat eines multilateralen Friedensbundes hinaus, der die Souveränität der mitwirkenden Staaten unangetastet läßt. Rawls dagegen fordert von den Völkern einen nicht aggressiven Umgang untereinander (die zweite Anforderung, die achtbare Völker erfüllen müssen) und stellt das Verhältnis zwischen ihnen auf eine (völker-)rechtliche Grundlage. Deren Prinzipien verdanken sich zwar keiner Gesetzgebung durch das Legislativorgan eines Weltstaates, aber durch die Auswahl aus der fiktiven Situation des Urzustandes sind sie – für Rawls – hinreichend legitimiert. Fraglich ist, ob Kant sein striktes Interventionsverbot auch angesichts der Völkermorde und Verbrechen gegen die Menschheit, die gegen Ende des vergangenen Jahrhunderts zweifelsfrei in Kambodscha, Ruanda und in Teilen des früheren Jugoslawien begangen wurden, oder im Hinblick auf die Entwicklung des internationalen Terrorismus aufrechterhalten hätte. Rawls setzt sich mit diesen neuen Herausforderungen jedenfalls auseinander und entwickelt in Übereinstimmung mit dem vernünftigen „Recht der Völker" Argumente zu ihrer Bewältigung. Indem er dies tut, gibt er sich keineswegs bellizistisch, wie gelegentlich vorgebracht wird, sondern trägt auch den erstaunlichen Entwicklungen Rechnung, die das Völkerrecht in den Jahrzehnten nach dem II. Weltkrieg genommen hat.

Literatur

Primärtexte

Kant, Immanuel: *Zum ewigen Frieden* (1795), in: Werkausgabe, hrsg. von W. Weischedel, Bd. XI. Frankfurt/M. 1977, 195-251.

Rawls, John: *The Law of Peoples*. Cambridge/Mass. und London 1999.

Rawls, John: *Das Recht der Völker*. Berlin und New York 2002.

Sekundärliteratur

Archibugi, Daniele; David Held und Martin Köhler (Hrsg.): *Re-imagining Political Community.* Stanford 1998.

Ballestrem, Karl Graf (Hrsg.): *Internationale Gerechtigkeit.* Opladen 2001.

Chwaszcza, Christine und Wolfgang Kersting (Hrsg.): *Politische Philosophie der internationalen Beziehungen.* 2. Aufl., Frankfurt/M. 2001.

Derrida, Jacques: *Schurken.* Frankfurt/M. 2003.

Höffe, Otfried: *Demokratie im Zeitalter der Globalisierung.* München 1999.

Höffe, Otfried (Hrsg.): *Immanuel Kant, Zum ewigen Frieden.* 2. durchges. Aufl., Berlin 2004.

Lutz-Bachmann, Matthias und James Bohman (Hrsg.): *Frieden durch Recht.* Frankfurt/M. 1996.

Merkel, Reinhard und Roland Wittmann (Hrsg.): *>Zum ewigen Frieden<.* Frankfurt/M. 1996.

Sachregister

pro Studium Philosophie

■ Kurt Bayertz (Hrsg.)
Warum moralisch sein?
Probleme der Philosophie
UTB 2300
ISBN 3-8252-**2300**-0
Schöningh. 2. Aufl. 2006.
285 S.,
EUR 21,90, sfr 38,50

■ Jos Decorte
Eine kurze Geschichte der mittelalterlichen Philosophie
UTB 2439
ISBN 3-8252-**2439**-2
Schöningh. 2006.
352 S.,
EUR 19,90, sfr 34,90

■ Peter Fischer
Politische Ethik
Eine Einführung
UTB 2762
ISBN 3-8252-**2762**-6
W. Fink. 2006.
244 S.,
EUR 12,90, sfr 23,50

■ Annemarie Gethmann-Siefert
Einführung in Hegels Ästhetik
UTB 2646
ISBN 3-8252-**2646**-8
W. Fink. 2005.
376 S.,
EUR 18,90, sfr 33,40

■ Karen Gloy
Wahrheitstheorien
Eine Einführung
UTB 2531
ISBN 3-8252-**2531**-3
A. Francke. 2004.
295 S.,
EUR 18,90, sfr 33,40

■ Karen Gloy
Grundlagen der Gegenwartsphilosophie
Eine Einführung
UTB 2758
ISBN 3-8252-**2758**-8
W. Fink. 2006. 288 S., 1 Abb.,
EUR 17,90, sfr 31,70

■ Walter Gölz
Kants "Kritik der reinen Vernunft" im Klartext
Textbezogene Darstellung des Gedankengangs mit Erklärung und Diskussion
UTB 2759 M
ISBN 3-8252-**2759**-6
Mohr Siebeck. 2006. 199 S.,
EUR 17,90, sfr 31,70

■ Christoph Herrmann, Michael Pauen, Jochem Rieger, Silke Schicktanz, (Hrsg.)
Bewußtsein
Philosophie, Neurowissenschaften, Ethik
UTB 2686
ISBN 3-8252-**2686**-7
W. Fink. 2005.
439 S., einige Schaubilder,
EUR 18,90, sfr 33,40

■ Bernhard Irrgang
Einführung in die Bioethik
UTB 2640
ISBN 3-8252-**2640**-9
W. Fink. 2005. 216 S.,
EUR 15,90, sfr 28,50

■ Alain de Libera
Die mittelalterliche Philosophie
UTB 2637
ISBN 3-8252-**2637**-9
W. Fink. 2005. 140 S.,
EUR 9,90, sfr 18,10

pro Studium Philosophie

Johann Mader
Einführung in die Philosophie
Von Parmenides zur Postmoderne
UTB 8309
ISBN 3-8252-**8309**-7
WUV. 2005.
616 S., kart.,
EUR 24,90, sfr 43,70

Annemarie Pieper
Einführung in die Ethik
UTB 1637
ISBN 3-8252-**1637**-3
A. Francke. 5., überarb. u. aktual. Aufl.
2003. 339 S.,
EUR 19,90, sfr 34,90

Georg Römpp
Kant leicht gemacht
Eine Einführung in seine Philosophie
UTB 2707
ISBN 3-8252-**2707**-3
Böhlau. 2005.
304 S., 64 Abb.,
EUR 19,90, sfr 34,90

Reiner Ruffing
**Einführung in die Geschichte
der Philosophie**
UTB 2622
ISBN 3-8252-**2622**-0
W. Fink. 2004.
296 S., 13 Abb.,
EUR 13,90, sfr 25,10

Reiner Ruffing
**Einführung in die Philosophie
der Gegenwart**
UTB 2675
ISBN 3-8252-**2675**-1
W. Fink. 2005.
298 S., 9 Abb., 15 Fotos,
EUR 16,90, sfr 30,10

Reiner Ruffing
Philosophie
basics
UTB 2824
ISBN 3-8252-**2824**-X
Fink. 2006.
Ca. 304 S.,
ca. EUR 15,90, sfr 28,50

Sjoerd van Tuinen
Peter Sloterdijk
Ein Profil
UTB 2764
ISBN 3-8252-**2764**-2
W. Fink. 2006.
166 S., 1 Foto,
EUR 12,90, sfr 23,50

Franz Martin Wimmer
Interkulturelle Philosophie
Eine Einführung
UTB 2470
ISBN 3-8252-**2470**-8
WUV. 2003. 264 S.,
EUR 20,90, sfr 36,70

Peter V. Zima
Was ist Theorie?
Theoriebegriff und Dialogische Theorie
in den Kultur- und Sozialwissenschaften
UTB 2589
ISBN 3-8252-**2589**-5
A. Francke. 2004. 322 S.
EUR 18,90, sfr 33,40

Thomas Zoglauer
**Einführung in die formale Logik
für Philosophen**
UTB 1999
ISBN 3-8252-**1999**-2
Vandenhoeck & Ruprecht.
3., unv. Aufl. 2005. 176 S.,
EUR 12,90, sfr 23,50